D1832646

आलोचना और समाज

आलोचना और समाज

सम्पादक
रविकान्त
आकांक्षा सिंह

वाणी प्रकाशन

वाणी प्रकाशन

4695, 21-ए, दरियागंज, नयी दिल्ली 110 002

शाखा

अशोक राजपथ, पटना 800 004

फ़ोन : +91 11 23273167 फ़ैक्स : +91 11 23275710

www.vaniprakashan.in
vaniprakashan@gmail.com
sales@vaniprakashan.in

AALOCHANA AUR SAMAJ
Edited by Ravikant, Akanksha Singh

ISBN : 978-93-5000-087-8
Criticism

© 2016 सम्पादक व लेखकगण

प्रथम संस्करण

मूल्य : ₹ 595

इस पुस्तक के किसी भी अंश को किसी भी माध्यम में प्रयोग करने के लिए प्रकाशक से लिखित अनुमति लेना अनिवार्य है।

एस.के. ऑफ़सेट, दिल्ली-110 095 में मुद्रित

वाणी प्रकाशन का लोगो मक़बूल फ़िदा हुसेन की कूची से

भूमिका

मैनेजर पाण्डेय आज के दौर के सबसे गम्भीर, जिम्मेदार और महत्त्वपूर्ण आलोचक हैं। उनकी आलोचना में प्रखर बौद्धिकता, सामाजिकता, संवादधर्मिता और गहन लोकचिन्ता निहित है। दुनियाभर के तमाम समकालीन विमर्शों और सिद्धान्तों पर पैनी नज़र रखने वाले मैनेजर पाण्डेय सच्चे अर्थों में लोकचेतना और लोकचिन्ता से सम्बद्ध आलोचक हैं। असल में, उनकी आलोचना का प्रस्थान बिन्दु है, मुक्ति का सवाल। मुक्ति की तलाश में वे मार्क्सवाद के सिद्धान्तों से टकराते हैं और कहीं उसका अतिक्रमण भी करते हैं। यही कारण है कि वे हिन्दी समाज की तमाम संकीर्णताओं और विसंगतियों के बीच सबसे लोकप्रिय आलोचक हैं। उनकी लोकप्रियता का एक कारण यह भी है कि वे विचारों के स्तर पर जितने लोकतान्त्रिक हैं, उतने ही लोकतान्त्रिक व्यवहार के स्तर पर भी हैं। इसलिए मैनेजर पाण्डेय विद्यार्थियों और शोधार्थियों के सर्वाधिक प्रिय और प्रेरणास्रोत आलोचक हैं।

आलोचना निपट बौद्धिक कर्म नहीं है, बल्कि सामाजिक कर्म भी है। मैनेजर पाण्डेय के लिए तो आलोचना सामाजिकता की वाहक है। 'साहित्य के समाजशास्त्र की भूमिका' को तय करते हुए वे 'आलोचना की सामाजिकता' को रेखांकित करते हैं। आलोचना में सामाजिकता की खोज करने वाले वे सबसे बड़े आलोचक हैं। न सिर्फ सैद्धान्तिक स्तर पर बल्कि व्यावहारिक स्तर पर भी वे आलोचना की सामाजिकता को स्थापित करते हैं। इसके लिए उन्होंने अपनी साहित्यिक परम्परा और उसकी सामाजिकता से ही प्रतिमान निर्मित किए हैं। मैनेजर पाण्डेय का मानना है कि "अपनी सत्ता को लोकसत्ता में लीन करके ही सामाजिकता की खोज की जा सकती है। आलोचना की सामाजिकता में मुक्ति की 'सच्ची चिन्ता' निहित होती है।" इसी चिन्ता और चिन्तन दृष्टि से मैनेजर पाण्डेय हिन्दी साहित्य और समाज के अन्तःसम्बन्धों की गहरी पड़ताल करते हैं। चुनांचे, उनकी आलोचना दृष्टि में खासतौर पर दलित, स्त्री, आदिवासी जैसे हाशिये के समुदाय उभरकर आते हैं।

मैनेजर पाण्डेय मार्क्सवादी आलोचक हैं। वे अपने विद्यार्थी जीवन से ही कम्युनिस्ट आन्दोलन और वामपन्थी विचारों से जुड़े रहे हैं। जेएनयू में अध्यापन और लेखन करते हुए पाण्डेय जी ने मार्क्सवाद की सैद्धान्तिकी को भारतीय समाज के सन्दर्भ में समझा और व्याख्यायित किया। इसीलिए वे वर्ग के साथ-साथ वर्ण, लिंग और सामुदायिकता की संरचना, स्वरूप और उसकी सम्भावनाओं का विश्लेषण करते हैं। भारतीय समाज में दलित, आदिवासी और स्त्री की पराधीनता की सामाजिक और सांस्कृतिक जड़ों की तलाश करते हुए वे इन समुदायों की पहचान, चेतना और संघर्ष से जुड़े साहित्य को विशेष रूप से रेखांकित करते हैं। 'आलोचना में सहमति-असहमति' नामक किताब में वे लिखते हैं कि "भारतीय समाज के सबसे अधिक शोषित, अपमानित और उपेक्षित जन हैं, आदिवासी, दलित और स्त्रियाँ। आजकल इन तीनों समुदायों के रचनाकार अपने जीवन संघर्ष और मुक्ति संघर्ष की अभिव्यक्ति साहित्य के विभिन्न रूपों में कर रहे हैं।" इनके साहित्य को बिना किसी साहित्यशास्त्रीय आग्रह के व्याख्यायित करना, पाण्डेय जी किसी भी आलोचक का जरूरी दायित्व मानते हैं। इसीलिए वे आगे लिखते हैं कि "उनकी मुक्तिकामी रचनाओं की सम्यक् समझ और समुचित व्याख्या करने वाली आलोचना मुक्तिधर्मी हो सकती है, लेकिन हिन्दी में साहित्यवाद का आग्रह ऐसी आलोचना के विकास में बाधक है।"

मैनेजर पाण्डेय का मानना है कि साहित्य मनुष्य की पराधीनता से मुक्ति, स्वाधीनता की आकांक्षा और उसकी रक्षा की अभिव्यक्ति है। इसी नजरिए से वे साहित्यिक आलोचना लिखते हुए समाज के विभेदकारी और शोषणकारी स्वरूप की आलोचना करते हैं। उनकी दृष्टि में समतामूलक समाज का सपना निहित है। दरअसल, पराधीनता से मुक्ति के लिए वर्तमान के साथ-साथ अतीत का बोध होना जरूरी है। इसीलिए आलोचना के लिए इतिहास की आवश्यकता होती है। 'साहित्य और इतिहास-दृष्टि' में मैनेजर पाण्डेय इतिहास-दर्शन के विभिन्न रूपों के साथ हिन्दी के इतिहास-लेखन का विश्लेषण करते हैं। साहित्य इतिहासकार के रूप में रामचन्द्र शुक्ल, हजारीप्रसाद द्विवेदी और रामविलास शर्मा का उन्होंने मूल्यांकन किया है। इस मूल्यांकन के प्रयास में मैनेजर पाण्डेय अपनी आलोचना और इतिहास-दृष्टि के प्रतिमान खोजते और निर्मित करते हैं। वस्तुतः उनकी आलोचना में शुक्ल जी के 'सामाजिक आधार की खोज', द्विवेदी जी की 'परम्पराओं की निरन्तरता' और रामविलास जी की 'जातीयता की पहचान' तीनों एक साथ समाहित हैं। इतिहास, सामाजिकता और जातीयता को जब मैनेजर पाण्डेय मार्क्सवाद की वैचारिकी के सामने रखकर विवेचन करते हैं

तो उनकी जनसंस्कृति की अवधारणा निरूपित होती है। अपनी इसी अवधारणा से वे भक्ति आन्दोलन का विश्लेषण करते हैं। 'भक्ति आन्दोलन और सूरदास का काव्य' नामक किताब में उन्होंने सूर साहित्य में अभिव्यक्त दर्शन और भक्ति की विभिन्न प्रवृत्तियों, उसके स्वरूपों के साथ-साथ सामाजिक और राजनीतिक चेतना का अध्ययन-विवेचन किया। भक्ति आन्दोलन के उद्‌भव के सन्दर्भ में उनका निष्कर्ष है कि "यह सिर्फ साहित्यिक आन्दोलन नहीं है बल्कि अखिल भारतीय सामाजिक-सांस्कृतिक आन्दोलन है। इसका उदय जनसंस्कृति के उत्थान के कारण होता है।"

गद्य की अन्य विधाओं की तरह आलोचना भी पूँजीवादी समाज की विधा है। पूँजीवादी व्यवस्था में मनुष्य केवल भौतिक उत्पादन की प्रक्रिया का एक पुर्जा भर है। पूँजीपति वर्ग के अतिरिक्त वह या तो जिंस का उत्पादन करने वाला श्रमिक है या उसका उपभोक्ता। मार्क्स-एंगेल्स ने पूँजीवादी समाज व्यवस्था का द्वन्द्वात्मक भौतिकवाद और वर्ग संघर्ष की अवधारणा के रूप में क्रिटीक पेश किया। इस क्रिटीक का हिस्सा साहित्य की नयी विधाएँ भी होती हैं। आलोचना की तरह उपन्यास भी पूँजीवादी समाज व्यवस्था का साहित्य-रूप है। मैनेजर पाण्डेय ने उपन्यास से सम्बद्ध सैद्धान्तिक और व्यावहारिक दोनों तरह की आलोचना लिखी है। उपन्यास को उन्होंने पूँजीवादी और लोकतान्त्रिक समाज की प्रधान विधा बताते हुए 'मुक्ति का आख्यान' कहा है। पराधीन देशों और समुदायों ने अपनी पराधीनता की स्थिति और मुक्ति की आकांक्षा को उपन्यास में अभिव्यक्त किया है।

प्रमुख साहित्य समाजशास्त्री फ्रेंच विद्वान मादाम स्तेल ने कहा कि "उपन्यास का विकास उन्हीं समाजों में होता है, जहाँ स्त्रियों का स्थान ऊँचा हो।" मैनेजर पाण्डेय ने हिन्दी साहित्य में अभिव्यक्त स्त्री के जीवन संघर्ष और मुक्ति संघर्ष को विशेष तौर पर रेखांकित किया है। सिमोन द बोउआर की किताब 'द सेकेण्ड सेक्स' के आने से पहले महादेवी वर्मा की 'शृंखला की कड़ियाँ' प्रकाशित हो चुकी थी। 'शृंखला की कड़ियाँ' पर विचार करते हुए मैनेजर पाण्डेय ने महादेवी वर्मा के स्त्री विषयक विचारों का मूल्यांकन किया है। इस सन्दर्भ में वे स्थापित करते हैं कि पश्चिम से पहले पूर्व (भारत) में स्त्री चेतना और विमर्श का उत्थान होता है। इसके अतिरिक्त हिन्दी के प्रारम्भिक उपन्यासों को मैनेजर पाण्डेय भारतीय समाज में स्त्री की पराधीनता की कड़ियों की सृजनात्मक अभिव्यक्ति के रूप में देखते हैं। 'उपन्यास और लोकतन्त्र' किताब में मैनेजर पाण्डेय के अनेक लेख संकलित हैं, जिनमें लैटिन अमेरिकी देशों के उपन्यासों, दक्षिण-पूर्व एशियाई देशों के उपन्यासों और विभिन्न भाषाओं के भारतीय उपन्यासों का परस्पर सम्बद्ध

और स्वतन्त्र विवेचन किया गया है। बंकिम चन्द्र चटर्जी, रवीन्द्रनाथ टैगोर, फकीर मोहन सेनापति, प्रेमचन्द, जैनेन्द्र, नागार्जुन से लेकर संजीव और रणेन्द्र के उपन्यासों में अभिव्यक्त पितृसत्ता, राजसत्ता, पूँजीसत्ता और धर्मसत्ता के पाँव तले पिस रहे दलित, आदिवासी, किसान, मजदूर और स्त्रियों की ऐतिहासिक और समाजशास्त्रीय दृष्टि से समीक्षा की गयी है।

मार्क्स के अनुसार कविता मनुष्यता की मातृभाषा है। मौखिक संस्कृति में कविता जनसमूह की अभिव्यक्ति होती थी। आगे चलकर जब लिखित संस्कृति का विकास हुआ तो कविता व्यक्तिगत कला के रूप में दरपेश हुई। कविता के समाजशास्त्र पर विचार करते हुए मैनेजर पाण्डेय लिखते हैं कि "कविता दूसरे साहित्य रूपों से अधिक आत्मपरक और वैयक्तिक होती है।" दूसरे साहित्य रूपों की तुलना में कविता अधिक जटिल भी होती है। अनुभूति के स्तर पर उसमें गहरी आत्मीयता और तात्कालिकता होती है। समाज की जटिलताओं को कविता में निरूपित करना जितना चुनौतीपूर्ण होता है, उससे अधिक चुनौतीपूर्ण होता है उन जटिलताओं को लोगों तक सम्प्रेषित करना। पाठकों को आकर्षित करते हुए कविता तभी अधिक समय तक जीवित रह सकती है, जब उसमें संवाद करने की अधिक क्षमता हो, क्योंकि मैनेजर पाण्डेय का कहना है, "कविता एक तरह का संवाद है। एक स्तर पर वह कवि का स्वयं से संवाद होती है, जैसे कि प्रगीत में, दूसरे स्तर पर वह अन्यों से संवाद होती है, जैसे कि लम्बी कविताओं में।"

मैनेजर पाण्डेय हमारे समय के सर्वाधिक प्रतिबद्ध आलोचक हैं। इसका सबसे बड़ा प्रमाण उनकी चयनधर्मिता है। प्रसिद्ध इतिहासकार ई.एच. कार ने अपनी पुस्तक 'इतिहास क्या है?' में लिखा है कि इतिहासकार उस मछुआरे की तरह होता है जो पटरी पर पड़ी हुई मछलियों को अपनी पसन्द से चुनता है, उन पर मसाला लगाता है और फिर पेश करता है। मैनेजर पाण्डेय की चयनधर्मिता में उनकी विचारधारा, इतिहास-दृष्टि और आलोचनात्मक विवेक को स्पष्ट तौर पर देखा जा सकता है। 'कविता का अतीत और वर्तमान' में संकलित निबन्धों में मैनेजर पाण्डेय ने कबीर, दादू, मीरा, रहीम से लेकर धूमिल, नागार्जुन, शैलेन्द्र और अदम गोंडवी की कविता पर गम्भीरतापूर्वक विचार किया है। हिन्दी कविता के क्रान्तिधर्मी और जनधर्मी कवियों का चयन, उनकी कविताओं का विश्लेषण और मूल्यांकन मैनेजर पाण्डेय की प्रतिबद्धता की निशानी है।

मोटे तौर पर समाज में दो संस्कृतियों के स्वरूप का निर्धारण किया जा सकता है—एक वर्चस्व की संस्कृति और दूसरी प्रतिरोध की संस्कृति। भारतीय समाज के स्तर पर इसे लोक और शास्त्र की संस्कृति के रूप में वर्गीकृत किया

जा सकता है। अन्य स्तरों पर इसे सवर्ण और अवर्ण संस्कृति, द्विज और शूद्र संस्कृति, आर्य और द्रविड़ संस्कृति के रूप में विभाजित किया जा सकता है। इनमें निरन्तर परस्पर प्रतिरोध और प्रतिशोध चलता रहा है। मैनेजर पाण्डेय अपनी आलोचना में प्रतिरोध की संस्कृति को तवज्जो देते हैं। प्रतिरोध की संस्कृति को वे सामाजिक स्तर पर जनसंस्कृति के रूप में व्याख्यायित करते हैं। जनसंस्कृति के पक्षधर मैनेजर पाण्डेय साहित्य और मनुष्यता की रक्षा के लिए निरन्तर लिखते, बोलते और संघर्ष करते रहे हैं। बाबा नागार्जुन और गोरख पाण्डेय सरीखे जनवादी कवियों के बेहद करीब रहे मैनेजर पाण्डेय 'जन संस्कृति मंच' नामक लेखक और सांस्कृतिक संगठन से जुड़े हुए हैं।

मुक्तिबोध के शब्दों में 'आलोचना सभ्यता समीक्षा है।' इस नाते साहित्य का आलोचक 'सभ्यता समीक्षक' होता है। रचना की आलोचना करते हुए एक आलोचक उसकी अन्तर्वस्तु और रूप का विवेचन-विश्लेषण करता है। अलबत्ता, आलोचक का दायित्व साहित्य में मनुष्यता की खोज करना और उसकी व्याख्या करना होता है। मैनेजर पाण्डेय अपनी आलोचना में बराबर यह प्रयास करते हैं। विविधता भारतीय समाज की खूबी है। तमाम धर्मों और संस्कृतियों के मिलन से निर्मित भारतीयता हमारी असल पहचान है। मैनेजर पाण्डेय दाराशिकोह की दार्शनिकता, साहित्यिक-सांस्कृतिक चेतना और मुगल बादशाहों की हिन्दी कविता की खोज और मीमांसा करते हुए भारतीयता की पहचान और उसके मूल्यों की रक्षा करते हैं। प्रकारान्तर से यह मनुष्यता की रक्षा और उसका पोषण है।

आज सत्ता की संस्कृति एकतरफा संवाद करने की हो गयी है। 'मन की बात' कहकर जनता को बरगलाने और भड़काने में ही आज के सत्ताधीश मुब्तिला हैं। संचार के माध्यम भी इस भ्रमजाल को फैलाने में शामिल हैं। ऐसे समय में 'संवाद-परिसंवाद' कायम करने का मैनेजर पाण्डेय का प्रयास विचारणीय और सराहनीय है। अपने साक्षात्कारों में पाण्डेय जी बिना लाग-लपेट के स्पष्ट शब्दों में आज के समय, समाज, संस्कृति, सत्ता और साहित्य की खबर देते हैं। इनमें उनका अन्दाज कबीर की तरह बेपरवाह और फक्कड़ाना है। 'प्रतिबद्ध, सम्बद्ध और आबद्ध' मार्क्सवादी आलोचक होते हुए भी वे अन्य मार्क्सवादियों के छल-छद्म, स्वार्थपरता और पद-पुरस्कार लोलुपता को उघाड़ने में कोई संकोच नहीं करते। उनकी दृष्टि और भाषा इतनी स्पष्ट है कि समाज, साहित्य और आलोचना पर उनके संवाद-साक्षात्कार किसी सुगठित रचना का एहसास कराते हैं। वास्तव में, मैनेजर पाण्डेय आज के समय के सर्वाधिक मूल्यधर्मी और संवादधर्मी आलोचक हैं।

ऐसे आलोचक के जीवन के 75 साल के पड़ाव पर हिन्दी साहित्य-समाज

और अध्येताओं का दायित्व है कि उनके योगदान का समग्र मूल्यांकन किया जाए। मैनेजर पाण्डेय के अध्यापन और लेखन का पूरा सम्मान करते हुए हम उनके जीवन और व्यवहार पर सच्ची दृष्टि से अवलोकन करना अपना दायित्व समझते हैं। इसीलिए विभिन्न विषयों पर तमाम विद्वानों द्वारा लिखित आलेखों के साथ-साथ अशोक वाजपेयी, आर. एस. किदवई और स्वयं उनका साक्षात्कार यहाँ प्रस्तुत किया जा रहा है।

हमारे निवेदन को बड़ी सहजता से स्वीकार करके जिन लेखकों ने हमें आलेख दिए हैं उनके प्रति हम अपनी कृतज्ञता ज्ञापित करते हैं। हमारे वरिष्ठ सहयोगी विपिन कुमार शर्मा तथा लखनऊ विश्वविद्यालय के मित्र दुर्गेश कुमार चौधरी, प्रशान्त कुमार वर्मा और राजकुमारी को धन्यवाद, जिन्होंने इस योजना को पूर्ण करने में अपना सहयोग प्रदान किया। साथ ही बेहद कम समय में किताब को प्रकाशित करने के लिए अपार सहयोग देने वाले अरुण माहेश्वरी जी का बहुत-बहुत आभार। उम्मीद है कि अध्येताओं को किताब की योजना और आलेख पसन्द आयेंगे।

लखनऊ
5 सितम्बर, 2016

रविकान्त
आकांक्षा सिंह

अनुक्रम

साक्षात्कार

मैनेजर पाण्डेय फ़तवे देने वाले नहीं, बल्कि एक समझदार और जिम्मेदार आलोचक हैं

अशोक वाजपेयी से रविकान्त की बातचीत

मैनेजर पाण्डेय और अशोक वाजपेयी प्रायः दो अलग-अलग विचारधाराओं पर चलने वाले साथी हैं। तीन दशक से भी अधिक पुराने इस रिश्ते में मतभेद के बावजूद कोई तिक्तता या खटास नहीं है। अपने समय, समाज, संस्कृति और साहित्य के प्रति बेहद संजीदा दोनों साहित्यकार और आलोचक एक-दूसरे को खबर देते भी रहते हैं और एक-दूसरे की खबर लेते भी रहते हैं। 75 की उम्र पार करते हुए मैनेजर पाण्डेय के व्यक्तित्त्व और लेखन के बारे में अशोक वाजपेयी से रविकान्त ने बातचीत की। एक और बात। फरवरी 2014 में दिल्ली में आयोजित विश्व पुस्तक मेले में वाणी प्रकाशन से प्रकाशित मैनेजर पाण्डेय की अलग-अलग विषयों पर केन्द्रित एक साथ पाँच किताबों का अशोक वाजपेयी ने लोकार्पण किया था। उसके बाद जनसत्ता में अपने साप्ताहिक कॉलम 'कभी-कभार' में उन्होंने एक सारगर्भित और सार्थक टिप्पणी की थी। उस संक्षिप्त लेख को भी यहाँ साभार प्रस्तुत किया जा रहा है—

ऐसा पहले कभी नहीं हुआ कि किसी आलोचक की बाकायदा लिखी पाँच नयी पुस्तकें एक साथ प्रकाशित हुई हों। सन् 2014 के विश्व पुस्तक मेले में वरिष्ठ आलोचक और विद्वान मैनेजर पाण्डेय की जो पुस्तकें वाणी प्रकाशन से एक साथ आयीं वे हैं : 'उपन्यास और लोकतन्त्र', 'भारतीय समाज में प्रतिरोध की परम्परा', 'हिन्दी कविता का अतीत और वर्तमान', 'आलोचना में सहमति-असहमति' और 'संवाद-परिसंवाद'। पाण्डेय जी उन बहुत थोड़े से अकादमिक आलोचकों में हैं, जो समकालीन आलोचना में तैयारी और अध्यवसाय के साथ हस्तक्षेप करते रहे हैं : वे मार्क्सवादी हैं और उनके जनसंस्कृति आदि को लेकर अटल पूर्वग्रह हैं, पर उनमें बौद्धिक खुलापन और

संवादपरकता भी है। वे न तो अवसरवादी हैं और न ही कठमुल्ले। उनका रेंज भी बड़ा है। इन्हीं पुस्तकों में वे कबीर, सूरदास से लेकर आज की युवा पीढ़ी की कृतियों पर गम्भीरता और जिम्मेदारी से विचार करते हैं। हमारे समय की ज्यादातर अकादमिक और बहुत सारी मार्क्सवादी आलोचना भी बोझिल होती आयी है : पाण्डेय जी की आलोचना में सहज सुविचारित सम्प्रेषणीयता है।

उपन्यास और लोकतन्त्र के सम्बन्ध पर विचार करते हुए वे ध्यान दिलाते हैं कि "लोकतन्त्र केवल एक राजनीतिक व्यवस्था और शासन पद्धति ही नहीं है, वह एक ऐसी मानसिकता भी है, जो सहिष्णुता की संस्कृति, दूसरों का सम्मान, दूसरों के अन्तरों का स्वीकार, विचारों की अनेकता का आदर, अभिव्यक्ति की स्वतन्त्रता और संवाद की तत्परता विकसित करती है। लोकतन्त्र की ये विशेषताएँ उपन्यास के स्वभाव और संरचना में निहित होती हैं और उपन्यास ऐसी ही मानसिकता का निर्माण भी करता है। वह व्यक्ति की स्वतन्त्रता के साथ-साथ समाज के हित को भी ध्यान में रखता है, जो लोकतन्त्र का अनिवार्य गुण है। उपन्यास मनुष्य की गरिमा और उसकी स्वतन्त्रता की रक्षा का प्रयत्न करते हुए ही व्यक्ति को सामाजिकता और समाज को मानवीय बनाने में सफल हुआ है। ...यह सच है कि आज कल उपन्यास संकट में है क्योंकि वह अपने जन्म और स्वभाव से जिस लोकतन्त्र से जुड़ा हुआ है वह लोकतन्त्र भी खतरे में है। ...भाषा की तरह आख्यान भी मानव-अस्तित्त्व की बुनियादी विशेषता है, इसलिए उपन्यास का अन्त मनुष्य और लोकतन्त्र के अस्तित्त्व के अन्त के साथ ही सम्भव है।"

प्रतिरोध पर विचार करते हुए पाण्डेय जी कहते हैं "मार्क्सवादियों को इस कड़वी सच्चाई को स्वीकार करना चाहिए कि मार्क्स के विचारों में जैसी विकासशीलता थी वैसी मार्क्सवादी व्यक्तियों और दलों के विचारों में नहीं है। मार्क्स अपने विचारों के सिद्ध अन्त के आग्रही नहीं थे। उनके विचारों को सिद्धान्त के रूप में ढालने का काम बाद में हुआ। आज मार्क्सवाद पर विचार करने वालों के सामने एक महत्त्वपूर्ण सवाल यह है कि उसे विकसित करने और समकालीन बनाने की कितनी और कैसी कोशिशें हुई हैं।"

एक प्रश्न के उत्तर में पाण्डेय जी ने कहा, "...हिन्दी में प्रेमचन्द का एक वाक्य हजार बार दोहराया गया कि साहित्य राजनीति के आगे मशाल दिखाती हुई चलने वाली सच्चाई है। पर वास्तविक रूप से देखिये तो

प्रेमचन्द के इस कथन का अब उससे अधिक अर्थ नहीं रह गया है, जितना सरकारी दफ्तरों में टँगे हुए 'सत्यमेव जयते' का।" अन्यत्र 'राजनीति की भाषा' पर विचार करते हुए पाण्डेय जी ने कहा है "आज जनता के सामने शासक वर्ग की राजनीति का अर्थ है झूठ, फरेब और छल। राजनीति का यह अर्थ उतना नया नहीं है जितना कुछ लोग समझते हैं।"

आगे वे सूरदास की कविता से उद्धरण जैसे 'राजनीति की रीति सुनौ हो, चरत वारि चर खेत' और 'हरि है राजनीति पढ़ि आये' देकर इस अर्थ के पुराने होने का साक्ष्य देते हैं। पाण्डेय जी आलोचना और विचार में ताजा विश्व-चिन्तन से बाखबर आलोचक हैं और उनके यहाँ विचारधारा और साहित्यानुराग एक साथ हैं। उनसे हमेशा संवाद सम्भव है।

रविकान्त : मैनेजर पाण्डेय के साथ आपके बहुत पुराने सम्बन्ध हैं। दो साल पहले पाण्डेय जी की एक साथ प्रकाशित पाँच किताबों का पुस्तक मेले में आपने लोकार्पण किया था। उनके साथ इतने लम्बे सम्बन्ध और सम्पर्क के कारण मेरी पहली जिज्ञासा यह है कि आप उनके व्यवहार और उनके स्वभाव के बारे में क्या राय रखते हैं?

अशोक वाजपेयी : देखिए, पाण्डेय जी से मेरा पहला सम्बन्ध तब बना जब वे मेरे घोर विरोधी थे। वे उन तथाकथित मार्क्सवादी आलोचकों में से एक थे जिन्होंने मेरे काम और दृष्टिकोण की बहुत दुर्व्याख्या की थी। ख़ैर। फिर जब मैं यहाँ (दिल्ली) आया तो पाण्डेय जी से पहले नामवर सिंह, केदारनाथ सिंह जैसे बहुत पुराने मित्र जेएनयू में थे, लेकिन उनमें से किसी ने कभी भी मुझे वहाँ आमन्त्रित नहीं किया था। वैसे भी उनके हिसाब से मैं शायद वहाँ ठीक नहीं बैठता था। मैनेजर पाण्डेय पहले व्यक्ति थे जिन्होंने मुझे 'तार सप्तक' पर बोलने के लिए जेएनयू (भारतीय भाषा केन्द्र) बुलाया। 'तार सप्तक' पर जो मेरा एकमात्र तथाकथित निबन्ध है, वह वस्तुतः वहीं दिया हुआ वक्तव्य है। बाद में यही लेख के रूप में छपा। तो यहीं से पाण्डेय जी के साथ मेरे सम्बन्धों की शुरुआत हुई। बाद में चूँकि दिल्ली के साहित्यिक जगत में हम दोनों लोग सक्रिय रहे हैं तो मुलाकातें होती रहीं। उनका अपना जैसा दृष्टिकोण था वैसा ही बना रहा और जैसा मेरा था वैसा मेरा बना रहा। लेकिन धीरे-धीरे उसमें एक तरह की संवाद की स्थिति पैदा हुई।

मैंने तब ये जाना कि वे एक पढ़े-लिखे, काफी समझदार और जिम्मेदार आलोचक हैं। वे जो कुछ भी कहते हैं उससे असहमत होने के काफी कारण हो सकते हैं लेकिन वे गैर-जिम्मेदारी से नहीं बोलते हैं। उनकी अपनी जो दृष्टि है उसके हिसाब से बोलते हैं। दूसरी बात यह है कि वे काफी पढ़े-लिखे आलोचक हैं। हिन्दी में ऐसे आलोचकों की संख्या बहुत है जो गैर-जिम्मेदार या कम पढ़े-लिखे

हैं। आज की पीढ़ी के लोगों में पढ़ने-लिखने का शौक नहीं है, फ़तवे देने का शौक है। एक उदाहरण तो अज्ञेय ही हैं, जिनके बारे में नामवर सिंह ने बहुत फ़तवे दिये हैं और उनको हिन्दी की प्रगतिशील जनवादी आलोचना ने बहुत तेजी से लपक लिया। नामवर सिंह ने विधिवत लिखकर अज्ञेय का ध्वंस नहीं किया। इससे अलग हैं मैनेजर पाण्डेय। मुझे यह समझ में आया कि उनमें इस तरह का द्वैध नहीं है, जैसा कि मसलन (फिर से) नामवर सिंह में है। नामवर सिंह सार्वजनिक रूप से जो बोलते हैं, वह लिखते नहीं हैं और जो लिखते हैं उसका अधिकांश कभी सार्वजनिक रूप से बोलते नहीं हैं। मैनेजर पाण्डेय में एक नैतिक बोध है। वे जैसा सार्वजनिक रूप से बोलते हैं वैसा ही लिखते हैं। तीसरी बात यह है कि मेरे हिसाब से उनमें हिन्दी साहित्य की परम्परा की गहरी समझ है। मसलन, सूरदास पर उन्होंने विस्तार से लिखा है। सूरदास की राजनीति, उनके किसान जीवन का वर्णन आदि की ओर कम से कम मेरा ध्यान तो मैनेजर पाण्डेय की किताब पढ़कर ही गया। चौथी बात, उन्होंने साहित्य से इतर भी काम किया है। मसलन, सखाराम गणेश देउस्कर पर उनकी सम्पादित किताब है। एक आलोचक को इससे जाँचा जाना चाहिए कि वह किसी ऐसे लेखक या कृति की ओर आपका ध्यान आकर्षित करे, जिस पर आपका ध्यान न गया हो। मेरा ध्यान कभी देउस्कर पर नहीं गया था। मेरा ध्यान इस पर भी नहीं गया था कि वे उस ज़माने में कितने अग्रगामी विचारों के व्यक्ति थे। पाण्डेय जी ने पहली बार जो देउस्कर के निबन्धों का संचयन किया और उसकी भूमिका लिखी उससे मेरा ध्यान उस ओर गया। अज्ञेय की जन्म शताब्दी के अवसर के दो उदाहरण हैं। फिर से नामवर सिंह! नामवर जी ने अज्ञेय का नेशनल बुक ट्रस्ट के लिए एक संचयन सम्पादित किया। उसकी भूमिका में नामवर सिंह ने अज्ञेय को हिन्दी का, इस दौर का सबसे बड़ा कवि कहा। बिना इसका ख़याल किये कि इसके पहले उन्होंने अपने आलोचक जीवन के पचास वर्ष अज्ञेय की निराधार निन्दा करते हुए बिताए। आपको अपनी राय बदलने का हक है लेकिन आप राय बदल रहे हैं, इसका ऐहतराम तो करना चाहिए। ये तो कहना चाहिए कि मैंने पहले ऐसा कहा है। ऐसा उन्होंने कुछ नहीं किया। नामवर सिंह हिन्दी के बहुत ही अनैतिक आलोचक हैं, हालाँकि वह मेरे आदरणीय और मित्र हैं। लेकिन वे अक्सर बौद्धिक और नैतिक आचरण नहीं करते। वहीं मैनेजर पाण्डेय ने अज्ञेय की 'शरणार्थी' शीर्षक कविताओं की ओर ध्यान आकर्षित किया। उन्होंने यह भी कहा कि उस दौर में हिन्दी के सभी बड़े प्रगतिशील कवि सक्रिय थे लेकिन उनमें से किसी ने बँटवारे पर एक भी कविता नहीं लिखी। जिन अज्ञेय को मार्क्सवादी और जनवादी समाज विरोधी और न जाने क्या-क्या कहते रहे हैं, उनकी ओर पाण्डेय जी ने ध्यान दिलाया है कि इसी अज्ञेय ने इस विषय पर कविता भी लिखी और कहानी भी। मुझे लगता है एक आलोचक

की बौद्धिक स्थिति को जानने और समझने के लिए ये बातें महत्त्वपूर्ण हैं।

यह सही है कि मैनेजर पाण्डेय अपनी विचारधारा से कभी विचलित नहीं हुए। ये गुण भी है और अवगुण भी। अवगुण इसलिए है कि साहित्य तो विचारधारा से नहीं लिखा जाता और अगर आपको विचारधारा इतनी ही प्यारी है तो आपके साहित्यानुराग के बारे में थोड़ा संशय पैदा होता है। मुझे मैनेजर पाण्डेय के साहित्यानुराग के बारे में थोड़ा-सा संशय होता है। अगर एक अज्ञेय का उदाहरण और एक सूरदास वाला उदाहरण छोड़ दें। सूरदास में तो उन्होंने एक तरह से अपनी विचारधारा के अनुकूल ही ढूँढ़ लिया है। पर अज्ञेय वाले प्रकरण में ऐसा नहीं कहा जा सकता कि वे अज्ञेय को अपनी विचारधारा से बँधकर ही देख रहे हैं। हिन्दी साहित्य का अधिकांश, जनवादी और प्रगतिशील इत्यादि होते हुए भी उसका एक महत्त्वपूर्ण हिस्सा इससे अलग भी है। एक बड़ा आलोचक वह होगा जो पूरे दृश्य को हिसाब में ले। दुर्भाग्य से मैनेजर पाण्डेय ने इस दूसरे हिस्से को हिसाब में नहीं लिया। उनकी साहित्यिक सुरुचि के बारे में मुझे कोई शक नहीं है। वे साहित्य के गम्भीर अध्येता हैं। वे कायदे से, जिम्मेदारी से और संवेदनशीलता से साहित्य पढ़ते हैं। लेकिन वे उस पूरे साहित्य को छोड़ देते हैं जो उनकी विचारधारा से मेल नहीं खाता। मुझे लगता है कि यह एक बड़ी कमी है। जब-तब वे कोई टिप्पणी भी करते हैं, तो वह प्रतिकूल टिप्पणी होती है। प्रतिकूलता बुरी नहीं है। उसके पीछे जो अपाठ या कुपाठ है, वह ठीक नहीं है। इस सबके बावजूद उनकी आलोचना भाषा बहुत साफ-सुथरी है। उन्होंने बहुत सारे विषयों पर गम्भीरता से पढ़ा और लिखा है। जैसे उपन्यास पर उनका जो चिन्तन और विश्लेषण है, वह सम्भवतः तथाकथित प्रगतिशीलों, जनवादियों में सबसे व्यवस्थित, सुचिन्तित और विस्तृत है। मुझे ऐसा भी लगता है कि उनका जो सामाजिकी का आग्रह है, उससे वे निजता को लगभग पूरी तरह से नज़रअन्दाज़ करते चले गये। निजता भी एक सामाजिक स्थिति है, इसका स्वीकार उनमें नहीं है। यह खेद की बात है।

मैनेजर पाण्डेय जन संस्कृति मंच में रहे हैं। ठीक है नागार्जुन बड़े कवि हैं लेकिन मुझे यह समझना-मानना मुश्किल है कि वे इतने बड़े कवि हैं कि अज्ञेय, शमशेर और मुक्तिबोध से बड़े हैं। बावजूद इसके वे सम्भवतः इन तीनों के मुकाबले ज्यादा जनप्रिय कवि हैं। इस जनप्रियता को और जनता के साथ तादात्म्य को मैनेजर पाण्डेय ने जरूरत से ज्यादा फैला रखा है। मुझे लगता है कि अगर उस पैमाने पर देखें तो लगभग सभी बड़े कवि खारिज हो जायेंगे। निराला, प्रसाद कभी जनप्रिय कवि नहीं रहे। निराला के बारे में भले ही बहुत सारी किंवदंतियाँ हों लेकिन निराला की 'राम की शक्तिपूजा' और 'तुलसीदास' कोई जनप्रिय कविता नहीं हैं। हो ही नहीं सकतीं। मुक्तिबोध के एक पक्ष की ओर मैनेजर पाण्डेय ने ध्यान खींचा है।

मुक्तिबोध ने इतिहास और संस्कृति पर जो पुस्तक लिखी थी और वह मध्य प्रदेश सरकार द्वारा बैन कर दी गयी थी। उस पूरे मसले का उन्होंने जायजा लिया है। उस ओर ध्यान दिलाया और गम्भीर बातें कहीं। पाण्डेय जी से कई बार सार्वजनिक आयोजन में मुलाकात होती है। ऐसा भी कई बार हुआ है कि हम लोग एक ही विषय पर बोले हैं। वे हर बार तैयारी से आते हैं। इससे उनकी सार्वजनिक जीवन में जिम्मेदारी का बोध होता है। हिन्दी में ऐसा बहुत कम देखने को मिलता है। दूसरा, नामवर सिंह की तरह वे श्रोताओं की बहुत चिन्ता नहीं करते हैं। जैसे श्रोता हैं, वैसा ही वक्तव्य दे दो। ऐसा वे नहीं करते हैं या कम से कम मैंने उनको ऐसा करते हुए नहीं देखा।

रविकान्त : जो दूसरा सवाल मुझे पूछना था, उसका जवाब कमोबेश आपने दे दिया है। पुस्तक मेले में पाण्डेय जी की किताबों के लोकार्पण के बाद आपने जनसत्ता के 'कभी-कभार' कॉलम में लिखा भी था। तो पाण्डेय जी की आलोचना की समझ, उनकी दृष्टि और उनकी भाषा के बारे में आप क्या सोचते हैं?

अशोक वाजपेयी : मुझे उनकी साफ-सुथरी भाषा समझ में भी आती है और अच्छी भी लगती है। हालाँकि मुझे यह भी लगता है कि ऐसी बहुत सारी जटिलताएँ हैं जो इतने साफ-सुथरे ढंग से नहीं कही जा सकतीं। वे उन जटिलताओं की अवहेलना करते हैं। विचाराधारा से लैस लोगों की यह बड़ी समस्या है कि जो उनकी विचारधारा के दायरे में नहीं आता वह उनको अबूझ लगता है। वे जिसे अपनी विचारधारा से नाप-जोख सकें वही उनको बूझने सा लगता है। मैं कई बार सोचता हूँ कि मैनेजर पाण्डेय जैसे बुद्धिमान व्यक्ति को कभी-कभी इसके बारे में भी सोचना चाहिए कि बहुत सारे विदेशी आलोचक साफ-सुथरा गद्य लिखने वाले नहीं हैं, वे कठिन गद्य लेखक हैं। मैनेजर पाण्डेय इन आलोचकों के बारे में जानते भी हैं। वास्तव में गद्य की यह जो कठिनाई है वह उसका कोई स्वाँग या असमर्थता नहीं है। वह विचार की जटिलता है। हिन्दी में प्रगतिशील जनवादी आलोचना ने जटिलता को सन्दिग्ध बनाने में बड़ी भूमिका निभाई है। उसको लगभग देश निकाला दे दिया गया है। मैं खुद जटिलता नहीं बरतता हूँ। मैं साफ-सुथरा गद्य ही लिखने की चेष्टा करता हूँ। मेरी कविता में भी बहुत जटिलता नहीं है। लेकिन मैं जटिलता का बचाव करने में पिछले 40-50 वर्षों से लगा हुआ हूँ, क्योंकि अगर मैं यह बचाव न करूँ तो मुक्तिबोध की समझ कैसे बढ़ा सकता हूँ। मुक्तिबोध एक बेहद जटिल कवि हैं। भले ही मैं वैसी कविता नहीं लिखता हूँ, मैंने हमेशा जटिलता का पक्ष लिया। कई बार ऐसा लगता है कि जनवादी आलोचना ने और मैनेजर पाण्डेय जैसे समझदार आलोचकों ने इस जटिलता को या तो नज़रअन्दाज़ किया है या उसे अवमूल्यित किया है या उसकी बेवजह निन्दा की है। बिना उसके कठिन वैचारिक

गठन से निपटते हुए।

रविकान्त : पाण्डेय जी ने समकालीन सांस्कृतिक समस्याओं पर एक किताब लिखी है 'भारतीय समाज में प्रतिरोध की परम्परा।' उस किताब के बारे में क्या नजरिया है आपका?

अशोक वाजपेयी : यह बहुत सुविचारित और सुचिन्तित पुस्तक है। समाज में प्रतिरोध के जो भिन्न रूप हैं या हो सकते हैं उन पर काफी गम्भीरता से उन्होंने विचार किया है। मुझे लगता है कि उसका महत्त्वपूर्ण योगदान है। मुझे थोड़ा-सा अचरज तब हुआ जब जेएनयू में इतना बवाल मचा। बड़े-बड़े नामी-गिरामी लोग जो वहाँ रह चुके थे—नामवर सिंह, केदारनाथ सिंह, मैनेजर पाण्डेय वे सब चुप रहे। छात्रों-अध्यापकों ने जो व्याख्यान आयोजित किये थे, उन्होंने मुझे बुलाया। ये व्याख्यान पहले राष्ट्रवाद पर हुए फिर आजादी पर। बाद में हमने खुद एक 'प्रतिरोध' नाम से आयोजन किया था जिसमें कन्हैया कुमार, इलाहाबाद से ऋचा सिंह और कुछ विद्यार्थी हैदराबाद विश्वविद्यालय से आये थे।

ये वैचारिक कायरता है या अवसरवादी चुप्पी? कौन झंझट में पड़े? कई बार आप ऐसा फैसला करते हैं जो तात्कालिक दबाव में होता है। लेकिन जब आपको लगता है कि जो गलत है सो गलत है तब आप सोच समझकर भी विरोध क्यों नहीं कर रहे हैं? आठ माह पहले नवम्बर में पुरस्कार लौटाये गये। हम इस स्टैण्ड से पीछे नहीं हटे। प्रगतिशील पीछे हटे। काशीनाथ सिंह ने पुरस्कार वापस करने के बाद पुनः वापस माँग लिया। इससे मुझे लगता है कि जो सबसे बड़े प्रखर प्रवक्ता रहे हैं, उन लोगों की चुप्पी प्रगतिशीलता और जनवाद को हानि पहुँचा रही है।

रविकान्त : आप कवि हैं और आलोचक भी। मैनेजर पाण्डेय ने जो कविता की आलोचना लिखी है, उसका मूल्यांकन आप कैसे करेंगे?

अशोक वाजपेयी : पिछले 30-40 वर्षों में जो कविता की आलोचना लिखी गयी है उसमें से अगर चुनना हो तो मैनेजर पाण्डेय की भी आलोचना होगी। कई बार उनसे गहरी असहमति भी होती है जैसे—वीरेन डंगवाल इतने बड़े कवि नहीं हैं जितना उन्हें बताया जाता है। उन्हें अधिमूल्यित करने में मैनेजर पाण्डेय की भी भूमिका है। उनकी समस्या साहित्य और विचारधारा के बीच द्वन्द्व में है। दुर्भाग्य से मैनेजर पाण्डेय विचारधारा के पक्ष में जाते हैं। बावजूद इसके कविता पर उनका लेखन महत्त्वपूर्ण है। कविता को समझने में इससे मदद मिलेगी।

निर्भीकता और बेबाकी से अपनी बात कहते हैं मैनेजर पाण्डेय

एस.आर. किदवई से रविकान्त की बातचीत

जेएनयू में जब भारतीय भाषा केन्द्र स्थापित हुआ तो पहली नियुक्ति एस.आर. किदवई की हुई, जो बतौर उर्दू प्रवक्ता वहाँ पहुँचे थे। उसी दिन दोपहर बाद हिन्दी प्रवक्ता के तौर पर शोभा चन्द्रा की नियुक्ति हुई। उसके बाद यह सिलसिला नामवर सिंह, केदारनाथ सिंह, मुहम्मद हसन, मैनेजर पाण्डेय के रूप में आगे बढ़ा। इन सबकी सरपरस्ती में जेएनयू का यह केन्द्र अपनी नयी सोच, विश्वस्तरीय शैक्षणिक माहौल और परिवर्तनकारी लेखन के लिए जाना गया। पूरे हिन्दुस्तान में अनूठा यह विभाग हिन्दी और उर्दू की एकता के लिहाज से चर्चित है। अपने तमाम वैचारिक मतभेदों के बावजूद अध्यापकों में आपसी सौहार्द और सामंजस्य बना रहा है। इसकी नज़ीर है, मैनेजर पाण्डेय और एस.आर. किदवई की दोस्ती और विचार-विमर्श का सफ़रनामा। पेश है मैनेजर पाण्डेय के बारे में एस.आर. किदवई से रविकान्त की बातचीत—

रविकान्त : बहुत सुना है आपके बारे में लेकिन मैं पहली बार आपका दीदार कर रहा हूँ। एक वजह हिन्दी और उर्दू की दूरी भी है। हम लोगों की जनरेशन ने फारसी स्क्रिप्ट नहीं पढ़ी। बेहतर होता हिन्दी की चाजें उर्दू में आतीं और उर्दू की हिन्दी में। खैर, मैं मुख्तसर आपके जीवन के बारे में और आपकी रिसर्च के बारे में जानना चाहता हूँ, ताकि हिन्दी वाले लोग जो आपको नहीं जानते हैं, आपको समझ सकें।

एस.आर. किदवई : मैं रहने वाला तो बाराबंकी के करीब का हूँ। मेरे माँ-बाप दिल्ली में थे। तो मैं बाद में दिल्ली चला गया। मेरी पढ़ाई-लिखाई अलीगढ़ और जामिया यूनिवर्सिटी और दिल्ली से हुई। बाद में दिल्ली यूनिवर्सिटी से मैंने रिसर्च किया। फिर यहीं रिसर्च फेलो हुआ। इसके बाद मैं बतौर लेक्चरर नियुक्त हुआ।

मेरा विषय उर्दू लिट्रेचर था। लिखने में मेरी दिलचस्पी थी। प्रोग्रेसिव राइटर्स मूवमेंट से मेरा गहरा ताल्लुक था। इस ऐतबार से उस ज़माने के बड़े बुद्धिजीवी और वामपन्थी लोगों से मेरा ताल्लुक था। दिल्ली यूनिवर्सिटी में मैंने मास्टर रामचन्द्र देव पर रिसर्च फेलो के रूप में काम किया था। वे 19वीं शताब्दी के बहुत ही अहम बौद्धिक व्यक्ति थे। उन्होंने नार्थ इण्डिया में और खासतौर पर दिल्ली के एक डिग्री कॉलेज में वैज्ञानिक सोच और पश्चिमी ज्ञान को उर्दू में पढ़ने-पढ़ाने का काम किया। यह बहुत बड़ा काम था। सर सैयद अहमद खाँ और इसी तरह के दूसरे लोग उनके शागिर्द थे। इस तरह से पुराने दौर से नये दौर में जमाने को लाने में उनकी केन्द्रीय भूमिका थी। यह 1857 के पहले की दिल्ली थी जिसमें उन्होंने उर्दू जबान के जरिये वैज्ञानिक सोच और पश्चिमी ज्ञान को फैलाने की कोशिश की और सुधार का भी काम किया। वे पश्चिम से बहुत मुतासिर थे। वे दिल्ली के पहले व्यक्ति थे जिसने हिन्दू धर्म छोड़कर ईसाई धर्म अपनाया। ईसाई बनने के बाद मास्टर रामचन्दर से बदलकर उनका नाम ईशूदास रामचन्दर हो गया। उन्होंने बहुत लिखा। उनके कई अखबार निकलते थे। मैंने पहला काम उन पर ही किया। किताब लिखी जो बाद में छपी भी। फिर पीएच.डी. में मैंने फोर्ट विलियम कॉलेज के गिलक्रिस्ट के जीवन और योगदान पर काम किया। गिलक्रिस्ट पहला शख़्स था जिसने भारतीय भाषाओं का बहुत बड़े पैमाने पर पश्चिम में परिचय कराया। 18वीं शताब्दी में उसने डिक्शनरी और ग्रामर वगैरह लिखे। उस ज़माने के बड़े लोगों को उसने जमा किया और उनसे आधुनिक भारतीय भाषाओं में शास्त्र लिखवाए, और भी कई किताबें लिखवायीं।

रविकान्त : फोर्ट विलियम कॉलेज और गिलक्रिस्ट पर हिन्दी के प्रसिद्ध लेखक राही मासूम रज़ा ने यह आरोप लगाया है कि भारत के विभाजन की नींव यहीं पर रखी गयी थी।

एस.आर. किदवई : यह आरोप बिल्कुल गलत है। ये तो हम लोगों ने बाद में सोचना शुरू किया। गिलक्रिस्ट तो ज़बान की हक़ीक़त को दर्ज कर रहे थे। लेकिन बहुत जल्द उन्होंने इस बात को समझ लिया था। दरअसल अंग्रेज यहाँ हुकूमत करने के लिए आये थे। उन्हें दोनों समुदायों से सम्पर्क करना था। उन्होंने सोचा कि दोनों को अलग-अलग रखने में ही फायदा है। इसलिए बाद में हिन्दी-उर्दू का विभाजन ज्यादा हो गया। इसमें अंग्रेजों की बहुत बड़ी भूमिका थी। लेकिन गिलक्रिस्ट के ज़माने में ऐसा नहीं था। वह ईस्ट इण्डिया कम्पनी में एक सर्जन की हैसियत से आया था लेकिन यहाँ आकर उसने देखा कि उसे यहाँ की भाषा सीखनी चाहिए। उसने उर्दू भाषा सीखी। उस ज़माने में अंग्रेज इस भाषा को हिन्दुस्तानी कहते थे। उर्दू का लफ्ज़ उन्होंने इस्तेमाल नहीं किया। दरअसल हिन्दी, उर्दू अलग ज़बानें नहीं थीं। यह अजीब बात है कि 19वीं सदी के आगाज तक हिन्दी का लफ्ज़ ही उर्दू के

लिए इस्तेमाल होता था। हिन्दी, हिन्दवी, देहलवी ये शब्द उर्दू के लिए प्रयुक्त होते थे। उर्दू शब्द बाकायदा 19वीं सदी के अन्त में आया। जब विभाजन के अन्दाज़ अंग्रेजों ने शुरू किये तो हिन्दी-उर्दू की अलग पहचान बनी।

उसके बाद मैंने साहित्यिक आलोचना से मुताल्लिक पाँच किताबें लिखीं—डीयू और जेएनयू में पढ़ाने के दौरान। जेएनयू सन् 1971-72 में बनी। जब भारतीय भाषा केन्द्र बना तो यहाँ नये-नये लोगों को रखने की कोशिश की गयी। मैं दिल्ली यूनिवर्सिटी से यहाँ आया। मेरे कई दोस्त भी थे। यह नयी जगह थी, नये-नये किस्म के कोर्स बन रहे थे। 1974 में सी.आई.एल. बना। मैंने और शोभा चन्द्रा जी ने पहली बार इसे ज्वाइन किया। नामवर सिंह, मोहम्मद हसन, केदारनाथ सिंह और मैनेजर पाण्डेय बाद में आये।

रविकान्त : जब आप जेएनयू में आये तो भारतीय भाषा केन्द्र का माहौल कैसा था?

एस.आर. किदवई : उस समय का माहौल बहुत अनौपचारिक था। हम सब वामपन्थी लोग थे। हम लोगों का प्रयास था कि जेएनयू का भारतीय भाषा केन्द्र एकदम से अलग बने। हिन्दुस्तान की बदकिस्मती यह रही है कि जो भाषा लोगों के मिलने-मिलाने का जरिया होती है यहाँ विभाजन का जरिया बनी। हिन्दी-उर्दू एक ही जैसी ज़बानें हैं। उनका कल्चर एक है। उनका विकास और वृद्धि एक ही तरह से हुई है। यहाँ गंगा-यमुना का जो दोआबा है उसी हिन्दुस्तानी रीज़न की ये दोनों ज़बानें हैं। इसका सबसे बड़ा सबूत है कि हमारे अपने-अपने इलाकों मसलन अवधी, ब्रज, खड़ी बोली इन्हीं से हिन्दी और उर्दू की ग्रोथ हुई है। इंशा अल्ला खाँ से बहादुर शाह जफ़र तक शुरू के जो उर्दू शायर हुए हैं उनके यहाँ आपको हिन्दी, पंजाबी और उर्दू की शायरी मिलेगी। ज़बानों का विभाजन उस ज़माने में ऐसा नहीं हुआ था जो 19वीं सदी के आखिर में हुआ था।

रविकान्त : पाण्डेय जी और आप बहुत लम्बे समय तक एक साथ रहे हैं। पाण्डेय जी के व्यक्तित्त्व और उनकी बौद्धिकता के बारे में आपकी क्या राय है?

एस.आर. किदवई : पाण्डेय जी से मेरी दोस्ती जेएनयू में ही हुई थी। पाण्डेय जी और केदार जी जेएनयू में हमारे जिगरी दोस्त थे। हमारा ज्यादातर वक्त साथ में ही गुजरता था। खाना-पीना, उठना-बैठना सब एक साथ। शुरू में ही मुझे पाण्डेय जी बहुत दिलचस्प आदमी लगे। उनका पूरा अन्दाज़ बिल्कुल किसी गाँव-देहात का है। उनकी बोली, उनकी बेतकल्लुफी असली हिन्दुस्तानी गाँव की है। यह किसी के यहाँ नहीं मिलती क्योंकि सब लोग शहरी हो गये हैं। वे शहरी भी हुए लेकिन उन्होंने अपनी जड़ों को नहीं छोड़ा। सेंटर में ही नहीं पूरे जेएनयू में उनका एकदम खास अन्दाज़ था। जब वे बोलते थे, तो लगता था कि कोई बिल्कुल नया आदमी बोल

रहा है। सेंटर में हिन्दी-उर्दू की एक साथ मीटिंग होती थी। यहाँ हिन्दी पढ़ने वालों के लिए उर्दू अनिवार्य थी और उर्दू पढ़ने वालों के लिए हिन्दी। नामवर जी और हसन साहब दोनों इस मिज़ाज के आदमी थे कि हिन्दी, उर्दू को लेकर इनमें कोई झगड़ा नहीं था। दोनों लोगों का मकसद था कि जेएनयू में पूरे हिन्दुस्तान से अलग सेंटर बने। दूसरी जगहों पर हिन्दी विभाग हिन्दुओं का और उर्दू विभाग मुसलमानों का लगता था। व्यावहारिक रूप से फारसी विभाग भी मुसलमानों के ही हो गये। भाषा कुदरत ने इसलिए बनाई है कि एक आदमी दूसरे से बात कर सके, दूसरे को समझ सके। अंग्रेजों ने ही नहीं हमने भी समझ लिया कि हिन्दी और उर्दू अलग-अलग हैं। जेएनयू ने इसको तोड़ने की कोशिश की। खुशी की बात है कि आप जैसे विद्यार्थी यहाँ पहुँचे। यहाँ हिन्दी-उर्दू विभागों में ताल्लुकात भी अच्छे रहे। यहाँ बहुत ऐसा काम हुआ जो हिन्दी-उर्दू दोनों में था। इसमें मैनेजर पाण्डेय की बहुत बड़ी भूमिका थी। उन्होंने साहित्य के समाजशास्त्र पर हिन्दी में एक किताब लिखी। इसका उर्दू में अनुवाद हुआ। हिन्दी और उर्दू में साहित्य के समाजशास्त्र पर कोई किताब नहीं थी। पाण्डेय जी ने सबसे पहले यह काम किया। उस किताब का हिन्दी और उर्दू अदब की दुनिया में बहुत स्वागत हुआ। उर्दू में उसे मैंने ही छपवाया था। उर्दू और हिन्दी के जो भी कार्यक्रम होते रहे, पाण्डेय जी उनमें हमेशा आते रहे। इस प्रकार से जेएनयू में एक नयी आबोहवा थी जिसमें हिन्दी-उर्दू ज़बानें अलग-अलग होने के बजाय एक साथ आयीं। अब भी साथ चल रही हैं। अब उसकी रफ्तार धीमी पड़ गयी है शायद। जेएनयू का मिज़ाज अब वो नहीं रहा।

पाण्डेय जी की सबसे अच्छी बात मुझे यह लगती है कि उनका दिमाग बहुत खुला हुआ है। वे महज अपनी भाषा और साहित्य तक सीमित नहीं हैं बल्कि राजनीति और समाजनीति के साथ-साथ समकालीन दुनिया में जो कुछ चल रहा है, उससे हमेशा वाकिफ रहते हैं। वे कोशिश करते हैं कि पूरी दुनिया में चल रहे बौद्धिक विमर्श को ग्रहण कर हिन्दी को दें। वे खुद को हमेशा अपडेट और इम्प्रूव करते रहते हैं। विश्वविद्यालय के अध्यापकों के लिए यह सबसे ज्यादा जरूरी है। राजनीतिक दखलन्दाजी की वजह से इसकी लगातार कमी होती जा रही है। हम लोगों में वाद-विवाद भी होता रहा। भाषा और साहित्य की भूमिका है कि इससे एक-दूसरे को समझने में मदद मिलती है। पाण्डेय जी की इस ऐतबार से बहुत बड़ी भूमिका है। जेएनयू की इस रबायत को बढ़ाने वाले लोगों में उनकी अग्रणी भूमिका है।

जितने लोग मुझसे मिलते थे, उनमें पाण्डेय जी बिल्कुल अलग थे। उनके अन्दर कोई बनावटीपन नहीं है। उनके पाँव हमेशा जमीन पर टिके रहे हैं। हिन्दी के साथ-साथ अंग्रेजी और उर्दू की तरफ भी उनका ध्यान रहता है। दाराशिकोह

पर बहुत बड़ा काम वे कर रहे हैं। इस काम के लिए उन्होंने बहुत किताबें पढ़ी हैं, बहुत सामग्री जुटाई है। इस तरह वे नये-नये कामों पर ध्यान देते हैं। आमतौर पर लोग ऐसा नहीं करते। दूसरी भाषा को नहीं पढ़ते हैं। दाराशिकोह फारसी में लिखते थे। पाण्डेय जी ने उनके अनुवाद को पढ़ा और अब उस पर काम कर रहे हैं। एक भाई और दोस्त की तरह उनसे मेरा नाता है। जेएनयू छोड़ने के बाद भी वैसे ही ताल्लुक हैं, हम दोनों में। हाँ, अब पहले जितना मिलना नहीं हो पाता है। उर्दू के लड़के आज भी उनसे मुहब्बत करते हैं और पाण्डेय जी उन पर वैसे ही सरपरस्ती करते हैं। एक अध्यापक को ऐसा होना चाहिए। वह हर साल नयी पीढ़ी को सिखाता है, उन पर असर डालता है। जेएनयू में हर साल नये बैच में विभिन्न मिज़ाज के, विभिन्न संस्थाओं और अलग-अलग जगह से विद्यार्थी पढ़ने आते हैं। हर साल हमारे सामने एक नयी दुनिया को देखने की चुनौती होती है। अलग-अलग संस्कृति और परम्परा से आने वाले विद्यार्थियों से अध्यापक भी बहुत कुछ सीखता है, प्रेरित होता है। जेएनयू के उस खुले माहौल को मैं समझता हूँ। पाण्डेय जी जैसा व्यक्ति इन चीजों से बहुत सीखता है, हासिल करता है और फिर बहुत कुछ देता है। उनके भीतर किसी प्रकार की संकीर्णता नहीं है। हिन्दू-मुस्लिम, हिन्दी-उर्दू-अंग्रेजी के अलग-अलग भाव उनके भीतर नहीं हैं। आजकल की दुनिया के बहुत समझदार आदमी हैं पाण्डेय जी।

रविकान्त : भारतीय भाषा केन्द्र में हिन्दी और उर्दू का जो रिश्ता रहा है, उसमें पाण्डेय जी की क्या भूमिका है? साहित्य के समाजशास्त्र की भूमिका का आपने उर्दू में अनुवाद कराया था, उस किताब के बारे में आपकी क्या राय है?

एस.आर. किदवई : जेएनयू में आने के बाद मैंने देखा कि पाण्डेय जी ने हिन्दी और उर्दू में बहुत काम किया। पाण्डेय जी विचारों से बिल्कुल आधुनिक आदमी हैं लेकिन उनकी भाषा और अन्दाज़ बिल्कुल हिन्दुस्तानी गाँव के हैं। साहित्य के समाजशास्त्र पर उनकी किताब बहुत महत्त्वपूर्ण है। उर्दू में साहित्य के समाजशास्त्र पर अलग से काम नहीं हुआ था। पाण्डेय जी को हमने जोर देकर उर्दू अनुवाद के लिए कहा। तो इस प्रकार उस किताब का अनुवाद करके हम लोगों ने छपवाया। अंग्रेजी में इस विषय पर बहुत सामग्री है। लेकिन हिन्दी में पाण्डेय जी ने ही काम किया है।

रविकान्त : उस किताब के अनुवाद के अलावा पाण्डेय जी के कुछ आलोचनात्मक लेख असलम साहब की पत्रिका में छपते रहते हैं। उनसे भी आप परिचित हैं। उसके बारे में आपकी क्या राय है?

एस.आर. किदवई : उसके बारे में मेरा ख़याल यह है कि एक ज़माने में साहित्य के जो तमाम आन्दोलन चले, पाण्डेय जी किसी के भी रौब में नहीं आये। उनके

ज़माने में जैसा कि पहले आधुनिकता, आधुनिकतावाद और प्रगतिशील साहित्य पहले से मौजूद थे। उसके बाद उत्तर-आधुनिकतावाद आया और दोनों में बहस और विवाद चलने लगा। पाण्डेय जी वामपन्थी मिज़ाज के आदमी हैं। लेकिन किसी कम्युनिस्ट पार्टी से वे बहुत ज्यादा नहीं जुड़े हैं। उनका एक स्वतन्त्र अन्दाज़ है। वे अपने समय की तमाम साहित्यिक परम्पराओं को स्वीकार करने की कोशिश करते हैं। बहुत से लोग एक ज़माने में प्रगतिशील आन्दोलन से जुड़े थे। जमाना बदल गया लेकिन वे उसी से एक तरह से चिपके रहे। लेकिन पाण्डेय जी के यहाँ ऐसा नहीं है। आधुनिकता, उत्तर-आधुनिकता और अस्मिता-विमर्श सबको उन्होंने जाना, सीखा, पढ़ा और उस पर लिखा। वे अब भी सीखने की कोशिश करते हैं। वे अपने लेखन में और व्याख्यानों में स्वतन्त्रतापूर्वक नयी चीजों को कुबूल करते हैं और उसका इजहार करते हैं। उनकी सबसे बड़ी खूबी यह है कि वे बहुत निर्भीकता और बेबाकी से अपनी बात कहते हैं। बोलने में वे किसी के साथ कोई मुरव्वत या रियायत नहीं करते हैं। अगर नामवर जी अपनी बात कहते हैं तो पाण्डेय जी उनको भी नहीं छोड़ते हैं। वे इस बात की कतई परवाह नहीं करते कि किसी को अच्छा लगेगा या नहीं।

आलोचना एक व्यापक बौद्धिक कर्म है

मैनेजर पाण्डेय से रविकान्त और आकांक्षा सिंह की बातचीत

आलोचना का समाजशास्त्र रचते हुए उम्र के 75 वर्षीय पड़ाव पर पहुँच चुके मैनेजर पाण्डेय आज भी बेहद सचेत और सक्रिय हैं। मुक्तिबोध के शब्दों में 'संवेदनात्मक ज्ञान और ज्ञानात्मक संवेदना' को दुनिया के किसी भी झरोखे से मीरा की तरह पाने की दीवानगी उनके भीतर मचलती रहती है। यही कारण है कि वे काम और समय के मामले में बेहद सख्त हैं। इस महत्त्वपूर्ण अवसर पर मैनेजर पाण्डेय से इस पुस्तक के सम्पादकद्वय रविकान्त और आकांक्षा सिंह ने बातचीत की।

रविकान्त : पिछले दो-तीन साल से एक सवाल सामने आ रहा है लेखकों के द्वारा और स्वयं आलोचक किस्म के लोग भी इनमें शामिल हैं, जो लगातार यह कह रहे हैं कि आलोचना संकट में है। दूसरा लेखकों को यह भी लगता है कि अब हमें आलोचक की आवश्यकता ही नहीं है। रचना और पाठक के बीच में किसी भी मध्यस्थ की कोई जरूरत नहीं है। इसके बावजूद पिछले लगभग 50 साल से आप आलोचना लेखन में निरन्तर सक्रिय हैं। पूरे हिन्दी जगत को आपसे अभी बहुत सारी उम्मीदें भी हैं। आप आलोचना में सहमति-असहमति की बात करते हैं, आलोचना के समाजशास्त्र पर बात करते हैं। ऐसे दौर में ये जो दोनों प्रश्न हैं कि आलोचना में संकट है और लेखकों का आग्रह या मताग्रह है कि हमको आलोचना की जरूरत ही नहीं है। तो इस पर आपकी स्पष्ट रूप से क्या राय है?

मैनेजर पाण्डेय : पहली बात यह है कि आलोचना के संकट की बात हिन्दी के आधुनिक काल में बहुत पहले से हो रही है। मतलब जब आचार्य रामचन्द्र शुक्ल लिख रहे थे तो उस समय भी, उस समय के लगभग सारे बड़े छायावादी कवि आचार्य शुक्ल से नाराज थे। उसमें से अनेक ने आचार्य शुक्ल की आलोचना भी की। बाद के दौर में भी जब आलोचना आगे चली तो भी यह बात होती रही है कि रचनाकार आलोचना से असन्तुष्ट रहे हैं। लगभग वही बात इस समय भी की जा रही है। इसमें नया कुछ नहीं है। दूसरी बात यह है कि आलोचना एक व्यापक

बौद्धिक कर्म है। उसका एक बड़ा काम परम्परा का मूल्यांकन करना है। अपनी परम्परा का, अपनी परम्परा के आस-पास की परम्पराओं का, साहित्य की परम्पराओं से समाज की परम्पराओं के सम्बन्ध की व्याख्या करना, उसका विवेचन करना, ये सब आलोचना का काम है। तीसरी बात यह है कि आलोचना का एक बड़ा काम रचना की अर्थवत्ता और सार्थकता की खोज और पहचान करना है।

रचना की अर्थवत्ता रचनानिष्ठ होती है, लेकिन उसकी सार्थकता समाजनिष्ठ होती है। यह जाँचना, परखना होता है। रचना के माध्यम से आलोचक का काम है कि वह कितनी अर्थवान है और कितनी सार्थक है। अब जो आलोचना का एक पक्ष मैंने कहा कि परम्परा का मूल्यांकन है। उसमें परम्परा के जो बड़े कवि या लेखक हैं, वे किसी आलोचक से न यह कहने आते हैं कि हम आपसे असन्तुष्ट हैं, न किसी को मना करते हैं कि आप हम पर मत लिखिए। मतलब व्यास, वाल्मीकि से होते हुए आधुनिक काल और आज के काल के कवि किसी आलोचक से उम्मीद नहीं करते कि वह हम पर लिखें। तो यह भी नहीं है कि किसी को मना करें कि आप हम पर मत लिखिए।

आलोचना रचना से स्वतन्त्र बौद्धिक कर्म है। यह आलोचक का अपना चुनाव, अपनी समझ, अपनी प्रतिभा पर निर्भर करता है कि वह किस पर लिखता है और किस पर नहीं लिखता है। कैसा लिखता है और कैसा नहीं लिखता है। असल में, आलोचना और रचना का जो सारा झगड़ा है, वह समकालीनता से जुड़ा हुआ है। जो समकालीन रचनाकार हैं, वे जब यह महसूस करते हैं कि हमारी रचना की ठीक से व्याख्या नहीं हो रही है, या व्याख्या हो ही नहीं रही है, तो वे अपनी नाराजगी, अपनी खीझ प्रकट करने के लिए दोनों बातें कहते हैं कि आलोचना निरर्थक हो गयी है या कमजोर हो गयी है, या उसकी हमें जरूरत नहीं है। रचनाकारों को आलोचकों की जरूरत हो या ना हो, पाठकों को आलोचना की जरूरत होती है। आलोचना भी उन्हीं पाठकों तक पहुँचना चाहती है। वह उन्हीं को सम्बोधित करती है, जिन तक रचनाकार पहुँचना चाहते हैं या जिनको सम्बोधित करते हैं। आलोचना रचना को समझने-समझाने में पाठकों की मदद करती है। इसलिए किसी रचनाकार के कहने से कि हमें आलोचना की जरूरत नहीं है, आलोचना का न अस्तित्त्व तय होता है न उसकी सार्थकता तय होती है। एक और बात है। ये बहुत लम्बे समय से छायावाद के समय से शुरू हुआ कि जब रचनाकार यह महसूस करते हैं कि आलोचक उनकी रचनाओं को ठीक से नहीं समझ रहे हैं तो अपनी रचनाओं को समझाने के लिए वे खुद आलोचना लिखते हैं। यह काम छायावाद के कवियों ने किया। आगे चलकर प्रगतिवाद, प्रयोगवाद और नयी कविता के दौर के कवियों ने और नयी कहानी के दौर में कहानीकारों ने यह काम किया। आज भी कुछ लोग यह करते हैं। उनको

करना भी चाहिए। पर जैसे उन्हें आलोचना लिखने से कोई रोकता नहीं है, उसी तरह से आलोचकों की आलोचना को भी खारिज करने या स्वीकार करने का कोई मतलब नहीं। आखिरी बात यह है कि समकालीन रचनाशीलता में अधीरता बहुत है। रचनाकार जब किसी आलोचना में अपनी चर्चा नहीं पाते तो उससे वे निराश होते हैं। पर आलोचक के सामने कोई एक रचनाकार या एक तरह का रचनाकार नहीं रहता, सारा हिन्दी साहित्य रहता है। जैसे रचनाकार स्वतन्त्र है कि वह किसी भी विषय पर कैसी भी रचना लिखे, उसी तरह से आलोचक भी स्वतन्त्र है कि किस रचना पर कैसी आलोचना लिखे।

आकांक्षा सिंह : आपने कहा कि जो आलोचना है, वह एक तरह से परम्परा का मूल्यांकन है। माने, वह साहित्य की परम्परा का और समाज की परम्परा का मूल्यांकन है। तो इस लिहाज से आलोचना के लिए इतिहास की आवश्यकता है और इतिहास को भी आलोचना की आवश्यकता है। आपने भी इस पर ढेर सारा लेखन किया है, 'साहित्य और इतिहास-दृष्टि' में भी और दूसरी जगहों पर भी। आज इतने लम्बे समय के बाद लेकिन मेरे सामने इतिहास ही नहीं है बल्कि वर्तमान और भविष्य का स्वप्न भी आपकी आलोचना में मुझे दिखाई देता है। आज जबकि इतिहास के अन्त की बात हो चुकी है, समय के अन्त की बात हो चुकी है और जो पूरे भारत का परिदृश्य है, उसमें सामाजिक-राजनीतिक और आर्थिक दृष्टिकोण से भी नयी चीजें आ गयी हैं। आज नये तरह की तमाम चुनौतियाँ हमारे सामने हैं। तब इतिहास को आलोचना की और आलोचना को इतिहास की कितनी आवश्यकता आप महसूस करते हैं?

मैनेजर पाण्डेय : आलोचना का भी इतिहास होता है। मतलब हिन्दी के आज के आलोचक के लिए ये जरूरी है कि वह इतिहास की, आलोचना की विभिन्न प्रवृत्तियों, धाराओं, विशेषताओं से परिचित हो। आलोचना के सिद्धान्त भी साहित्य के इतिहास से निकलते हैं। मतलब आचार्य शुक्ल ने जो साहित्य निर्मित किया और व्यवहार के रूप में उसको सामने रखा, उसके दो ऐतिहासिक सन्दर्भ हैं। एक तो भक्तिकाल का साहित्य, भक्तिकाल की कविता और दूसरा उनका समकालीन हिन्दी साहित्य, खासतौर से कविता, जिसके वे विशेष आलोचक थे। दूसरी बात इस प्रसंग में ध्यान में रखने की ये है कि प्रायः हिन्दी में तो यही परम्परा है कि जो आलोचक हैं वही इतिहास भी लिखते रहे हैं। रामचन्द्र शुक्ल के इतिहास या हजारी प्रसाद द्विवेदी के इतिहास की एक बड़ी विशेषता उनके मूल्यांकन दृष्टि में है। मतलब मान लीजिए आचार्य शुक्ल ने तुलसीदास को महत्त्व दिया, सूरदास को महत्त्व दिया, जायसी को महत्त्व दिया तो इनकी रचनाओं की व्याख्या और रचनाओं के मूल्यांकन से ही उनके सिद्धान्त भी जुड़े हुए हैं। वही हाल हजारी प्रसाद द्विवेदी और नन्द

दुलारे वाजेपेयी का है। आगे चलकर रामविलास शर्मा या नामवर सिंह के यहाँ भी ऐसा है। इसलिए इतिहास और आलोचना का बहुत घनिष्ठ सम्बन्ध है।

दूसरी बात इस प्रसंग में यह भी ध्यान रखनी जरूरी है, जिसे मैं फिर दोहरा रहा हूँ कि आलोचना का केवल साहित्य के इतिहास से ही सम्बन्ध नहीं होता, समाज के इतिहास से भी सम्बन्ध होता है। जब आचार्य शुक्ल आलोचना लिख रहे थे या इतिहास लिख रहे थे, तो यह स्वाधीनता आन्दोलन का समय था। इसलिए उनकी आलोचना में सिद्धान्त और व्यवहार, दोनों स्तरों पर स्वाधीनता आन्दोलन की झलक दिखाई देती है, इसका प्रभाव दिखाई देता है। इसलिए जो आपने सवाल किया कि आज के दौर में जब बहुत सारी चीजें बदल रही हैं तो आज के आलोचक का दायित्व है कि रचना की आलोचना करते हुए वह अपने समय और समाज की भी समझ रखे और उसकी व्याख्या और आलोचना करे। यह इसलिए भी जरूरी है कि रचनाएँ तो समाज से ही निकलती हैं। जैसे मान लीजिए कि वीरेन डंगवाल की कविता है। उनकी अधिकांश कविताएँ अपने समय और समाज की वास्तविकताओं, सम्भावनाओं, विकृतियों, द्वन्द्वों से जुड़ी हुई रचनाएँ हैं। तो कोई आलोचक वीरेन डंगवाल पर या मदन कश्यप पर या आज के किसी अच्छे कवि पर लिखते हुए आज के समय और समाज को नहीं भूल सकता क्योंकि उन रचनाओं में तो नहीं है यह समय और समाज। इसलिए आलोचना का काम रचना से बाहर के समाज को समझना भी है, क्योंकि मूल वही है। मतलब, समय और समाज जिससे रचना भी निकलती है और जिसकी पहचान आलोचना में होती है, जिसकी व्याख्या भी आलोचना में होती है। इसलिए जैसा रचनाशीलता का विकास होता है उसी तरह आलोचना का भी विकास होता है, समय और समाज के परिवर्तन के साथ तथा समय और समाज में होने वाले बदलाव के साथ। इसलिए रामचन्द्र शुक्ल की आलोचना महत्त्वपूर्ण होते हुए भी आज की आलोचना नहीं हो सकती। उसी तरह आज का कोई आलोचक भक्तिकाल से भक्ति कविता का सम्बन्ध तो बता सकता है, वह आज के समय को भी ध्यान में रखकर बताने की कोशिश करेगा, क्योंकि आज के समय और समाज में बहुत सारे सवाल उठेंगे। एक उदाहरण के लिए मैं कह रहा हूँ कि आज का कोई आदमी भक्तिकाव्य पर बात करता है तो भक्तिकाव्य में स्त्रियों का, स्त्रियों के बारे में जो भक्तिकाल का दृष्टिकोण है, उसका सामना करने से वह बच नहीं सकता। दलितों के बारे में भक्तिकाव्य का जो दृष्टिकोण है, दोनों रूपों से यानी स्वयं दलित कवियों के यहाँ भी और गैरदलित कवियों के यहाँ भी, तो आज का आलोचक भक्तिकाव्य की आलोचना करते हुए दलितों के प्रश्न से भी बच नहीं सकता। इसलिए कहा जाता है कि आलोचना का एक काम अपने समय और समाज की आँख से परम्परा को देखना है और समकालीनता को भी

देखना है। मतलब, रचना की परम्परा, रचनाशीलता की परम्परा और रचनाशीलता की समकालीनता को भी अपने समय और समाज की आँख से देखना। आलोचना दृष्टि और रचना में केवल अतीत और वर्तमान से सम्बन्ध की ही बात नहीं होती, अतीत और वर्तमान के साथ-साथ भविष्य से भी वह जुड़ी होती है क्योंकि सारे रचनाकारों की वर्तमान की चिन्ता, भविष्य की चिन्ता से जुड़ी होती है। उसी तरह आलोचना की भी जो सारी चिन्ता है वह अतीत, वर्ततान और भविष्य तीनों के आपसी सम्बन्धों की भी चिन्ता है।

रविकान्त : हरबंस मुखिया ने जेएनयू में राष्ट्रवाद पर व्याख्यान देते हुए कहा कि मध्यकालीन भारत में इतिहास लेखन की विधिवत शुरुआत मुस्लिम शासकों द्वारा हुई। दूसरी तरफ यूरोपियनों द्वारा इसी समय ईश्वर के नाम पर इतिहास लिखा गया। माने, भारत में इतिहास इंसान लिखवा रहा है और यूरोप में ईश्वर। आज तो इतिहास की दुर्गति ही हो रही है। मध्यकालीन भारतीय इतिहास पर आप लम्बे समय से काम कर रहे हैं। मुगल बादशाहों की कविता पर आपकी किताब आने वाली है। दाराशिकोह पर आपका काम चल रहा है। इतिहास पर चिन्तन करने वाले सम्भवतः आप इकलौते हिन्दी आलोचक हैं। सबने हिन्दी साहित्य पर लिखा-समझा है। आप साहित्य के साथ-साथ अन्य विषयों पर भी लिख-पढ़ रहे हैं। तो इस विषय में आपके क्या विचार हैं?

मैनेजर पाण्डेय : प्रायः इतिहास पर वैचारिक द्वन्द्व और संघर्ष सारी दुनिया में और हिन्दुस्तान में वर्तमान की राजनीति से प्रेरित और प्रभावित होता है। इसलिए अभी जिसे आप इतिहास की दुर्गति कह रहें हैं, वह वर्तमान राजनीति का फल है, उसका परिणाम है। दूसरी बात यह है कि मध्यकाल हिन्दी साहित्य के लिए भी अत्यन्त महत्त्वपूर्ण है। उसी मध्यकाल में भक्तिकाल का काव्य सामने आया। उसी मध्यकाल में रीतिकाल का काव्य भी सामने आया। इसलिए हिन्दी साहित्य का कोई पाठक या आलोचक या इतिहासकार मध्यकाल की उपेक्षा करके बात नहीं कर सकता। तीसरी बात इस प्रसंग में यह है कि आजकल जो इतिहास की जमीन पर राजनीति की लड़ाई चल रही है, उसके पीछे भी मध्यकाल के बारे में दृष्टिकोणों का टकराव दिखाई पड़ता है। इसलिए मेरी मध्यकाल में दिलचस्पी का कारण और स्वरूप यह है कि मध्यकाल में ऐसा क्या हुआ था जो भारतीय समाज के वर्तमान और भविष्य दोनों के लिए जरूरी और उपयोगी है। इसलिए उसको सामने लाने की कोशिश करने का काम मैं करता रहा हूँ। मैंने एक छोटी-सी किताब तैयार की है, जो अब छपने वाली है—'मुगल बादशाहों की हिन्दी कविता।' मुझसे प्रो. हरबंस मुखिया ने भी यह कहा था कि जो आप कर रहे हैं वह बहुत महत्त्वपूर्ण है। जब मैंने काम शुरू किया था, उसी समय मेरी उनकी बात हुई थी। उस समय सारी बुनियादी

सामग्री मेरे पास मौजूद थी, उसे केवल सजाना, सँवारना और भूमिका लिखना बाकी था। इससे यह भी साबित होता है कि यद्यपि मुगल शासक बाहर से हिन्दुस्तान में आये थे, लेकिन वे अनेक स्तरों पर भारतीय बने थे।

पहली बात, अकबर के समय में मुगल राज दरबार की एक नीति बनी थी कि प्रत्येक शहज़ादे को चार भाषाओं की शिक्षा दी जाती थी। एक तुर्की भाषा, जो मुगलों की मातृभाषा थी, दूसरी अरबी भाषा जो उनके धर्म की भाषा थी मतलब कुरान की भाषा, तीसरी फारसी भाषा जो उस समय राज-काज और ज्ञान की भाषा थी, चौथी स्थानीय भाषा मतलब ब्रज भाषा। यह चार भाषाओं में शिक्षा देने की परम्परा और नीति मुगल शासक बहादुर शाह ज़फ़र तक लगातार चलती रही। इसीलिए प्रत्येक महत्त्वपूर्ण मुगल बादशाह ने अलग-अलग भाषाओं में कविता लिखने का भी काम किया। मतलब, बाबर तुर्की में भी कविता लिखता था और फारसी में भी। हुमायूँ को कोई मौका ही नहीं मिला। जीवन ही उसका राजगद्दी पाने और खोने में गुजर गया। अकबर के समय से व्यवस्थित मुगल शासन स्थापित हुआ। अकबर ब्रज भाषा और फारसी, दोनों भाषाओं में कविता लिखता था। यद्यपि यह कहा जाता है कि अकबर पढ़ा-लिखा नहीं था, लेकिन इसके अनेक प्रमाण हैं कि वह पढ़ा-लिखा था। स्वयं उसके बेटे जहाँगीर की आत्मकथा में लिखा हुआ है। दूसरे लोगों ने भी लिखा है जैसे अबुल फज़ल। आगे भी यह सिलसिला चलता रहा। औरंगज़ेब के बाद एक मुगल बादशाह हुआ था, शाह आलम। उसने तीन भाषाओं में कविता लिखी, एक तो फारसी में, दूसरे तब तक उर्दू आ गयी थी तो उर्दू में और तीसरी ब्रजभाषा में। उसने कविता ही नहीं लिखी बल्कि 1797 या 98 में उसने अपनी तीनों भाषाओं की लिखी कविताओं की एक किताब भी छपवाई जिसका नाम है—'नादिराते शाही'। उसका भी मैंने अपनी किताब में उपयोग किया है और हवाला दिया है।

यह भी ध्यान रखिये कि मुगलों ने जो ब्रजभाषा में कविताएँ लिखी थीं वे सब उसी रंग-ढंग की कविताएँ थीं जिस रंग-ढंग की कविताएँ उस समय हिन्दी साहित्य में लिखी जा रही थीं। मतलब उसमें भक्ति की कविताएँ हैं और बाद के दिनों में रीतिकाल की प्रवृत्ति शृंगार और प्रेम की भी कविताएँ हैं। मुगलकाल के बादशाहों की कविता में मेरी दिलचस्पी का कारण यह था कि यह देखा जाये कि वे कितने भारतीय थे और कितने भारतीय नहीं थे। उनकी कविताएँ ये साबित करती हैं कि वे भारतीय जीवन से, संस्कृति से, परम्पराओं से, दर्शन से, संगीत से, सबसे जुड़े हुए थे। संगीत पर अकबर की कविताएँ हैं, दूसरे लोगों की भी कविताएँ हैं। आजकल सारे मध्यकालीन इतिहास और सारे मध्यकालीन समाज के तौर-तरीकों के विरुद्ध अभियान चल रहा है। मुगल बादशाहों की हिन्दी कविता और दाराशिकोह के

सांस्कृतिक चिन्तन पर मेरा काम एक तरह से वर्तमान परिदृश्य में अनेक भ्रमों को मिटाने के लिए है। दाराशिकोह पहला और आखिरी मुगल है जिसने हिन्दू धर्म और इस्लाम को एक करने या मिलाने की सैद्धान्तिक स्तर पर कोशिश की। उसने फारसी में एक किताब लिखी थी, जिसका नाम है, मज्मउल बहरैन। उसी किताब का उसने संस्कृत में अनुवाद किया था। उसका नाम था–'समुद्र संगम'। वह मानता था कि हिन्दू और इस्लाम दोनों दो समुद्र हैं। इनके बीच संगम होना चाहिए, एकता होनी चाहिए। इसी दृष्टिकोण से उसने लेखन किया। यही नहीं इससे भी बड़ा काम उसने यह किया कि उपनिषदों का फारसी में अनुवाद किया। 'सिर्रे अकबर' नाम से वह किताब तैयार हुई। उस किताब का एक यूरोपीय जो फ्रांसीसी था, उसने लैटिन और फ्रेंच में अनुवाद किया। 1800 ई. या 1801 ई. में 'सिर्रे अकबर' के लैटिन अनुवाद की किताब छपी। इससे सारे यूरोप के बड़े दार्शनिक भारतीय दर्शन, उपनिषदों के दर्शन से परिचित और प्रभावित हुए। एक तरह से दाराशिकोह यूरोप में भारतीय दर्शन को पहुँचाने वाला पहला व्यक्ति है। इसलिए मेरी दिलचस्पी इन चीजों में है ताकि उनको सामने लाया जाये। अँधेरे में तीर चलाने के बदले वास्तविकता को जानकर मध्यकाल के शासन, समाज, साहित्य, संस्कृति के बारे में राय बनाई जाय।

आकांक्षा सिंह : रीतिकाल पर पिछले दिनों आपने नये सिरे से विचार किया है। भूषण और केशव के सन्दर्भ में आपने नयी व्याख्या-विवेचना की है। उस बारे में आपसे कुछ और समझना चाहती हूँ।

मैनेजर पाण्डेय : इस पर मैंने एक व्याख्यान दिया था। व्याख्यान में समय और श्रोताओं की सीमा होती है। श्रोता कॉलेज के लड़के, लड़कियाँ थे और कुछ अध्यापक भी थे। मुझे लगा कि रीतिकाल के बारे में नये ढंग से सोचना जरूरी है और मैंने जो मूल बात स्थापित करने की कोशिश की, कि एक तो रीतिकाल की कविता का अपने समय के इतिहास से गहरा सम्बन्ध है। रीतिकाल के सबसे बड़े कवि माने जाते हैं केशवदास। केशवदास ने अपने समय के दो-तीन ऐतिहासिक प्रसंगों पर काव्य लिखा। एक उनकी रचना है 'जहाँगीर-जसचन्द्रिका'। जहाँगीर उनके समय में मुगल बादशाह थे। दूसरी उनकी रचना है 'वीर सिंह-देव चरित'। वीर सिंह बुन्देला उस समय बड़ा शासक और लड़ाकू बहादुर था और जहाँगीर का मित्र भी था। इसलिए अकबर के विरुद्ध जहाँगीर ने जो विद्रोह किया था उसमें भी उसने वीर सिंह बुन्देला को अपने साथ लिया था। इसके साथ ही उस समय के दूसरे बड़े कवि हैं, भूषण। भूषण के काव्य का दो-तीन ऐतिहासिक व्यक्तियों से सम्बन्ध है। एक तो स्वयं शिवाजी और दूसरे शिवाजी पर जो काव्य लिखा उसमें सीधे औरंगज़ेब भी आते हैं। तीसरे हैं छत्रसाल। मतलब रीतिकाल की कविता का अपने समय के इतिहास के साथ सम्बन्ध था। यह मैंने खोजने, बताने और दिखाने का काम किया

है। अब जरूरत इस बात की है कि उसका विस्तृत अध्ययन किया जाय। दूसरी बात यह है कि भारत में जब रीतिकाल आया तब इस देश में अंग्रेजी राज धीरे-धीरे फैल रहा था। इस बात पर कभी ध्यान नहीं दिया गया है कि रीतिकाल के अनेक कवि अंग्रेजी राज के भी विरोधी हैं। उन्होंने ऐसी कविताएँ लिखी हैं जिनमें पराधीनता की निन्दा-आलोचना है और स्वाधीनता की तारीफ या प्रशंसा है। इसके साथ ही पद्माकर रीतिकाल के लगभग आखिरी बड़े कवि माने जाते हैं। इन्होंने ग्वालियर के महाराज दौलतराम सिन्धिया को एक कविता में चिट्ठी लिखी। चिट्ठी में लिखा कि तुम कब अपनी सैनिक शक्ति के साथ अंग्रेजों पर हमला करके उनको इस देश से भगाओगे। उस काल के आखिरी कवि हैं राजस्थान के सूरजमल्ल मिश्र। सूरजमल्ल मिश्र 1857 के विद्रोह के समय जीवित थे। उन्होंने 1857 के संग्राम का भारतीय पक्ष से समर्थन ही नहीं किया था बल्कि राजस्थान के जमींदारों, राजाओं को चिठ्ठी लिखकर कहा था कि इस बार अगर अँग्रेज पराजित नहीं हुए तो वे कभी भागेंगे नहीं, कभी पराजित नहीं होंगे। यही नहीं वहीं औवा नाम का एक राजा था। यह स्टेट जोधपुर के अगल-बगल में है। औवा के राजा ने अँग्रेजों से लड़ाई की। वह शहीद हुआ। उसकी तारीफ में सूरजमल्ल मिश्र ने गीत लिखे। इसलिए मेरा कहना यह है कि रीतिकाल की कविता में अपने समय और समाज के इतिहास से जो गहरा रिश्ता है उसकी छान-बीन करने की जरूरत है। रीतिकाल की कविता को केवल शृंगार की कविता कह कर खारिज करना उसके साथ अन्याय है।

रविकान्त : भक्तिकाल के सांस्कृतिक सन्दर्भों को रेखांकित कर आपने भक्ति आन्दोलन को अखिल भारतीय आन्दोलन कहा। समकालीन दलित विमर्श को भी आप उसी तर्ज पर परखते हुए अखिल भारतीय साहित्यिक-सांस्कृतिक आन्दोलन मानते हैं। लेकिन आज के अस्मितावादी विमर्श में तमाम अन्तर्विरोध हैं। भक्ति आन्दोलन के भीतरी तत्त्व जिस तरह से उसे अखिल भारतीय स्वरूप प्रदान करते हैं, क्या उसी तरह से अस्मितावादी विमर्श के बीच कोई भारतीयता का विमर्श खड़ा होगा?

मैनेजर पाण्डेय : दरअसल, हिन्दी के सारे विमर्श, मतलब दलित विमर्श, स्त्री विमर्श, आदिवासी विमर्श, भारतीय समाज के अन्तर्विरोधों, भारतीय समाज की असंगतियों, भारतीय समाज में फैली हुई जड़ताओं, संकीर्णताओं, कुरूपताओं आदि के विरुद्ध ही चल रहे हैं। दलित विमर्श का सम्बन्ध जाति-व्यवस्था और जाति-प्रथा से है। इस व्यवस्था के ही विरुद्ध दलित आन्दोलन या दलित विमर्श या दलित साहित्य चल रहा है। उसी तरह से पूरी दुनिया के समाजों की तरह भारतीय समाज में स्त्रियों की जो पराधीनता और वास्तविकता है तथा स्वाधीनता की आकांक्षा है, उसी की अभिव्यक्ति स्त्री विमर्श में हो रही है। उसी तरह मुख्य भारतीय समाज

और हाशिए पर रहने वाले आदिवासी समाज के बीच जो द्वन्द्व, टकराव, मतभेद आदि हैं, वे आदिवासी विमर्श में चल रहे हैं। यह भारतीय समाज, संस्कृति, परम्परा और इतिहास से ही पैदा हुए विमर्श हैं। इन विमर्शों से बात निकलती है कि सबका अलग-अलग भारत है। अपनी पराधीनता, अपने शोषण, अपने प्रति किये गये भेदभाव, अन्याय, अत्याचार के विरुद्ध विद्रोह का भाव भी इन विमर्शों में है। इसलिए आगे चलकर अगर इन विमर्शों की बात मुख्य समाज सुने तो बेहतर समाज बन सकता है।

मुख्य समाज भी अपने आप में एक मिथक है। वह वास्तविकता नहीं है। जिसको मुख्य भारतीय समाज कहा जाता है वह स्वयं जातियों में बँटा हुआ विभक्त समाज है। फिर भी जो है अगर वह दलित विमर्श, स्त्री विमर्श और आदिवासी विमर्श पर ध्यान दे, उनकी आकांक्षाओं और कोशिशों को महत्त्व दे, तो एक बेहतर भारतीय समाज और संस्कृति के निर्माण की सम्भावना बनती है। अब भविष्य में क्या होगा इसके बारे में तो अनुमान लगाना ठीक नहीं है। मुझे भविष्यवाणी करना उचित भी नहीं लगता। लेकिन अभी तो इन तीनों समुदायों के प्रश्न भी ठीक से नहीं समझे जा रहे हैं। बहुत सारे लोग इन विमर्शों को ही खारिज करते हैं। ये विमर्श जहाँ से पैदा हुए हैं, उस वास्तविकता को तो वे खारिज नहीं कर सकते, लेकिन विमर्श को केवल इसलिए खारिज किया जा रहा है क्योंकि जो मुख्य समाज का अपना वर्चस्ववादी विमर्श है वह सब पर प्रभावशाली और हावी बना रहे। इसलिए इसको खारिज करना जरूरी है। पर मुझे नहीं लगता कि वे सफल होंगे।

देखिए, सोए हुए को जगाना आसान काम है लेकिन जागे हुए को सुलाना बहुत मुश्किल है। इसलिए जो जागे हुए हैं और अपनी बात कह रहे हैं, उनको चुप नहीं कराया जा सकता। इसलिए वे अपनी बात कहेंगे और मैं तो इससे प्रसन्न हूँ क्योंकि इन विमर्शों के माध्यम से भारतीय समाज की शताब्दियों पुरानी बीमारियाँ और उसके परिणाम सामने आ रहे हैं। ये एक बेहतर भारतीय समाज के भविष्य की ओर संकेत करते दिखाई दे रहे हैं।

आकांक्षा सिंह : पिछले दो दशकों में उभरे बाजारवाद और वैश्वीकरण ने दलित, आदिवासी और स्त्रियों को अलग-अलग तरीके से प्रभावित किया है। पूँजीवाद के इस संकट के समक्ष तीनों विमर्षों की दिशा अलग-अलग है। तब इससे मुकाबला कैसे होगा?

मैनेजर पाण्डेय : असल में, उनकी दिशा अलग-अलग होने के कुछ कारण हैं। पहली बात तो यह है कि भूमण्डलीकरण से बहुत लोगों को लाभ भी हो रहा है। खासतौर से इस देश का शासक वर्ग जो शोषक वर्ग भी है, उसको इस भूमण्डलीकरण से लाभ हो रहा है। जो दलित हैं, आदिवासी हैं और स्त्रियाँ हैं, उनको तरह-तरह के

भ्रमों में फँसाने-डालने की कोशिश भी भूमण्डलीकरण के ये प्रवक्ता करते रहे हैं। साहित्य में भी यह है। माने, आप देखेंगे कि जिनको जितना भूमंडलीकरण से लाभ दिखाई दे रहा है उतना ही वह उसका समर्थन कर रहा है। बाजारवाद का मूलरूप भूमण्डलीकरण है और भूमण्डलीकरण का मूलरूप है पूँजीवाद। पूँजीवाद एक सीमा तक स्वतन्त्रता देता है लेकिन उसी स्वतन्त्रता में लोगों का शोषण और दमन भी करता है। अब मैं तीनों के अलग-अलग प्रसंग सामने रखता हूँ।

दलित विमर्श में कुछ ऐसे लोग हैं जो यह समझते हैं कि अंग्रेजी के माध्यम से हमें मुक्ति मिलती है। मुक्ति का इतना ही मतलब है कि नौकरी मिलती है। इसलिए वे अंग्रेजी का समर्थन करते हैं। भूमण्डलीकरण की भाषा अंग्रेजी है। स्त्रियाँ यह समझती हैं कि हमारे अपने शरीर पर हमारा अधिकार बढ़ रहा है। वे यह नहीं सोचतीं कि दिमाग नहीं शरीर मुक्त हो रहा है। जैसे विज्ञापनों में जो प्रदर्शन है वह उसी बाजारवाद का हिस्सा है। किसी भी रूप में नंगी-अधनंगी स्त्रियाँ बाजार के साधन के रूप में काम आ रही हैं। लेकिन उनको यही असली स्वतन्त्रता लगती है। असल में, स्वतन्त्रता का मायालोक उस स्वतन्त्रता से उपजे नरक का बोध नहीं होने देता। अब आदिवासियों के प्रसंग में ही देखिए। उनके जंगल, उनकी जमीन, उनके जीवन, उनकी संस्कृति, उनकी प्रकृति सबका विनाश किया जा रहा है, लेकिन कहा जा रहा है कि यह सब विकास के लिए है। विकास के नाम पर जो आदिवासी समाज, संस्कृति, जीवन का विनाश हो रहा है, उस विनाश को ढँकने के लिए विकास का नारा दिया जा रहा है। आदिवासियों में भी शासक वर्ग से कुछ लाभ प्राप्त करके उसका समर्थन करने वाले लोग निकल आते हैं। यद्यपि आदिवासी वर्ग में ऐसे बहुत कम लोग हैं। दूसरे समुदायों में ज्यादा मुख्य धारा के करीब हैं। वे ज्यादा लाभ पा रहे हैं। लेकिन इन तीनों में ऐसी प्रवृत्तियाँ भी हैं जिससे वे समझते हैं कि यह सब एक नया मायालोक है, जिससे हमें कुछ मिलना-विलना नहीं हैं। हमारा केवल उपयोग या शोषण होगा। इसलिए उसके विरुद्ध धीरे-धीरे आवाज और चेतना, दोनों का विकास हो रहा है। जो आवाज और चेतना का विकास हो रहा है मुझे उम्मीद उसी से है। असल में, सामन्ती गुलामी से मुक्त होकर पूँजीवादी स्वतन्त्रता का सुख उठाने की जो आकांक्षा है, वह खाई में से निकलकर खन्दक में गिरने जैसा है। इसलिए धीरे-धीरे भ्रम टूटते जा रहे हैं। दूसरी जगहों पर भी यह हुआ है और भारत में भी यह होगा पर इसमें समय लगेगा। जो विमर्श वाले लोग हैं, उनको भी सावधान होने की जरूरत है कि केवल मायालोक को वास्तविक लोक न मानें।

रविकान्त : विमर्श पर आप लगातार पिछले 25 साल से बात कर रहे हैं। लेकिन चाहे दलित साहित्यकार हों या स्त्री लेखिकाएँ हों, उनकी खीज दिखाई ही दे जाती है। उससे आप बखूबी वाकिफ हैं। इतना सब कुछ कहने और लिखने के बावजूद,

गाहे-बगाहे जो चर्चा होती है कि मैनेजर पाण्डेय का 'पाण्डेपन' दिख गया वगैरह, इससे आपको कोई निराशा नहीं होती? दूसरे आलोचकों ने विमर्श का बिल्कुल समर्थन नहीं किया। मुख्य धारा के समाज और लेखकों के लेखन द्वारा बहुत सारे सवाल स्वीकार ही नहीं हो रहे हैं। तो इस पूरे मसले को लेकर क्या कभी कोई मलाल आपको नहीं होता? भले ही आपने मना कर रखा है कि आप उस पर कोई बात नहीं करना चाहते हैं लेकिन ऐसे विमर्शकारों के बारे में आप क्या सोचते हैं?

मैनेजर पाण्डेय : ऐसा है कि मलाल तो नहीं होता क्योंकि मैंने उनसे स्वीकृति पाने के लिए कभी कुछ नहीं किया। मैं इसे अपना दायित्व समझता हूँ। भारतीय समाज में जो भेदभाव स्थायी भाव के रूप में मौजूद है उसी का परिणाम और उसी के विरुद्ध विद्रोह है दलित साहित्य। लेकिन मैं यह भी समझता हूँ कि वह साहित्य है, मतलब एक कला भी है। साहित्य होने के लिए उसकी अपनी कुछ माँगें, शर्तें भी हैं। उनकी ओर कभी-कभी इशारा करता हूँ तो कुछ दलित लेखक इससे नाराज होते हैं। मैं अपना काम कर रहा हूँ। वे अपना काम करें। मुझे उससे कोई ज्यादा निराशा नहीं होती क्योंकि मैं यह भी समझता हूँ कि खाली मेरे उस लेखन को दलित लेखक ही नहीं पढ़ते, गैर-दलित लोग भी पढ़ते हैं। उसमें से कुछ लोग उसको पसन्द करते हैं तो उसके पक्ष में भी खड़े होते हैं। इसलिए यह जरूर लगता है कि हम इन्हीं के साथ खड़े होकर इन्हीं की बात कर रहे हैं फिर भी ये हमें गाली दे रहे हैं। तो अच्छा है वे जानें, उनका काम जाने। उनकी इस समझ का हमारे पास कोई इलाज नहीं है। मैं समझता हूँ कि जैसे उनको अपनी बात कहने का अधिकार है वैसे हमें अपनी बात कहने का अधिकार है। सो मैं कहता रहता हूँ। मैं जब भी आलोचना लिखता हूँ तो उससे किसी की असहमति, किसी के खण्डन से मुझे परेशानी नहीं होती क्योंकि मैं भी यही करता हूँ। दूसरों का खण्डन करता हूँ तो हमारा खण्डन भी कोई भी कर सकता है। जो अभी आपने उदाहरण दिया कि मैं जहाँ, जिस जाति में पैदा हुआ हूँ, उसका जब नाम लेकर आरोप लगाया जाता है जिससे मैं निकलने की कोशिश कर रहा हूँ लेकिन मुझे जबरदस्ती ठेलकर उसी में डाला जाता है तो इससे जरूर कभी-कभी परेशानी होती है। फिर भी मैं यह मानता हूँ कि प्रत्येक आन्दोलन के आरम्भिक दौर में उत्साह ज्यादा होता है, समझदारी कम होती है। ये जो सब कुछ है वह उसी का परिणाम है, उत्साह का अतिरेक और समझदारी की कमी।

रविकान्त : 'साहित्य के समाजशास्त्र की भूमिका' आपके आलोचनात्मक लेखन की एक उल्लेखनीय पुस्तक है। नामवर सिंह व मुक्तिबोध की आलोचना में भी समाजशास्त्रीय चिन्तन दिखाई देता है। वास्तव में, हिन्दी आलोचना में समाजशास्त्रीय चिन्तन की शुरुआत आप कहाँ से मानते हैं और इसकी जरूरत क्या है?

मैनेजर पाण्डेय : जिस आलोचना में साहित्य और समाज के सम्बन्धों की

खोज, पहचान और व्याख्या हो उसे मोटे तौर पर समाजशास्त्रीय आलोचना कहा जा सकता है। इसकी शुरुआत आचार्य रामचन्द्र शुक्ल की आलोचना से होती है। इसके बाद उस परम्परा को हजारी प्रसाद द्विवेदी ने आगे बढ़ाया। बाद के लेखकों में हिन्दी के जितने मार्क्सवादी आलोचक हैं उन सबको शामिल किया जा सकता है, जैसे रामविलास शर्मा, शिवदान सिंह चौहान, नामवर सिंह आदि। लेकिन इसमें एक कठिनाई यह है कि साहित्य और समाज के सम्बन्धों की खोज, पहचान, व्याख्या, मूल्यांकन एक अलग बात है और समाजशास्त्रीय दृष्टि से साहित्य की आलोचना करना एक भिन्न बात। पहले के हिन्दी के जितने बड़े आलोचक हैं, वे साहित्य और समाज के सम्बन्ध की खोज, पहचान, व्याख्या आदि तो करते हैं लेकिन वे सब समाजशास्त्रीय दृष्टि से करते हैं, ऐसा नहीं है। मतलब जितने मार्क्सवादी आलोचक हैं, वे मार्क्सवादी दृष्टि से साहित्य और समाज के सम्बन्ध की खोज और पहचान करते हैं लेकिन साहित्य का समाजशास्त्र आलोचना का एक स्वतन्त्र रूप है। पश्चिम में ऐसे आलोचक हुए हैं जो मार्क्सवाद और समाजशास्त्र को मिलाते रहे हैं, जैसे लूसिए गोल्डमान या रेमण्ड विलियम्स। उनके पहले पश्चिम के वे बड़े आलोचक जो साहित्य और समाज की खोज करते हैं लेकिन उनमें से केवल एक या दो लोग हैं जो समाजशास्त्रीय दृष्टि से साहित्य और समाज के सम्बन्धों की खोज करते हैं, माने एक है तेन और दूसरे लियोलावेण्ट। इसलिए जो हिन्दी के पहले के आलोचक हैं उनकी आलोचना को साहित्य की समाजशास्त्रीय आलोचना कहने के बदले सामाजिक दृष्टि की आलोचना कहना ज्यादा सही है। साहित्य के समाजशास्त्र की बात मुक्तिबोध ने जरूर अलग से उठायी। उन्होंने अपने एक लेख में लिखा भी है कि साहित्य की आलोचना के लिए ऐतिहासिक, समाजशास्त्रीय और मनोवैज्ञानिक इन तीनों दृष्टियों की एकता होनी चाहिए। लेकिन यह माँग करना एक बात है और आलोचना में व्यावहारिक रूप से उसका उपयोग करना भिन्न बात है। यह बहुत कम लोगों में दिखाई देता है।

रविकान्त : साहित्य का सीधा सरोकार जन सामान्य से है। भारत में मार्क्सवादी विचारों का प्रभाव साहित्य और राजनीति में समान रूप से हुआ है। साहित्य में यह चिन्तन अनवरत जारी है लेकिन राजनीति में इसका निरन्तर पराभव दिखाई दे रहा है। इसके क्या कारण हैं और इसके क्या उपाय हो सकते हैं?

मैनेजर पाण्डेय : समाज में मार्क्सवादी दृष्टि का विकास और ह्रास कम्युनिस्ट पार्टियों के सोच-विचार और व्यवहार पर निर्भर है। यह बहुत हुआ भी है। हिन्दुस्तान के कम्युनिस्ट आन्दोलन के ह्रास के कुछ कारण हैं। पहली बात ये है कि अधिकांश कम्युनिस्ट पार्टियों ने मार्क्सवाद की उस समझ से काम लिया जो उनको रूस से मिली हुई थी। उसको भारतीय सन्दर्भ में ठीक से लागू करने का कभी प्रयास नहीं

किया गया। एक उदाहरण लेकर यह बात देखी जा सकती है। अधिकांश कम्युनिस्ट पार्टियों में और लगभग सभी कम्युनिस्ट पार्टियों में राजनीतिक सवालों को इतना महत्त्व दिया गया कि भारत के सामाजिक सवालों पर कोई विशेष ध्यान ही नहीं गया। मतलब दो प्रसंग इसमें से लेना चाहता हूँ। पहला प्रसंग दलितों का है। दलितों का सारा शोषण, दमन और उनके साथ अत्याचार मूलतः सामाजिक प्रश्न ज्यादा है। दूसरी बात यह है कि यहाँ केवल सिद्धान्त में सर्वहारा की बात की गयी लेकिन व्यवहार में, जो भारतीय समाज में सचमुच सर्वहारा थे मतलब दलित, उनकी बात नहीं की गयी।

दलित हर तरह से सर्वहारा थे। सर्वहारा का शाब्दिक अर्थ होता है, जिसका सब कुछ हर लिया गया हो या जो सब कुछ हार चुका हो। वह है सर्वहारा। ये स्थिति भारतीय समाज में दलितों की रही है। इस पर कम्युनिस्ट पार्टियों ने कभी ध्यान नहीं दिया। इसीलिए सारे देश के सभी भाषाओं के दलित लेखक वामपन्थी पार्टियों और उससे जुड़े लेखकों से चिढ़ते, नाराज होते और झगड़ा करते दिखाई देते हैं। उनकी नाराजगी, उनकी चिढ़, उनका असन्तोष समझ में आता है। एक बड़ा आधार जो भारतीय समाज में वामपन्थी आन्दोलन का हो सकता था, कम्युनिस्ट पार्टियों ने उसको खो दिया। वे केवल वर्ग की बात करते रहे। चूँकि रूस और विशेष रूप से स्तालिन वाले ज़माने के रूस से राजनीति की शिक्षा या राजनीति का ज्ञान उनको मिला था। उन्होंने उसी से काम चलाया। वामपन्थ के पराभव का दूसरा कारण ये है कि भारत की अधिकांश कम्युनिस्ट पार्टियाँ अपनी संरचना को समझने-समझाने के लिए एक शब्द का प्रयोग करती हैं—डेमोक्रेटिक सेण्ट्रलिज्म। यह व्यवहार में सेण्ट्रलिज्म होता है लेकिन डेमोक्रेटिक बहुत कम होता है। उसी का परिणाम यह है कि हिन्दुस्तान की कम्युनिस्ट पार्टियाँ अपने भीतर के मतभेद को सुनने, समझने, उससे बहस करने के बदले मतभेद रखने वालों को पार्टियों से बाहर निकालना आसान समझती हैं। यह काम सी.पी.आई. ने भी किया है, सी.पी.एम. ने भी किया है। एम.एल. के लोगों ने भी किया है। मेरे कहने का मतलब यह है कि वामपन्थी पार्टियों में लोकतन्त्र का अभाव उनके ह्रास का दूसरा बड़ा कारण है। तीसरा कारण यह है कि हिन्दुस्तान का वामपन्थ इतने रूपों में बँटा हुआ है कि अब उनको गिनना भी लोगों के लिए मुश्किल हो गया है। जब सबका लक्ष्य एक है तो ऐसा विभाजन-दर-विभाजन क्यों? या तो सबके लक्ष्य अलग-अलग हों। दो चीजों में तो फर्क हो सकता है कि लक्ष्य तक पहुँचने के रास्ते अलग-अलग हों। लेकिन लक्ष्य की एकता अगर है तो वामपन्थी आन्दोलन में भी एकता होनी चाहिए। वामपन्थ के ह्रास का एक और कारण है (राजनीतिक स्तर पर) कि वामपन्थी आन्दोलन ने पिछले बीस साल से एक भी कोई बड़ा जन आन्दोलन नहीं किया। इस देश में

तीन, साढ़े तीन लाख किसानों ने आत्महत्या की। वामपन्थी पार्टियाँ सबसे अधिक बात मजदूर और किसान की करती हैं। फिर भी साढ़े तीन लाख किसानों का कोई प्रदर्शन दिल्ली में तो कभी नहीं हुआ। मतलब, वामपन्थी पार्टियाँ जिस प्रक्रिया से आगे बढ़ती हैं, वह प्रक्रिया है जन आन्दोलन की। जब उसी को छोड़ देंगे तो उनके बढ़ने का रास्ता भी बन्द हो जायेगा और आधार भी खत्म हो जायेगा। यही यहाँ हुआ है। इस प्रसंग में आखिरी बात यह है कि जहाँ इस देश में वामपन्थी पार्टियों का शासन रहा है जैसे बंगाल में पिछली वामपन्थी सरकार ने आर्थिक स्तर पर वही सब नीति तैयार, अख्तियार की, स्वीकार की, लागू की जो कांग्रेस, भाजपा आदि पार्टियाँ कर रही हैं। मतलब इस देश पर पूँजीवाद के कब्जे की राजनीति एक है। फिर आम जनता के लिए साँपनाथ और नागनाथ में फर्क क्या होगा। राजनीतिक रूप से वामपन्थ के ह्रास के यही सब कारण हैं। अब रही बात साहित्य की तो इस बीच में वामपन्थ से साहित्य का सम्बन्ध उतना करीबी नहीं है, जितना प्रगतिशील आन्दोलन के पहले दौर में था। लेखक दोनों तरह के हैं—रचनाकार और आलोचक। वे वामपन्थी पार्टियों और विचारधाराओं से जुड़ाव के बावजूद स्वतन्त्र होते हैं। इनको समाज में जहाँ अन्याय, अत्याचार दिखाई देता है, उसका विरोध करते हैं और उस अन्याय, अत्याचार की अभिव्यक्ति करने वाले साहित्य का समर्थन करते हैं। इसलिए जो आप कह रहे हैं कि साहित्य में तो वामपन्थ मौजूद है पर राजनीति में कमजोर हुआ है, वस्तुतः दोनों का सम्बन्ध और दोनों के उत्थान और पतन का रूप यही है।

रविकान्त : मैं पिछले दिनों मणीन्द्रनाथ ठाकुर का एक लेख पढ़ रहा था, जो प्रतिमान में छपा है। जो चिन्ता आपने जाहिर की है, उस लेख में भी उसकी कुछ झलक है। खासकर भारत में जो मार्क्सवाद आया वह रूस के उसी रूप में आया जिसकी चर्चा आपने की। इसके अलावा उन्होंने अलग से धर्म का मुद्दा उठाया। उन्होंने कहा कि जो भारतीय समाज है वह बेहद धार्मिक और बहुत आस्थावादी है। इस समाज में कम्युनिस्ट पार्टी उस तरीके से अपना प्रभाव भी नहीं दिखा पायी तो उसकी वजह यह थी मार्क्सवाद धर्म और आस्था को सीधे प्रश्नांकित करता है। उन्होंने उस लेख में धर्म के तीन रूप बताते हुए कहा कि धर्म का जो कल्याणकारी रूप है उसे कम्युनिस्ट पार्टियाँ स्वीकार करके आगे बढ़ सकती हैं। क्या मणीन्द्रनाथ ठाकुर का विचार स्वीकार करने योग्य है और इस पर आगे बढ़ा जा सकता है?

मैनेजर पाण्डेय : धर्म के बारे में मार्क्स के जो विचार हैं उन्हीं को ध्यान में रखा जाये तो सही दृष्टिकोण बन सकता है। मार्क्स ने धर्म के बारे में कुछ महत्त्वपूर्ण बातें कही हैं। पहली बात उन्होंने कही है कि धर्म गरीब की आह है। दूसरी बात उन्होंने ये कही कि उसमें गरीब की अभिव्यक्ति भी होती है और गरीबी के विरुद्ध

विद्रोह भी होता है। हिन्दी के भक्तिकाल से दोनों बातें साबित की जा सकती हैं। तीसरी बात जो उन्होंने कही कि धर्म जनता के लिए अफीम है। केवल इसी लटके या मुहावरे को हिन्दुस्तान के वामपन्थी जपते रहे हैं। यह बिना समझे कि जो जनता का वास्तविक दुःख है उस वास्तविक दुःख से उसका ध्यान हटाने, भटकाने के लिए धर्म का उपयोग भी होता है। सत्ताधारी या शोषक-शासक वर्ग इसका उपयोग करता है। इसी अर्थ में मार्क्स ने कहा था कि धर्म अफीम की तरह है, खा लीजिए और दीन दुखियों को भूल जाइए। एक उदाहरण मैं आपको और दूँ। इस बात की आलोचना कभी रामविलास जी ने भी की थी। प्रगतिशील आन्दोलन के पहले घोषणा-पत्र में पूरे भक्तिकाल के साहित्य को लगभग खारिज किया गया था। अब इस देश के साहित्यकार और जनता दोनों भक्तिकाल की कविता और कवियों को महत्त्वपूर्ण समझते हैं। अगर आप उसे केवल वैराग्य की कविता कहेंगे तो ठीक नहीं है। उसमें वैराग्य ही नहीं है, उसमें समाज की वास्तविकताएँ हैं, जनता का दुःख-दर्द है। इसको कौन देखेगा? जब आप भक्तिकाल की पूरी कविता को इस तरह खारिज करेंगे तो आपके खारिज करने को जनता खारिज कर देगी। वही हुआ। इसलिए मणीन्द्रनाथ ठाकुर की यह बात तो सही है कि धर्म पर ठीक से ध्यान देना चाहिए।

धर्म का जो कल्याणकारी रूप है, उसके भी कई पक्ष हैं। जैसे, धर्म का एक लोक कल्याणकारी पक्ष शासक वर्ग द्वारा बनाया गया है। वह सीमित होता है। बिड़ला वगैरह, भारत में ऐसे पूँजीपति रहे हैं जो मन्दिर बनवाते रहे हैं। वे धर्मशालाएँ बनवाते रहे हैं। तीर्थस्थानों पर जो मेले लगते हैं उसकी देख-रेख में भी वे मदद करते रहे हैं। पर यह सचमुच का लोक कल्याणकारी रूप नहीं है। यह एक तरह से जनता को भ्रम और भुलावे में डालने के लिए लोक कल्याण का प्रचार है। लोक कल्याण का काम तो रामदेव भी करते हैं। दोनों काम एक साथ, लोक कल्याण और व्यवसाय। बहुत सारे मठ-मन्दिर हैं जो अधिकांशतः दलित बनाते हैं। बनाने के बाद उन्हीं को भीतर तो छोड़ ही दीजिए दरवाजे तक भी जाने की छूट और सुविधा नहीं होती। इस देश में अब भी ऐसे मन्दिर हैं जिनके भीतर स्त्रियों को जाने की स्वतन्त्रता नहीं है। यद्यपि स्त्रियों से पैदा हुए पुजारियों का इन पर कब्जा है। इसलिए ऐसा नहीं है कि धर्म में गड़बड़ियाँ नहीं हैं और केवल उसके कल्याणकारी रूप को स्वीकार कर लेने से बात बन जायेगी। लेकिन धर्म में आस्था का एक बड़ा कारण यह है कि जब आदमी निरुपाय होता है, उसे समाज में कोई विकल्प दिखाई नहीं देता है, कोई उम्मीद दिखाई नहीं देती तो वह ईश्वर और धर्म की ओर जाता है। ये तुलसीदास भी लिख चुके हैं—'कादर मन कहि एक अधारा। दैव दैव आलसी पुकारा।' इसलिए धर्म के समग्र रूप और उसकी जटिलताओं को समझना जरूरी है। न तो उसका पूरी तरह स्वीकार जरूरी है, न तो उसे पूरी तरह खारिज करना जरूरी है।

आकांक्षा सिंह : आपकी आलोचना का क्षेत्र बहुत व्यापक है। जबकि अन्य आलोचक विशेषरूप से किसी विधा या काल विशेष पर अपनी दृष्टि रखते हैं। अगर सूरदास वाली किताब छोड़ दी जाये तो आपकी किसी विधा और किसी काल विशेष पर कोई स्वतन्त्र किताब नहीं है। कुछ लोग इस बात को आपकी सीमा कहते हैं। आप इसे किस रूप में देखते हैं?

मैनेजर पाण्डेय : सूरदास की किताब को छोड़ काहे दीजिए! उस किताब में दो महत्त्वपूर्ण बातें हैं। एक तो उसमें पूरे भक्तिकाव्य की आलोचना है। दूसरे भक्तिकाल के एक बहुत बड़े कवि की विस्तृत आलोचना है। असल में, जो शिकायत करने वाले लोग हैं वे आलोचना को केवल समकालीनता से जोड़कर देखते हैं। माने, आज के किसी कवि, किसी लेखक पर मैंने नहीं लिखा है। यद्यपि आधुनिक काल और समकालीन कवियों और लेखकों पर भी मैंने लिखा है। किताब नहीं लिखी है, लेख लिखे हैं। हर आदमी पर किताब नहीं लिखी जा सकती। नामवर जी ने ही किसी व्यक्ति, किसी रचनाकार पर कोई किताब नहीं लिखी पर निबन्ध उन्होंने बहुत लोगों पर लिखे हैं, चाहे कहानी का प्रसंग हो या कविता का प्रसंग हो। मैंने उपन्यास की आलोचना, कविता की आलोचना सैद्धान्तिक और व्यावहारिक दोनों स्तरों पर की है। अब जो मेरा लिखा हुआ है उसके बारे में कोई बात करे, उसकी कमी की ओर इशारा करे वह तो मेरी समझ में आता है। जो लिखा है उसकी उपेक्षा करके, जो नहीं लिखा है उसकी माँग करता रहे, मैं ऐसे लोगों के लिए कुछ नहीं कर सकता।

हमारे सबसे आदरणीय और बड़े आलोचक रामचन्द्र शुक्ल हैं। उन्होंने भी किसी पर किताब नहीं लिखी है। जो किताब के रूप में छपा हुआ है, मसलन 'तुलसीदास' नाम की उनकी किताब है, वह भी भूमिका ही है। सूरदास पर उन्होंने भूमिका ही लिखी है। जायसी पर भी जायसी ग्रन्थावली की भूमिका ही लिखी है। उनसे कोई ये माँग काहे नहीं करता कि उन्होंने छायावाद के किसी कवि पर काहे नहीं लिखा। नहीं लिखना उनको जरूरी लगा, तो नहीं लिखा। इसलिए आलोचना में या यहाँ तक कि रचना में भी जो लिखा गया है उसके बारे में बात होनी चाहिए उसकी कमी के बारे में, उसकी अच्छाई के बारे में बात होनी चाहिए लेकिन जो नहीं लिखा है उसके बारे में बात करने का मतलब है कि साहित्य और आलोचना दोनों को गम्भीरता से न लेना।

आकांक्षा सिंह : कुछ लोग हिन्दी में सैद्धान्तिक आलोचना की कमी का रोना रोते हैं। ऐसे ही लोग जब आपकी आलोचना पर बात करते हैं तो यह कहते हैं कि आपके यहाँ सैद्धान्तिक आलोचना ज्यादा है। कुछ लोग यह भी कहते हैं कि आपके यहाँ विदेशी लेखकों के सन्दर्भ अधिक आते हैं। जबकि आज की हिन्दी आलोचना में दुनिया भर की क्रिटीक और रचनाशीलता पर सर्वाधिक नजर आपकी रहती है।

इस पर आपकी क्या राय है?

मैनेजर पाण्डेय : इस मामले में मेरे आदर्श रामचन्द्र शुक्ल हैं। उन्होंने हिन्दी आलोचना के दोनों रूपों का निर्माण और विकास किया है—सैद्धान्तिक आलोचना और व्यावहारिक आलोचना। हिन्दी में सैद्धान्तिक आलोचक केवल दो हैं, एक रामचन्द्र शुक्ल और दूसरे मुक्तिबोध। संयोगवश दोनों ने व्यावहारिक आलोचनाएँ भी लिखी हैं। मैंने उन्हीं के पीछे चलते हुए दोनों तरह का काम किया है। दोनों एक साथ नहीं हो सकता कि आप सैद्धान्तिक आलोचना के अभाव का रोना भी रोयें और कोई सैद्धान्तिक मसलों पर बात करता है, तो उस पर आरोप लगाएँ कि केवल सैद्धान्तिक मसलों पर बात करते हैं। दो विधाओं को लीजिए, उपन्यास और कविता। मैंने दोनों में सैद्धान्तिक लेखन भी किया है जिसका प्रमाण है मेरी किताब 'उपन्यास और लोकतन्त्र'। उसी में अनेक उपन्यासकारों के उपन्यासों का व्यावहारिक विवेचन भी किया है। यही स्थिति कविता के साथ भी है। कविता के प्रसंग में मैंने सैद्धान्तिक और व्यावहारिक दोनों तरह के लेख लिखे हैं। इसलिए जो लोग खाली आरोप लगाने के लिए आरोप लगाते हैं, उनके बारे में मैं क्या कह सकता हूँ। मैं तो यह भी मानता हूँ और मेरी किताब का नाम भी यही है, 'आलोचना में सहमति-असहमति' कि आलोचना की प्रक्रिया सहमति-असहमति के द्वन्द्व से चलती है। लेकिन यह तब चलती है जब सहमति और असहमति दोनों आधार सहित हो मतलब निराधार न हो। मैं लिखते हुए यह ध्यान रखता हूँ और लोगों से उम्मीद करता हूँ कि वे भी ध्यान में रखें। पर जिनकी दिलचस्पी केवल मुझे खारिज करने या अस्वीकार करने में है, तुलसीदास के शब्दों में उनकी मैं वन्दना करता हूँ।

रविकान्त : भक्ति आन्दोलन से लेकर समकालीन कवियों तक और साथ ही चुनिन्दा विदेशी कविताओं से लेकर सीवान की कविता तक आपकी आलोचना का फलक है। माने, एक प्रकार से ठेठ लोकल से लेकर ग्लोबल तक का प्रतिरोध और संघर्ष का स्वर आपकी कविता की आलोचना में दिखाई देता है। इस विश्लेषण और विस्तार के पीछे का नजरिया क्या है?

मैनेजर पाण्डेय : मैं यह मानता हूँ कि साहित्य मनुष्य की स्वतन्त्रता की अभिव्यक्ति है और मनुष्य की स्वतन्त्रता का रक्षक भी है। जहाँ मनुष्य की स्वतन्त्रता, उसकी मनुष्यता खतरे में दिखाई देती है, वहाँ साहित्य हस्तक्षेप करता है। मैं उस हस्तक्षेप को महत्त्वपूर्ण मानते हुए उस पर बात करना, आलोचना का या अपनी आलोचना का जरूरी काम समझता हूँ। इसलिए मैं हिन्दी के कवियों पर लिखता हूँ। भोजपुरी के लोगों पर भी लिखा है। हिन्दी से बाहर के बरबर राव पर लिखा है। मानवीय स्वतन्त्रता के पक्ष में खड़ी कविता जहाँ दिखाई देती है, उसे मैं

अपनी आलोचना का विषय बनाना जरूरी समझता हूँ और इसलिए उसे लिखता हूँ।

रविकान्त : जनसंस्कृति के प्रति आपका रुझान सर्वविदित है। इस विचार के पीछे हिन्दी या इससे इतर किन-किन रचनाकारों और विद्वानों का प्रभाव आपके ऊपर है?

मैनेजर पाण्डेय : जनसंस्कृति के क्षेत्र में काम करने वाले जिन लोगों का प्रभाव मेरे ऊपर है, उनमें प्रगतिशील आन्दोलन के तीन कवि हैं। इनमें एक से मैं बहुत जुड़ा रहा हूँ, वे हैं—नागार्जुन। दूसरे हैं त्रिलोचन और तीसरे हैं—शमशेर। इन लोगों से व्यक्तिगत सम्बन्ध भी रहा है और साहित्यिक सम्बन्ध भी। जिन आलोचकों से मैं सीखता रहा हूँ उनमें, पुराने लोगों में रामचन्द्र शुक्ल हैं और बाद के लोगों में रामविलास शर्मा। इन लोगों का मेरे लेखन, मेरे सोच-विचार और यहाँ तक कि मेरी भाषा पर भी आपको प्रभाव दिखाई देगा। पुराने लोगों में मुझे शैलेन्द्र के गीत बहुत पसन्द आते हैं। उन पर एक लेख भी लिखा है। आजकल के लोगों में से एक कवि जो मुझे पसन्द और प्रिय हैं, वे हैं बलि सिंह चीमा। वीरेन डंगवाल, मदन कश्यप से मेरे आत्मीय सम्बन्ध हैं और उनकी कविता पसन्द आती है। इसलिए जो बड़े लोग हैं उनके प्रसंग में आप कह सकते हैं कि उनका प्रभाव है, जैसे—नागार्जुन, त्रिलोचन, शमशेर या रामविलास शर्मा। जो बाकी लोग हैं जैसे—वीरेन डंगवाल, मदन कश्यप, बलि सिंह चीमा, शैलेन्द्र इनसे जुड़ाव है। इन सब लोगों ने कठिन जीवन जीते हुए जनता के सुख-दुख, उसकी स्वाधीनता-पराधीनता के सवालों को अपने-अपने ढंग से उठाया है। इसलिए उन सबसे मेरा जुड़ाव रहा है।

रविकान्त : साहित्य के इतिहास-दर्शन पर आपकी एक जरूरी किताब है। इतिहास लेखन हिन्दी में इधर तो नहीं दिखाई दे रहा है। 30 साल से ऐसी कोई किताब नहीं आयी कि जिसको बहुत उल्लेखनीय माना जाये। आज इतिहास लेखन की कमी क्यों है? क्या ऐसी परिस्थितियाँ या चुनौतियाँ या प्रतिमान नहीं हैं, जिससे नये सन्दर्भ में इतिहास लिखा जाये?

मैनेजर पाण्डेय : साहित्य को समग्रता में ठीक ढंग से समझने के लिए साहित्य के इतिहास का ज्ञान जरूरी है। इसी दृष्टि से आचार्य रामचन्द्र शुक्ल या हजारी प्रसाद द्विवेदी ने इतिहास लिखा था। आधुनिक काल में हिन्दी आलोचना और इतिहास लेखन पश्चिम से बहुत प्रभावित रहा है और बहुत सारे दृष्टिकोण भी वहाँ से आये हैं। स्वयं आचार्य शुक्ल के आलोचना और इतिहास लेखन दोनों में यह दिखाई देता है। यही नहीं बल्कि पश्चिम में विभिन्न विमर्शों के विकास के दौर में तीन बड़े भयानक शब्द साहित्य, समाजशास्त्र और समाज सम्बन्धी चर्चा में चले हैं। एक तो है 'उत्तर'। हर चीज का उत्तर। आधुनिकता का उत्तर और बहुत सारी चीजों का उत्तर। उत्तर माने कि अब वे गये। दूसरा शब्द है 'अन्त'। ये उत्तर-संरचनावाद

से आयी हुई धारणाएँ हैं। विचारधारा का अन्त, कला का अन्त, कविता का अन्त और उत्तर तथा अन्त से जो बाकी बचा उसकी मौत की घोषणाएँ भी पश्चिम में बहुत हुईं। यहाँ तक कि साहित्य की मौत, लेखक की मौत। पर संयोग यह है और इतिहास भी ऐसा है कि मुझे इस प्रसंग में अंग्रेजी के जो मूलतः आयरलैण्ड के हैं, एक बड़े कवि सीमस्थ हिनी की कविता का एक हिस्सा याद पड़ रहा है। उन्होंने लिखा है कि 'यह उत्तर, वह उत्तर, अन्य भी उत्तर, लेकिन कुछ भी अतीत नहीं।' माने सबके उत्तर की घोषणाएँ हो रही हैं पर सब मौजूद हैं। मुश्किल यह है कि लोग इस उत्तर, अन्त और मौत की बात कर रहे हैं, लेकिन उनका जो अपना है उसके न उत्तर की बात करते हैं, न अन्त की बात करते हैं और न मौत की बात करते हैं। मान लीजिए कि घोषणा करने वालों के हिसाब से साहित्य की मौत हो गयी, पर सारी दुनिया में साहित्य लिखा जा रहा है। रोलां बार्थ के अनुसार लेखक की मौत हो गयी पर सारी दुनिया में लेखक हैं और स्वयं रोलां बार्थ एक लेखक थे। उसी तरह से सबकुछ उत्तर हो गया। इतिहास का अन्त हो गया पर जब फूको यामा ने इसकी घोषणा की थी, उसके कुछ दिन बाद ही अमेरिका ने इराक पर हमला किया। हमले का जवाब वहाँ की जनता ने जिस प्रतिरोध के माध्यम से किया, तो इससे इतिहास के अन्त का अन्त हो गया। इसलिए इन विचारधाराओं से प्रभावित होने के बदले उनकी छानबीन करने की जरूरत है। मुझे याद पड़ रहा है एक फ्रांस के बड़े प्रसिद्ध समाजशास्त्री हो चुके हैं पीरे वोर्दिये। उन्होंने एक बहुत प्रसिद्ध लेख लिखा था, 'साम्राज्यवादी बुद्धि की चालाकी'। इसमें उसने लिखा है कि जो दुनिया भर का साम्राज्यवाद है, वह अपनी परिस्थितियों से पैदा सवालों को, दुनिया के सवाल के रूप में दुनिया के सामने पेश करता है। यह काम पहले यूरोप से होता था, अब अमेरिका से हो रहा है। इसलिए उत्तर, अन्त, मौत की बहुत सारी घोषणाएँ अमेरिका से हो रही हैं। जबकि वहाँ भी सब कुछ मौजूद है जिसके उत्तर, अन्त और मौत की घोषणा हो चुकी है।

जहाँ तक हिन्दी साहित्य के इतिहास लेखन की बात है, जिस अभाव की आपने चर्चा की है, उसके तीन कारण ध्यान में रखने हैं। पहली बात यह है कि हिन्दी में साहित्य के इतिहास पर अब बहस ही बन्द हो गयी है। पहले हिन्दी में इतिहास लेखन पर पत्रिकाओं के विशेषांक निकले हैं। स्वयं आलोचना का विशेषांक बहुत चर्चित रहा जिसके सम्पादक शिवदान सिंह चौहान थे। दो बार उन्होंने विशेषांक निकाले। एक तो 1952 के आसपास जिसमें नामवर सिंह का भी लेख था। वही लेख उनकी किताब 'इतिहास और आलोचना' में है। दूसरे, स्वातन्त्र्योत्तर हिन्दी साहित्य के इतिहास लेखन पर उन्होंने चार खण्डों में अंक निकाले। एक तो इतिहास सम्बन्धी चिन्ता और चर्चा अब लगभग बन्द है जबकि पश्चिम में आज भी साहित्य

के इतिहास पर केन्द्रित पत्रिकाएँ लगातार निकल रही हैं। उन पत्रिकाओं के अंकों में समकालीन साहित्य की समस्याएँ और उनसे जुड़ी हुई इतिहास दृष्टियों पर लगातार बहस हो रही है। जब दृष्टि ही नहीं होगी तो व्यावहारिक लेखन कहाँ से होगा!

रामचन्द्र शुक्ल ने जो हिन्दी साहित्य का इतिहास लिखा है, उसमें संक्षेप में ही सही पर शुरू में उन्होंने इतिहास सम्बन्धी अपना दृष्टिकोण भी दिया है। हालाँकि बाकी लेखन में जरूर उनका इतिहास सम्बन्धी दृष्टिकोण नहीं दिखाई देता है लेकिन प्रच्छन्न रूप से यह हमेशा आता है। एक तो कठिनाई हिन्दी में साहित्य के नये इतिहास लेखन की है। दूसरी कठिनाई यह है कि पिछले पचास वर्षों में हिन्दी साहित्य का विकास बहुत हुआ। विकास होने का मतलब है कि विस्तार भी बहुत हुआ। अब लोग यह कोशिश कर रहे हैं और मुझे इसमें कोई हर्ज नहीं लगता कि एक विधा का इतिहास लिखा जाय। लोगों ने लिखा भी है। जैसे गोपाल राय ने एक किताब लिखी—'हिन्दी उपन्यास का इतिहास'। उसी तरह से उन्होंने 'हिन्दी कहानी का इतिहास' भी लिखा। इसी प्रकार दूसरे लोगों को हिन्दी कविता का इतिहास भी लिखना चाहिए। निबन्ध नाम की विधा तो अब लगभग समाप्त हो गयी है। इसलिए वह इतिहास की चीज हो गयी है। उस पर नया कुछ लिखना, करना जरूरी भी नहीं है। पर जो निरन्तर विकासशील विधाएँ हैं, उनकी समस्याओं और परम्पराओं, दोनों को समझने के लिए उन पर अलग-अलग इतिहास भी लिखे जा सकते हैं। जिस विधा की जिसको ज्यादा जानकारी हो, जिसकी उसमें ज्यादा पैठ हो, उसके द्वारा उस विधा का इतिहास लिखा जा सकता है। अब जरूरी नहीं कि एक ही जिल्द में विधाओं की सभी धाराओं का, सभी परम्पराओं का एक मुकम्मल इतिहास लिखा जाय।

रविकान्त : आप जेएनयू से लम्बे समय तक जुड़े रहे। जेएनयू पिछले दिनों काफी सुर्खियों में रहा। इधर देखने में आ रहा है कि जेएनयू सहित तमाम शिक्षण संस्थाओं पर लगातार हमले हो रहे हैं। नियुक्तियाँ भी दूसरे किस्म से हो रही हैं। जेएनयू से जो पढ़कर जाते हैं उनके सामने एक और चुनौती आती है कि वहाँ के अध्यापकों को लगता है कि पढ़ाने का मतलब सिर्फ व्याख्या करना है। वहाँ पर इतिहास-दर्शन की बात करना या आलोचना की बात करना सब बेमानी है। उनको लगता है कि ये सब जेएनयू में ही होता है। विश्वविद्यालयों में पढ़ने-लिखने या पढ़ाने का कल्चर समाप्त होता जा रहा है। लेकिन जेएनयू की संस्कृति अपने आप में अनूठी रही है। जेएनयू में खासकर विद्यार्थियों से जुड़ाव का और पढ़ने-पढ़ाने का जो आपका अनुभव रहा है, उस बारे में आपके क्या विचार हैं?

मैनेजर पाण्डेय : इस प्रसंग में पहली बात यह है कि बहुत लोग ऐसे हैं जो कहते हैं कि साहित्य पर खुले दिमाग से बात होनी चाहिए, किसी एक विचारधारा

या एक दृष्टि से नहीं। लेकिन वे यह नहीं समझते हैं कि खुले दिमाग का मतलब खाली दिमाग नहीं है। अगर दिमाग है तो उसमें पहले से मौजूद विचार, विचारधारा, दृष्टि आदि भी होंगे। एक काल के कवि या एक काल के उपन्यास या उपन्यासकार या कहानी और कहानीकार, उन पर बात करने के लिए, केवल अगर सूचनाएँ नहीं देनी हैं, व्याख्याएँ करनी हैं, मूल्यांकन करना है तो दृष्टिकोण की जरूरत होती है। दृष्टिकोण नहीं होगा तो व्याख्या भी अच्छी नहीं होगी और मूल्यांकन भी नहीं होगा। मसलन, रामविलास जी ने प्रेमचन्द पर दो किताबें लिखीं। एक दृष्टिकोण से वे प्रेमचन्द को देख रहे थे और उनके विरोधी दूसरे दृष्टिकोण से देख रहे थे। रामविलास जी का दृष्टिकोण और विचारधारा रामविलास जी की हो गयी लेकिन प्रेमचन्द के बारे में कमल किशोर गोयनका की कोई विचारधारा नहीं है क्या? सबकी अपनी-अपनी विचारधाराएँ, अपने-अपने दृष्टिकोण होते हैं।

जब से विश्वविद्यालयों की शुरुआत हुई है, तब से पश्चिम में और भारत में भी ज्ञान के प्रसंग में दृष्टिकोण का विकास, विचार की आजादी का विकास, प्रश्न करने की प्रवृत्ति का विकास और उत्तर खोजने की प्रवृत्ति का विकास विश्वविद्यालयों में ही विकसित हुआ है। अभी जो-जो परिस्थितियाँ आपने बताई हैं, वे वास्तव में शोचनीय हैं। असल में, सारी समस्या ये है कि लोगों की पढ़ने-लिखने में दिलचस्पी ही कम हो रही है। जेएनयू में पढ़ाते समय हम लोग यह भी ध्यान रखते थे कि विद्यार्थियों का उद्‌देश्य क्या है। छात्र-छात्राओं के जीवन का लक्ष्य दो तरह का होता है। कुछ लोगों का लक्ष्य होता है—सफल जीवन जीना। अब वह सफलता चाहे जैसे भी मिले। कुछ लोगों का उद्‌देश्य होता है—सार्थक जीवन जीना। सफलता हमेशा व्यक्तिगत होती है और सार्थकता हमेशा सामाजिक होती है। इसलिए हम लोग छात्रों को दोनों तरह की बातें बताकर उनको चुनाव की स्वतन्त्रता देते थे। आप तय कीजिए कि आप सफल जीवन जीना चाहते हैं या सार्थक जीवन जीना चाहते हैं। इसलिए दोनों तरह के छात्र और छात्राएँ जेएनयू से निकले। सफलता वाले भी हैं जो एक से एक ऊँचे पदों पर पहुँचे हैं और सार्थकता वाले भी हैं जो अपना सब कुछ समाज को समर्पित करते रहे हैं और उसके लिए संघर्ष भी करते रहे हैं। एक और बात है। असल में, अब दोनों ओर से ज्ञान से लगाव ही कम हो रहा है। अध्यापकों की ओर देखिए। सारी समस्या यह है कि लोग समझते हैं कि पढ़ना केवल छात्र-छात्राओं का काम है, अध्यापक का काम पढ़ना नहीं है, पढ़ाना है। अगर अब अध्यापक कुछ नया पढ़ेगा ही नहीं तो वही पढ़ायेगा जो आदिकाल में उसने पढ़ रखा है! माने अपने छात्र जीवन में।

मैं जब जोधपुर विश्वविद्यालय में था तो वहाँ एक वाइस चांसलर थे वी.वी. जॉन साहब। बहुत पढ़े-लिखे आदमी थे। अंग्रेजी के विद्वान थे। वे साल में दो बार

विश्वविद्यालय के सारे अध्यापकों को सम्बोधित करते थे। उसी एक सम्बोधन में उन्होंने एक कथा सुनाई थी जो मैं आपको सुना रहा हूँ। उन्होंने कहा था कि यूरोप में एक घर में पति-पत्नी थे। दोनों वृद्ध थे। पति पियानो बजाया करता था। पर वह रोज-रोज एक ही स्वर बजाया करता था। तो पत्नी ने एक दिन ऊब कर उससे कहा कि दुनिया में जो लोग संगीत में प्रयास करते हैं, वे रोज नया-नया स्वर बजाते हैं। आप पिछले चालीस साल से एक ही स्वर बजा रहे हैं। पति ने पत्नी से पूछा कि तुम जानती हो कि वे रोज-रोज नया स्वर क्यों बजाते हैं। पत्नी ने कहा, नहीं। पति ने कहा कि मैं जानता हूँ और बताता हूँ। वे एक मूल स्वर की खोज करते हैं। मैंने वह पहले ही दिन पा लिया था। इसलिए चालीस साल से उसे बजा रहा हूँ। बहुत सारे अध्यापक नियुक्ति के दिन ही वह स्वर पा लेते हैं और रिटायर होने तक वही स्वर बजाते रहते हैं। फिर उसमें नया क्या होगा और कैसे होगा? जैसे हर चीज का स्तर पतन की ओर जा रहा है, वैसे ही विश्वविद्यालयों में शिक्षा का स्तर भी पतन की ओर जा रहा है। कुछ व्यावहारिक कठिनाइयाँ भी हैं। जैसे आपको मालूम है कि सारे हिन्दी क्षेत्र में जो प्रान्त हैं, उनमें आजकल ठेके पर अध्यापक रखे जाते हैं। अब किसी को उसमें बारह हजार मिलता है, किसी को बीस हजार-पच्चीस हजार तक मिलता है। जबकि विश्वविद्यालय के और खासतौर से केन्द्रीय विश्वविद्यालय के अध्यापकों को एक लाख से कम नहीं मिलता। यद्यपि पढ़ने-पढ़ाने की प्रवृत्ति नहीं हो तो केन्द्रीय विश्वविद्यालय के अध्यापक भी वही करते हैं लेकिन जिनको बारह या बीस हजार मिलता है, उनका वेतन रहने-खाने में ही गुजर जाता है। वे किताब कहाँ से खरीदें और पत्रिका कहाँ से खरीदें?

नयी किताबों और नयी पत्रिकाओं में दिलचस्पी जिसकी होती है, वह कभी खत्म नहीं होती। मेरा एक विद्यार्थी अमेरिका गया था। मैंने वहाँ से एक पत्रिका के कुछ अंक लाने को उससे कहा था। जब अध्यापकों में पढ़ने की रुचि नहीं होगी तो वे अपने को ही जीवन भर रिटायर होने के दिन तक दोहराते रहेंगे और उसका दूसरा परिणाम ये होता है कि जो क्लास आगे गया है, उसके छात्र और छात्राएँ, जब आने वाले छात्र और छात्राओं से बात करते हैं तो कहते हैं कि पिछले साल उन्होंने हमें यही पढ़ाया था। इससे आगे आने वाले लोगों की पढ़ने में ही दिलचस्पी खत्म हो जाती है। यही वास्तविक स्थिति है। इसलिए इस समय विश्वविद्यालय, जिनको ज्ञान का केन्द्र माना जाता था, वे अब ज्ञान के केन्द्र रहे ही नहीं। न अध्यापकों की ओर से उस तरह की कोशिश हो रही है, न छात्र-छात्राओं की ओर से। सबका धीरे-धीरे लगभग ह्रास हो रहा है।

आकांक्षा सिंह : जेएनयू में बहुत लम्बे समय तक आप रहे हैं। जब भारतीय भाषा केन्द्र बना, उसके कुछ ही दिनों बाद आप यहाँ आये थे। भारतीय भाषा केन्द्र

पूरे हिन्दुस्तान से अलग सेण्टर है। यहाँ पर हिन्दी और उर्दू की पढ़ाई एक साथ होती है। उस समय तमाम भारतीय भाषाएँ एक साथ होती थीं। कई लोगों के साथ आपने काम किया है। उस समय परिवेश कैसा था?

मैनेजर पाण्डेय : हमारे समय हिन्दी में नामवर जी थे, केदार जी थे, एक सतीश जी की पत्नी सावित्रीचन्द्र शोभा थीं, एक सुधीश जी और एक चिन्तामणि जी थे। हम लोग साथ थे। उनमें से पढ़ने-लिखने और ज्ञान से दिलचस्पी रखने वाले हिन्दी में तीन लोग थे। नामवर जी, केदार जी, और थोड़ा-थोड़ा मैं। इन लोगों के बीच आपस में मतभेद नहीं होते हों ऐसा नहीं है। मतभेद थे पर कभी भी मनभेद नहीं हुआ। मतलब झगड़े नहीं होते थे। आजकल स्थिति ये है कि भारतीय भाषा केन्द्र में झगड़े के अलावा कुछ नहीं है। पुराने समय में जब हम लोग थे, उसमें सबसे अधिक पढ़ने वाले आदमी नामवर जी थे। उनसे हम लोग प्रेरणा और प्रभाव ग्रहण करके पढ़ने की दिशा में आगे बढ़ते थे। नामवर जी कोई नयी किताब पढ़ते थे तो बताते थे। हम लोग भी किताब खोजकर लाइब्रेरी से, बाजार से खरीदकर पढ़ते थे। जब कोई नयी पत्रिका आती थी और उसमें कुछ पढ़ने लायक होता था तो इस बारे में भी वे बताते थे। उर्दू विभाग में दो लोग ऐसे थे जिनसे मेरे बहुत आत्मीय सम्बन्ध थे। एक थे किदवई साहब और दूसरे असलम परवेज। इन दोनों का हम हिन्दी वालों से व्यक्तिगत सम्बन्ध भी बहुत अच्छा था और साहित्यिक सम्बन्ध भी बहुत अच्छा था। मतलब हम लोग जब एक साथ बैठते थे तो हिन्दी और उर्दू दोनों साहित्य के बारे में चर्चा होती थी। केदार जी और असलम परवेज दोनों कविता के प्रेमी थे। उनसे हिन्दी और उर्दू की कविता की जानकारी मिलती थी। नामवर जी सब चीजों के जानकार थे। उनसे विचारधारा, साहित्य, आलोचना, सिद्धान्त सबकी चर्चा होती थी। किदवई साहब से भी चर्चा होती थी। हम लोगों में सबसे बड़ी बात थी कि आत्मीयता के साथ-साथ आजादी का भाव सबके मन में था। अपनी बात कहने के लिए हर आदमी स्वतन्त्र था, बिना इसकी चिन्ता किये कि सामने वाला उससे सहमत है, या असहमत है, अच्छा मानेगा कि बुरा मानेगा। अब यहाँ ऐसा वातावरण नहीं है। यहाँ तो अब बात ही नहीं होती, ज्ञान या अज्ञान की बात अलग है। छात्र-छात्राओं का हम लोगों के साथ, विभाग के साथ-साथ घर पर, सड़क पर, टहलते समय सम्बन्ध रहता था। हर छात्र, हर छात्रा स्वतन्त्र था कि किसी अध्यापक से कोई सवाल पूछ ले। अध्यापक भी बहस के माध्यम से जवाब देने में यकीन रखते थे। छात्र-छात्राएँ भी ज्ञान के क्षेत्र में आजादी का उपयोग करते थे। कोई आपसे असहमत छात्र है तो उसको पूरा अधिकार है कि वह अपनी पूरी समझ और ताकत के साथ अपनी बात रखे और आपसे बहस करे। हम लोग इसको कभी बुरा नहीं मानते थे।

रविकान्त : अभी जो आप कह रहे थे कि पश्चिम में इतिहास-दर्शन पर बहुत लिखा जा रहा है और आप लगातार उन सारी चीजों को पढ़ते रहे हैं। आलोचना में भी विश्व पटल पर बहुत कुछ नया आ रहा है। तो आलोचना और इतिहास में कौन-कौन सी नयी चीजें आ रही हैं, जिनको हिन्दी में भी होना चाहिए।

मैनेजर पाण्डेय : देखिए, मैं अगर इतिहास से जुड़ कर बात करूँ तो दो बातें आपसे कहूँगा। पश्चिम में कुछ बहुत अच्छी किताबें निकली हैं, जैसे एक पुराने मार्क्सवादी आलोचक हैं, राबर्ट वाइमान, उनकी किताब है—Structure and Society in Literary History। यह साहित्य के इतिहास और आलोचना के बारे में नया दृष्टिकोण देने वाली किताब है। उसी तरह अमेरिका के एक विश्वविद्यालय से बहुत दिनों से एक बहुत महत्त्वपूर्ण पत्रिका निकलती है, न्यू लिटरेरी हिस्ट्री। इसके पचासों अंक मेरे घर में पड़े हैं। पहले ये हमारे विश्वविद्यालय में आती थी। अब विश्वविद्यालयों के पुस्तकालयों में बहुत सारी पत्रिकाएँ ऑनलाइन हो गयी हैं। हम लोग ऑनलाइन कुछ पढ़ ही नहीं सकते। आप ऑनलाइन अभी खोजिए तो ज्यादा से ज्यादा उसका टाइटल दिखाई देगा। बाकी खोजिए तो एक नहीं मिलेगा क्योंकि पैसा लगेगा तब लेख देखने को मिलेगा। इसलिए मैं बाहर से मँगवाता हूँ। एक पत्रिका अमेरिका से ही निकलती है—शलमा गुलरी। 2015 में उसके पचास साल पूरे हो गये। पचास साल तक पत्रिका में जो सर्वोत्तम छपा है, उसका उन्होंने तीन खण्डों में संग्रह निकाला है। मेरे पास उसके दो खण्ड मौजूद हैं। एक खण्ड अभी मिला नहीं है। उसमें दुनिया भर के बड़े लेखकों के लेख हैं और विभिन्न विषयों पर उनकी राय भी है। इसलिए सारे संसार में ज्ञान दुर्गति की दशा में नहीं है, हिन्दुस्तान में ही है। इन चीजों में जिनकी दिलचस्पी ही नहीं है, वे उस पत्रिका का नाम तक नहीं जानते। तब वे उसमें छपे लेख और उसके विशेषांक कैसे पढ़ेंगे? अब उसी 'न्यू लिटरेरी हिस्ट्री' नाम की पत्रिका के छपे लेखों का एक संग्रह किताब के रूप में निकला है—न्यू डाइरेक्शन्स इन लिटरेरी हिस्ट्री। वह भी मेरे पास है। यही नहीं, एक और मार्क्सवादी आलोचक हैं जिन्होंने पूरी किताब ही न्यू लिटरेरी हिस्ट्री पर लिखी है। वह भी मेरे पास है। इसलिए पश्चिम में लगातार इन विषयों पर लेख और उनमें नये सोच-विचार आ रहे हैं।

दूसरा विषय जो मेरी दिलचस्पी का बाहर से जुड़ा हुआ है, 'Sociology of Literature'। स्वयं 'Sociology of Literature' वहाँ कई अधिकांश बड़ी पत्रिकाएँ छपती हैं। मैं तीन का नाम लूँगा। मैंने अपनी किताब की नयी भूमिका में भी उनका नाम दे रखा है। एक न्यू लिटरेरी हिस्ट्री का विशेषांक निकला था। 'Sociology of Literature' में नया क्या हो रहा है? कौन-सी दिशा है? दूसरी क्रिटिकल इंक्वायरी नाम की एक मैग्जीन है। वहीं के एक विश्वविद्यालय से निकलती है। एक अच्छी

बात यह है कि अमेरिका से ज्ञान की अधिकांश बड़ी पत्रिकाएँ विश्वविद्यालयों से निकलती हैं। जबकि हिन्दुस्तान के एक भी विश्वविद्यालय से कोई अच्छी पत्रिका निकलती हो, मुझे तो याद नहीं। हिन्दी की तो एक भी नहीं निकलती। यही नहीं एक और बड़ी पत्रिका है, 'पोइटिक्स' नाम की। उसका भी साहित्य के वहाँ की समाजशास्त्र पर विशेषांक निकला था। अब जैसे मान लीजिए सारी दुनिया में ग्लोबलाइजेशन की बड़ी चर्चा है। इस पर न्यू लिटरेरी हिस्ट्री का बहुत मोटा विशेषांक निकला है—ग्लोबलाइजेशन एण्ड लिटरेरी हिस्ट्री। इसलिए जो लोग इन चीजों में दिलचस्पी रखते और पढ़ते हैं वही न अपने छात्र-छात्राओं को इन चीजों का ज्ञान दे सकते हैं। जो जानते ही नहीं वे क्या ज्ञान देंगे, जो देंगे वह अज्ञान ही होगा!

रविकान्त : आज सबाल्टर्न हिस्ट्री राइटिंग भी चल रही है। मार्कसिस्ट हिस्ट्री राइटिंग और सबाल्टर्न हिस्ट्री राइटिंग में फर्क क्या है?

मैनेजर पाण्डेय : वैसे तो सबाल्टर्न हिस्ट्रियोग्राफी की योजना अब लगभग बन्द हो गयी है। उसके उपसंहार वाले लेख छप चुके हैं, बन्द होने के लिए। पिछले सात-आठ सालों से कोई अंक नहीं आया है। वे हर साल एक अंक निकालते थे जिसमें सबाल्टर्न हिस्ट्रियोग्राफी से जुड़े लेख होते थे। दूसरे इतिहास लेखन और सबाल्टर्न में फर्क यह है कि दूसरे इतिहास लेखन के अन्य रूप शासकों और उनकी गतिविधियों पर केन्द्रित रहे हैं। चाहे वह मार्क्सवादी दृष्टि से लिखे जायें या राष्ट्रवादी दृष्टि से लिखे जायें। इससे ठीक अलग जो सबाल्टर्न हिस्ट्रियोग्राफी है वह आम जनता की चिन्ताओं, उनकी वास्तविकताओं, उनकी सांस्कृतिक परम्पराओं, उनके द्वन्द्वों, उनके संघर्षों पर इतिहास लिखने का काम करते हैं। ये लोग सामाजिक समस्याओं पर लिखने का काम करते रहे हैं। उसमें बहुत सारे लेख सबाल्टर्न हिस्ट्रियोग्राफी के हैं, पापुलर या जनता के बीच के आन्दोलनों पर हैं, जनता के बीच के संघर्षों पर हैं। ये जो सबाल्टर्न शब्द है यह मूलतः एण्टोनियो ग्राम्शी का शब्द है। सबाल्टर्न का मतलब ही होता है कि जो अधीन हैं। उनकी इतिहास चिन्ताएँ क्या रही हैं और इतिहास में उनकी भूमिका क्या रही है? ये सब सबाल्टर्न हिस्ट्रियोग्राफी का हिस्सा है।

आकांक्षा सिंह : उपन्यास पर वाणी प्रकाशन से आपकी किताब आयी है। उसमें उपन्यास पर लिखे गये आपके निबन्ध, लेख संकलित हैं। उपन्यास के समाजशास्त्र और उपन्यास की सैद्धान्तिकी पर उसमें विस्तार से बातचीत है। प्रारम्भिक उपन्यासों से लेकर बिल्कुल अभी तक यानी रणेन्द्र के उपन्यास तक उसमें लेख शामिल हैं। इसमें भारत की कई भाषाओं के उपन्यासों का जिक्र है, दक्षिण अमेरिका के उपन्यासों का जिक्र है। माने, उपन्यास के समाजशास्त्र और विभिन्न उपन्यासों के कंसर्न पर आपने लिखा है। उसको लेकर आपकी राय क्या है?

मैनेजर पाण्डेय : उसमें मेरा पहला लेख है 'उपन्यास और लोकतन्त्र'। उस लेख का संक्षिप्त इतिहास बताना चाहता हूँ। वह लेख पहले छपा था 'पहल' में। मराठी के किसी एक महत्त्वपूर्ण लेखक को वह लेख बहुत पसन्द आया। ये भी ध्यान रखिए कि मराठी में उपन्यास की आलोचना का बहुत विकास हुआ है। उनको पसन्द आया तो उन्होंने ज्ञानरंजन से कहा कि उनसे (मुझसे) अनुमति दिलवाइए, इसका हम मराठी में अनुवाद करना चाहते हैं। तब ज्ञानरंजन ने मुझसे कहा। हमने कहा कि इसमें अनुमति क्या देना है, मुझे खुशी है कि वे अनुवाद करना चाहते हैं। लेकिन उसके बाद फोन से सहमति देने के बाद भी उनकी एक चिट्ठी आयी कि हमारी पद्धति ये है कि आपकी लिखित सहमति चाहिए। तब हमने एक पोस्टकार्ड लिखकर उनको सहमति दे दी। लेख का अनुवाद हुआ और वहाँ की शिल्पायन नाम की एक पत्रिका है, बड़ी अच्छी मैग्जीन है लम्बे आकार की, उसमें छपा। बाद में उसी लेख को बम्बई के एक मराठी प्रकाशक ने बुकलेट में छाप दिया। मेरे पास भी भेजा और मुझसे ये भी कहा कि मराठी में जो लोग आपके परिचित हैं और इसको पढ़ना चाहें उनका नाम बताइए। मैंने तीन-चार लोगों के नाम बताए। उनमें से दो-तीन लोगों के मेरे पास फोन आये।

असल में, मैं समझता हूँ कि उपन्यास दुनियाभर में लोकतन्त्र के साथ समाज में आया। मतलब यूरोप में आधुनिक काल में दोनों लगभग एक साथ पैदा हुए और दोनों ने एक-दूसरे को ताकत दी। लोकतन्त्र ने उपन्यास को यह प्रवृत्ति और ताकत दी कि दुनिया के किसी भी विषय, किसी भी समस्या, किसी भी प्रवृत्ति पर उपन्यास लिखा जा सकता है। उपन्यास के स्वभाव में तीन स्तरों पर लोकतन्त्र होता है। रूस के एक प्रसिद्ध आलोचक थे, मिखाइल बाख्तिन। उन्होंने लिखा है कि उपन्यास स्वभाव से लोकतान्त्रिक होता है। एक फ्रांसीसी महिला थीं—मादाम स्तेल। उन्हें पहली समाजशास्त्रीय महिला कहा जा सकता है। 1800 के लगभग उसकी किताब छपी। उसने कहा था कि जिस समाज में स्त्रियाँ स्वतन्त्र नहीं होतीं, उसमें उपन्यास नहीं लिखा जा सकता। इसलिए स्त्रियों के बिना कोई उपन्यास होता नहीं है। दूसरे, स्त्रियों की स्वतन्त्रता के लिए संघर्ष का काम उपन्यास ने किया। हिन्दी में भी किया है। स्त्रियों की पराधीनता के प्रश्न को और स्वाधीनता की आकांक्षा को नागार्जुन ने 'रतिनाथ की चाची' में लिखा। यही नहीं जैनेन्द्र कुमार ने 'सुनीता' में भी लिखा। प्रेमचन्द के अधिकांश उपन्यास इसी तरह के हैं।

लोकतन्त्र के जितने विरोधी तत्त्व हैं, उसमें सबसे बड़ा विरोधी तत्त्व है किसी भी तरह का कट्टरतावाद। हिन्दी में भी और बाहर भी उपन्यास आरम्भ से ही कट्टरतावाद का आलोचक रहा है। हिन्दी के शुरू के उपन्यासकारों में बालकृष्ण भट्ट और किशोरीलाल गोस्वामी आदि ने भी स्त्रियों की पराधीनता पर बहुत लिखा

है। इसलिए मुझे लगता है कि लोकतन्त्र और उपन्यास के बनते-बदलते सम्बन्धों को ध्यान में रखना उपन्यास के लिए भी उपयोगी है और समाज के लिए भी। इसलिए मैं उस पर बराबर बात करता हूँ। मैंने उसमें कहीं लिखा है कि हिन्दी में उपन्यास में सच्चा लोकतन्त्र, पूरा लोकतन्त्र तब आया, जब स्त्रियाँ उपन्यास लिखने लगीं। उनकी बात पुरुष कहे उसके बदले स्त्रियाँ जब अपनी बात कहेंगी, तो जाहिर है कि उनकी पूरी मानसिकता, उनकी पूरी चिन्ताएँ, उनकी सारी दुविधाएँ, उनके सारे द्वन्द्व एक साथ आयेंगे। उपन्यास लिखने वाली जो लेखिकाएँ हैं उनकी रचनाएँ आप देखेंगे तो आपको यह मालूम हो जायेगा। इसी कारण से, मैं उपन्यास और लोकतन्त्र के सम्बन्ध को उपन्यास के आरम्भ, विकास और विस्तार के प्रसंग में ज्यादा महत्त्वपूर्ण मानता हूँ और उसको लिखता हूँ।

आकांक्षा सिंह : पूँजीवाद से इसका क्या सम्बन्ध है?

मैनेजर पाण्डेय : पूँजीवाद के साथ ही दुनिया में लोकतन्त्र आया और पूँजीवाद ने उपन्यास के प्रसंग में तीन काम किये। पूँजीवाद के साथ ही दुनिया में प्रकाशन यानी प्रिंटिंग प्रेस आया। तो पुरानी लिखने और पढ़ने की पद्धति खत्म हुई। सब लोग जानते हैं कि पुराने समय में भारत में जो लिखा जा रहा था वह विधि-निषेधों से भरा हुआ था। माने अमुक-अमुक चीज दलित नहीं पढ़ सकते, स्त्रियाँ नहीं पढ़ सकतीं। पूँजीवाद ने ये किया कि प्रिंटिंग प्रेस के आने और प्रकाशन के बढ़ने तथा पुस्तक बाजार के बनने के कारण साहित्य की दुनिया में लोकतन्त्र आया। मतलब आप प्रेमचन्द का एक उपन्यास या यहाँ तक कि छपा हुआ ऋग्वेद दुकान पर खरीदने जायें तो दुकानदार आपसे ये नहीं पूछेगा कि आप स्त्री हैं या पुरुष। ये भी नहीं पूछेगा कि आप दलित हैं या बाजपेयी हैं। वह खाली एक बात पूछेगा कि इसकी कीमत पाँच सौ रुपये है, अगर पाँच सौ रुपये लिए हों तो आप पाँच सौ रूपये दीजिए। गोदान या ऋग्वेद दोनों में से जो चाहते हैं आप खरीद लीजिए। आप बस में पढ़ते हुए जाइए, ट्रेन में पढ़ते हुए जाइए, चाहे हवाई जहाज में पढ़ते हुए जाइए, चाहे घर में जाकर बैठ कर पढ़िए। ये जो लोकतन्त्र है वह पूँजीवाद के कारण ही आया। इसलिए उपन्यास के विकास में पूँजीवाद की महत्त्वपूर्ण भूमिका है। दूसरी बात यह है कि शुरू के अधिकांश उपन्यास पश्चिम में भी और भारत में भी पत्रिकाओं में सीरियलाइज्ड रूप में छपते रहे हैं। कविता तो याद भी की जा सकती है यद्यपि महाकाव्य याद नहीं किया जा सकता, लेकिन उपन्यास के दो पन्ने कोई लेखक भी याद नहीं कर सकता। इसलिए पूँजीवाद के माध्यम से उपन्यास के विकास को बहुत मदद मिली। एक आखिरी बात और, यद्यपि पूँजीवाद ने उपन्यास के विकास में मदद की, लेकिन पश्चिम के भी आरम्भिक उपन्यासकारों ने पूँजीवाद की ही सबसे कड़ी आलोचना की है। वे चाहे इंग्लैण्ड के चार्ल्स डिकेन्स हों या फ्रांस

के बालजाक हों या रूस के टालस्टाय हों, गोर्की हों। पूँजीवाद की क्रूरता, उसके शोषण और दमन की प्रवृत्ति आदि की कड़ी आलोचना सभी उपन्यासकारों ने की है। प्रेमचन्द समेत हिन्दी के भी उपन्यासकारों ने यह काम किया है।

रविकान्त : जन संस्कृति मंच से आप लम्बे समय तक जुड़े रहे। लेखक संगठनों की जो राजनीति है उसको बखूबी आपने देखा है। 1936 के प्रगतिशील लेखक संघ के समय से आज चुनौतियाँ भी दूसरे किस्म की हैं। माने, आज की सरकार की वैचारिकी है कि उसके तीन दुश्मन हैं—ईसाई, मुस्लिम और कम्युनिस्ट। ऐसे दौर में, यानी जब प्रगतिशील लेखक संघ के पहले अधिवेशन का यह 80वाँ साल है और पूँजीवाद तथा दक्षिणपन्थ की बेहद कठिन चुनौतियाँ हैं, तब लेखक और लेखक संगठनों की आपसी राजनीति पर आपकी क्या राय है?

मैनेजर पाण्डेय : भारत में जो सामाजिक, राजनीतिक और सांस्कृतिक विचारधारा, वातावरण और शासनतन्त्र है, उसको ध्यान में रखकर हर तरह के प्रगतिशीलों की जिम्मेदारी, उनके काम और उनके व्यवहार से तय होगी। जहाँ तक तीनों के बीच एकता की बात है तो मुझे ये बराबर लगता रहा है कि हमारी परम्परा भी ऐसी रही है, मतलब प्रेमचन्द को तीनों संगठन के लोग महान और महत्त्वपूर्ण मानते रहे हैं, तब स्वाभाविक रूप से अलग-अलग होने का कोई मतलब नहीं है। साहित्य में चाहे उपन्यास हो, कहानी हो, कविता हो, पार्टी के अनुसार कोई फर्क नहीं होता। समाज के शोषित, दलित, पीड़ित तबके के पक्ष में आवाज उठाने और उनके दुख-सुख को सामने लाने का ही काम अच्छा साहित्य करता है। इसलिए जो हिन्दी का अच्छा साहित्य है, वह चाहे जिस संगठन से जुड़ा हो, वह पूरे आन्दोलन की विरासत है। इसलिए जब साहित्य में कोई विभाजन नहीं है तो लेखक संगठनों के बीच विभाजन, फूट और अलगाव या टकराव का अब समय नहीं है। संयोग या दुर्योग की बात यह है कि एकता की बात तो सब करते हैं पर एकता नहीं हो पा रही है। उसका एक कारण तो यह है कि जो तीनों संगठन हैं मतलब प्रगतिशील लेखक संघ, जनवादी लेखक संघ और जनसंस्कृति मंच, ये मूलतः अपने राजनीतिक दलों से जुड़े हुए हैं। उनसे स्वतन्त्र नहीं लगते। इसीलिए इनमें एकता और टकराव दोनों राजनीतिक दलों से प्रेरित और प्रभावित होते हैं, जो मुझे बहुत उचित नहीं लगता क्योंकि जब साहित्य और संस्कृति की ज़मीन पर कोई फर्क नहीं है तो लेखक संगठन के स्तर पर फर्क क्यों हो? इसलिए आज के समय में इन तीनों लेखक संगठन के बीच एकता की जरूरत बहुत है और उसकी सम्भावनाएँ भी बहुत हैं। एकता में जो कमियाँ और पेंच हैं, वह भी मैंने बता दिया। कई बार कोशिशें हुईं। अभी भी कोशिश चल रही है कि एकता हो लेकिन जब तक पॉलिटिकल पार्टीज में अंडरस्टैंडिंग नहीं बनती, उनमें अगर समझदारी नहीं बनती तो सांस्कृतिक संगठनों में, लेखक संगठनों में भी

एकता शायद ही बने।

आकांक्षा सिंह : चलते-चलते आखिरी सवाल, इस समय जो आप लिख रहे हैं और भविष्य में जो योजना है, उस बारे में बताइए।

मैनेजर पाण्डेय : अभी तो मैं कुछ छिटपुट लेख लिख रहा हूँ जैसे—एक लेख वीरेन डंगवाल पर लिखा, जो छप गया है। दूसरा लेख बली सिंह चीमा की ग़ज़लों पर लिखा है जो छपने के लिए देना है। तीसरा लेख, एक हिन्दी के कवि मिथिलेश श्रीवास्तव की कविताओं पर लिखा है। दो बड़े काम मेरे ध्यान में हैं। सबसे पहले मैं इन सब फुटकल कामों से फुरसत होने के बाद, इस बीच मेरी थोड़ी तबियत भी गड़बड़ है, तो दुरुस्त होने के बाद दो काम मुझे करने हैं। एक और छोटा काम है। बजरंग बिहारी तिवारी की दलित साहित्य सम्बन्धी चार किताबें मेरे पास पड़ी हैं, उन सब पर एक समीक्षात्मक लेख लिखना है। अगला काम वही करूँगा। उससे फुसरत होने के बाद दाराशिकोह वाला काम पूरा करना है। इसके बाद बाबा नागार्जुन पर एक किताब लिखने की इच्छा है। स्वास्थ्य और समय ने साथ दिया तो वह भी करूँगा। भविष्य की तो यही योजना है। फिलहाल मैंने एक किताब तैयार करके प्रकाशक को दी है—'मुगल बादशाहों की हिन्दी कविता'।

आलोचना

जनपक्षधर आलोचक मैनेजर पाण्डेय

बलिराज पाण्डेय

डॉ. रामविलास शर्मा और नामवर सिंह के बाद हिन्दी की प्रगतिशील आलोचना के विकास में मैनेजर पाण्डेय का महत्त्वपूर्ण योगदान है। मैनेजर पाण्डेय एक मार्क्सवादी आलोचक के रूप में पूरे देश में जाने जाते हैं। आलोचनात्मक लेखन के साथ ही अपनी प्रखर वक्तृता से मैनेजर पाण्डेय ने सम्पूर्ण साहित्यिक समाज को प्रभावित किया है। मैनेजर पाण्डेय साहित्य के साथ-साथ समाज का भी गहन अध्ययन-विश्लेषण करने वाले आलोचक हैं। उनकी आलोचना ने भारतीय समाज और साहित्य को समझने में हमें एक नयी दृष्टि दी है। मैनेजर पाण्डेय के व्यक्तित्त्व की सबसे बड़ी विशेषता है—सच को कहने का साहस। वे किसी भी सत्ता के आतंक से आतंकित नहीं होते। खासकर राजनीतिक सत्ता की लूट और झूठ की संस्कृति का वे खुलकर विरोध करते हैं। अनुवाद, सम्पादन और साक्षात्कार के अतिरिक्त उनकी छः आलोचनात्मक पुस्तकें हैं। इन पुस्तकों में उन्होंने भक्तिकालीन साहित्य से लेकर आधुनिक साहित्य पर नयी और मौलिक दृष्टि से विचार किया है। मैनेजर पाण्डेय ने हिन्दी साहित्य के साथ ही अन्य भारतीय भाषाओं के साहित्य का भी गम्भीर अध्ययन किया है। 'साहित्य के समाजशास्त्र की भूमिका' से पता चलता है कि आधुनिक पाश्चात्य समीक्षा का कितना गहरा अध्ययन उन्होंने किया है।

मैनेजर पाण्डेय पर प्रायः आरोप लगाया जाता है कि उन्होंने व्यावहारिक समीक्षा की तुलना में सैद्धान्तिक समीक्षा पर अपना ध्यान अधिक केन्द्रित किया है। उन पर यह भी आरोप लगाया जाता है कि उन्होंने अपने समकालीन रचनात्मक लेखन की चुनौतियों को स्वीकार नहीं किया है। इन दोनों आरोपों का उत्तर 'भक्ति आन्दोलन और सूरदास का काव्य', 'अनभै साँचा' तथा 'आलोचना की सामाजिकता' नामक महत्त्वपूर्ण पुस्तकों के द्वारा मिल जाता है। मैनेजर पाण्डेय की विशेषता है कि बड़े से बड़े आलोचक की एकांगी दृष्टि का वे जोरदार शब्दों में खण्डन करते हैं और तर्क के आधार पर अपने विचार को स्थापित करते हैं। इसीलिए उनके विचारों से असहमत होना मुश्किल होता है।

मैनेजर पाण्डेय की व्यावहारिक आलोचना की सर्वाधिक महत्त्वपूर्ण पुस्तक है—'आलोचना की सामाजिकता।' इस पुस्तक को चार उपशीर्षकों में विभाजित किया गया है। इसका एक उपशीर्षक है 'कविता का समय।' इसके अन्तर्गत मैनेजर पाण्डेय ने नागार्जुन की कविता पर विस्तार से विचार किया है। नागार्जुन ने बीसवीं सदी के चौथे दशक से कविता लिखना शुरू किया था। सन् 1986 में प्रकाशित एक काव्य संग्रह 'आखिर ऐसा क्या कह दिया मैंने' का जिक्र करते हुए मैनेजर पाण्डेय इस बात को रेखांकित करते हैं कि वह कौन-सी ऊर्जा है, जो नागार्जुन को संवेदना और शिल्प के स्तर पर नवीन, समकालीन और सृजनशील बनाये रखती है। निश्चित रूप से नागार्जुन को ऊर्जा जनता के संघर्षों में सीधे तौर पर शामिल होने से मिलती है। साधारण जनता के जीवन को जो सरकारी नीतियाँ प्रभावित करती हैं, नागार्जुन उन पर सतर्क नजर रखते हैं। यदि वे नीतियाँ जन विरोधी हैं तो नागार्जुन कविता के माध्यम से तो विरोध करते ही हैं, यदि उनके विरुद्ध जन आन्दोलन होता है तो प्रतिरोध करने वाली शक्तियों की भी वे अपनी कविता में पहचान करते हैं। नागार्जुन की कविता की विशेषताएँ बताते हुए मैनेजर पाण्डेय अज्ञेय की भी खबर लेते हैं। वे अज्ञेय की कविता की आत्ममुग्धता, काल्पनिकता और रहस्यमयता की आलोचना करते हैं और यह स्थापित करते हैं कि चूँकि नागार्जुन अपने आस-पास के जीवन के साथ गहराई से जुड़े रहते हैं, इसलिए उनकी कविताओं में उक्त प्रवृत्तियाँ नहीं आ पातीं।

मैनेजर पाण्डेय का कहना है कि 'नागार्जुन किसान-मन के कवि हैं।' लेकिन नागार्जुन का यह किसान-मन अपने खेत-खलिहान या अपने परिवार तक ही सीमित नहीं रहता। नागार्जुन का यह किसान-मन अपने आस-पास फैली विशाल प्रकृति की परिवर्तनशीलता और उसमें उभरते नये रंग-रूप को भी देखता है। इस किसान-मन से वे सम्पूर्ण मानव समाज को देखते हैं और सत्ता द्वारा सताये गये मजदूरों की भावनाओं से जुड़ते हैं। मैनेजर पाण्डेय इसका स्पष्ट रूप से उल्लेख करते हैं कि मानव समाज से व्यापक जुड़ाव ही उनके मन में शोषक वर्ग से घृणा और शोषित के प्रति संवेदना उत्पन्न करने में सहायक होता है। 'नागार्जुन और नयी पीढ़ी' शीर्षक से लिखे गये इस लेख में मैनेजर पाण्डेय यह स्वीकार करते हैं कि नागार्जुन समाज व्यवस्था को बदलने में विश्वास रखने वाली जो शक्तियाँ सक्रिय हैं, उनके पक्ष में साहस के साथ खड़े रहने वाले कवि हैं। इसीलिए उनकी कविता में 'महा मुक्ति की अग्निगन्ध' की अनुभूति होती है।

आज साहित्य के विमर्श के केन्द्र में दलित और स्त्री के साथ आदिवासी समाज भी आ गया है। मैनेजर पाण्डेय हिन्दी के ऐसे पहले समर्थ आलोचक हैं, जिन्होंने इन तीनों विमर्शों के पक्ष में अपने तर्क दिये हैं। इस सन्दर्भ में वे नागार्जुन की प्रसिद्ध

कविता 'हरिजन गाथा' का विशेष रूप से उल्लेख करते हैं। ज्ञातव्य है कि बिहार के बेलछी हत्याकांड को आधार बनाकर नागार्जुन ने यह कविता लिखी थी। इस हत्याकांड में एक दर्जन से अधिक दलितों को जिन्दा जला दिया गया था।

'हरिजन गाथा' कविता का महत्त्व इसलिए है, क्योंकि नागार्जुन को विश्वास है कि अपने सामाजिक और आर्थिक न्याय के लिए संघर्ष करने वाले यही दलित भारत के भाग्य विधाता बनेंगे। नागार्जुन इस दलित समाज के संघर्ष में स्वयं को शामिल करते हैं, क्योंकि यह श्रम करने वाला समाज है और व्यवस्था उसके श्रम के महत्त्व और मूल्य को स्वीकार नहीं कर रही है। नागार्जुन 'अन्तिम विप्लव में सहभागी' इन 'अग्निपुत्रों' का स्वागत करते हैं। प्रकारान्तर से यह भी कह सकते हैं कि नागार्जुन के माध्यम से खुद मैनेजर पाण्डेय भी इन अग्निपुत्रों का स्वागत करते हैं।

नागार्जुन की विश्वदृष्टि पर चर्चा करते हुए मैनेजर पाण्डेय उनकी नेपाल की राजशाही के विरुद्ध जन आन्दोलन पर लिखी कविता पर हमारा ध्यान आकर्षित करते हैं। अमरीकी साम्राज्यवाद के विरुद्ध वियतनामी जनता के संघर्ष पर लिखी नागार्जुन की कविता का भी वे उल्लेख करते हैं। ऐसी कविताओं पर हिन्दी के दूसरे आलोचकों का कम ध्यान गया है। मैनेजर पाण्डेय की नागार्जुन के सन्दर्भ में यह महत्त्वपूर्ण स्थापना है कि 'हिन्दी में जनता के कवि बहुत हैं, लेकिन जन आन्दोलन के कवि नागार्जुन ही हैं।' इसे स्पष्ट करते हुए मैनेजर पाण्डेय कहते हैं कि आजादी के बाद शायद ही कोई जन आन्दोलन हो, जिस पर नागार्जुन ने कविता न लिखी हो। नागार्जुन ऐसे कवि हैं, जो अपनी विचारधारा, पक्षधरता और प्रतिबद्धता की परवाह न कर नयी पीढ़ी के साथ अपना सम्बन्ध जोड़ते हैं। मैनेजर पाण्डेय ने नागार्जुन के कवि व्यक्तित्त्व की तुलना जनता के प्रसिद्ध कवि ब्रेख्त से की है। ब्रेख्त पर नागार्जुन ने कविता भी लिखी है। जिस प्रकार आचार्य रामचन्द्र शुक्ल अपने तर्क को पुष्ट करने के लिए कवियों की कविताओं के उदाहरण देते हैं, उसी प्रकार मैनेजर पाण्डेय भी अपने तर्क को पुष्ट करने के लिए कविताओं को उद्धृत करते हैं। 'नागार्जुन और नयी पीढ़ी' वाले निबन्ध में नागार्जुन के साथ ही नयी पीढ़ी के कवि कुमार विकल और बांग्ला के कवि सुकान्त भट्टाचार्य की ऐसी कई कविताएँ हैं, जिनसे स्पष्ट होता है कि किस प्रकार नयी पीढ़ी नागार्जुन से प्रेरणा लेती है।

हिन्दी के प्रगतिशील आलोचकों में यदि डॉ. रामविलास शर्मा ने केदारनाथ अग्रवाल को स्थापित किया, नामवर सिंह मुक्तिबोध को लेकर आगे बढ़े तो मैनेजर पाण्डेय ने नागार्जुन को भावी पीढ़ी के लिए प्रेरक कवि के रूप में स्थापित किया। हालाँकि रामविलास शर्मा और नामवर सिंह ने भी नागार्जुन पर लेख लिखे हैं, लेकिन मैनेजर पाण्डेय ने जिस गम्भीरता के साथ नागार्जुन को अग्रणी कवि के रूप में व्याख्यायित किया है, वह उनकी समय और समाज से जुड़ी प्रगतिशील आलोचना

की दृष्टि का परिचायक है। इसका प्रमाण है 'कविता का समय' वाले अध्याय में 'नागार्जुन और नयी पीढ़ी' के साथ ही 'नागार्जुन : काव्य की भूमि और भूमिका का विस्तार' नामक निबन्ध। नागार्जुन की काव्य भाषा पर इस निबन्ध में मैनेजर पाण्डेय ने यह स्थापना दी है कि हिन्दी में ऐसे तीन ही कवि हुए हैं, जिनकी काव्य भाषा के अनेक स्तर और विविध रूप हैं और वे हैं–तुलसीदास, निराला और नागार्जुन। जहाँ आभिजात्य मिज़ाज के कवि और आलोचक नागार्जुन की काव्य भाषा और विषय की विविधता को लेकर नाक-भौं सिकोड़ते हैं, मैनेजर पाण्डेय ऐसे मिज़ाज के कवियों और आलोचकों की अच्छी खबर लेते हैं। वे कहते हैं कि नागार्जुन हिन्दी कविता को कविता के लिए वर्जित प्रदेश में ले गये हैं। नागार्जुन हिन्दी के सम्भवतः पहले कवि हैं, जिन्होंने आदिवासी समाज पर दर्जन भर महत्त्वपूर्ण कविताएँ लिखी हैं। मैनेजर पाण्डेय जोरदार ढंग से इस बात की वकालत करते हैं कि जब तक दलित, स्त्री और आदिवासी समाज हिन्दी साहित्य के घेरे के अन्दर नहीं आयेगा तब तक हिन्दी साहित्य को पूर्णता प्राप्त नहीं हो सकती। ज्ञातव्य है कि डॉ. रामविलास शर्मा, नामवर सिंह जैसे बड़े आलोचक साहित्य में दलित, स्त्री और आदिवासी विमर्श सम्बन्धी विभाजन को स्वीकार नहीं करते। इनसे अलग डॉ. मैनेजर पाण्डेय सबल तर्कों से यह सिद्ध करते हैं कि इन विमर्शों के बिना हम हिन्दी साहित्य को विशाल भारतीय समाज से वंचित रखेंगे।

आचार्य रामचन्द्र शुक्ल की आलाचेना का विकास करने वाले आलोचकों में मैनेजर पाण्डेय पहली कतार के आलोचक हैं। 'कविता का समय' वाले अध्याय में आश्चर्यजनक रूप से वे नाथूराम शर्मा 'शंकर' की कविताओं का मूल्यांकन करते हैं। शुक्ल जी का इतिहास पढ़ने के बावजूद आज पाठकों को शायद ही नाथूराम शर्मा 'शंकर' का नाम याद होगा। इन पर एक विस्तृत लेख लिखकर मैनेजर पाण्डेय ने उन्हें भारतीय परम्परा के साथ ही नयी चेतना से सम्पन्न कवि के रूप में स्थापित किया है।

नाथूराम शर्मा शंकर की कविताओं को जनता के सामने लाने का मैनेजर पाण्डेय का एकमात्र उद्‌देश्य यही है कि शासक वर्ग के दमन और षड्यन्त्र से आम जनता को परिचित कराया जाय। शंकर हालाँकि अंग्रेजी सत्ता के विरुद्ध कविताएँ लिख रहे थे, लेकिन उस समय लिखी गयी उनकी कविताएँ आज भी प्रासंगिक हैं, क्योंकि न तो सत्ता का चरित्र बदला है और न ही जनता की समस्याएँ कम हुई हैं। शंकर की कविताओं का मूल्यांकन करते हुए मैनेजर पाण्डेय कहते हैं कि उस समय जबकि छन्द मुक्त कविताओं का चलन बढ़ रहा था, शंकर ने ब्रजभाषा को छोड़कर छन्दबद्ध रचनाएँ कीं। "रूढ़ि के दबाव से अपनी कविता को मुक्त करने और उसे

समकालीन जीवन की समस्याओं की अभिव्यक्ति के लायक बनाने के प्रयास में ही शंकर जी ने ब्रजभाषा को छोड़कर खड़ी बोली को अपनाया। उनकी खड़ी बोली की कविताओं में ही उस समय के समाज की वास्तविकताओं और समस्याओं की सक्षम अभिव्यक्ति हुई है।'' मैनेजर पाण्डेय ऐसे आलोचक हैं, जो भारतीय साहित्य की प्रगतिशील परम्परा से हमारा परिचय कराते हुए आज के सन्दर्भ में उसके महत्त्व को स्थापित करते हैं। बहुत पहले 'हंस' पत्रिका में उन्होंने 'क्या आपने वज्रसूची का नाम सुना है' शीर्षक एक लेख के द्वारा जाति प्रथा पर प्रहार करने वाली इस रचना की उपेक्षा पर क्षोभ व्यक्त किया था। 'शृंखला की कड़ियाँ' की रचना महादेवी ने बहुत पहले की थी, लेकिन उसके महत्त्व को हिन्दी जगत के सामने मैनेजर पाण्डेय ने उजागर किया। इसी तरह सखाराम गणेश देउस्कर की बांग्ला पुस्तक 'देशेर कथा' के हिन्दी अनुवाद की लम्बी भूमिका लिखकर उन्होंने भारतीय नवजागरण के लिए जरूरी एक रचना से हमारा परिचय कराया। इसी तरह 'हिन्दी की पहली आधुनिक कविता' शीर्षक लेख के द्वारा उन्होंने महेशनारायण की कविता 'स्वप्न' के महत्त्व को स्थापित किया। मैनेजर पाण्डेय यह बहुत वाज़िब सवाल उठाते हैं कि हिन्दी के पहले उपन्यास अथवा हिन्दी की पहली कहानी पर तो खूब चर्चा होती है, लेकिन पहली आधुनिक कविता की कोई चर्चा नहीं करता। यह मैनेजर पाण्डेय के गहन विश्लेषण की क्षमता का ही प्रमाण है कि जिस महेशनारायण का नाम सम्भवतः किसी आलोचक की ज़बान या लेखनी में नहीं आ पाया था, उसे वे हिन्दी के पहले आधुनिक कवि के रूप में स्थापित करते हैं। उनकी 'स्वप्न' नाम की लम्बी कविता की समीक्षा करते हुए वे लिखते हैं कि ''इसमें पराधीनता के यथार्थ और स्वाधीनता के स्वप्न की द्वन्द्वात्मकता व्यक्त हुई है।'' सन् 1880 के आस-पास लिखी गयी इस कविता का महत्त्व इसलिए है, क्योंकि इससे 'स्वाधीनता की खुशबू' आती है। 'हिन्दी की पहली आधुनिक कविता' नामक निबन्ध में ही मैनेजर पाण्डेय यह साबित करते हैं कि 'उर्दू की कविता खड़ी बोली की ही कविता है।' इसके लिए वे मीर और नज़ीर अकबराबादी की कई काव्य पंक्तियों को उद्धृत करते हुए कहते हैं कि 'आज भी कोई हिन्दी का कवि सहज और प्रभावशाली हिन्दी लिखना चाहेगा तो उसकी भाषा मीर और नज़ीर की भाषा के करीब होगी।' इस प्रकार मैनेजर पाण्डेय हिन्दी और उर्दू की एकता को स्थापित करने वाले जन-संघर्षों के पक्षधर आलोचक के रूप में अपनी पहचान बनाते हैं।

'कविता का समय' शीर्षक अध्याय में मैनेजर पाण्डेय का एक लम्बा लेख है, ''आज का भारतीय समाज और युवा पीढ़ी की रचनाशीलता।'' इसमें मैनेजर पाण्डेय सन् 1990 यानी उदारीकरण के बाद के भारतीय समाज की विस्तृत व्याख्या करते

हैं। मैनेजर पाण्डेय पहले आलोचक हैं, जो उदारीकरण को सीधे-सीधे अमेरिकीकरण नाम देते हैं। यहाँ मैनेजर पाण्डेय का एक सूत्र वाक्य है—"भूमण्डलीकरण भ्रमों का निर्माण करता है और उसके सहारे फैलता है, जबकि सार्थक रचना भ्रमों से मानव मन को मुक्त करती हुई उसे सोच-विचार करने को सक्रिय बनाती है।" यहाँ वे एक आलोचक के रूप में नयी पीढ़ी की रचनाशीलता के साथ अपने को जोड़ते हुए उसकी प्रतिरोध की चेतना को रेखांकित करते हैं। भारतीय समाज में बढ़ रही साम्प्रदायिकता के भयावह रूप से जनता को आगाह करते हुए मैनेजर पाण्डेय अनिल कुमार सिंह की 'अयोध्या 1991', बोधिसत्व की 'पागलदास', विमल कुमार की 'पुजारी लालदास', कात्यायनी की 'वे नहीं सोचते', कुमार अंबुज की 'तुम्हारी जाति क्या है' आदि कविताओं की विशेष रूप से चर्चा करते हैं। मैनेजर पाण्डेय की यह चिन्ता है कि 'आजकल हिन्दी समाज में न कोई व्यापक जन आन्दोलन है और न कोई प्रभावशाली साहित्यिक आन्दोलन।' यह चिन्ता इसलिए है कि मैनेजर पाण्डेय 'भागो नहीं दुनिया को बदलो' वाली विचारधारा में विश्वास करने वाले आलोचक हैं। मैनेजर पाण्डेय की सबसे बड़ी विशेषता यह है कि समाज में और इसलिए साहित्य में भी वे नयी पीढ़ी की सक्रियता में विश्वास रखते हैं, विश्वास ही नहीं बल्कि उसकी रचनात्मक सक्रियता में खुद की भागीदारी भी सुनिश्चित करते हैं। आज के बाजारवाद पर जिस तल्खी के साथ मैनेजर पाण्डेय हमलावर हैं, वह नयी पीढ़ी के आलोचकों के लिए स्पृहा की बात हो सकती है। अपने समय की पड़ताल करते हुए वे कहते हैं कि "नयी पीढ़ी का कवि जानता है कि वह एक ऐसे समय में रह रहा है, जो अत्यन्त हिंसक है और जिसमें हर चीज बिकाऊ है। वह अमीरों की अमीरी और गरीबों की गरीबी बढ़ाता है। साथ ही वह मनुष्य की संवेदनशीलता ही नहीं, उसकी सामाजिकता को भी घटाता है।" आज के समय को परिभाषित करने वाले रचनाकारों में मैनेजर पाण्डेय विशेष रूप से संजय कुंदन, बद्रीनारायण, अनामिका, सविता सिंह, गगन गिल, पंकज चतुर्वेदी, अष्टभुजा शुक्ल, लीलाधर मंडलोई की चर्चा करते हैं। इससे स्पष्ट है कि नयी रचनाशीलता से गहरे जुड़कर मैनेजर पाण्डेय उसकी चुनौतियों को भी स्वीकार करते हैं।

'आलोचना की सामाजिकता' पुस्तक के महत्त्व को समझने के लिए इसकी भूमिका को पढ़ना जरूरी है। मैं तो यह कहना चाहूँगा कि मैनेजर पाण्डेय के साहित्य सम्बन्धी विचारों को जानने के लिए भी इस पुस्तक की भूमिका का अध्ययन जरूरी है। वे साहित्य को 'मनुष्य की मनुष्यता की अभिव्यक्ति का एक माध्यम' मानते हैं। लेकिन 'मनुष्य की स्वतन्त्रता आलोचनात्मक चेतना' के साथ होनी चाहिए। वे कहते हैं कि 'साहित्य विनोद का साधन नहीं, स्वतन्त्रता के लिए बेचैन आत्मा की

पुकार है।' वे एडवर्ड सईद के इस कथन से सहमत हैं कि 'सत्ता के सामने सच कहने के साहस से आलोचना सामाजिक बनती है।' मैनेजर पाण्डेय अपने समय के ऐसे आलेचक हैं जो सत्ता के सामने सच को कहते हैं। वे 'राजनीति के साथ-साथ धर्म, संस्कृति और साहित्य की सत्ता' का भी विश्लेषण करते हैं। उनका मानना है कि 'ये सभी सत्ताएँ बौद्धिक दमन करती हैं।' मैनेजर पाण्डेय के विचारों के आधार पर ही हमारा निष्कर्ष है कि हिन्दी की प्रगतिशील आलोचना में डॉ. रामविलास शर्मा यदि वाद हैं तो नामवर सिंह विवाद और मैनेजर पाण्डेय संवाद।

मैनेजर पाण्डेय की आलोचना के आयाम

सियाराम शर्मा

बीसवीं शताब्दी के अन्तिम दशक में सोवियत समाजवाद के समक्ष उत्पन्न गम्भीर संकट के साथ हिन्दी के मार्क्सवादी आलोचकों में भगदड़ और अफरातफरी-सी मच गयी। कुछ गहन निराशा के गर्त में डूब गये तो कुछ अपनी समस्त प्रतिबद्धताओं को त्याग कर रूपवादी और कलावादी खेमे की शरण में चले गये। कुछ तो एक सौ अस्सी डिग्री घूम कर मार्क्सवादी और समाजवादी विचारधारा के मुखरविरोधी बन गये। युवा आलोचकों का एक बड़ा हिस्सा उत्तर-आधुनिकतावादी चिन्तन की गिरफ्त में आ गया। बचे-खुचे लोग सत्ता की संस्कृति के साथ तालमेल बैठाने की जुगाड़ में लग गये। कुल मिलाकर नव साम्राज्यवाद की आक्रामकता और वृद्ध पूँजीवाद की बर्बरता के इस दौर में हिन्दी आलोचना में कलावाद एवं रूपवाद का एक नया उभार दिखा। एक नया विवेकहीन, विचारहीन सौन्दर्यशास्त्र रचने की कोशिश हुई। ऐसे संकटग्रस्त समय में व्यक्तिगत विपत्तियों की त्रासदी को झेलते हुए भी मैनेजर पाण्डेय हिन्दी के उन गिने-चुने मार्क्सवादी आलोचकों में हैं, जिन्होंने सोवियत संघ के समाजवादी प्रयोग की गलतियों और सीमाओं को पहचानते हुए मार्क्सवाद की विचारधारा और समाजवाद के स्वप्न के प्रति अपनी आस्था डिगने नहीं दी और न ही भारत के शोषित-उत्पीड़ित जनसमुदाय के संघर्ष के प्रति अपनी प्रतिबद्धता का परित्याग किया। बहुत ही मुस्तैदी के साथ उन्होंने उत्तर-आधुनिकतावादी चिन्तन की विचारहीनता और बौद्धिक दिवालियेपन का पर्दाफाश किया। नव साम्राज्यवाद की भूमण्डलीकरण की नीतियों से उपजी सत्ता संस्कृति को 'लूट और झूठ' की संस्कृति के रूप में परिभाषित करते हुए उन्होंने जनप्रतिरोध की संस्कृति के हिरावल दस्ते का नेतृत्व किया।

आलोचना के केन्द्र में किसान जीवन का संघर्ष और सौन्दर्य

मैनेजर पाण्डेय का जन्म एक किसान परिवार में हुआ था। वे किसानों को 'भारतीय

समाज के मेरुदण्ड' तथा औपनिवेशिक व्यवस्था में सर्वाधिक शोषित-उत्पीड़ित वर्ग के रूप में देखते हैं। ऐसा सम्भवतः इसलिए है कि उनके आलोचनात्मक-व्यक्तित्त्व के निर्माण में सातवें दशक के किसान विद्रोह की महत्त्वपूर्ण भूमिका रही है। किसान जीवन के अनुभव, यथार्थ और सौन्दर्य को उन्होंने अपनी आलोचना में केन्द्रीय स्थान दिया है। सूरदास का काव्य हो या प्रेमचन्द का उपन्यास या नागार्जुन की कविता, इन सब में किसान जीवन के यथार्थ, संघर्ष और सौन्दर्य की अभिव्यक्ति को उन्होंने अपनी आलोचना की कसौटी के रूप में इस्तेमाल किया है।

सातवें दशक के विद्रोह की पृष्ठभूमि में ही उन्होंने 'सूर का काव्य : परम्परा और प्रतिभा' विषय पर शोध कार्य किया। जिस सूरदास के काव्य को अब तक वात्सल्य, शृंगार, वाग्विदग्धता और संकुचित सामाजिकता के सन्दर्भ में देखा-परखा जाता था, उसे पाण्डेय जी ने किसान जीवन के अनुभव की व्यापकता से जोड़ कर देखा। सूरदास के काव्य को आचार्य रामचन्द्र शुक्ल से लेकर रामविलास शर्मा तक ने 'पशुचारण काव्य' और 'पशुपालकों' के जीवन से जोड़कर देखा था। पाण्डेय जी ने इस प्रवृत्ति पर सवाल उठाते हुए कहा—"सोलहवीं सदी के भारतीय समाज का कवि प्रागैतिहासिक गोचारण का कवि कैसे हो सकता है? सूर के काव्य में ऐसा समाज है, जिसमें पशुपालन कृषि व्यवस्था का अंग है और गोचारण किसान जीवन के व्यापक अनुभवों का हिस्सा। ...सूर के काव्य में किसान जीवन दोनों रूपों में है। यहाँ किसान जीवन के यथार्थ का जितना प्रत्यक्ष चित्रण है, उससे अधिक किसान जीवन के अनुभवों की सांकेतिक व्यंजना है।"[1]

मैनेजर पाण्डेय भारतीय उपन्यास की भारतीयता को भी किसान जीवन से जोड़ कर देखते हैं। उनका मानना है कि यूरोपीय उपन्यासों के केन्द्र में या तो पतनशील सामन्त वर्ग रहा है या उदीयमान बुर्जुआ वर्ग। उन उपन्यासों के केन्द्र में किसान और मजदूर वर्ग नहीं है। लेकिन "भारतीय उपन्यास का स्वतन्त्र रूप तब विकसित हुआ जब उपन्यास रचना के केन्द्र में भारतीय किसान जीवन आया। तभी वह यथार्थवाद विकसित हुआ, जो राष्ट्रीय जागरण का अभिन्न अंग था। किसान जीवन से जुड़कर ही भारतीय उपन्यास की सच्ची भारतीयता विकसित हुई और उपन्यास राष्ट्रीय जीवन की महागाथा का प्रतिनिधि साहित्य रूप बना।"[2] किसान जीवन से आवयविक जुड़ाव के कारण ही वे उड़िया के कथाकार फकीर मोहन सेनापति तथा प्रेमचन्द को सर्वाधिक महत्त्व देते हैं। वे मानते हैं कि प्रेमचन्द को किसानों से सच्चा प्यार था और वे किसानों के अस्तित्त्व की अनिवार्यता महसूस करते थे। इसीलिए उनके कथा-साहित्य के अधिकांश नायक किसान हैं। प्रेमचन्द और किसान जीवन पर अपने विचार व्यक्त करते हुए वे कहते हैं—"प्रेमचन्द के कथा-साहित्य में मध्यवर्ग भी है, लेकिन केन्द्रीय स्थिति किसान जनता की ही है। यहाँ किसानों का

जीवन-संघर्ष ही केन्द्रीय विषय है। जीवन में किसान जिस शोषण के शिकार थे, उस शोषण के पेचीदे तन्त्र, उसकी जटिल प्रक्रिया और उसकी भयानक परिणति का चित्रण प्रेमचन्द ने किया है। इसके साथ ही उन्होंने सामन्तवाद, पूँजीवाद और साम्राज्यवाद के विरुद्ध किसान जनता के मुक्ति-संघर्ष का भी चित्रण किया है।"[3]

हिन्दी उपन्यास के क्षेत्र में प्रेमचन्द का रचनात्मक कद इतना बड़ा था कि उनकी उपेक्षा नहीं की जा सकी पर हिन्दी कविता में किसान जीवन से जुड़ी कविता को प्रयोगवाद और नयी कविता के दौर में तथा उसके बाद भी हाशिए पर धकेला जाता रहा। हिन्दी कविता में मध्यवर्गीय, नगरीय और शहरी बोध हावी रहा। नयी कविता की सीमाओं का बहुत हद तक अतिक्रमण करते हुए भी मुक्तिबोध की कविता मध्यवर्गीय बोध की कविता है। हालाँकि मध्यवर्गीय जीवन से बाहर किसान और मजदूर जीवन से जुड़ाव की उनमें गहरी छटपटाहट है। नामवर जी की महत्त्वपूर्ण पुस्तक 'कविता के नये प्रतिमान' के केन्द्र में मुक्तिबोध हैं। किसान और मजदूर जीवन से जुड़ी नागार्जुन, केदारनाथ अग्रवाल और त्रिलोचन की जातीय कविता उनकी आलोचना के केन्द्र में नहीं है। हाँ, आगे चलकर उन्होंने इन कविताओं के लिए नये काव्यशास्त्र की आवश्यकता अवश्य महसूस की। नक्सलबाड़ी के किसान विद्रोह की पृष्ठभूमि में उभरे नव प्रगतिवादी दौर ने इन कवियों को पुनःप्रतिष्ठित किया। मैनेजर पाण्डेय ने इन कवियों में सर्वाधिक महत्त्वपूर्ण नागार्जुन के काव्य पर बहुत ही श्रेष्ठ लेखन किया। नागार्जुन पर लिखे मैनेजर पाण्डेय के तीन-चार लेख नागार्जुन की कविता पर लिखी गयी किसी भी पुस्तक से ज्यादा महत्त्वपूर्ण हैं और उनकी व्यावहारिक, रचनात्मक आलोचना के श्रेष्ठ उदाहरण हैं। कविता पर लिखी उनकी अन्य आलोचनाओं के केन्द्र में भी नागार्जुन ही अवस्थित हैं। रघुवीर सहाय और कुमार विकल पर लिखते हुए भी नागार्जुन उन्हें याद आते हैं। प्रेमचन्द की तरह ही नागार्जुन की कविता को भी वे भारतीय किसान जीवन से जोड़कर देखते हैं–"नागार्जुन किसान-मन के कवि हैं। किसान जीवन के कलाकार हैं। वे किसान-मन से ही प्रकृति, समाज और इतिहास को देखते हैं। वे इसी किसान-मन से मजदूरों से प्रेम करते हैं और शोषक वर्गों से घृणा करते हैं, इसलिए वे प्रेम और घृणा दोनों पूरे मन से करते हैं। नागार्जुन जहाँ कहीं किसान आन्दोलन देखते हैं, वहाँ अपनी कविता के माध्यम से पहुँच जाते हैं।"[4]

नागार्जुन की तरह त्रिलोचन के काव्य में भी उन्हें किसान जीवन की लय सुनाई पड़ती है। पाण्डेय जी के अनुसार ग्रामीण जीवन की वास्तविकताएँ, बोली-वाणी, मुहावरों और जीवन दृष्टि से लैस उनकी कविता आधुनिकतावादी हिन्दी कविता के महानगर में गाँव का प्रतिपक्ष रचती है। उनके काव्य में भारतीय किसान जीवन के सुख-दुःख, हर्ष-विषाद, आशा और निराशा के संघर्ष दिखाई देते हैं। किसान

जीवन और खेतिहर मजदूरों के गौरव से उनका काव्य जगमगाता है। किसान जीवन के सन्दर्भ में त्रिलोचन की कविता का मूल्यांकन करते हुए वे लिखते हैं–"उनकी दृष्टि एक सजग किसान की दृष्टि है, जो उस जीवन के जीते, देखते-सुनते और समझते हुए कवि को मिली है, इसलिए उसमें किसान जीवन से आत्मीयता और तादात्म्य है, लेकिन उस जीवन में मौजूद रूढ़ियों की आलोचना भी है। उनकी दृष्टि किसान-जीवन की समग्रता को देखती है। वह उस जीवन की शक्ति के स्रोतों की खोज करती है तो जड़ता की जड़ों पर प्रहार भी करती है। त्रिलोचन इसी सजग किसान-दृष्टि से प्रकृति, समाज और विश्व को देखते हैं। मानवीय सम्बन्धों और भावों के उनके बोध में भी वही दृष्टि सक्रिय रहती है।"[5] इस प्रकार मैनेजर पाण्डेय द्वारा सूरदास के काव्य से लेकर प्रेमचन्द, नागार्जुन और त्रिलोचन तक के किये गये मूल्यांकन के केन्द्र में भारतीय किसान जीवन के विविधवर्णी अनुभवों की अभिव्यक्तियाँ हैं। नामवर जी और मैनेजर पाण्डेय की आलोचना दृष्टि में फर्क का मूल कारण भारतीय जीवन में मध्यवर्ग और किसान जीवन की केन्द्रीयता का सवाल है। नामवर जी की आलोचना के केन्द्र में भारतीय मध्यवर्ग है। अतः छायावाद, नयी कविता की मध्यवर्गीय धारा और 'नयी कहानी' उन्हें ज्यादा आकर्षित करती है। मैनेजर पाण्डेय भारतीय जीवन के केन्द्र में किसान को रखते हैं। अतः उनकी आलोचनाओं के केन्द्र में प्रेमचन्द और नागार्जुन हैं।

कविता और आलोचना

'आज का समय और कविता का संकट' शीर्षक एक महत्पूर्ण लेख में पाण्डेय जी ने समकालीन कविता के समक्ष उत्पन्न चुनौतियों का गम्भीरतापूर्वक विश्लेषण किया है। वे इस सच की पड़ताल करते हैं कि समकालीन कविता व्यापक जनजीवन और समुदाय से पूरी तरह कट गयी है। इसका बहुत बड़ा कारण उसके लिखित और मुद्रित होने में है। अपने मौखिक और श्रव्य रूप में कविता मूर्त श्रोताओं को सम्बोधित थी। अतः उसके भीतर संगीत और संवाद के गुण अन्तर्निहित थे। कविता के लिखित और मुद्रित रूप ने कविता और पाठक के बीच एक अलंघ्य दूरी और गहरी खाई पैदा कर दी। अतः कविता में आख्यान और सांगीतिकता की जगह बिम्बधर्मिता का प्रभाव बढ़ा। वे यह भी स्वीकार करते हैं कि समकालीन हिन्दी कविता मूलतः नगर और शहराती कविता है, जिसके भीतर "लोकप्रियता और कला के बीच अलगाव पैदा हुआ है और हिन्दी कविता से लोकप्रियता के साथ सहजता, ऐन्द्रिकता और भावावेग की विदाई हो गयी है। इस प्रक्रिया में कविता से जीवन्तता गायब हो गयी है। ...आज की अधिकतर कविताओं में समकालीन जीवन के अनुभवों और संवेदनाओं की अभिव्यक्ति के बदले जीवन की स्थितियों

के बारे में कवियों की वैचारिक प्रतिक्रियाएँ सामने आती हैं, जो प्रायः बिखरी हुई होती हैं। ऐसी अधिकांश कविताओं में सुगठित संरचना नहीं मिलती और आन्तरिक विकास का अभाव भी होता है। कविता की आन्तरिक संरचना के निर्माण के दो मुख्य माध्यम हैं—आख्यान और बिम्ब। आज के अधिकांश कवियों ने इन दोनों का बहिष्कार कर दिया है।"[6] ऐसी स्थिति में पाण्डेय जी कविता में श्रव्य रूप की विशिष्टताओं को बचाये रखना जरूरी मानते हैं। उनका आशय यह है कि कविता सिर्फ पढ़ने के लिए न हो, सुनने-सुनाने लायक भी हो। आज के समाज में कविता की सार्थकता और उत्तरजीविता को रेखांकित करते हुए वे कहते हैं—"पूँजीवादी समाज में कविता न तो संस्कृति उद्योग का हिस्सा बनकर जिन्दा रहा सकती है और न माया की संस्कृति से होड़ करती हुई। वह मुक्तिधर्मी संस्कृति से जुड़कर ही अब तक जीवित रही है और आगे भी रहेगी। ...अब तक के इतिहास में वही कविता समाज के लिए जरूरी साबित हुई है, जो अपने समय और समाज के हाशिये पर रहने वाले पराधीन तथा पीड़ित जन समुदाय की यातना के अनुभवों की आवाज बनी है और उसके संघर्ष की शक्ति भी।"[7]

रघुवीर सहाय एक ऐसे ही कवि हैं। उनकी कविता में हाशिये पर पड़े आम आदमी के दुखों, यातनाओं और दहशतों के अनुभव दर्ज हैं। नागार्जुन और त्रिलोचन के अलावे जिन दो महत्त्वपूर्ण कवियों पर पाण्डेय जी ने लिखा है, वे रघुवीर सहाय और कुमार विकल हैं। वे पत्रकारिता से विविध स्तरीय सम्बन्धों की पहचान के क्रम में रघुवीर सहाय की काव्यात्मक विशिष्टताओं की खोज करते हैं। उनके अनुसार—"जैसे कबीरदास की कविता एक बुनकर की कविता है, वैसे रघुवीर सहाय की कविता एक पत्रकार की कविता है। ...नागार्जुन के बाद सम्भवतः उन्हीं की कविता में समकालीन भारतीय समाज की सबसे अधिक सूचनाएँ दर्ज हैं। लेकिन वे कविता में सूचनाएँ देकर सन्तुष्ट नहीं हो जाते। उनकी कविताएँ अपने समय और समाज की खबर देती हुई बार-बार सवाल पूछती हैं और पाठकों को नये सवाल के लिए उकसाती भी हैं...वे पत्रकारिता के अनुभव से यह भी जानते हैं कि ब्यौरों से बचनेवाली भाषा हवाई होती है। इसलिए उनकी कविता ब्योरों से बचने की कोशिश नहीं करती। उनकी कविता की भाषा ब्योरों के बीच से गुजरती हुई जिन्दगी के यथार्थ और अनुभवों को मूर्त रूप से सामने लाती है। वह ब्योरों में छिपी विडम्बनाओं, संरचनाओं में खोई संवेदनाओं और तथ्यों के बीच मौजूद सच्चाइयों की खोज के लिए बेचैन भाषा है। ...वे पत्रकारिता और राजनीति के प्रयत्नों से बिगाड़ी और भ्रष्ट की गयी भाषा का प्रायः ऐसा प्रयोग करते हैं कि आज की जिन्दगी के यथार्थ की सारी विरूपता लगभग पूर्णता के साथ उनकी कविता में उतर आती है।"[8]

कुमार विकल को पाण्डेय जी ने 'धूपधर्मी कविताओं का कवि' कहा है। उनकी

यह धूपधर्मिता अँधेरे को चीर कर उससे संघर्ष करते हुए उजागर हुई है। अन्धकार की शक्तियों की पहचान और उससे संघर्ष के क्रम में वे उन्हें निराला और मुक्तिबोध की परम्परा से जोड़ते हैं। इसी तरह उनकी कविताओं में निहित निर्मम और निर्भय आत्मालोचना के स्वर को मुक्तिबोध और पाश से जोड़ते हैं। कुमार विकल हिन्दी के सर्वाधिक बेचैन कवि हैं। कविता के भीतर उनकी बेचैनी का जायजा लेते हुए वे कहते हैं—"कुमार विकल अपने समय और समाज के मनुष्य की जिन्दगी की पीड़ा, उसकी यातना, उसकी आस्था के विघटन और उसकी जिजीविषा से एकता अनुभव करते हुए जो बेचैनी महसूस करते हैं, उसे कविता में व्यक्त करते हैं। कुमार विकल की बेचैनी जितनी राजनीतिक है, उतनी ही नैतिक भी। वे एक ओर भारत में फैलते वनतन्त्र में साधारण आदमी को लगातार असुरक्षित देखकर बेचैन होते हैं तो दूसरी ओर सुरक्षा की चाहत के शिकार मनुष्य की मरती हुई मनुष्यता भी उन्हें बेचैन करती है।"[9]

आलोचना की सैद्धान्तिकी

व्यावहारिक आलोचना के साथ-साथ आलोचना की सामाजिकता की सैद्धान्तिकी विकसित करने में मैनेजर पाण्डेय की महत्त्वपूर्ण भूमिका रही है। रूपवादियों और कलावादियों ने घोषित रूप से इतिहास का सर्वाधिक उग्र विरोध किया है। मैनेजर पाण्डेय अपनी आलोचनात्मक सक्रियता के प्रारम्भिक दौर में ही अपनी विचारोत्तेजक पुस्तक 'साहित्य और इतिहास दृष्टि' (1986 ई.)में साहित्य के इतिहास की आवश्यकता, इतिहासबोध और साहित्य विवेक के परस्पर सम्बन्ध, साहित्य के इतिहास और व्यापक सामाजिक इतिहास के जटिल अन्तःसम्बन्धों, साहित्य के परिवर्तन और विकास की व्याख्या, परम्परा और परिवर्तन के द्वन्द्वात्मक सम्बन्ध, विगत सार्थकता और वर्तमान अर्थवत्ता और कालबद्धता तथा कालजयीपन जैसे जरूरी और जायज प्रश्नों से टकराते हुए एक सुसंगत साहित्य की इतिहास दृष्टि का विकास करते हैं। वे इतिहास विरोधियों की जमकर खबर लेते हैं। काल की चक्रीय और रेखीय अवधारणा का विरोध करते हुए ग्रैफिक अवधारणा को ज्यादा वैज्ञानिक मानते हैं। वे विधेयवादी, कुत्सित समाजशास्त्रीय तथा रूपवादी पद्धति की भी आलोचना करते हैं।

यह पुस्तक साहित्येतिहास पर हिन्दी में नलिन विलोचन शर्मा और सुमन राजे की पुस्तकों से बहुत आगे बढ़कर विश्व में साहित्येतिहास पर हुए अद्यतन चिन्तन के समक्ष पाठकों को ला खड़ा करती है और उसके बोध में गुणात्मक परिवर्तन की भूमिका रचती है। यह पुस्तक सिर्फ साहित्येतिहास के सैद्धान्तिक प्रश्नों से ही नहीं टकराती बल्कि आचार्य रामचन्द्र शुक्ल, हजारी प्रसाद द्विवेदी और रामविलास शर्मा

के साहित्येतिहास में निहित दृष्टि की पहचान और परख करते हुए उसकी ताकत और सीमाओं का अहसास भी कराती है। साहित्य के इतिहास पर लिखी गयी अब तक की पुस्तकों में निर्विवाद रूप से यह सर्वश्रेष्ठ पुस्तक है।

डॉ. मैनेजर पाण्डेय आचार्य शुक्ल की साहित्येतिहास सम्बन्धी दृष्टि पर 'छायावाद' का तथा हजारी प्रसाद द्विवेदी की इतिहास दृष्टि पर प्रगतिशील आन्दोलन का प्रभाव देखते हैं। रामविलास शर्मा के लेखन में हिन्दी जाति की अवधारणा को वे उनकी केन्द्रीय अवधारणा के रूप में देखते हैं। उनके अनुसार आचार्य शुक्ल की आलोचनात्मक दृष्टि वस्तुवादी एवं भौतिकवादी है पर दर्शन के क्षेत्र में उन पर भाववाद का असर है। इसी तरह अति उत्साह में वे अच्छे-बुरे का भेद किये बिना हर विदेशी और बाहरी विचार का विरोध करने लगते हैं। पाण्डेय जी रामविलास जी द्वारा मध्ययुग को आधुनिक युग कहे जाने के साथ-साथ हिन्दी जाति और हिन्दी नवजागरण के अन्तर्विरोधों और कमजोरियों पर पर्दा डालने के लिए भी उनकी आलोचना करते हैं।

मैनेजर पाण्डेय ने रामविलास शर्मा के आलोचनात्मक लेखन में उस प्रवृत्ति की आलोचना की है जिसमें परम्परा के प्रति रक्षात्मक और वर्तमान के प्रति आक्रामक और ध्वंसात्मक रवैया नजर आता है। अपनी आक्रामकता में विचारधारा की दृष्टि से वे दोस्त और दुश्मन के बीच फर्क को मिटा डालते हैं। वे जैनेन्द्र के साथ यशपाल, पुरुषोत्तम दास टंडन के साथ राहुल सांकृत्यायन तथा धर्मवीर भारती और साही के साथ शिवदान सिंह चौहान और नामवर सिंह को भी एक ही साथ कठघरे में खड़ा करते हैं। प्रगतिशील आन्दोलन की प्रारम्भिक रचनाओं में प्रायः उन्हें संकीर्णतावाद और कला के प्रति अवहेलना दिखाई पड़ती। वे नयी कविता में मुक्तिबोध के अप्रतिम योगदान को नहीं समझ पाये। उन्हें अस्तित्त्ववादी और रहस्यवादी तक सिद्ध करने की कोशिश की। पाण्डेय जी ने इसलिए भी रामविलास जी की आलोचना की है कि वे साहित्य को विचारधारात्मक रूप मानने की धारणा को प्रयोगवाद से भी घातक मानते हैं।

डॉ. पाण्डेय ने स्वतन्त्रता प्राप्ति के बाद के पन्द्रह-सोलह वर्षों को शिवदान सिंह चौहान द्वारा नेहरू युग कहे जाने की धारणा का खण्डन किया है। वे नामवर जी द्वारा स्वातन्त्र्योत्तर हिन्दी साहित्य को मोह और मोहभंग के मुहावरे में देखे जाने की प्रवृत्ति की भी आलोचना करते हैं क्योंकि हिन्दी के अधिकांश बड़े लेखक आजादी के बाद की स्थितियों से न तो मोहग्रस्त थे और न ही उनका मोहभंग हुआ था।

'शब्द और कर्म' पुस्तक के निबन्धों के माध्यम से हिन्दी में मार्क्सवादी सौन्दर्यशास्त्र को विकसित किये जाने का वैसा ही प्रयास दिखाई पड़ता है, जैसे रामविलास शर्मा की पुस्तक 'आस्था और सौन्दर्य' तथा नामवर जी की 'इतिहास

और आलोचना' में है। इस पुस्तक में सातवें दशक में विश्व स्तर पर चल रहे क्रान्तिकारी आन्दोलनों के साथ-साथ भारत के किसान विद्रोह की भी अनुगूँज सुनाई पड़ती है। 'शब्द और कर्म' में मुक्तिबोध पर केन्द्रित मोतीराम वर्मा की पुस्तक 'लक्षित मुक्तिबोध' की समीक्षा के साथ 'मुक्तिबोध का आलोचनात्मक संघर्ष' शीर्षक एक महत्त्वपूर्ण लेख संकलित है। इस लेख में डॉ. पाण्डेय हिन्दी आलोचना की गतिरुद्धता और जड़ता के बीच मुक्तिबोध की नवोन्मेषी आलोचनात्मक प्रतिभा का साक्ष्य प्रस्तुत करते हैं। वे उन्हें आचार्य रामचन्द्र शुक्ल के बाद हिन्दी के सबसे बड़े साहित्य विचारक के रूप में देखते हैं। नामवर जी ने 'कविता के नये प्रतिमान' में मुक्तिबोध के आलोचनात्मक चिन्तन का सार्थक उपयोग किया है पर उनकी आलोचनात्मक शक्ति और मेधा का वास्तविक अन्दाज़ा पाण्डेय जी के इस लेख को पढ़कर ही होता है। डॉ. मैनेजर पाण्डेय मुक्तिबोध के आलोचनात्मक संघर्ष में मार्क्सवादी सौन्दर्यशास्त्र के विकास को मूर्त रूप ग्रहण करते हुए देखते हैं। मुक्तिबोध ने आलोचना की सिर्फ सैद्धान्तिक चर्चा ही नहीं की बल्कि कामायनी की व्याख्या और पुनर्मूल्यांकन के माध्यम से मार्क्सवादी काव्यालोचन का व्यावहारिक रूप भी प्रस्तुत किया। 'कामायनी' का उनके द्वारा किया गया मूल्यांकन वस्तुवादी आलोचना का बेहतर उदाहरण है।

डॉ. मैनेजर पाण्डेय ने मुक्तिबोध की इस समझ की प्रशंसा की है कि नयी कविता के भीतर दो वर्ग हैं, उच्च मध्यवर्ग और निम्न मध्यवर्ग। उच्च मध्यवर्ग का देशी शोषक-शासक वर्ग से गहरा रिश्ता है और उसके विचारों पर पश्चिमी साम्राज्यवाद की शीतयुद्धकालीन विचारधारा की छाया है। मुक्तिबोध नयी कविता की इस वर्गीय विचारधारा की पहचान और विरोध करने वाले अपने समय के अकेले आलोचक हैं। उन्होंने अपने लेखन के माध्यम से कला की स्वायत्तता, जीवानानुभूति और कलानुभूति के पार्थक्य, क्षणवाद, अनुभूति की ईमानदारी, आत्मान्वेषण और आत्माभिव्यक्ति, व्यक्तिस्वातन्त्र्य, लघुमानववाद, आधुनिकतावाद आदि की विचारधारा का तीव्र विरोध किया।

हिन्दी में एक अनुशासन के रूप में 'साहित्य के समाजशास्त्र' को विकसित करने में नामवर जी की प्रेरणादायी भूमिका रही है। जेएनयू के पाठ्यक्रम तथा 'आलोचना' पत्रिका में समय-समय पर प्रकाशित अनुवादों एवं लेखों के माध्यम से उन्होंने इसे सम्भव बनाया। इसे मूर्त रूप देने में उनका सर्वाधिक सहयोग डॉ. मैनेजर पाण्डेय ने किया। साहित्येतिहास की तरह साहित्य के समाजशास्त्र पर सन् 1989 में हरियाणा ग्रन्थ अकादमी से प्रकाशित उनकी पुस्तक 'साहित्य के समाजशास्त्र की भूमिका' इस विषय पर अद्यतन जानकारियों से लैस एक मुकम्मल पुस्तक है। डॉ. पाण्डेय के अनुसार "साहित्य का समाजशास्त्र व्यापक सामाजिक प्रक्रिया के भीतर क्रियाशील

सम्पूर्ण साहित्य प्रक्रिया की विभिन्न गतियों और परिणतियों की व्याख्या करते हुए साहित्य के वास्तविक स्वरूप की पहचान कराता है। ...साहित्य-प्रक्रिया के मुख्य तीन पक्ष हैं : लेखक, रचना और पाठक। साहित्य-विश्लेषण की अधिकांश दृष्टियों के केन्द्र में इन तीनों में से कोई एक रहता है। साहित्य के समाजशास्त्र में इन तीनों का विवेचन होता है और इनके आपसी सम्बन्धों का भी।"[10] इसका लक्ष्य साहित्यिक कृति की सामाजिक अस्मिता की व्याख्या है। यह पुस्तक साहित्य के समाजशास्त्र की यूरोपीय परम्परा का विवेचन-विश्लेषण करते हुए साहित्य की सामाजिक दृष्टि की भारतीय परम्परा के बिखरे सूत्रों को भी जोड़ने की कोशिश करती है। इस दिशा में धूर्जटी प्रसाद मुखर्जी, पूरन चन्द्र जोशी, डी.डी. कोसाम्बी और रोमिला थापर आदि के लेखन में निहित साहित्य के समाजशास्त्र की सम्भावनाओं को पहचानने का प्रयास किया गया है। साथ ही पश्चिम में इसे शास्त्र के रूप में विकसित करने वाले तेन, लियो लॉवेंथाल, लुसिएँ गोल्डमान और रेमण्ड विलियम्स के विचारों से भी अवगत कराया गया है। यह पुस्तक सतही, घटिया, बाजारू और मनोरंजक कही जाने वाली लोकप्रिय साहित्य के स्वरूप, पद्धति, उपस्थिति की वास्तविकता पर भी विचार करने के साथ-साथ साहित्य की विविध विधाओं और रूपों के समाजशास्त्र पर प्रकाश डालती है।

साहित्यिक विधाओं में 'उपन्यास' के विविध पक्षों पर पाण्डेय जी ने विस्तारपूर्वक विचार किया है। प्रसिद्ध रूसी आलोचक मिखाईल बाख्तिन के विचारों से सहमति जताते हुए वे मानते हैं कि उपन्यास में विविध प्रकार की दृष्टियों एवं स्वरों की अनेकता होती है। किसी उपन्यास की औपन्यासिकता वस्तुतः उसकी संवादधर्मिता में निहित होती है। अपने जन्म के साथ-साथ संरचनात्मक रूप से लोकतन्त्र और उपन्यास में गहरा रिश्ता है। उपन्यास और लोकतन्त्र के सम्बन्ध पर विचार करते हुए वे कहते हैं—"लोकतन्त्र केवल एक राजनीतिक व्यवस्था और शासन पद्धति ही नहीं है, वह एक ऐसी मानसिकता भी है जो सहिष्णुता की संस्कृति, दूसरों का सम्मान, दूसरों के अन्तरों का स्वीकार, विचारों की अनेकता का आदर, अभिव्यक्ति की स्वतन्त्रता और संवाद की तत्परता विकसित करती है। लोकतन्त्र की ये विशेषताएँ उपन्यास के स्वभाव और संरचना में निहित होती हैं और उपन्यास ऐसी ही मानसिकता का निर्माण भी करता है। ...लोकतन्त्र में अनेकता, अनेकरूपता, विविधता, बहुवचनता का स्वीकार होता है, जो उपन्यास की संरचना की बुनियादी विशेषताएँ हैं।"[11] भाषा के विविध स्तरों और रूपों की दृष्टि से भी उपन्यास कविता की अपेक्षा ज्यादा लोकतान्त्रिक विधा है। उनकी नजर में आलोचनात्मकता का अभाव और कट्टरतावाद लोकतन्त्र और उपन्यास दोनों के लिए हानिकारक है। उपन्यास की बुनियाद आख्यान है और आख्यान की गति हमेशा वर्तमान से भविष्य

की ओर होती है। अफ्रीकी, दक्षिण अमेरिकी तथा भारतीय उपन्यासों के विश्लेषण के बाद वे इस निष्कर्ष पर पहुँचते हैं कि उपन्यास उपनिवेशवाद और साम्राज्यवाद से मुक्ति का आख्यान है। यूरोप में उपन्यास भले ही मध्यवर्ग का महाकाव्य रहा हो पर यूरोप से बाहर वह दलितों, शोषितों और उत्पीड़ितों के जीवन संघर्ष से जुड़कर ही महाकाव्यात्मक गरिमा प्राप्त कर सका।

नामवर जी ने बेनेडिक्ट एंडरसन की राष्ट्र को 'कल्पित जनसमुदाय' कहे जाने की अवधारणा का समर्थन करते हुए कहा है कि 'राष्ट्र भी एक गल्प ही है।' इस गल्प राष्ट्र के सृजन में, दूसरे गल्प उपन्यास की महत्त्वपूर्ण भूमिका रही है। उन्हीं के शब्दों में "स्वतन्त्र राष्ट्र के रूप में भारत। आँखों के सामने रोज-रोज दिखाई पड़ने वाला भारत नहीं। असली भारत। मनोवांछित भारत। कल्पना का भारत। इस भारत का निर्माण ही मुख्य मुद्दा था। निश्चय ही यह एक प्रकार की कल्पसृष्टि है। कल्पसृष्टि कल्पसृजन से ही सम्भव है। उपन्यास यही कल्पसृजन है। गल्प से गल्प की सृष्टि। एक गल्प उपन्यास, दूसरा गल्प राष्ट्र।"[12] इस तरह के गल्प सृजन में लगे बंकिमचन्द्र और ठाकुर जगमोहन सिंह के उपन्यासों को नामवर जी ने अंग्रेजी ढंग के उपन्यासों से अलग भारतीय ढंग का उपन्यास कहा है। प्रसिद्ध अमेरिकी आलोचक फ्रेडरिक जेम्सन के द्वारा तीसरी दुनिया के देशों के उपन्यासों को राष्ट्रीय रूपक (नेशनल एलिगरि) कहे जाने की मान्यता का समर्थन करते हुए वे बंकिमचन्द्र के 'दुर्गेशनन्दिनी', 'कपाल कुंडला' तथा हजारी प्रसाद द्विवेदी के उपन्यास 'बाणभट्ट की आत्मकथा' को राष्ट्रीय रूपक के रूप में व्याख्यायित करते हैं।

रूपक में एकरूपता होती है। एक के ऊपर दूसरे का आरोपण। उपन्यास को राष्ट्रीय रूपक मान लिए जाने के बाद राष्ट्रवाद की अभिव्यक्ति के सिवा उपन्यास का और कोई कार्य नहीं रह जाता। राष्ट्रवाद कोई एकायामी धारणा नहीं है। एक राष्ट्र के भीतर कई तरह के वर्ग और समूह होते हैं, जिनके भीतर आपसी अन्तर्विरोध और टकराहटें होती हैं। प्रेमचन्द के उपन्यासों को सिर्फ राष्ट्रीय रूपक के बतौर नहीं पढ़ा जा सकता। उसमें राष्ट्रवाद के अन्तर्विरोधों को उजागर करने के साथ-साथ उसकी तीखी आलोचना भी है। इसीलिए डॉ. मैनेजर पाण्डेय नामवर जी के उपन्यास को राष्ट्रीय रूपक मानने की धारणा को यथार्थवाद विरोधी मानते हुए उसका खण्डन करते हैं। वे मानते हैं कि, "यथार्थवाद और रूपकवाद यथार्थ के बारे में मूल रूप से परस्पर विरोधी दृष्टिकोण है। इसलिए वह राष्ट्रवाद का जितना पोषक है, उससे अधिक उसका आलोचक है।"[13] राष्ट्रवाद के अन्तर्विरोधों की पड़ताल करते हुए वे कहते हैं, "अगर हम पश्चिम के उस राष्ट्रवाद को छोड़ दें, जो साम्राज्यवाद का जनक भी रहा है और केवल एशिया, अफ्रीका तथा दक्षिण अमेरिका के पराधीन देशों के स्वाधीनता आन्दोलन के समय और स्वाधीनता के बाद के राष्ट्रवाद को देखें तो

यह स्पष्ट होगा कि राष्ट्रवाद हमेशा मुक्तिधर्मी और मूलगामी नहीं होता। ...यद्यपि स्वाधीनता आन्दोलन के काल में राष्ट्रवादी विमर्श समूचे भारतीय समाज के बारे में बोलने का दावा और दिखावा करता था, लेकिन उसमें उच्च वर्गों और उच्च वर्णों की आकांक्षाओं की आवाज अधिक सुनाई देती थी। उस राष्ट्रवाद ने जिस मुख्यधारा की कल्पना की थी, उसका देश के गरीब किसानों, मजदूरों, स्त्रियों और दलितों के साथ सम्बन्ध उपयोग और उपेक्षा का था। इस स्थिति में स्वाधीनता आन्दोलन के काल में जिन उपन्यासों में राष्ट्रवाद की मुख्यधारा से बहिष्कृत, बेज़ुबान और उपेक्षित किसानों, मजदूरों, स्त्रियों और दलितों की पराधीनता की यातना की ऐतिहासिक ट्रेजडी का आख्यान है, उसमें उस राष्ट्रवाद का पोषक कोई रूपक नहीं, उसकी खरी आलोचना है।"[14]

सभ्यता समीक्षा

पिछले दो दशकों से साहित्यिक आलोचना सिर्फ साहित्य की आलोचना न रहकर सभ्यता और संस्कृति समीक्षा की दिशा में विकसित हो रही है। हिन्दी आलोचना के प्रारम्भ से ही यह प्रवृत्ति बीज रूप में मौजूद थी। आचार्य रामचन्द्र शुक्ल ने जर्मन वैज्ञानिक अन्र्स्ट हैकल की पुस्तक 'रिडिल ऑफ यूनिवर्स' का 'विश्व प्रपंच की भूमिका' के नाम से अनुवाद करके, भारतेन्दु ने 'जातीय संगीत' पर लिखकर, महावीर प्रसाद द्विवेदी ने 'सम्पत्ति शास्त्र' और प्रेमचन्द ने 'महाजनी सभ्यता' और साम्प्रदायिकता पर लिखकर अपने समय में राष्ट्र के समक्ष उत्पन्न समस्याओं से टकराने का गम्भीर प्रयास किया था। ऐतिहासिक, सांस्कृतिक और वैचारिक मुद्‌दों पर रामविलास शर्मा के प्रभूत लेखन ने इस परम्परा को और भी आगे बढ़ाया। मैनेजर पाण्डेय ने भी आज के समाज में जारी मनुष्य विरोधी प्रक्रियाओं को चुनौती देने के लिए 'सभ्यता समीक्षा' के विकास को जरूरी माना। पिछले दो दशकों में सोवियत समाजवाद के समक्ष उत्पन्न संकट ने विश्व की अर्थव्यवस्था, राजनीति और संस्कृति को सर्वाधिक प्रभावित किया। इस घटना ने बहुत सारे मार्क्सवादियों और समाजवादियों के पैरों के नीचे की जमीन खिसका दी। गहन निराशा और पस्ती के दौर में 'संकट के बावजूद' पुस्तक में शामिल कार्ल मार्क्स, जार्ज लुकाच, इवान क्लीमा और क्यूबा के कवि आलोचक रोबर्तो फेर्नान्देज के साक्षात्कारों के अनुवादों ने समाजवाद और उसके इतिहास की समस्याओं को समझने में हिन्दी पाठकों की बहुत मदद की तथा इस विश्वास को बनाये रखा कि 'समाजवाद ही मानव समाज का भविष्य है अन्यथा उसका कोई भविष्य नहीं है।' उसी पुस्तक के दूसरे खण्ड में शामिल रेमण्ड विलियम्स, रिचर्ड हॉगर्ट, फ्रेडरिक क्रूज के आलेखों ने साहित्य और संस्कृति की बेहतर मार्क्सवादी समझ विकसित करने के साथ-साथ 'प्रतिबद्धता

और विचारधारा' को पुनःप्रतिष्ठित करने का कार्य किया। उसी पुस्तक की भूमिका 'संकट तो है लेकिन'में पाण्डेय जी ने उत्तर-आधुनिकता की यथार्थ विरोधी, इतिहास विरोधी, अराजकतावादी बौद्धिक दिवालियेपन का पर्दाफाश करते हुए उसका पुरजोर विरोध किया।

ब्रिटिश उपनिवेशवाद ने भारत जैसे देशों को सभ्य बनाने के नाम पर जिस तरह शोषण, दमन, लूट और बर्बरता का सहारा लिया उसी तरह यूरोप और अमरीका के साझा नवउपनिवेशवाद और नवसाम्राज्यवाद आज वैश्वीकरण के भ्रमजाल और विश्व बैंक तथा अन्तरराष्ट्रीय मुद्रा कोष के हथकंडों के माध्यम से अविकसित और विकासशील देशों को लूटने और गुलाम बनाने की प्रक्रिया में शामिल हैं। इस नवसाम्राज्यवाद के उद्देश्य, व्यवहार, प्रक्रिया, विचारधारा और भाषा को समझने के लिए पुराने उपनिवेशवाद के तौर-तरीकों और कारगुजारियों को समझना बहुत जरूरी है। इस आवश्यकता और जरूरत को ध्यान में रखते हुए मैनेजर पाण्डेय ने बांग्ला में लिखी सखाराम गणेश देउस्कर की किताब 'देशेर कथा' के बाबूराव विष्णु पराड़कर द्वारा अनूदित पुस्तक के शताब्दी वर्ष (2005 ई.) में लम्बी भूमिका लिखकर पुनःप्रकाशित कराया। इस तरह पाण्डेय जी ने नव साम्राज्यवाद के साँसत में जी रही नयी पीढ़ी को साम्राज्यवाद के पुराने अनुभव से सीखने का बेहतर अवसर प्रदान किया। इस पुस्तक की विचारोत्तेजक भूमिका के माध्यम से उन्होंने ब्रिटिश उपनिवेशवाद और अमेरिकी नवसाम्राज्यवाद का तुलनात्मक विश्लेषण करते हुए उसके जनविरोधी, बर्बर और युद्धोन्मादी चरित्र का पर्दाफाश किया। यह पुस्तक वर्तमान को अतीत से जोड़ने की महत्त्वपूर्ण कड़ी है।

दलित, स्त्री और आदिवासी

हिन्दी में दलित लेखन और दलित साहित्य एक वास्तविकता है। बावजूद इसके हिन्दी के कई महत्त्वपूर्ण आलोचक अभी तक इसके विरोध की मुद्रा में हैं। शीर्षस्थ आलोचकों में मैनेजर पाण्डेय ऐसे पहले आलोचक हैं, जिन्होंने खुले मन से दलित साहित्य की आवश्यकता और जरूरत को रेखांकित करते हुए उसके महत्त्व को प्रतिपादित किया। भारतीय समाज की जटिलता को समझने के लिए वे वर्ग और वर्ण की वास्तविकता को साथ-साथ समझना जरूरी मानते हैं। दोनों की अधूरी एकांगी समझ हमें भ्रमित कर सकती है। वर्ग एक आर्थिक अवधारणा है, जबकि वर्ण सामाजिक सच्चाई। "जाति व्यवस्था समाज में भेद-भाव को स्थायी भाव बनाने वाली अचूक व्यवस्था है। इसमें व्यक्ति की वैयक्तिक स्वतन्त्रता महत्त्वपूर्ण नहीं होती, उसकी स्वतन्त्र पहचान भी नहीं होती, उसे जाति से जोड़ कर ही समझा जाता है।"[15] भारतीय समाज में वर्गान्तरण सम्भव है, लेकिन वर्णान्तरण मुश्किल। एक

दलित मजदूर और किसान सवर्ण मजदूर और किसान की अपेक्षा सामाजिक रूप से ज्यादा शोषित और उत्पीड़ित होता है। दलित मजदूर और किसान आर्थिक शोषण के साथ ही सामाजिक यन्त्रणा का दंश भी झेलता है।

मैनेजर पाण्डेय यह स्वीकार करते हैं कि महाराष्ट्र में दलित चेतना और दलित साहित्य अग्रगामी रहा है। ज्योतिबा फुले की 1873 में प्रकाशित 'गुलाम गीरी' नामक पुस्तक दलित आन्दोलन का घोषणा-पत्र है। आगे चलकर आम्बेडकर के विचारों और अमेरिका के अश्वेत आन्दोलन से इसे ऊर्जा मिली। महाराष्ट्र में यह एक सामाजिक और सांस्कृतिक आन्दोलन के रूप में विकसित हुआ पर हिन्दी नवजागरण में दलितों की दुर्दशा पर विशेष चिन्ता दिखाई नहीं पड़ती। अपने रचनात्मक स्तर पर प्रेमचन्द, निराला और राहुल सांकृत्यायन ने दलित समस्या से टकराने की कोशिश जरूर की है पर उसे दलित साहित्य की कोटि में नहीं रखा जा सकता। गैर-दलितों के साहित्य में कला जितनी भी हो, अनुभव की प्रामाणिकता उतनी नहीं होती जितनी दलितों के लेखन में। डॉ. मैनेजर पाण्डेय की राय में, "सच्चा दलित साहित्य वही होगा, जो दलितों के बारे में स्वयं दलित लिखेंगे। जब अपने समुदाय के जीवन के यथार्थ और अनुभवों के बारे में कोई दलित लिखता है, तब उसकी दृष्टि में जो आग, चित्रों में जो आभा और भाषा में जो ऊर्जा होती है, वह गैर-दलितों द्वारा दलितों के बारे में लिखे गये साहित्य में नहीं होती। दलित जीवन के अनुभव के कुछ ऐसे पक्ष होते हैं, जो जाति सापेक्ष होते हैं और केवल उन्हीं के द्वारा अनुभूत किये जा सकते हैं। ...दलितों के जीवनानुभव और उसकी अभिव्यक्ति के प्रसंग में ज्योतिबा फुले का यह कथन महत्त्वपूर्ण है कि गुलामी की यातना को 'जो सहता है वही जानता है' और जो जानता है वही पूरा सच कह सकता है। सचमुच राख ही जानती है जलने का अनुभव, कोई और नहीं।"[16] दलित साहित्य की अलग पहचान की आवश्यकता पर बल देते हुए वे अन्यत्र स्वीकार करते हैं, "हिन्दी साहित्य की जो व्यापक धारा है, उसमें डूब मरने से बेहतर है, अलग से दलित धारा का विकास।"

मैनेजर पाण्डेय के अनुसार दलित साहित्य यातनाग्रस्त व्यक्ति की 'यातना से पैदा हुई चीख का साहित्य है'। अतः उसका स्वर खा-पीकर अघाये हुए वर्ग के साहित्य की तरह सधा हुआ नहीं है। उसमें गुस्सा, आक्रोश और प्रतिरोध की तल्खी का होना स्वाभाविक है। उसका अपना पाठक वर्ग कला की बारीकियों, जटिलताओं और सूक्ष्मताओं से उस तरह परिचित नहीं है, जैसे आभिजात्य पाठक। अतः उनकी अभिव्यक्ति में सरलता, सहजता और सादगी का गुण है। इस नये ढंग के यातना के साहित्य का मूल्यांकन पुराने ढंग के साहित्यशास्त्र और आलोचना के सौन्दर्यशास्त्र से सम्भव नहीं है। दलित साहित्य के लिए नये तरह के सौन्दर्यशास्त्र की आवश्यकता पर बल देते हुए वे कहते हैं—"दलित साहित्य हिन्दी के ललित साहित्य से एकदम

भिन्न है। उसमें दलित समाज के जीवन का यथार्थ, उस यथार्थ के त्रासद अनुभव और उन अनुभवों से अन्तरंग रूप से जुड़ी भाषा का सहज रचाव है, जिसे देखकर ललित साहित्य के लेखक और पाठक बिदकते हैं। दलित साहित्य में अनुभवों को मनोरम बनाने की चेष्टा नहीं होती और न भाषा को सरस बनाने की कोशिश। इसलिए उसे संस्कृत काव्यशास्त्र के सिद्धान्तों और हिन्दी आलोचना के प्रचलित प्रतिमानों पर जाँचना-परखना उसके साथ ज्यादती है।"[17]

जाति प्रथा के विरोध की दृष्टि से हिन्दी नवजागरण की कमजोरियों और सीमाओं को वे साहसपूर्वक स्वीकार करते हैं। यही कारण है कि जाति प्रथा के विरुद्ध हिन्दी भाषी क्षेत्र में न तो कोई तीव्र वैचारिक संघर्ष दिखाई पड़ता है, न आन्दोलन। हिन्दी नवजागरण के कई पुरोधा ब्राह्मण, क्षत्रियों और वैश्यों के हितों की चिन्ता करने वाली पत्रिकाओं का सम्पादन करते थे। 'सरस्वती' और 'मर्यादा' जैसी हिन्दी नवजागरण की प्रेरक पत्रिकाओं में भी जाति व्यवस्था के विरुद्ध गम्भीर, विवेचन-विश्लेषण का अभाव है। जाति प्रथा को लेकर अगम्भीरता का ही प्रमाण है कि अश्वघोष की तीव्र जाति प्रथा विरोधी पुस्तक 'वज्रसूची' का 1985 के पूर्व हिन्दी में कोई अनुवाद नहीं मिलता, जबकि अंग्रेजी, जर्मन, चीनी, तिब्बती आदि विदेशी भाषाओं के साथ मराठी आदि भारतीय भाषाओं में इसके कई अनुवाद मिलते हैं। 1993 में 'हंस' में प्रकाशित और 'अनभै साँचा' में संकलित अपने निबन्ध 'क्या आपने वज्रसूची का नाम सुना है?' के माध्यम से इस पुस्तक के महत्त्व का प्रतिपादन करते हुए उन्होंने हिन्दी पाठकों का इससे परिचय कराया।

भारतीय वर्ण व्यवस्था के अन्तर्गत दलित और स्त्री दोनों गैरबराबरी के शिकार रहे हैं। वैदिक और पौराणिक परम्परा के भीतर शूद्र और नारियों को एक साथ रखा गया है। लेकिन दलितों की मुक्ति के साथ दलित स्त्रियों की भी मुक्ति हो जायेगी यह सच नहीं है। एक दलित स्त्री दलित होने के दंश के साथ-साथ स्त्री होने की पीड़ा से भी गुजरती है। अतः उसकी गुलामी दोहरी हो जाती है। मैनेजर पाण्डेय दलित और स्त्री के सम्बन्धों की इस जटिलता को पहचानते हुए कहते हैं—"भारतीय समाज में स्त्रियों की गुलामी और पुरुषों के प्रभुत्व की जो प्रवृत्ति है, उसका असर दलित समाज में भी है। यह ठीक है कि दलित स्त्रियाँ काम और श्रम से जुड़ी होने के कारण सवर्ण स्त्रियों से अधिक स्वतन्त्र होती हैं। लेकिन उन्हें भी अनेक रूपों में पुरुष की अधिकार भावना का शिकार होना पड़ता है। मुझे लगता है कि दलित स्त्री दलितों में भी दलित है।"[18]

मैनेजर पाण्डेय ने दलित साहित्य की तरह स्त्री लेखन की वास्तविकता को भी स्वीकार किया। स्त्रियों की ऐतिहासिक गुलामी और विषमता का जिक्र करते हुए वे कहते हैं कि "मानव समाज के इतिहास में जो विषमता सबसे अधिक लम्बी,

गहरी, स्थायी और अमानवीय है, वह पुरुष और स्त्री के बीच की विषमता है। मातृसत्तात्मक व्यवस्था से पितृसत्तात्मक व्यवस्था में मानव समाज का प्रवेश पुरुषों के लिए सभ्यता का इतिहास है तो स्त्रियों के लिए बर्बरता का।"[19] भारतीय समाज में स्त्री की पराधीनता के साथ-साथ उसके दोयम दर्जे की नागरिकता की स्थिति का उन्होंने यथार्थपरक विश्लेषण प्रस्तुत किया है। वे मानते हैं कि अन्य समाजों की तरह भारत में भी स्त्री को पुनरुत्पादन के साधन के रूप में स्वीकार किया गया। काम सम्बन्धों के बारे में उसके अपने अनुभवों, अपनी इच्छाओं, आकांक्षाओं और आवश्यकताओं को न सिर्फ अस्वीकार किया गया बल्कि नैतिकता की दुहाई देकर उसकी यौनिकता का दमन भी किया गया। कालिदास के 'रघुवंश' तथा तुलसीदास की चौपाइयों में निहित भारतीय भाषा दर्शन की व्याख्या करते हुए वे उस सोच की आलोचना करते हैं, जिसमें स्त्री 'शब्द' है और पुरुष 'अर्थ'। स्त्री एक खाली बर्तन की तरह है, जो पुरुषार्थ को धारण करती है। पुरुष के बिना उसका जीवन निरर्थक है। स्त्री की आत्मा पर ही नहीं, उसके शरीर पर भी पुरुष प्रभुत्व के निशान कहीं मंगल सूत्र के रूप में तो कहीं सिन्दूर के रूप में मौजूद हैं। संस्कृत नाटकों में भाषा के स्तर पर उसे दासों का दर्जा दिया गया। हद तो यह है कि पुरुष एक-दूसरे को जब गालियाँ भी देता है तो अपमानित स्त्री ही होती है।

यह सच है कि अक्सर स्त्री को उसकी देह तक सीमित किया जाता रहा है। अतः कुछ लोग स्त्री मुक्ति को उसकी देह की मुक्ति के साथ जोड़ते हैं। मैनेजर पाण्डेय स्पष्ट रूप से यह स्वीकार करते हैं कि "स्त्री मुक्ति का सवाल केवल देह के सवाल तक सीमित नहीं है। ...उसका सम्बन्ध आर्थिक संरचना से लेकर, सांस्कृतिक ढाँचे तक जाता है।"[20]

डॉ. मैनेजर पाण्डेय यह स्वीकार करते हैं कि हिन्दी नवजागरण की चिन्ताओं और बहसों के केन्द्र में स्त्री की पराधीनता और स्वाधीनता का प्रश्न कभी महत्त्वपूर्ण नहीं रहा। यही कारण है कि सदियों से भारतीय स्त्री की पराधीनता के जटिल स्वरूप को विश्लेषित करने वाली महादेवी वर्मा की पुस्तक 'शृंखला की कड़ियाँ' का महत्त्व हिन्दी के आलोचक नहीं पहचान पाये। लोगों ने उनकी वेदना और पीड़ा को तो देखा पर उनके असन्तोष, आक्रोश और संघर्ष की ओर ध्यान नहीं दिया। पाण्डेय जी द्वारा भारत की नारी समस्या के सन्दर्भ में 'शृंखला की कड़ियाँ' का किया गया मूल्यांकन सम्भवतः अमृतराय के बाद हिन्दी में दूसरा सबसे महत्त्वपूर्ण और व्यवस्थित प्रयास है। इस निबन्ध में वे सिर्फ महादेवी वर्मा के महत्त्व का प्रतिपादन ही नहीं करते बल्कि उनकी वैचारिक पृष्ठभूमि का आधार भी निर्मित करते हैं। वे महादेवी वर्मा को रमाबाई, ताराबाई शिंदे और 'सीमन्तनी उपदेश' की लेखिका माई भगवती की परम्परा के विकास की निरन्तरता में देखते हैं। वे इस बात

को रेखांकित करते हैं कि 1942 में प्रकाशित इस पुस्तक के अधिकांश लेख तीस के दशक में लिखे गये थे और उस समय की प्रसिद्ध पत्रिका 'चाँद' में प्रकाशित हुए थे। दुनिया में नारीवादी आन्दोलन को प्रभावित करने वाली 'सिमोन द बोउआ' की पुस्तक 'द सेकेंड सेक्स' उस समय अपने अस्तित्त्व में भी नहीं आयी थी। इस पुस्तक का प्रकाशन फ्रेंच में 1949 और अंग्रेजी में 1953 ई. में हुआ। इस प्रकार भारतीय स्त्री जीवन के व्यापक अनुभव और समझ पर आधारित इस पुस्तक का ऐतिहासिक और क्रान्तिकारी महत्त्व है। यह पुस्तक नारी जागरण की उस प्रक्रिया की उपज है, जिसकी शुरुआत भारतीय नवजागरण के साथ हुई थी।

स्त्री प्रश्न की दृष्टि से महाराष्ट्र का नवजागरण बांग्ला और हिन्दी नवजागरण से ज्यादा अग्रगामी था। हिन्दी नवजागरण में इसका क्रान्तिकारी विकास 'शृंखला की कड़ियाँ' में दिखाई पड़ता है। डॉ. पाण्डेय के अनुसार–"भारतीय स्त्री जीवन की जटिल समस्याओं, उसकी दासता की दारुण स्थितियों और उसकी मुक्ति की दिशाओं का मूलगामी दृष्टि से जैसा विवेचन महादेवी वर्मा की पुस्तक 'शृंखला की कड़ियाँ' में है, वैसा हिन्दी में अन्यत्र कहीं नहीं है। 'शृंखला की कड़ियाँ' का उद्देश्य उस भारतीय नारी की स्थिति का विश्लेषण है जो महादेवी वर्मा के शब्दों में 'जन्म से अभिशप्त है और जीवन से सन्तप्त है'।"[21] स्त्री सम्बन्धी सवालों की दृष्टि से जैनेन्द्र की 'सुनीता' और नागार्जुन की 'रतिनाथ की चाची' को लेकर किया गया उनका आलोचनात्मक कार्य भी अत्यन्त महत्त्वपूर्ण है। ये निबन्ध स्त्री से सम्बन्धित उनकी संवेदना और विचारों को समझने में मदद करते हैं।

डॉ. मैनेजर पाण्डेय दलित और स्त्री लेखन की तरह आदिवासी साहित्य की भी अलग पहचान के पक्षधर हैं। वे मानते हैं कि आदिवासी साहित्य परम्परा और इतिहास की दृष्टि से दलित साहित्य से ज्यादा प्राचीन है। भाषा, संस्कृति और इतिहास की दृष्टि से आदिम जनजातियाँ दलित समुदाय से भिन्न हैं। दलित समुदाय का समाज की मुख्यधारा के साथ किसी न किसी प्रकार का रिश्ता रहा है। दलित समुदाय के कुछ लोग समाज की मुख्यधारा में शामिल भी हैं। लेकिन आदिवासी हमारी मुख्यधारा की योजनाओं और विकास के सबसे ज्यादा शिकार रहे हैं। भारतीय समाज और राष्ट्र के भीतर वे आज भी अपनी अस्मिता और पहचान की लड़ाई लड़ रहे हैं। ऐसे में उनके अपने जीवन के अनुभव, पीड़ाएँ और यातनाएँ अलग पहचान के साथ अभिव्यक्त होती हैं तो इसमें क्या हर्ज है? दुर्भाग्यवश हिन्दी में आदिवासी साहित्य की स्थिति बांग्ला और उड़िया की अपेक्षा ज्यादा पिछड़ी हुई है। इस दृष्टि से हिन्दी साहित्य की सीमाओं को स्वीकार करते हुए डॉ. मैनेजर पाण्डेय कहते हैं कि, "अभी हिन्दी साहित्य या हिन्दी उपन्यास में आदिवासियों की चिन्ता बहुत कम है। ...उड़िया के गोपीनाथ मोहन्ती और बांग्ला की महाश्वेता देवी

के स्तर तक पहुँचने की बात कौन करे, अभी तो हिन्दी में आदिवासी पर कथा लेखन की सार्थक शुरुआत भी नहीं हुई है। हिन्दी कथा-साहित्य में अब भी आदिवासी रहस्य, रोमांस और मनोरंजन की वस्तु बने हुए हैं। यहाँ आदिवासियों के प्रति अनेक लेखकों में वही दृष्टिकोण है जो गणतन्त्र दिवस समारोह के अवसर पर आदिवासियों के नृत्य के आयोजकों और दर्शकों का होता है।"[22]

हिन्दी नवजागरण और भाषा

रामविलास शर्मा ने हिन्दी नवजागरण के महत्त्व को शक्तिशाली ढंग से प्रतिष्ठित किया। लेकिन हिन्दी नवजागरण की कमियों और सीमाओं की ओर उनका ध्यान नहीं गया। परिणामस्वरूप हिन्दी की नयी पीढ़ी के आलोचकों का हिन्दी नवजागरण के प्रति विसर्जनवादी रवैया हावी है। डॉ. मैनेजर पाण्डेय ने भी यत्र-तत्र हिन्दी नवजागरण की सीमाओं और कमजोरियों की ओर ध्यान दिलाया है। खासकर दलित और स्त्री के सन्दर्भ में। लेकिन हिन्दी नवजागरण को केन्द्र में रखकर माधवराव सप्रे पर किया गया उनका कार्य अत्यन्त खोजपूर्ण और नयी रोशनी डालने वाला दुर्लभ किस्म का है। 'तद्‌भव' 17 (जनवरी 2008) में प्रकाशित यह निबन्ध हिन्दी नवजागरण में माधवराव सप्रे के योगदान और महत्त्व का वस्तुनिष्ठ पुनर्मूल्यांकन है।

डॉ. पाण्डेय के अनुसार माधवराव सप्रे ने मराठी भाषी होते हुए भी हिन्दी पत्रकारिता के माध्यम से हिन्दी नवजागरण को गति और शक्ति दी। 1900 ई. में उन्होंने 'छत्तीसगढ़ मित्र' नामक विचारशील पत्रिका का सम्पादन शुरू किया। उन्होंने दो वर्षों के भीतर 'छत्तीसगढ़ मित्र' में लगभग बीस समीक्षाएँ लिखकर प्रारम्भिक हिन्दी आलोचना को गति दी। श्रीधर पाठक के 'उजाड़ ग्राम' तथा 'एकान्तवासी योगी' और दण्डी के 'दशकुमार चरित' पर लिखी उनकी समीक्षाएँ महत्त्वपूर्ण हैं। डॉ. पाण्डेय आश्चर्य व्यक्त करते हैं कि हिन्दी आलोचना को गति प्रदान करने वाले इस आरम्भिक आलोचक का हिन्दी आलोचना के इतिहास में कहीं जिक्र तक नहीं है। यह स्मृतिहीनता की पराकाष्ठा है।

मैनेजर पाण्डेय ने अपने आलोचनात्मक लेखन में भाषा की समस्या पर भी गम्भीरतापूर्वक विचार किया है। वे मानते हैं कि साम्राज्यवादियों के द्वारा भाषा को एक हथियार के रूप में इस्तेमाल किया गया। लेकिन भाषा राष्ट्रीय मुक्ति का साधन भी है। अपनी भाषा का त्याग, अपने देश और अपने लोगों से विश्वासघात की तरह है। भाषा का चुनाव एक दुनिया को चुनने जैसा है। शासक वर्ग प्रायः भाषा के छल-छद्‌म के द्वारा अपने प्रभुत्व को स्थापित करता है। अतः शासक वर्ग के प्रभुत्व को खत्म करने के लिए भाषा के छल-छद्‌म को तोड़ना बहुत जरूरी है। वे मानते हैं कि समाज ही भाषा की जन्मभूमि और कर्मभूमि है। इस व्यापक अलगाव के युग में

शब्द की विश्वसनीयता के संकट को शब्द और कर्म की एकता से ही पुनर्स्थापित किया जा सकता है। यह मात्र संयोग नहीं है कि उनके प्रारम्भिक आलोचनात्मक लेखों के संग्रह का नाम 'शब्द और कर्म' है। इसी शीर्षक से सम्बन्धित लेख में उन्होंने कहा है—"शब्द को कर्म से, भाषा को समाज से और साहित्य को जनजीवन से अलग रखने की वकालत करने वाले बुद्धिजीवी या तो शासक वर्ग के अंग हैं या अधिक से अधिक पेशेवर बुद्धिजीवी।"[23]

आलोचना की सीमा और शक्ति

मैनेजर पाण्डेय की आलोचना में वैचारिक तीक्ष्णता और बौद्धिक विवेक तो है, समय और समाज की भयावह जटिलता का अहसास भी, पर उस सूक्ष्म संवेदनशीलता, गहरी आत्मीयता और उत्कट संलग्नता का कुछ हद तक अभाव है, जो किसी कृति या रचना के मर्म को उद्‌घाटित कर पाती है या अर्थ के विविध स्तरों की गहराई तक उतर पाती है। उनकी आलोचना अपने पूरे शबाब में वहीं दिखती है जहाँ सभ्यता समीक्षा, खोजपूर्ण विवेचना या तथ्यात्मक विश्लेषण हो। किसी रचना के अनुभव, सौन्दर्य, मर्म और कला को उद्‌घाटित करने वाली रचनात्मक आलोचना का उनके यहाँ अभाव है। ज्ञान और संवेदना की परस्पर निर्भरता और द्वन्द्वात्मकता में विकसित होने वाली आलोचना की जगह उनकी आलोचना संवेदना की अपेक्षा ज्ञान की ओर थोड़ा ज्यादा झुकी हुई है।

मैनेजर पाण्डेय का आलोचनात्मक कर्म परम्परा के मूल्यांकन से शुरू होकर समकालीन रचनात्मकता की व्याख्या और विश्लेषण तक फैला हुआ है। उनकी आलोचना के केन्द्र में प्रेमचन्द, नागार्जुन, आचार्य शुक्ल और मुक्तिबोध का आलोचनात्मक चिन्तन है। नागार्जुन और त्रिलोचन की कविताओं के साथ-साथ रघुवीर सहाय और कुमार विकल की कविताओं की विशिष्टताओं के उद्‌घाटन और मूल्यांकन में भी वे अत्यन्त सफल हुए हैं। उनका काव्य विवेक सूरदास के काव्य से लेकर बिल्कुल नयी पीढ़ी के बोधिसत्व, अनिल कुमार सिंह, हेमन्त कुकरेती और रामलखन यादव तक सक्रिय है। यही स्थिति कथा-साहित्य के मूल्यांकन की भी है। उसका दायरा गोपीनाथ मोहन्ती से लेकर प्रेमचन्द, नागार्जुन, जैनेन्द्र से होता हुआ मैत्रेयी पुष्पा, अल्का सरावगी और गीतांजली श्री तक फैला हुआ है। वे स्त्री लेखन के सन्दर्भ में भी पंडित रमाबाई, ताराबाई शिंदे, महादेवी वर्मा से शुरू होकर अनामिका और कात्यायनी तक के लेखन का जायजा लेते हैं। परम्परा और समकालीनता का ऐसा अद्‌भुत सामंजस्य हिन्दी के बहुत कम आलोचकों में दिखता है। साहित्येतिहास की अपनी पुस्तक में परम्परा और समकालीनता के सन्दर्भ में 'विगत सार्थकता और वर्तमान अर्थवत्ता' के जिस मूल सूत्र की बात करते हैं, भविष्य

का उनका लेखन जैसे उस सूत्र का भाष्य है।

आस्थावाद को चुनौती देती मैनेजर पाण्डेय की आलोचना तार्किकता और विवेकशीलता को अपना औजार बनाती है। एक ओर उनकी आलोचना में वैचारिक कट्टरता का अभाव है तो दूसरी ओर विचारहीनता की आँधी से खुद को बचाये रखने की सजगता भी है। उनके आलोचनात्मक विवेक के पीछे सामाजिक विवेक निरन्तर सक्रिय है। समाज और राष्ट्र के उत्पीड़ित तबकों के प्रति पक्षधरता को उन्होंने छुपाया नहीं है। मानवीय मुक्ति की दिशा में किये गये प्रतिरोध और संघर्ष को उन्होंने अपने आलोचनात्मक सौन्दर्यशास्त्र का आधार बनाया। 'मुक्ति की पुकार' सिर्फ उनके द्वारा सम्पादित एक काव्य पुस्तिका का नाम भर नहीं है, वह उनकी आलोचना में निहित नैतिक छटपटाहट का मूल स्वर है। उनमें सच की समझ के साथ-साथ, सच के स्वीकार का साहस है। इस पूँजीवाद के युग में जब असहमति और प्रतिरोध सत्ता की नजरों में जुर्म माना जाता है। उनमें असहमति का साहस है। उन्होंने कई स्थलों पर आचार्य शुक्ल, हजारी प्रसाद द्विवेदी, रामविलास शर्मा और नामवर सिंह की मान्यताओं और स्थापनाओं से अपनी जायज असहमतियाँ व्यक्त की हैं।

हिन्दी की मार्क्सवादी आलोचना के कुछ शिखर व्यक्तित्त्वों की आलोचना में निहित 'अतिरंजित प्रशंसा और रक्तरंजित निन्दा' की जगह उनकी आलोचना विश्वसनीय व्याख्या पर बल देती है। वैचारिक संकीर्णता और कट्टरता से बचाते हुए उन्होंने हिन्दी की मार्क्सवादी आलोचना की ज़मीन को इतना उर्वर और चौरस बनाया कि उसमें अस्मिताओं के संघर्ष के लिए पर्याप्त जगह और अवसर है। उनके लेखन में सैद्धान्तिक और व्यावहारिक आलोचना का सन्तुलन है। जटिलता की जगह सहजता का सौन्दर्य है। संघर्ष, आक्रोश और प्रतिरोध को उन्होंने काव्य मूल्य के रूप में अपनाया। उनकी आलोचना की भाषा प्रगतिशील हिन्दी आलोचना की सरल-सहज, साफ-सुथरे गद्य के ज्यादा करीब है। बीच-बीच में उभरने वाली व्यंग्योक्तियाँ और मुहावरे उसे जीवन्त बनाते हैं। सहजता के साथ तिलमिला देने वाली व्यंग्यात्मकता उनकी आलोचना को धारदार बनाती है।

सन्दर्भ

1. मैनेजर पाण्डेय, 'भक्ति आन्दोलन और सूरदास का काव्य', वाणी प्रकाशन, संस्करण 1993, पृ. 294-295
2. मैनेजर पाण्डेय, 'आलोचना की सामाजिकता', वाणी प्रकाशन, संस्करण 2005, पृ. 274
3. वही, पृ. 280
4. वही, पृ. 193
5. मैनेजर पाण्डेय, 'अनभै साँचा', पूर्वोदय प्रकाशन, संस्करण 2002, पृ. 107

6. वही, पृ. 100-101
7. वही, पृ. 97
8. वही, पृ. 122-23-24
9. वही, पृ. 135
10. मैनेजर पाण्डेय, 'साहित्य के समाजशास्त्र की भूमिका', हरियाणा साहित्य अकादमी, संस्करण 1989, भूमिका से, पृ. xi, xiii
11. मैनेजर पाण्डेय, 'आलोचना की सामाजिकता', पृ. 252
12. नामवर सिंह, 'अंग्रेजी ढंग का नॉवेल और भारतीय उपन्यास', 'साखी', सम्पादक—केदारनाथ सिंह, प्रवेशांक, अक्टूबर-दिसम्बर, 1992, पृ. 8
13. मैनेजर पाण्डेय, 'अनभै साँचा', पृ. 147-48
14. वही, पृ. 149
15. मैनेजर पाण्डेय, 'आलोचना की सामाजिकता', पृ. 255
16. मैनेजर पाण्डेय, 'मेरे साक्षात्कार', किताब घर प्रकाशन, संस्करण 1998, पृ. 119
17. मैनेजर पाण्डेय, 'आलोचना की सामाजिकता', वही, पृ. 181
18. मैनेजर पाण्डेय, 'मेरे साक्षात्कार', वही, पृ. 143
19. मैनेजर पाण्डेय, 'आलोचना की सामाजिकता', वही, पृ. 252-53
20. मैनेजर पाण्डेय, 'मैं भी मुँह में ज़बान रखता हूँ', यश पब्लिकेशन्स, संस्करण 2006, पृ. 46
21. मैनेजर पाण्डेय, 'अनभै साँचा', पृ. 179
22. मैनेजर पाण्डेय, 'साहित्य के समाजशास्त्र की भूमिका', वही, पृ. 271-72
23. मैनेजर पाण्डेय', 'शब्द और कर्म', धरती प्रकाशन, संस्करण 1981, पृ. 187

मैनेजर पाण्डेय की कथा-आलोचना

वीरेन्द्र यादव

हम सभी डॉ. मैनेजर पाण्डेय को एक आलोचक के रूप में ही नहीं बल्कि एक मार्क्सवादी आलोचक के रूप में जानते हैं। हिन्दी में मार्क्सवादी आलोचना की एक लम्बी परम्परा रही है। डॉ. शिवदान सिंह चौहान, रामविलास शर्मा, नामवर सिंह और मैनेजर पाण्डेय और बीच में और भी बहुत से नाम हैं। जब हम उपन्यास के सन्दर्भ में या उनकी पुस्तक 'उपन्यास और लोकतन्त्र' को निगाह में रखते हुए बात करते हैं तो एक बात जो बार-बार उमड़ती-घुमड़ती है वह यह कि आखिर ऐसा क्यों है कि भारतीय समाज में और हिन्दी समाज में उपन्यास साहित्य की एक प्रमुख विधा होने के कारण और आलोचना में मार्क्सवाद की केन्द्रीयता के बावजूद आलोचना में उपन्यास चर्चा लगभग हाशिए पर रही, कविता या अन्य विधाओं की केन्द्रीयता रही। जब इस दृष्टिकोण से हम देखते हैं तो मुझे लगता है कि मैनेजर पाण्डेय जी ने उपन्यास के सन्दर्भ में मार्क्सवादी आलोचना की एक क्षतिपूर्ति की।

ऐसा नहीं है कि मार्क्सवादी दृष्टिकोण से कथा-साहित्य की आलोचना नहीं की गयी। डॉ. रामविलास शर्मा का नाम बार-बार याद आता है। लेकिन आज आजादी के 7 दशकों के बाद जब कथा-साहित्य ने प्रेमचन्द के बाद एक लम्बी यात्रा तय कर ली है और डॉ. रामविलास शर्मा ने कथा-साहित्य की आलोचना को जहाँ छोड़ा था मैं समझता हूँ कि उसके आगे बहुत सम्भावनाएँ हैं और उसको समृद्ध करने की, आगे बढ़ाने की जरूरत है। और जो डॉ. रामविलास शर्मा की अपनी मार्क्सवादी दृष्टि थी, भारतीय समाज को लेकर उनकी जो वर्गीय समझ थी उसके कारण कथा आलोचना में जो कुछ रिक्तियाँ रह गयी हैं उसे भरने और उसको एक नया आयाम देने का प्रयास डॉ. मैनेजर पाण्डेय की कथा-आलोचना है। इस दृष्टिकोण से अगर हम देखें तो 'उपन्यास और लोकतन्त्र' पुस्तक में तीन खण्डों में संयोजित कुल 19 निबन्ध अत्यन्त महत्त्वपूर्ण हैं। कुछ लेख पूर्व प्रकाशित हैं। कुछ नये लेख हैं लेकिन इस पुस्तक का महत्त्व यह है कि यहाँ एक साथ उपन्यास और कथा के बारे में पाण्डेय जी का चिन्तन एक समग्र रूप में हमारे सामने उपस्थित है। इस पुस्तक का

शीर्षक ही है 'उपन्यास और लोकतन्त्र'।

उपन्यास के विकास को लेकर समूची दुनिया में बहुत चिन्तन किया गया है, बहुत सी चीजों का मनन किया गया है। कई बार ऐसा होता है कि यूरोप या पश्चिमी देशों में उपन्यास की प्रचलित अवधारणा और उसके विकास के ढाँचों की हमारी अकादमिक दुनिया है वो अकादमिक दुनिया ज्यों का त्यों स्वीकार लेती है। अगर उपन्यास को मध्यवर्ग का महाकाव्य कहा गया तो मध्यवर्ग के महाकाव्य का एक फ्रेम है, एक चौखटा है उस चौखटे में भारतीय उपन्यास को या हिन्दी उपन्यास को समायोजित करने की कोशिश की जानी चाहिए। अगर फ्रेडरिक जेम्सन ने 'नेशन–एन इमेजिण्ड कम्युनिटी' के सन्दर्भ में उपन्यास की चर्चा की तो हमारे यहाँ के विद्वान भी उसी का 'फिलिंग इन द गैप्स' (रिक्त स्थान की पूर्ति) करने लगते हैं, उसी की अनुकृति करने लगते हैं। फ्रेडरिक जेम्सन ने अगर उपन्यास को एक राष्ट्र के रूपक के रूप में व्याख्यायित किया तो बिना प्रश्नांकित किये हम उन चीजों को ज्यों का त्यों स्वीकार कर लेते हैं। मैनेजर पाण्डेय जी इन सारी चीजों को चाहे वो पेरी एंडरसन, फ्रेडरिक जेम्सन या एजाज अहमद का चिन्तन हो–सारी सरणियों पर विचार करते हुए भारतीय समाज में, हिन्दी समाज में उपन्यास की स्थिति को और हिन्दी उपन्यास के विकास को चिह्नित करते हुए उपन्यास आलोचना की एक नयी सैद्धान्तिकी तैयार करते हैं। वह नयी तो है ही अद्यतन भी है।

भारत, यूरोप और दूसरे देशों के विकास की प्रक्रिया भिन्न रही है। हम एक औपनिवेशिक देश रहे हैं। औपनिवेशिक समय में हमारे भारत का जो मध्यवर्ग था, वह किस तरह से भिन्न था और क्यों? यहाँ के उपन्यास को मध्यवर्ग का महाकाव्य नहीं कहा जा सकता अगर स्वाधीनता आन्दोलन के साथ उपन्यास का विकास हुआ है तो हिन्दी उपन्यास की या हमारे भारतीय उपन्यास की अपनी क्या विशेषताएँ हैं, क्या खूबियाँ हैं? इन प्रश्नों को वे अपने लेखों में चिह्नित करते हैं। यह अनायास नहीं है कि इस पुस्तक के दूसरे खण्ड के सभी 6 लेखों में प्रेमचन्द शामिल हैं। सारे लेखों में 'प्रेमचन्द और राष्ट्रवाद', 'प्रेमचन्द और उपन्यास' या 'प्रेमचन्द की प्रासंगिकता' इस तरह के कई शीर्षक हैं। मैनेजर पाण्डेय यदि हिन्दी उपन्यास की बात करते हुए प्रेमचन्द को बार-बार सन्दर्भित करते हैं तो उसके खास सन्दर्भ हैं। प्रेमचन्द स्वाधीनता आन्दोलन के दौरान लिख रहे थे, स्वाधीनता आन्दोलन के साथ जुड़ते हुए वे स्वाधीनता आन्दोलन का क्रिटीक प्रस्तुत कर रहे थे। यानी कि हिन्दी उपन्यास का विकास स्वाधीनता आन्दोलन के चारण के रूप में नहीं हुआ। अर्थात् स्वाधीनता आन्दोलन की जो संरचना थी उसका एक नेतृत्वकारी वर्ग था। प्रेमचन्द के द्वारा उसका एक क्रिटीक भी हिन्दी उपन्यास में सम्भव किया गया। मैनेजर पाण्डेय जी जब विचार करते हैं तो यह बताते हैं कि स्वाधीनता आन्दोलन में जो

चीजें अनुपस्थित थीं वे प्रेमचन्द के कथा-साहित्य में उपस्थित हैं। यानी कि उपन्यास स्वाधीनता आन्दोलन की महज अनुकृति नहीं है बल्कि उपन्यास के जनतन्त्र में हाशिए का समाज, किसान, स्त्री, दलित की एक केन्द्रीयता है। जिस विधा का विकास स्वाधीनता आन्दोलन के साथ जुड़ करके हुआ उसका स्वरूप निश्चित रूप से उपन्यासों के दूसरे स्वरूप से भिन्न होगा। जो हाशिए का समाज साहित्य में अनुपस्थित था, उसे प्रेमचन्द के माध्यम से उपस्थित किया गया। जो हाशिए का समाज स्वाधीनता आन्दोलन में उपस्थित था उसे भी प्रेमचन्द ने कथा-साहित्य में उपस्थित किया। इस विमर्श को आगे बढ़ाते हुए जब मैनेजर पाण्डेय उपन्यास के जनतन्त्र की बात करते हैं तो उसमें यह तथ्य इंगित करते हैं और उत्साह के साथ इस बात को रेखांकित करते हैं कि उपन्यास जनतान्त्रिक तब हुआ जब इसमें स्त्री लेखिकाओं की आमद हुई। इस सन्दर्भ में वे कृष्णा सोबती और मन्नू भण्डारी के साथ और भी कई नाम शामिल करते हैं। जब पुरुषसत्ता, मर्दसत्ता को स्त्री लेखिकाएँ प्रश्नांकित करने लगीं और एक स्त्री संसार स्त्री की निगाहों से उपस्थित हुआ तब सही अर्थों में हिन्दी उपन्यास जनतान्त्रिक हुआ।

उपन्यास के जनतन्त्र की चर्चा करते हुए वे लिखते हैं कि भारतीय समाज में एक शोषक का जो बड़ा उपादान है जो जाति और वर्णाश्रम व्यवस्था है, इससे मुक्ति पाये बिना क्या उपन्यास जनतान्त्रिक हो सकता है? उपन्यास के जनतन्त्र को परिभाषित करते हुए यानी कि भारतीय समाज की जो असमानताएँ हैं उन असमानताओं को चिह्नित करते हुए वे इसकी चर्चा करते हैं कि उपन्यास में इस जाति व्यवस्था का क्रिटीक किस रूप में उपस्थित है। वे इस बात को रेखांकित करते हैं कि जितने भी ग्राम केन्द्रित उपन्यास हैं—चाहे वे प्रेमचन्द के हों, मैला आँचल हो या बाबा नागार्जुन के या अन्य दूसरे उपन्यास हों सबमें जाति व्यवस्था का एक क्रिटीक है। वे उपन्यास को एक सोशल क्रिटीक के रूप में, सामाजिक संरचना के रूप में पेश करते हैं। उनका मानना है कि उपन्यास महज एक साहित्यिक संरचना नहीं है बल्कि एक सामाजिक संरचना भी है। जो चीजें भारतीय समाज में, जनतन्त्र में नहीं होनी चाहिए और किन्हीं कारणों से जनतन्त्र में उपस्थित हैं जैसे धार्मिक कट्टरतावाद। यह इन दिनों एक बहुत बड़े ख़तरे के रूप में उपस्थित है तो 'उपन्यास और जनतन्त्र' शीर्षक लेख में मैनेजर पाण्डेय इस बात को भी रेखांकित करते हैं। इस सम्बन्ध में दो उपन्यासों का विशेष रूप से उल्लेख पाण्डेय जी ने किया है, एक 'आखिरी कलाम' और दूसरा 'हमारा शहर उस बरस'। उस परम्परा में बहुत से नाम जोड़े जा सकते हैं लेकिन यहाँ उन जायज चिन्ताओं की बात है। दूसरी बात यह कि उपन्यास ने साहित्य की संस्कृति का स्वरूप बदला है। वे यह तथ्य भी रेखांकित करते हैं कि उपन्यास एक जनतान्त्रिक विधा है और इस जनतान्त्रिक

विधा ने समूचे साहित्य के स्वरूप को किस तरह बदला है। यानी कि अगर हाशिए का समाज उपन्यास में उपस्थित हुआ तो हाशिए के समाज की चिन्ताएँ कविता का भी विषय बनीं, कहानी का भी विषय बनीं और वह एक समूचे साहित्य समाज के सरोकार बने। उपन्यास को वे एक मुक्तिधर्मी आख्यान के रूप में परिभाषित करते हैं। यह मुक्तिधर्मी आख्यान पितृसत्ता से है, साम्राज्यवाद से है, पूँजीवाद से है, वर्णाश्रम जाति व्यवस्था से है यानी जितनी शोषक व्यवस्थाएँ हैं, उन सबसे मुक्ति का आख्यान उपन्यास है। तो जनतन्त्र और उपन्यास के सम्बन्धों को जोड़ते हुए, उसे परिभाषित करते हैं कि तीसरी दुनिया के देशों में उपन्यास का स्वरूप क्या होगा।

इन लेखों, निबन्धों को पढ़ते हुए एक बहुत महत्त्वपूर्ण बात जो मेरी समझ में आयी कि डॉ. आम्बेडकर का क्या रिश्ता बनता है प्रेमचन्द के साथ? साहित्य के सन्दर्भ में डॉ. आम्बेडकर का नाम वर्चस्वशाली धारा में नहीं लिया जाता। लेकिन जब मैनेजर पाण्डेय प्रेमचन्द पर लिखते हैं तो इस तथ्य को खोज लाते हैं और लिखते हैं कि 1927 में जो महाड़ आन्दोलन हुआ था उस महाड़ आन्दोलन के बाद प्रेमचन्द ने 'ठाकुर का कुआँ' कहानी लिखी थी। यानी वे इसका खाँचा नहीं बनाते कि डॉ. आम्बेडकर के आन्दोलन ने किस तरह से प्रेमचन्द को प्रभावित किया था। वे प्रेमचन्द बनाम आम्बेडकर नहीं करते। जो प्रेमचन्द गाँधी जी से संवाद कर रहे थे, वे प्रेमचन्द आम्बेडकर से कैसे प्रभावित हो रहे थे। उसके बाद 1932 में प्रेमचन्द के 'कर्मभूमि' उपन्यास में मन्दिर प्रवेश का आन्दोलन है। मैनेजर पाण्डेय इस तथ्य को रेखांकित करते हैं कि वह भी, उन दिनों जो आम्बेडकर का मन्दिर प्रवेश का आन्दोलन चल रहा था उससे प्रभावित है। 'हंस' के मुखपृष्ठ पर अम्बेडकर का चित्र प्रेमचन्द ने छापा था, इस तथ्य को भी वे रेखांकित करते हैं। पाण्डेय जी प्रेमचन्द की दूसरी कहानियों से भी आम्बेडकर से सम्बन्ध जोड़ते हैं। आम्बेडकर के साथ-साथ मैनेजर पाण्डेय इस सन्दर्भ में एक और प्रश्न की तरफ हमारा ध्यान आकर्षित करते हैं जो लगातार प्रेमचन्द के सन्दर्भ में पूछा जाता है कि क्या प्रेमचन्द गाँधीवादी थे? बहुत स्पष्ट रूप से एक लेख में पाण्डेय जी ने इंगित किया है कि हाँ, प्रेमचन्द गाँधी के स्वाधीनता आन्दोलन के साथ थे लेकिन गाँधी के स्वाधीनता आन्दोलन में जो चीजें नदारत थीं लगातार उनकी ओर इंगित भी कर रहे थे। 'ग़बन' में देवीदीन खटिक दलित पात्र है। वह दलित पात्र प्रश्न करता है कि आजादी का स्वरूप क्या होगा? जब आजादी के स्वरूप पर देवीदीन द्वारा उठाया गया यह सवाल गाँधी के स्वाधीनता आन्दोलन के स्वरूप का अतिक्रमण करता है। 'आहुति' कहानी की नायिका जब जॉन की जगह गोविन्द के बैठ जाने की बात करती है तो वह गाँधीवाद की अवधारणा से बाहर निकलती है। मैं इन बातों की चर्चा इसलिए कर रहा हूँ ताकि बता सकूँ कि मैनेजर पाण्डेय का कथा चिन्तन किस तरह से उन जरूरी

सवालों पर अपना ध्यान टिकाता है। आज के बहुत से सवाल और प्रसंग हैं—चाहे दलित का प्रसंग हो, चाहे गाँधी का प्रसंग हो, प्रेमचन्द की विचारधारा का प्रसंग हो ये सवाल और प्रसंग बार-बार उठ रहे हैं लेकिन इन सवालों को एक उपन्यास या कथा-साहित्य पर चर्चा करते हुए वे सही परिप्रेक्ष्य में प्रस्तुत करते हैं। यह करते हुए कि आप काले-उजले को न देखें। यानी कि प्रेमचन्द या तो गाँधीवादी थे या तो गाँधीवादी नहीं थे। मैनेजर पाण्डेय ने बहुत स्पष्ट लिखा है कि प्रेमचन्द गाँधी के जाति-विरोधी दृष्टिकोण के समर्थक थे लेकिन वर्णाश्रम को लेकर गाँधी की सोच के आलोचक थे, गाँधी के चिन्तन में जो एक साम्प्रदायिक सौहार्द था, उसके वे समर्थक थे लेकिन उनका जो ट्रस्टीशिप और पूँजीवाद का सिद्धान्त था उसके विरोधी थे।

आज प्रेमचन्द को एक खाँचे में डालने की या प्रेमचन्द को खारिज करने की जो एक प्रवृत्ति है उसकी भी निशानदेही पाण्डेय जी करते हैं। 1980 में जब प्रेमचन्द की जन्मशताब्दी मनाई जा रही थी और उस जन्मशताब्दी के दौरान जहाँ प्रेमचन्द की अमरता के स्रोत तलाशे जा रहे थे, उनकी जरूरत और भारतीय समाज में उनकी उपस्थिति को रेखांकित किया जा रहा था वहीं उन दिनों प्रेमचन्द को खारिज करने की भी एक मुहिम शुरू हुई थी। प्रेमचन्द को अप्रांसगिक करार दिये जाने की भी कोशिश हुई थी। इस प्रकार मैनेजर पाण्डेय सिर्फ बौद्धिक की तरह से चीजों को नहीं देखते। इस पुस्तक में जिसे हम अंग्रेजी में 'मुठभेड़ी आलोचना' कहते हैं, का उदाहरण भी मुझे मिलता है। इस मुठभेड़ की आलोचना की तर्ज पर ही 'प्रेमचन्द की प्रासंगिकता' लेख है जो निर्मल वर्मा के जवाब में लिखा गया था। निर्मल वर्मा ने उन्हीं दिनों 'कला की प्रासंगिकता' शीर्षक से एक लेख लिखा था और उसके पहले एक-दो वर्ष पूर्व प्रेमचन्द को अप्रांसगिक सिद्ध करते हुए लेख लिख चुके थे। प्रेमचन्द की जन्मशताब्दी के दौरान 'कला की प्रासंगिकता' लेख में कला की प्रासंगिकता को कलावाद के दृष्टिकोण से स्थापित करते हुए निर्मल ने प्रेमचन्द को खारिज करने की पूरी कोशिश की थी। अपने लेख में निर्मल वर्मा जिस जमीन से आलोचना करते हैं, जिस जमीन पर खड़े होकर प्रेमचन्द को खारिज करते हैं 'प्रेमचन्द की प्रासंगिकता' शीर्षक लेख में मैनेजर पाण्डेय उस ज़मीन को तलाशते हैं उस कलावाद की ज़मीन को अभिजनवाद की ज़मीन को तलाशते हुए प्रेमचन्द की जरूरत को रेखांकित करते हैं। यानी कि ये दो भिन्न कसौटियाँ और दो भिन्न नजरिये हैं। एक निर्मल वर्मा की ज़मीन है, उनका जो नजरिया है, उस नजरिए को ही पाण्डेय जी ने प्रश्नांकित किया है। उस लेख में वे कहते हैं कि जरूरत इस बात की नहीं है कि 'प्रेमचन्द की प्रासंगिकता' तलाशी जाये या प्रेमचन्द के महत्त्व को रेखांकित किया जाये, जरूरत इस बात की है कि जो स्वायत्त कलावादी पूरी सामाजिक चिन्ताओं से कटे हुए लोग हैं, वे जिस ज़मीन पर खड़े हुए हैं, उस ज़मीन को तलाश करके उसे खारिज किया

जाये। इस पुस्तक में एक और लेख है 'प्रेमचन्द और बिहार'। जब मैंने शीर्षक देखा तो मुझे लगा कि प्रेमचन्द और बिहार में लगता है कि कुछ क्षेत्रवाद सरीखा आ गया। पाण्डेय जी भी बिहार के हैं तो उन्होंने एक बिहार कनेक्शन तलाशने की कोशिश की है। लेकिन दरअसल कई दृष्टियों से वह बहुत महत्त्वपूर्ण लेख है। हुआ यह था कि 15 जनवरी, 1934 को बिहार में जो भूकम्प आया और उस भूकम्प के आने के बाद प्रेमचन्द ने 21 जनवरी, 1934 से लेकर मई 1934 तक 17 लेख लिखे बिहार के भूकम्प के बारे में। बिहार के भूकम्प को लेकर जो 17 लेख हैं उन लेखों की चर्चा करते हुए पाण्डेय जी ने पत्रकारिता और साहित्य के सम्बन्धों को स्पष्ट किया है। कई बार यह कहा जाता है कि पत्रकारिता साहित्य को थोड़ा-सा क्षीण करती है, थोड़ा हल्का करती है लेकिन साहित्य और पत्रकारिता यानी कि उस मिशनरी स्वाधीनता आन्दोलन के दौर की जो प्रेमचन्द की पत्रकारिता थी वह किस तरह से साहित्य को समृद्ध कर रही थी—इसे देखा गया है।

प्रेमचन्द के कथा-साहित्य और पत्रकारिता के बीच एक अन्तःसम्बन्ध था। आज मार्खेज कहते हैं कि पत्रकारिता और कथा-साहित्य की माँ एक है, एक ही स्रोत है। पामुक भी कुछ इसी तरह की बात को रेखांकित करते हैं। इस प्रकार पाण्डेय जी ने उन लेखों में पत्रकारिता और साहित्य के सम्बन्ध तलाशे। दूसरी बात यह कि समाज को लेकर साम्राज्यवाद को लेकर, सामन्तवाद को लेकर, जो प्रेमचन्द का समूचा नजरिया है कि वे लिख तो रहे हैं बिहार को लेकर, बिहार के भूकम्प के बारे में लेकिन बिहार के भूकम्प के बारे में लिखते हुए प्रेमचन्द पौराणिक मतवाद, धार्मिक कठमुल्लापन सबको खारिज करते हैं। भूकम्प को लेकर बहुत सी धारणाएँ हैं। यहाँ तक कि गाँधी से भी दो-दो हाथ करते हैं प्रेमचन्द, कि यह कोई पाप का परिणाम नहीं है, यह प्रकृति की लीला है। उस बहस को भी पाण्डेय जी समाहित करते हैं। उसी के साथ-साथ उन दिनों किस तरह से भूकम्प के बाद मदद दी जा रही थी, अंग्रेजों द्वारा एक बिल पास किया गया था। उस बिल में यह प्रावधान था कि जो सम्पत्ति वाले लोग हैं, उन सम्पत्ति वाले लोगों को कर्ज दिया जाये और राहत दी जाये। प्रेमचन्द ने उस लेख में इस बात को इंगित किया था कि यह तो अजीब बात है कि जिनकी झोंपड़ियाँ गिर गयीं, जिनके छोटे घर गिर गये, जिनके खेत में पानी भर गया उनको कोई मदद नहीं और जो सम्पत्तिवान हैं, उन्हीं को राहत दी जाये। तो प्रेमचन्द का जो नजरिया था, वह एक वैज्ञानिक और साम्राज्यवाद विरोधी नजरिया था।

प्रेमचन्द ने जिस नजरिये के साथ और जिस शैली में उसे लिखा उसकी चर्चा करते हुए पाण्डेय जी ने लिखा है कि इन लेखों की जो शैली है, (जो उस दौर के 'हंस' और 'जागरण' में छपे थे) उसमें कभी भारतेन्दु याद आते हैं तो कभी कबीर

याद आते हैं। व्यंग्य की धार कितनी पैनी हो सकती है, यानी कि प्रेमचन्द ने कबीर और भारतेन्दु की परम्परा से जो लिया उसकी धार कितनी पैनी हो सकती है और ऐसे समय में कितनी काम आ सकती है इस ओर भी उन्होंने इंगित किया। इन निबन्धों के अलावा उस लेख के बहाने मैनेजर पाण्डेय जी ने तीन और लोगों की चर्चा की है। एक चर्चा शिवपूजन सहाय, दूसरी द्विज जी जिन्होंने प्रेमचन्द पर पहली आलोचना पुस्तक लिखी और तीसरी नलिन विलोचन शर्मा की। द्विज जी की पुस्तक प्रेमचन्द पर लिखी हुई आलोचना की पहली किताब है। रामविलास शर्मा ने 1940 में प्रेमचन्द पर पुस्तक लिखी थी लेकिन द्विज जी ने 1933 में प्रेमचन्द की उपन्यास कला पर वह पुस्तक लिखी। महत्त्वपूर्ण यह नहीं है कि द्विज जी ने 1933 में किताब लिख दी। महत्त्वपूर्ण हैं वे परिस्थितियाँ जिनमें वह लिखी गयी, क्योंकि उन दिनों ब्राह्मणवादी शक्तियाँ प्रेमचन्द के विरुद्ध विशेष रूप से हमलावर थीं। अस्तु, मैनेजर पाण्डेय ने हिन्दी उपन्यास के विकास को जिस तरह से जनतन्त्र और स्वाधीनता आन्दोलन के विकास से नाभिनालबद्ध किया है, वह हिन्दी उपन्यास आलोचना में निश्चित रूप से एक महत्त्वपूर्ण अवदान है।

(23 सितम्बर, 2014 को मालवीय सभागार, लखनऊ विश्वविद्यालय में दिये गये व्याख्यान का सम्पादित रूप।)

मैनेजर पाण्डेय की आलोचना में भक्ति-काव्य

अधीर कुमार

मैनेजर पाण्डेय समकालीन हिन्दी आलोचना में शीर्षस्थ और सक्रिय हैं। उनके द्वारा विगत चार दशकों में लिखी गयी दस से अधिक पुस्तकें, उनकी सृजनात्मक ऊर्जा और प्रतिष्ठा का सशक्त परिचायक हैं। उनका समग्र लेखन मूलतः आलोचनात्मक है। आलोचना, सृजनात्मक चेष्टाओं के मूल आधार के रूप में सक्रिय होती है और रचनाओं की संकल्पना और आकार ग्रहण करने से लेकर, बृहत्तर पाठक समुदाय में इनके अभिग्रहण एवं परिशंसन (अप्रिशिएसन) तक उसकी महत्त्वपूर्ण भूमिका होती है। यही कारण है कि रचनात्मकता के क्षेत्र में आलोचक का दायित्व सर्वाधिक दुरूह दायित्व है। इस कठिन दायित्व के निर्वाह में आलोच्य कृति और कृतिकार के प्रति गहन आत्मीयता के साथ-साथ कठोर निर्ममता की आवश्यकता भी बराबर बनी रहती है। मैनेजर पाण्डेय ने अपने समग्र लेखन में निष्कम्प निष्ठा और मर्मस्पर्शी मनोयोग से इस दायित्व का निर्वाह किया है। यही कारण है कि उनकी रचनाओं में अक्सर स्वाभाविक हास्यबोध से मर्मबेधी व्यंग्योक्तियों की सीमा तक सहज संचरण दिखाई देता है। मैनेजर पाण्डेय का चिन्तन और लेखन, साहित्य की वैश्विक आलोचना परम्परा के सिद्धान्त और व्यवहार पर केन्द्रित रहा है। आलोचना से साहित्येतिहास और साहित्य-सिद्धान्त के सम्बन्ध तथा आलोचना के सामाजिक-सांस्कृतिक दायित्व उनके चिन्तन के प्रमुख विषय हैं। उनका लेखन विशद अध्ययन और गहन चिन्तन का परिणाम है। उनके लेखन की खास खूबी उसका संवाद-धर्म है, जो उनकी रचनाओं में आद्यन्त मौजूद है। बेहद जटिल विषयों और प्रसंगों की सहज प्रस्तुति, विषय से अर्धपरिचित अथवा अपरिचित पाठकों के उत्साह और जिज्ञासा को बचाये रखती है। मैनेजर पाण्डेय का आलोचक व्यक्तित्त्व 'अनभै साँचा' को व्यक्त करने में नहीं हिचकता, इसलिए अनुभूत सत्य की निर्भय अभिव्यक्ति इनकी रचनाओं का प्राण है। साहित्य की आलोचना सम्बन्धी उनकी चिन्ताएँ अत्यन्त विस्तृत और बहुविध हैं। स्वभावतः ही उनके लेखन का दायरा साहित्य के वैश्विक विस्तार को सामने रखता है। इनके अध्ययन और आलोचन के

दायरे में हिन्दी से लेकर अनेक भारतीय भाषाओं के सर्जक और चिन्तक तो शामिल हैं ही; साहित्य, इतिहास, दर्शन, समाजशास्त्र और नृतत्त्वशास्त्र जैसे ज्ञानानुशासनों के महत्त्वपूर्ण विश्वस्तरीय रचनाकारों, आलोचकों और चिन्तकों की संकल्पनाएँ और धारणाएँ भी इनके चिन्तन और लेखन के स्वाभाविक उपजीव्य हैं। विश्व-साहित्य के विस्तृत फलक पर आलोचना के सन्दर्भ में सक्रिय अधिकतर आलोचकों के अवदान के सापेक्ष महत्त्व का विस्तृत परिचय हिन्दी के बृहत्तर पाठक समुदाय तक पहुँचाने में उनका महत्त्वपूर्ण योगदान है। मैनेजर पाण्डेय ऐसे चिन्तक आलोचक हैं, जिन्होंने हमेशा साहित्य की स्वायत्तता के नाम पर उसे निश्चित परिधि में बाँधने का विरोध किया है और अन्य ज्ञानानुशासनों से साहित्य के गहरे जुड़ाव की आवश्यकता और महत्त्व को रेखांकित किया है। आलोचनात्मक विवेक की निर्मिति की प्रक्रिया में जीवन के विविध आसंगों का परिज्ञान और विभिन्न ज्ञानानुशासनों की परस्परापेक्षी अन्तःक्रिया के महत्त्व को मैनेजर पाण्डेय की रचनाएँ जितनी गहराई से उजागर करती हैं वह देखने और सीखने की चीज है।

मैनेजर पाण्डेय का आलोचनात्मक लेखन इतना विपुल और विविध है कि किसी एक लेख में उनका मूल्यांकन नहीं किया जा सकता। प्रस्तुत आलेख में भी उनके लेखन के समग्र विवेचन का अवकाश नहीं है। इसलिए आगे हम भक्ति-काव्य के सन्दर्भ में परम्परा-प्राप्त निष्पत्तियों पर मैनेजर पाण्डेय द्वारा प्रस्तुत आलोचनात्मक अन्वीक्षण तक ही केन्द्रित रहने का प्रयास करेंगे।

हिन्दी आलोचना की वर्तमान दशा और दिशा पर वर्तमानता के अतिरिक्त दबाव को रेखांकित करते हुए मैनेजर पाण्डेय का यह कहना है कि—“समकालीनता की मारी आज की हिन्दी आलोचना ने कबीर को अध्यात्म प्रेमी विदेशियों तथा उनके देशी सहयोगियों को सौंप दिया है और तुलसीदास को ‘जय श्रीराम का नारा लगाने वाले शाखामृगों की मर्जी पर छोड़ दिया है। लगता है कि जायसी, सूरदास और मीराबाई की कविता ऐसे उपयोगों-दुरुपयोगों की छूट नहीं देती, इसलिए वे अभी बचे हुए हैं।”[1] इस कथन की भंगिमा में निहित आक्रामकता के पीछे वह आक्रोश है जो आज की हिन्दी आलोचना द्वारा भक्ति-काव्य की आलोचना के प्रति बरती जा रही उपेक्षा से उद्भूत है। भक्ति-काव्य की आलोचना, हिन्दी के सभी महत्त्वपूर्ण आलोचकों के लिए एक महत्त्वपूर्ण चुनौती रही है। रामचन्द्र शुक्ल, हजारी प्रसाद द्विवेदी, रामविलास शर्मा, मुक्तिबोध, विजयदेव नारायण साही, नामवर सिंह और विश्वनाथ त्रिपाठी द्वारा विकसित आलोचनात्मक दृष्टियों की शक्ति और सीमा के तर्कसम्मत विवेचन के साथ मैनेजर पाण्डेय ने इस चुनौती के परिप्रेक्ष्य को स्पष्ट करते हुए ‘भक्ति-काव्य की अपार सृजनात्मक समृद्धि’ और इस काल के रचनाकारों की पारस्परिक ‘विशिष्टताओं और विविधताओं’ को चिह्नित किया है। देखने की

बात यह है कि इस 'अपार सृजनात्मक समृद्धि' और 'रचनाकारों की पारस्परिक विशिष्टताओं और विविधताओं' का मूलाधार क्या है? कहना न होगा कि इनके उद्‌गम और पोषण के लिए अपेक्षित ऊर्जा, युगीन समाज में व्याप्त व्यावहारिक और वैचारिक संघर्षों से उत्सर्जित हो रही थी। तत्कालीन समाज में व्याप्त इन व्यावहारिक और वैचारिक संघर्षों के पीछे वे सभी सामाजिक और सांस्कृतिक मुद्दे थे जो पारम्परिक रूढ़ियों के चलते व्यापक जन-मानस की अपेक्षाओं और आकांक्षाओं को पूरा कर पाने की असमर्थता से पैदा हुए थे। यह महज संयोग नहीं कि अपनी समस्त 'विशिष्टताओं और विविधताओं' के साथ और इनके बावजूद इस युग के सभी रचनाकार लोक-मानस में न केवल सहज रूप से समादृत रहे हैं बल्कि उनकी रचनाओं में व्यक्त जीवन-सत्य अपनी समग्र जीवन्तता के साथ हिन्दी-पट्टी के विपन्न जन-जीवन को निरन्तर राह दिखाता आया है। मैनेजर पाण्डेय ने लिखा है—"विद्वान लोग समझते हैं कि वे ही साहित्य की आलोचना, परम्परा की पहचान और संस्कृति की व्याख्या करते हैं। यह पूरी सच्चाई नहीं है। कभी-कभी विशेष ऐतिहासिक स्थितियों और सामाजिक वास्तविकताओं का सामना करती हुई जनता भी संस्कृति, परम्परा और साहित्य की पहचान का विवेक विकसित करती है। वह विवेक संग्रह और त्याग की प्रक्रिया से विकल्पों के बीच चुनाव में मदद करता है। यदि हम इस व्यापक प्रक्रिया को समझने के लिए केवल भक्ति-काव्य के साथ जन-चेतना के सम्बन्ध पर ध्यान दें तो भी उस प्रक्रिया का स्वरूप स्पष्ट हो जायेगा।"[2] विगत वर्षों में हिन्दी पट्टी और पूरे देश में हुए जन-आन्दोलनों के सन्दर्भ में भक्त कवियों की रचनाओं के समकालीन प्रभाव को जानने, समझने और रेखांकित करने की आवश्यकता पर उन्होंने उचित टिप्पणी की है। स्पष्ट है कि मैनेजर पाण्डेय की आलोचनात्मक दृष्टि में भक्ति-काव्य की आलोचना और व्यवस्थित मूल्यांकन के लिए साधारण जन द्वारा इसके अभिग्रहण के विविध सन्दर्भों को ध्यान में रखना बेहद जरूरी है। हिन्दी-पट्टी के वर्तमान सामाजिक-सांस्कृतिक परिप्रेक्ष्य में कबीर और मीरा के काव्य की बढ़ती लोकप्रियता की ओर उनके संकेत की दिशा भी सर्वथा तर्कसंगत है।

हिन्दी की आलोचना-परम्परा के इस विशिष्ट सन्दर्भ से जुड़ी समस्याओं की पड़ताल करते हुए मैनेजर पाण्डेय सबसे पहले जिस सवाल से टकराते हैं वह 'इस्लाम और उससे जुड़ी सामाजिक-सांस्कृतिक प्रक्रिया के सम्बन्ध' का है। इस सन्दर्भ में हिन्दी आलोचना में प्रचलित दोनों धारणाओं को सामने रखकर उन्होंने लिखा है—"यह एक ऐतिहासिक वास्तविकता है कि भक्ति-आन्दोलन के काल में इस देश में इस्लाम मौजूद था और भारतीय समाज में मुसलमान केवल मौजूद ही नहीं थे, बल्कि शासक भी थे। विचारणीय बात यह है कि उस ऐतिहासिक वास्तविकता का

कौन-सा पक्ष भक्ति-आन्दोलन के किस कवि की कविता में किस रूप में व्यक्त हुआ है।"[3] आगे इस प्रसंग में इस काल के सभी कवियों की तुलनात्मक विवेचना और उदाहरणों को सामने रखते हुए उनका तर्कसम्मत निष्कर्ष है कि सूर और तुलसी की कविता में उस नयी सांस्कृतिक प्रक्रिया की ओर संकेत है जो उस काल में विकसित हो रही थी। लेकिन भारतीय जीवन में उस वास्तविकता के व्यापक प्रसार और गहरे प्रभाव की समग्रता का जैसा बोध कबीर और जायसी के काव्य में है, वैसा और कवियों के यहाँ नहीं। भक्ति-काव्य की आलोचना के सन्दर्भ में उनकी यह टिप्पणी महत्त्वपूर्ण है—"भारतीय समाज के इतिहास, उसकी सांस्कृतिक प्रक्रिया और उसके भीतर उठे भक्ति-आन्दोलन से कबीर, जायसी, सूर, तुलसी और मीरा का सम्बन्ध एक जैसा नहीं है। इसीलिए सामाजिक अन्तर्विरोधों और भावात्मक वैचारिक द्वन्द्वों के बारे में उनकी चिन्ताओं में भी अन्तर है। भक्ति-आन्दोलन और उसके काव्य की यह जटिल समग्रता उस व्याख्याकार को भटकाती है जो किसी एक कवि की सामाजिक-सांस्कृतिक दृष्टि को केन्द्रीय दृष्टि मानकर उसकी सापेक्षता में अन्य कवियों का मूल्यांकन करता है या एक कवि के भाव-बोध को दूसरे कवि के भाव-बोध की कसौटी बनाता है।"[4] इस समस्या का उदाहरण आचार्य शुक्ल द्वारा किये गये भक्ति-काव्य के विश्लेषण में दिखाई देता है। उन्होंने लिखा है कि—"आचार्य रामचन्द्र शुक्ल तुलसीदास के लोकधर्म की कसौटी पर दूसरे भक्त कवियों को परखते हैं, इसलिए उन्हें 'निर्गुण धारा के सन्तों की बानी में लोक-धर्म की अवहेलना छिपी हुई' दिखाई देती है, सूर का 'प्रेम-पक्ष लोक से न्यारा' लगता है और मीरा की प्रेम-साधना लोक-मर्यादा का अतिक्रमण करने के कारण खटकती है। शुक्ल जी के अनुसार, तुलसीदास ने यह पहचाना कि निर्गुण सन्तों के 'वचनों से जनता की चित्तवृत्ति में घोर विकार की आशंका है जिससे समाज विशृंखल हो जायेगा, उसकी मर्यादा नष्ट हो जायेगी।' तात्पर्य यह कि जो भी पहले से चली आती हुई सामाजिक व्यवस्था और मर्यादा को बदलने की प्रेरणा देगा, वह तुलसीदास और शुक्ल जी के लोकधर्म का विरोधी होगा। सवाल यह है कि कैसे समाज और कैसी मर्यादा के लिए सन्तों की बानी खतरा बन रही थी। इसमें कोई सन्देह नहीं है कि सामाजिक असमानता और जाति-पाँति के भेद-भाव पर टिकी हुई समाज-व्यवस्था और उसकी रक्षा करने वाली मर्यादाओं का विरोध निर्गुण सन्तों के काव्य में है। वही तुलसीदास को असह्य लगता है और शुक्ल जी को लोक-विरोधी। शुक्ल जी का लोक-धर्म मूलतः ऐसा समाज-दर्शन है जिसमें पहले से स्थापित और स्थिर सामाजिक सम्बन्धों को यथावत बनाये रखने का आग्रह है।"[5]

हिन्दी के भक्ति-साहित्य में कबीर की भूमिका को लेकर आचार्य रामचन्द्र शुक्ल की धारणा और आचार्य द्विवेदी के मत की भिन्नता और विरोध से सभी

परिचित हैं इस प्रसंग में डॉ. पाण्डेय ने लिखा है—"वेदान्त के अनुसार सत्य के दो रूप हैं—पारमार्थिक और लौकिक। आध्यात्मिक स्तर पर सभी आत्माओं की पवित्रता और एकता पारमार्थिक सत्य है, लेकिन समाज में अमीर-गरीब, ऊँच-नीच, जाति-पाँति आदि का भेद व्यावहारिक या लौकिक सत्य है। सत्य के इन दोनों रूपों की समानान्तर सत्ता बनाये रखना शास्त्रीय धर्म का मुख्य लक्ष्य रहा है। कबीरदास ऐसे शास्त्रीय धर्म और उसके अनुगामी लोकधर्म दोनों का विरोध करते हैं। वे पारमार्थिक और लौकिक सत्य के बीच के अन्तर को अस्वीकार करते हैं, आत्मा की माँग और जीवन की वास्तविकताओं के बीच की दरार को पाटना चाहते हैं; इसीलिए आध्यात्मिक क्षेत्र की समानता और एकता की भावना को मनुष्यों के बीच सामाजिक समानता और एकता के रूप में चरितार्थ करने का आग्रह करते हैं।"[6] भक्ति-साहित्य में कबीर की विशिष्टता को रेखांकित करते हुए उनका मानना है कि कबीर केवल 'असहमति और विरोध' के कवि नहीं हैं बल्कि उनकी सामाजिक सजगता असहमति और विरोध से आगे बढ़कर 'समाज में मनुष्यत्व की भावना विकसित करने और मानुष सत्य को स्थापित करने' का लक्ष्य सामने रखती है।

मैनेजर पाण्डेय लोकधर्म की विवेचना के प्रसंग में नामवर जी के मत को उद्धृत करते हुए मध्यकाल के मुख्य अन्तर्विरोध को शास्त्र और लोक के बीच का द्वन्द्व मानने से उपस्थित होने वाली समस्या को सामने रखते हैं। वे कहते हैं कि—"भक्तिकाल के लोकधर्म को लेकर आलोचना में जो धर्मयुद्ध चला है, उसमें शास्त्रीय धर्म से लोकधर्म के द्वन्द्व की पहचान हुई है, लेकिन लोकधर्म के आन्तरिक द्वन्द्व की उपेक्षा हुई है। कबीर और दूसरे सन्त कवि शास्त्रमत (जिसे वे प्रायः वेदमत कहते हैं) और उससे प्रभावित लोकमत की आलोचना करते हुए एक नयी नैतिक चेतना और विश्वदृष्टि विकसित करते हैं, जिसे वे प्रायः साधुमत कहते हैं।"[7] आगे इसी प्रसंग में एंतोनियो ग्राम्शी द्वारा किये गये लोकमत के विश्लेषण को उद्धृत करते हुए उन्होंने यह बताया है कि प्रायः जिसे लोकमत कहा जाता है उसमें शास्त्रीय धर्म का प्रभाव होता है और वह नवीनता का विरोधी भी होता है और वे दो टूक शब्दों में यह भी कहते हैं कि लोकमत को यथावत स्वीकार करना या उसे महिमामंडित करना उसके अन्तर्विरोधों की उपेक्षा करना है। इस प्रसंग में उनका स्पष्ट अभिमत है कि भक्ति-आन्दोलन का जो नया लोकधर्म विकसित हुआ उसका स्वरूप कबीर, जायसी, सूर, तुलसी और मीरा के यहाँ एक-सा नहीं है। "भक्ति आन्दोलन के प्रत्येक कवि के लोकधर्म का रूप उसकी विश्वदृष्टि के अनुरूप है और कवि की विश्वदृष्टि पर उस वर्ग या समुदाय की जिन्दगी की वास्तविकताओं और आकांक्षाओं की छाप है, जिसका वह सदस्य है। वही विश्वदृष्टि प्रत्येक कवि की भक्ति-भावना, सामाजिक चेतना और काव्य रचना के विशिष्ट स्वरूप का निर्माण करती है।"[8]

जायसी और पद्मावत के प्रसंग में भक्ति-साहित्य के आलोचकों—रामचन्द्र शुक्ल और विजयदेव नारायण साही के दृष्टिकोणों में निहित एकांगिकता की ओर इशारा करते हुए उन्होंने लिखा है—"यदि एक ओर पद्मावत को सूफी सिद्धान्त का दृष्टान्त काव्य मान लेना गलत है तो दूसरी ओर जायसी की कवि दृष्टि के सूफियाना अन्दाज़ को अस्वीकार करना भी सही नहीं है। जो लोग जायसी को शुद्ध सूफी सन्त सिद्ध करना चाहते हैं, वे 'पद्मावत' के लौकिक और मानवीय पक्षों की उपेक्षा करके अध्यात्म और अलौकिक की खोज करना चाहते हैं और जो उन्हें शुद्ध कवि साबित करते हैं, वे यह भूल जाते हैं कि 'अखरावट' और 'आखिरी कलाम' भी जायसी की ही रचनाएँ हैं। इस प्रसंग में एक गलती तब होती है जब सूफी मत की परवर्ती परिणति को ध्यान में रखकर 'पद्मावत' की व्याख्या की जाती है।"[9] लोक-जीवन के सहज स्पन्दन से 'पद्मावत' के गहरे जुड़ाव की ओर संकेत करते हुए वे 'पद्मावत' के मूल मन्तव्य तक पहुँचते हैं। उनका निष्कर्ष यह है कि सत्ता, शक्ति और धार्मिक उन्माद के बावजूद प्रेम के अभाव में अलाउद्दीन की चाह मृगतृष्णा है। उनके अभिमत में 'पद्मावत' धार्मिक कट्टरता पर प्रेम की विजय का काव्य है।

सूरदास की कविता की आलोचना के सन्दर्भ में आचार्य शुक्ल के मत को उद्धृत करते हुए मैनेजर पाण्डेय ने लिखा है—"आचार्य शुक्ल जिसे मर्यादा कहते हैं, वह वास्तव में रूढ़ि है। रूढ़ियाँ केवल शास्त्र की नहीं होतीं, लोक की भी होती हैं। लोक की रूढ़ियाँ शास्त्र की रूढ़ियों से कम दमनकारी नहीं होतीं। समाज में प्रचलित रीति-रिवाज, मान-मर्यादा, कुल-कानि आदि से उपजा लोक भय प्रायः लोकधर्म बनकर मानवीय भावों और सम्बन्धों के स्वतन्त्र विकास को, खास तौर से प्रेम की दुनिया को, छिन्न-भिन्न कर डालता है। गोपियों का प्रेम निर्द्वन्द्व एवं निर्भीक है। वह शास्त्र की रूढ़ि और लोक के भय से मुक्त हैं।"[10] सूर काव्य में चित्रित प्रेम के स्वरूप को स्पष्ट करते हुए वे उसे आज के सामाजिक सन्दर्भ में भी प्रेरणाप्रद पाते हैं। इसका कारण यह है कि आज का भारतीय समाज भी उन समस्याओं और रूढ़ियों से मुक्त नहीं हो पाया है। उन्हीं रूढ़ियों के कारण 'प्रेम यहाँ आज भी जीवन का उत्सव नहीं, एक अपराध या मानवीय कमजोरी' है। उन्होंने आचार्य शुक्ल के हवाले से एक बार फिर जोर देकर कहा है कि भक्ति-काव्य में केवल शास्त्र और लोक का द्वन्द्व देखना काफी नहीं है, लोक के आन्तरिक अन्तर्विरोधों की पहचान जरूरी है।

भक्ति-काव्य की आलोचना के परवर्ती दौर में सर्वाधिक चोटें तुलसीदास और उनके साहित्य पर हुई हैं। इसका कारण यह है कि तुलसीदास वर्णाश्रम व्यवस्था के सबसे बड़े समर्थक के रूप में प्रचारित किये जाते रहे हैं और उनके काव्य के अन्य महत्त्वपूर्ण पक्षों की उपेक्षा की जाती रही है। तुलसी-साहित्य के

विवेचन में मैनेजर पाण्डेय की आलोचनात्मक दृष्टि का सन्तुलन दिखाई देता है। उन्होंने लिखा है कि—"तुलसीदास की कविता में सामाजिक और धार्मिक स्तर पर समन्वय की चिन्ता अधिक है। वे जिस तरह लोकभाषा से संस्कृत का समन्वय करते हैं, वैसे ही लोकमत से वेदमत का। इस प्रक्रिया से वे एक ओर वैदिक-पौराणिक परम्परा के लिए लोकमत में जगह बनाते हैं तो दूसरी ओर उस परम्परा में और लोकमत में भी अपनी जगह सुनिश्चित करते हैं। यह तुलसीदास के काव्य का एक पक्ष है।

तुलसी के काव्य का दूसरा पक्ष वह है जिसके आगे-पीछे कोई शास्त्र नहीं है। वहाँ लोक जीवन का व्यापक अनुभव है, उनका अपना चिन्तन है और गहरी सहृदयता है। यह सब 'रामचरितमानस' में भी है; विशेषतः उसके मानवीय सम्बन्धों के चित्रण, कथा के रचना-विधान और काव्यभाषा की बनावट में।"[11]

मीरा की भक्ति और प्रेम के स्वरूप को स्पष्ट करते हुए मैनेजर पाण्डेय का कहना है कि—"यहाँ एक सजग स्त्री-स्वर सुनाई देता है, जिसमें आक्रोश की अनुगूँज है, किसी पीड़ित की चीख या पुकार नहीं। इससे यह भी स्पष्ट है कि संकल्प और आस्था के साथ अपनी अस्मिता और स्वतन्त्रता के लिए संघर्षशील अबला भी पुरुष-प्रभुत्व के लिए चुनौती बन सकती है। अपने प्रेम की रक्षा के लिए मीरा का संघर्ष चौतरफा है। उनके विरोध में राणा की राजसत्ता है और सिसोदिया कुल की मर्यादा (कुल-कानि) भी, पुरुष-प्रभुत्व की सत्ता है और सामन्ती समाज की रूढ़ियाँ (लोक-लाज) भी। इनमें से कोई भी एक स्त्री की स्वतन्त्र चेतना की हत्या करने में सक्षम है। फिर जहाँ चारों एकत्र हों वहाँ आतंक का क्या कहना, मीरा ने इन सबका सामना किया है और कभी-कभी आगे बढ़कर उन्हें ललकारा भी है।"[12] मैनेजर पाण्डेय की यह धारणा तर्कसम्मत है कि मीरा का विद्रोह, एक विकल्पविहीन व्यवस्था में अपनी स्वतन्त्रता के लिए विकल्प की खोज का संघर्ष है। उनको विकल्प की खोज के संकल्प की शक्ति भक्ति से मिली है। यह भक्ति-आन्दोलन का क्रान्तिकारी महत्त्व है। मीरा की कविता में सामन्ती समाज और संस्कृति की जकड़न से बेचैन स्त्री-स्वर की मुखर अभिव्यक्ति है। वे मीरा के संघर्ष को कबीर के संघर्ष से भी कठिनतर मानते हैं।

बहरहाल भक्त कवियों की रचनाओं की गहन छानबीन के बाद जो सवाल बाकी बचता है वह भक्ति-आन्दोलन की विफलता का सवाल है। वैसे यह कहना कठिन है कि भक्ति-आन्दोलन विफल रहा। वास्तव में बृहत्तर भारतीय समाज में जो लचीलापन और सामंजस्य की क्षमता दिखाई देती है उसमें भक्ति-आन्दोलन की प्रत्यक्ष अथवा परोक्ष भूमिका रही है। इतना अवश्य कहा जा सकता है कि भक्ति-आन्दोलन जिन सामाजिक-सांस्कृतिक लक्ष्यों को सामने लाया उन्हें पाने के

लिए भारतीय समाज द्वारा किया जा रहा प्रयास अब भी अधूरा है। मैनेजर पाण्डेय ने लिखा है—"आधुनिक भारतीय भाषाओं के निर्माण और आधुनिक भारतीय साहित्य के विकास में भक्ति-आन्दोलन की भूमिका को देखते हुए यह कहना सही नहीं होगा कि वह पूरी तरह विफल हो गया, लेकिन यह भी सच है कि उसका सामाजिक उद्देश्य पूरा न हो सका।"[13]

अन्ततः भक्ति-काव्य के बारे में उनकी टिप्पणी अब तक के सभी आलोचनात्मक प्रयासों और उनमें निहित आपात विरोधों का न केवल समाहार करती है बल्कि भक्तिकाल की अपार रचनात्मक ऊर्जा और उसके वैविध्यपूर्ण चरित्र का उचित विश्लेषण भी प्रस्तुत करती है—"भक्ति-आन्दोलन जनसंस्कृति के अपूर्व उत्कर्ष का अखिल भारतीय आन्दोलन है। ऐसे आन्दोलन में अनेक स्वरों का समावेश कोई आश्चर्य की बात नहीं है। जो आन्दोलन समाज के विभिन्न वर्गों, उपवर्गों और समुदायों के जीवन की वास्तविकताओं तथा आकांक्षाओं से जुड़ा हो, उसमें अनेक संवादी और विसंवादी स्वरों का सह-अस्तित्त्व स्वाभाविक है। यह स्थिति हिन्दी ही नहीं, दूसरी भारतीय भाषाओं के भक्ति-काव्य में भी दिखाई देती है। हिन्दी के भक्ति-काव्य में अनेक स्वर हैं। सगुण भक्तों का स्वर निर्गुण सन्तों से भिन्न है। सगुण भक्तों में सूर का स्वर तुलसी से पृथक है। मीरा की कविता का सजग और विशिष्ट स्त्री स्वर कबीर, जायसी, सूर और तुलसी से बहुत अलग है। यही नहीं, तुलसी के काव्य में एक ओर 'विनयपत्रिका' में आत्यन्तिक आत्म-निवेदन और 'कवितावली' में कठिन जीवन-संघर्ष का स्वर है तो दूसरी ओर 'रामचरितमानस' में आत्मविश्वास से भरा उपदेश का स्वर है। स्वरों की इस अनेकता में कहीं-कहीं परस्पर विरोध भी है। लेकिन उस विरोध के बावजूद भक्ति-भावना की मूलगामी लोकधर्मिता के स्तर पर सम्पूर्ण भक्ति-काव्य में एकता अधिक प्रबल है। वही एकता भक्ति-आन्दोलन के विशिष्ट व्यक्तित्त्व का निर्माण करती है।"[14] इस तरह हिन्दी भक्ति-काव्य की आलोचना के विविध आसंगों से गुजरते हुए इसके अध्ययन की उचित दिशा को पाया जा सकता है।

सन्दर्भ

1. अनभै साँचा, मैनेजर पाण्डेय, पृ. 2
2. वही
3. वही, पृ. 5
4. वही
5. वही, पृ. 9
6. वही, पृ. 12
7. वही

8. वही, पृ. 13
9. वही, पृ. 18
10. वही, पृ. 19
11. वही, पृ. 15
12. वही, पृ. 21
13. वही, पृ. 28
14. वही, पृ. 25

'जन संस्कृति मंच' और मैनेजर पाण्डेय

गोपाल प्रधान

मैनेजर पाण्डेय को जो भी जानता है वह इस बात पर ध्यान दिये बगैर नहीं रह सकता कि उनका वर्तमान आलोचकों में जन संस्कृति के साथ सबसे अधिक जुड़ाव है। इसे हम महज उनकी ग्रामीण पृष्ठभूमि के जरिए नहीं व्याख्यायित कर सकते। क्योंकि हिन्दी आलोचना में सक्रिय वरिष्ठों की पीढ़ी में तकरीबन सभी की जड़ें गाँवों में ही हैं। फिर भी अन्य अधिकांश आलोचकों ने जहाँ इसे भुलाने और दबाने की कोशिश की है वहीं मैनेजर पाण्डेय ने इसे न सिर्फ बहुधा घोषित किया बल्कि जन संस्कृति मंच के साथ जुड़कर इसे सैद्धान्तिक ऊँचाई दी। मैनेजर जी का यह पहलू ही इस लेख का विषय है।

जन संस्कृति मंच (जसम) की स्थापना एक लम्बी प्रक्रिया का हिस्सा था। अस्सी के दशक में लोकतान्त्रिक संगठनों का उभार बड़े पैमाने पर हुआ था। सांस्कृतिक दुनिया में नुक्कड़ नाटकों की धूम थी। जनता पार्टी के बिखराव के बाद इन्दिरा गाँधी की सत्ता में वापसी के बाद लोकतान्त्रिक ताकतों की बड़े पैमाने पर गोलबन्दी हुई थी। ऐसे वातावरण में बनारस में 1980 के एक सम्मेलन में राष्ट्रीय जनवादी सांस्कृतिक मोर्चा और पटना के एक सम्मेलन में नवजनवादी सांस्कृतिक मोर्चा का गठन हुआ था। इसी तरह के अनेक संगठनों के निर्माण और उनकी आपसी चर्चा का समेकन जसम के रूप में सामने आया। ये सभी मोर्चे हिन्दी में नक्सलबाड़ी के प्रभाव को प्रतिबिम्बित करते हैं। यह प्रभाव संगठन के रूप में अपेक्षाकृत देर से सामने आया लेकिन जब आया तो बेहद परिपक्व रूप में।

जसम के साथ मैनेजर पाण्डेय के जुड़ाव का एक कारण संस्थापक महासचिव गोरख पाण्डेय भी थे। गोरख जी देवरिया जिले के पाण्डेय का पुरवा के रहनेवाले थे जो मैनेजर जी के घर सिवान से तकरीबन लगा हुआ है। हिन्दी कवि सर्वेश्वर दयाल सक्सेना के बारे में भी इस सिलसिले में कुछ कहना जरूरी है। उनके सम्बन्ध में नामवर सिंह के अन्धभक्त संस्मरण लेखकों ने एक प्रवाद फैला रखा है। ऐसा लिखा गया कि उन्होंने होली के दिन रंग डालने से नामवर सिंह को रोकने के लिए कुश्ती

कर ली थी। इससे लगता है मानो वे भारतीय संस्कृति के विरुद्ध थे। लोगों ने यह नहीं बताया कि उस साल होली भगत सिंह के शहीद दिवस के दिन पड़ी थी। अब के लोहियावादी भी भूल गये हैं कि लोहिया अपना जन्मदिन इसीलिए नहीं मनाते थे क्योंकि वह भगत सिंह की शहादत के दिन पड़ता था। लेकिन सर्वेश्वर को याद था। तो ऐसी ही मान्यताओं वाले सर्वेश्वर अपने अन्तिम दिनों में वामपन्थी आन्दोलन की तीसरी धारा की ओर खिंचे थे। वे आई.पी.एफ. के स्थापना सम्मेलन में शरीक तो हुए ही उसके राष्ट्रीय पार्षद भी चुने गये थे। वे भी गोरख के पड़ोस गोरखपुर के रहने वाले थे। बहरहाल उनकी मृत्यु जन संस्कृति मंच की स्थापना से पहले ही हो गयी अन्यथा वे भी इस प्रयास के सहभागी होते। मंच के साथ मैनेजर जी का जुड़ाव शुरुआत से ही हो गया था। जसम के निर्माण के लिए बनी तैयारी समिति में तो वे थे ही उसकी स्वागत समिति में भी थे। स्थापना सम्मेलन दिल्ली में हुआ।

जन संस्कृति मंच की स्थापना 1985 में हुई। गोरख पाण्डेय इसके महासचिव और गुरुशरण सिंह अध्यक्ष निर्वाचित हुए। प्रोफेसर मैनेजर पाण्डेय सम्मेलन में सक्रिय रूप से शामिल हुए और राष्ट्रीय कार्यकारिणी के सदस्य चुने गये। इसके तुरन्त बाद हुए दिल्ली राज्य सम्मेलन में वे दिल्ली इकाई के अध्यक्ष निर्वाचित हुए। जवाहर लाल नेहरू विश्वविद्यालय की अकादमिक व्यस्तताओं के बावजूद वे चंडीगढ़ में हुए पहले सालाना जलसे और फिर हजारीबाग की गोष्ठी में गोरख जी के साथ ही शरीक रहे। वह दशक कवियों की अस्सी दशक की पीढ़ी की आत्ममुग्धता के समक्ष नक्सलबाड़ी के योगदान को दबाने की कोशिशों के प्रतिवाद का था। गोरख पाण्डेय के साथ ही मैनेजर जी ने भी आधुनिक हिन्दी कविता के इतिहास में नक्सलबाड़ी के योगदान को रेखांकित किया। विभिन्न सभाओं और गोष्ठियों में उन्होंने कहा कि समाज के इतिहास में साहित्य के हस्तक्षेप के तो छोटे उदाहरणों को भी साहित्यवादी विचारक बढ़ा-चढ़ा कर दिखाते हैं लेकिन साहित्य के इतिहास में समाज के हस्तक्षेप की परम्परा के भीतर नक्सलबाड़ी की चर्चा उदाहरण के बतौर भी नहीं होती। इस परिघटना पर जोर देते हुए उन्होंने कहा कि इस आन्दोलन ने न सिर्फ अपने समय की जनविरोधी साहित्यिक प्रवृत्तियों को खामोश कर दिया बल्कि अपने पूर्ववर्ती साहित्य की प्रासंगिकता में भी हस्तक्षेप किया। प्रगतिशील कवि नागार्जुन, त्रिलोचन और केदारनाथ अग्रवाल उस तमाम समय में सक्रिय रहे जब नयी कविता और उसके बाद विभिन्न आधुनिकतावादी काव्य प्रवृत्तियों का जोर रहा लेकिन इस शोरगुल में उनकी आवाज दबी रही थी। नक्सलबाड़ी ने उन्हें दोबारा प्रासंगिक बना दिया। न सिर्फ प्रगतिशील काव्यधारा बल्कि रघुवीर सहाय और सर्वेश्वर दयाल सक्सेना जैसे लोहियाई विपक्ष की धारणा के समर्थक और उसे जन-विपक्ष के रूप में व्याख्यायित और ग्रहण करने वाले कवियों को भी नक्सलबाड़ी ने पुनर्जीवन दिया।

बहरहाल जन संस्कृति मंच का दूसरा सम्मेलन पटना में 1988 में गोरख पाण्डेय के जीवनकाल में ही हुआ लेकिन मानसिक स्वास्थ्य ठीक न होने से वे इसमें भाग न ले सके। इस सम्मेलन तक परिस्थिति बदल जाने से एक नया दस्तावेज़ पेश किया गया जिसके ढीले-ढाले ढंग से सूत्रबद्ध होने पर मैनेजर जी ने आपत्ति जाहिर की। सम्मेलन ने राणा प्रताप को महासचिव और शिवमंगल सिद्धान्तकार को कार्यकारी अध्यक्ष चुना। पाण्डेय जी कार्यकारिणी के सदस्य बने रहे।

सम्मेलन के बाद के वर्षों में बिहार लालू यादव मार्का सामाजिक न्याय के उभार की प्रयोगभूमि बना। साम्प्रदायिकता के विरोध के नाम पर पारम्परिक वामपन्थ लालू के साथ खड़ा हो गया। किसी भी जीवन्त संगठन की तरह जसम भी बिखराव का शिकार हुआ। इस दौर में न सिर्फ बिहार बल्कि केन्द्र में भी जनता दल की सरकार को अपूर्व आम सहमति के तौर पर भाजपा और माकपा दोनों का समर्थन प्राप्त हुआ था। स्वाभाविक रूप से किसी भी जनविरोधी सरकारी कदम का विरोध करते हुए जनता के हाथ बँधे हुए थे। बिहार में एक के बाद एक नरसंहार होते रहे लेकिन सरकारी वामपन्थ हाथ बाँधे खड़ा रहा। उस समय की विडम्बना को मैनेजर जी सभाओं और गोष्ठियों में एक लोक कथा के माध्यम से अनेक बार बताते थे। कथा के मुताबिक जंगल को काटने का आदेश हुआ तो पेड़ों में हलचल मची लेकिन एक बुजुर्ग पेड़ ने कहा कि जब तक हममें से ही कोई इन पेड़ काटनेवालों का साथ नहीं देगा तब तक चिन्ता करने की कोई जरूरत नहीं है। अन्ततः पेड़ काटने वालों के पास के हथियारों में एक पेड़ की लकड़ी का बेंट लगा तभी वे पेड़ काटने में कामयाब हो सके। यह कथा शासक वर्ग के साथ वामपन्थ की एक धारा के खड़े हो जाने से जनता के निहत्थे हो जाने की विडम्बना को बखूबी जाहिर करती थी।

इसके उपरान्त लम्बे अन्तराल के बाद तीसरा सम्मेलन वाराणसी में हुआ जिसमें त्रिलोचन शास्त्री अध्यक्ष और राम जी राय महासचिव चुने गये। मैनेजर पाण्डेय को कार्यकारिणी में यथावत बनाये रखने का फैसला सम्मेलन ने किया। सम्मेलन का केन्द्रीय विचार बिन्दु भाजपाई उभार के विरुद्ध एक नये नवजागरण की जरूरत था। चौथा सम्मेलन इलाहाबाद में हुआ जिसमें यही टीम जारी रही। इसमें भी पाण्डेय जी कार्यकारिणी में चुने गये। सांस्कृतिक राष्ट्रवाद के विरोध में अनेकशः उन्होंने कहा कि यह भारत की दूसरी खोज का अभियान है। पहली खोज के पीछे स्वाधीनता अर्थात भविष्य के भारत की लोकतान्त्रिक और धर्मनिरपेक्ष आकांक्षा थी तो इस दूसरी खोज के पीछे प्राचीन भारत की पुनर्स्थापना की हताशा भरी कोशिश है।

जसम का पाँचवाँ सम्मेलन 1998 में दिल्ली में हुआ जिसमें बृज बिहारी पाण्डेय महासचिव चुने गये। सम्मेलन के कुछ ही दिन पहले नागभूषण पटनायक की मृत्यु होने के कारण पहले दिन का खुला सत्र शोकसभा में बदल गया जिसमें मैनेजर

पाण्डेय शरीक रहे। छठवाँ सम्मेलन बनारस में हुआ जिसमें अजय सिंह महासचिव बने। सातवाँ सम्मेलन पटना में हुआ जिसमें मैनेजर पाण्डेय को उपाध्यक्ष चुना गया। आठवाँ सम्मेलन राँची में हुआ जिसमें मैनेजर जी को जसम का अध्यक्ष चुना गया। तबसे निरन्तर प्रोफेसर मैनेजर पाण्डेय न सिर्फ संगठन के अध्यक्ष पद पर बने हुए हैं बल्कि एक सक्रिय कार्यकर्ता और नेता की तरह निरन्तर संगठन का मार्गदर्शन करते रहे हैं। बहरहाल संगठन का नवाँ सम्मेलन बेगूसराय में हुआ जिसमें प्रणय कृष्ण को महासचिव चुना गया। दसवें और ग्यारहवें सम्मेलन क्रमशः धूमिल के गाँव खेवली और भिलाई में हुए जिनमें पदाधिकारियों की यही टीम जारी रही। मैनेजर पाण्डेय की सक्रियता और नेतृत्व जसम के प्रत्येक कार्यक्रम में दिखाई पड़ती है। भिलाई सम्मेलन में दस्तावेज़ पर चल रही बहस में निर्णायक हस्तक्षेप करते हुए उन्होंने परिस्थिति को निराशाजनक बताने के विचार का खण्डन करते हुए लातिन अमेरिकी जनता के साम्राज्यवाद विरोधी संघर्षों की ओर प्रतिनिधियों का ध्यान खींचा। देश के स्तर पर भी उन्होंने जगह-जगह चलने वाले भूमि अधिग्रहण विरोधी संघर्षों की सकारात्मक भूमिका को रेखांकित किया। उन्होंने किसानों की आत्महत्याओं का उदाहरण देते हुए कहा कि दुनिया में अन्य किसी भी देश में इतने बड़े पैमाने पर किसानों ने आत्महत्या नहीं की है इसलिए प्रथम किसान की आत्महत्या वाले दिन को राष्ट्रीय शर्म दिवस के बतौर मनाया जाना चाहिए।

स्थापना सम्मेलन में ही मैनेजर जी ने जसम का व्यापक परिप्रेक्ष्य सामने रखते हुए कहा था कि 'पहली बार सम्पूर्ण सांस्कृतिक सन्दर्भों को ध्यान में रखकर संगठन बनने जा रहा है। यह सिर्फ लेखकों का संगठन न होकर तमाम रचनाकारों का संगठन है जो नयी बात है। उन्होंने यह भी कहा था कि सम्पूर्ण सांस्कृतिक सन्दर्भ को ध्यान में रखकर ही संगठन का घोषणापत्र तैयार किया गया है।' इसीलिए जब राँची में बाजारवाद के विरुद्ध केन्द्रित सम्मेलन में वे अध्यक्ष बने तो उन्होंने मीडिया, लोकभाषाओं और आदिवासी संस्कृति पर कार्यशालाओं की योजना प्रस्तुत की। अन्ततः हाल में गुरुशरण सिंह, कुबेर दत्त और राम दयाल मुंडा की याद में आयोजित सभा में जसम ने इन कामों को पूरा करने का संकल्प घोषित किया। जन संस्कृति और लोकभाषाओं के प्रति उनके अनुराग को हम भिखारी ठाकुर से जुड़े उनके काम तथा कबीर को मूलतः भोजपुरी कवि मानने के आग्रह में देख सकते हैं। इसी भावना के वशीभूत वे हरेक साल जनूबी पट्टी जिला कुशीनगर में आयोजित 'लोकरंग' में मौजूद रहते हैं।

सोवियत संघ के पतन से उपजे माहौल में उन्होंने अनुवाद और संग्रह करके एक पुस्तक प्रकाशित करवाई जिसका शीर्षक ही था 'संकट के बावजूद'। इससे पहले ही उन्होंने सृजनात्मक तरीके से इस माहौल में हस्तक्षेप करते हुए क्रान्तिकारी कविता के

एक संकलन 'मुक्ति की पुकार' का सम्पादन किया था जिसकी भूमिका का शीर्षक ही है 'अँधेरी रात में जलती मशाल'। इन कामों में समाजवाद के पहले प्रयोग को लगे धक्के के वस्तुगत मूल्यांकन के साथ ही आशा के नये केन्द्रों की तलाश की गयी है। खासकर 'संकट के बावजूद' की लम्बी भूमिका में उन्होंने समाजवाद के धक्के के बाद उपजी वैचारिकी उत्तर-आधुनिकता का जोरदार प्रत्याख्यान किया। हाल में ही उत्तर-आधुनिक दौर में मध्ययुगीनता की वापसी को उजागर करते हुए उन्होंने लेख लिखे हैं। फिलहाल वे सामाजिक विज्ञान की एक पत्रिका हिन्दी में निकालने की तैयारी में लगे हुए हैं ताकि हिन्दी भाषी जनता में विद्वानों तक ही चलने वाली बहसों को न सिर्फ सुलभ कराया जा सके वरन इन सामाजिक विज्ञानों की दुनिया में हिन्दी भाषी जनता के ठोस अनुभवों का प्रवेश भी कराया जा सके। सामाजिक विज्ञानों की दुनिया में वे रणधीर सिंह और एजाज अहमद से नजदीकी का अनुभव करते हैं क्योंकि ये विद्वान उन्हीं की तरह पश्चिमी जगत से आने वाले विचारों की आँधी में उड़ते नहीं बल्कि तीसरी दुनिया के मुल्कों में जारी जन संघर्षों की आँच से प्रेरणा ग्रहण करके उनसे बहस करते हैं। मार्क्सवादी चिन्तन परम्परा के भीतर उनकी गहरी जड़ें हैं और मार्क्स के अलावा वे ग्राम्शी से खासकर सांस्कृतिक प्रश्नों पर ढेर सारा साझा करना पसन्द करते हैं।

मैनेजर पाण्डेय ने समस्त धर्मनिरपेक्षता पर चली बहस में दाराशिकोह के काम को उजागर करके नया कोण पैदा किया है। ऐसे ही अतीत चर्चा के शोर में बौद्ध चिन्तक अश्वघोष की वज्रसूची पर बातचीत के जरिए उन्होंने इस बहस में नया आयाम जोड़ा। भारत के पुनः उपनिवेशीकरण के वैचारिक माहौल में देउस्कर की किताब की लम्बी भूमिका के साथ उसका सम्पादन और प्रकाशन एक अलग तरह का हस्तक्षेप था। दलित और स्त्री विमर्श के प्रति उनका रुख संवाद का रहा है। महादेवी वर्मा की किताब 'शृंखला की कड़ियाँ' पर उनका लेख स्त्री विमर्श सम्बन्धी बहस में ठोस योगदान था।

उनका मानना है कि किसी भी सांस्कृतिक संगठन को साहित्यकार और पाठक के बीच पुल का काम करना चाहिए। यह काम यान्त्रिक तरीके से नहीं बल्कि सृजनात्मक ढंग से किया जाना चाहिए। इसके लिए एक ओर तो संगठन को साहित्य के प्रचार-प्रसार के लिए कवि सम्मेलन, नाटक और कार्यशालाओं का आयोजन करना होगा दूसरी तरफ निर्देश की शैली में नहीं वरन बहस मुबाहिसे के जरिए सामने उपस्थित प्रश्नों पर वैचारिक साफ सफाई करनी होगी। इसके लिए उन्होंने कविता, कहानी और आलोचना की स्थिति पर कार्यशालाओं का प्रस्ताव रखा है। उन्होंने यह भी प्रस्तावित किया कि संगठनों को साहित्यकारों की मदद करनी चाहिए और उन्हीं की पहल पर जसम ने वरिष्ठ कथाकार अमरकान्त की आर्थिक सहायता की।

पंजाब में आतंकवाद के दिनों में तथा काश्मीर और पूर्वोत्तर में लगातार चल रहे राज्य दमन के धुर विरोधी मैनेजर जी तो हैं ही आन्ध्र और देश के अन्य हिस्सों में नक्सलवाद को दबाने के नाम पर जारी दमन की मुखालफत के प्रयासों में वे शरीक रहे हैं। सभाओं और गोष्ठियों में उनकी उपस्थिति हमेशा एक ताजगी भरा माहौल पैदा करती है। इन उपस्थितियों ने उन्हें एक सम्मानित सार्वजनिक बौद्धिक बना दिया है।

हिन्दी की साहित्यिक आलोचना की दुनिया में वे बलपूर्वक साहित्य की ऐसी धारणा को स्थापित करने के लिए संघर्षरत रहते हैं जिसमें ज्ञानपरक लेखन को भी साहित्य का ही अंग माना जाये। साहित्य के लेखन, ग्रहण और मूल्यांकन में जनान्दोलनों की भूमिका पर जोर और इसका रेखांकन उन्हें वर्तमान आलोचकों में विशेष बनाता है। साहित्य की दुनिया में सामाजिकता के हस्तक्षेप की पहचान उन्हें पाठक समुदाय की सामाजिक चेतना में आने वाले उतार-चढ़ाव के आधार पर साहित्येतिहास को देखने की प्रेरणा देती है। इससे साहित्य का इतिहास समूची समाजैतिहासिक प्रक्रिया का अभिन्न अंग नजर आने लगता है।

आलोचना के देशी मेयारों की खोज

गजेन्द्र पाठक

नामवर जी के कई साक्षात्कार 'यू-ट्यूब' पर उपलब्ध हैं। उनमें से एक अपेक्षाकृत लम्बे साक्षात्कार में नामवर जी ने प्रश्नकर्ता के उस आरोप का खण्डन किया है कि मार्क्सवादी आलोचना विचारों के आयात पर निर्भर है। बल्कि, इसके ठीक उलट उन्होंने स्पष्ट किया है कि हिन्दी आलोचना या भारतीय आलोचना के पास निर्यात करने की अपार सम्भावना है। नामवर जी के इस कथन की व्याख्या करने की जरूरत नहीं है। लेकिन उनके इस आशय को स्पष्ट करने के लिए मैं सिर्फ दो लोगों को याद करना चाहता हूँ। इनमें से एक नाम अमीर खुसरो का है और दूसरा नाम आचार्य शुक्ल का। आप याद करें कि तेरहवीं शताब्दी में अमीर खुसरो का यह कहना कि जिस देश के पास पंचतन्त्र जैसी कथाएँ हैं उस देश के साहित्यकारों को हर बात के लिए बाहर देखने की जरूरत नहीं है। आचार्य शुक्ल ने अपने 'हिन्दी साहित्य का इतिहास' में पश्चिम के गये-बीते विचारों को तमगा के रूप में पेश किये जाने की बीमारी पर जो बात की है उसे भी याद दिलाने की जरूरत नहीं। प्रो. मैनेजर पाण्डेय के सन्दर्भ में इस प्रसंग की चर्चा का मकसद स्पष्ट है। हिन्दी आलोचना में देशी मेयारों की तलाश उनकी आलोचनात्मक दृष्टि की केन्द्रीय चिन्ता है। आचार्य शुक्ल को अपना प्रेरणा स्रोत मानने के पीछे उनकी यही दृष्टि है कि बाहर के विचार से थोड़ी मदद तो मिल सकती है लेकिन उन विचारों से अपनी भाषा में रचित साहित्य के इतिहास का पक्का और व्यवस्थित ढाँचा नहीं खड़ा किया जा सकता।

मेरी एक शोध छात्रा ने पिछले साल अरुण कमल से एक साक्षात्कार लिया था। अरुण कमल ने उस साक्षात्कार में कहा है कि हिन्दी के नामवर सिंह और मैनेजर पाण्डेय जिस तरह पश्चिमी आलोचना से परिचित हैं उस तरह अंग्रेजी में भी शायद ही कोई मिले। पाण्डेय जी पर एक बहुत बड़ा आयोजन सन् 2010 में हैदराबाद विश्वविद्यालय में हुआ था। उस समय प्रो. मोहन जी रमणन जो अंग्रेजी साहित्य के मर्मज्ञ हैं, हमारे संकायाध्यक्ष थे। वे हिन्दी से भी परिचित हैं और उनमें हिन्दी

आलोचना के प्रति जिज्ञासा भी है। वे उस सेमिनार में तीन दिन तक लगातार श्रोता की तरह बैठे रहे। बाद में उनकी टिप्पणी थी कि अगर पाण्डेय जी की किताबों का अंग्रेजी में अनुवाद हो जाये तो वे अन्तरराष्ट्रीय साहित्यिक आलोचना के मानचित्र पर खड़ा होने की क्षमता रखते हैं। अरुण कमल भी अंग्रेजी के प्रोफेसर हैं। अंग्रेजी के इन दो आचार्यों की मैनेजर पाण्डेय पर टिप्पणी का तात्पर्य यह है कि जो लोग यह मानते हैं कि हिन्दी आलोचना अंग्रेजी विचारों के आयात पर टिकी हुई है वे अपनी मान्यता पर पुनर्विचार करें।

अपने लगभग प्रारम्भिक लेखन में जब पाण्डेय जी साहित्य के समाजशास्त्र की भूमिका को समझने की कोशिश कर रहे थे तब भी और वहाँ से चलते हुए जब वे संस्कृति के समाजशास्त्र की चिन्ता पर विचार करने की दिशा में आगे बढ़े हैं तब भी मार्क्स, रेमण्ड विलियम्स, ग्राम्शी, वाल्टर बेंजामिन और एडोर्नो सरीखे प्रख्यात चिन्तकों की चिन्ता से जुड़ते और संवाद करते हुए यह नहीं भूलते कि, "आजकल भारत में संस्कृति के नाम पर जो कुछ है, भाषाएँ, साहित्य, संगीत, चित्रकला, स्थापत्य आदि, उनका गहरा सम्बन्ध भक्तिकाल की सृजनात्मकता से है इसलिए भारतीय संस्कृति का समाजशास्त्र बनाने का जो प्रयास होगा उसका गहरा सम्बन्ध भक्तिकाल की सृजनशीलता से है।" (पृ. 27)

पाण्डेय जी के भी कई व्याख्यान 'यू-ट्यूब' पर उपलब्ध हैं। उन्होंने लिखा भी है कि, "हाल के वर्षों में कम्प्यूटर टेक्नोलॉजी का विकास हुआ है जिसने देश काल की चेतना बदल दी है और वास्तविकता तथा सम्भावना का सम्बन्ध भी बदल गया है। एक समाजशास्त्री ने लिखा है कि कम्प्यूटर टेक्नोलॉजी का आज के अनुभव पर जादुई, आतंककारी और पवित्र प्रभाव पड़ा है। इससे एक नये प्रकार का प्रतीकवाद पैदा हुआ है जिसमें सृजन और विनाश का मेल है।" आप हाल के वर्षों में साम्प्रदायिक दंगों में 'व्हाट्स-ऐप' की भूमिका को याद करें तो यह बात समझ में आयेगी कि टेक्नोलॉजी का उपयोग एक न्यूनतम समझदारी की भी अपेक्षा रखता है। कम्प्यूटर ने साहित्य को पढ़ने का जो एक व्यापक अवसर प्रदान किया है वह एक क्रान्तिकारी परिवर्तन है। हम अपने विद्यार्थी जीवन में कम्प्यूटर से डरते थे। अफवाह थी कि हजारों लोगों का काम एक कम्प्यूटर चुटकी बजाकर कर देगा। विडम्बना यह है कि अब कोई लेख, पत्रिका या किताब कम्प्यूटर के बगैर मुमकिन ही नहीं है। सबसे ज्यादा नौकरियाँ भी इसी कम्प्यूटर क्षेत्र में हैं। यहाँ इसी कम्प्यूटर पर उपलब्ध व्याख्यानों की चर्चा हो रही थी जिसमें पाण्डेय जी, तुलसीराम की किताब 'मणिकर्णिका' पर बोल रहे हैं। मंच पर नामवर जी, केदार जी और तुलसीराम जी भी मौजूद हैं जिन्हें आगे-पीछे बोलना है। पाण्डेय जी को सुनते हुए मुझे इंटरनेट पर उपलब्ध टेरी इग्लटन के व्याख्यानों की याद आती है। मैंने ध्यान दिया है कि अपने

श्रोताओं के बीच वे कितने सहज और अनौपचारिक होते हैं और किस तरह अपनी व्यंग्यात्मक टिप्पणियों से गम्भीर बातों को भी बोझिल नहीं बनने देते। इग्लटन की उस टिप्पणी को याद करें जिसमें उन्होंने कहा है कि उत्पादन का यह सिद्धान्त होता है कि जिस वस्तु का निर्माण हो गया है उसकी खपत भी होनी है। जिस चीज की खपत नहीं होगी उसका निर्माण ही नहीं होगा। फिर परमाणु बम का क्या होगा? श्रोता हँसते हैं लेकिन इसके ठीक बाद इग्लटन का यह कहना कि इस परमाणु बम बनाने वाली राजसत्ताओं से यह क्यों नहीं पूछते कि उन बमों का उपयोग कब और किस पर होगा? श्रोता चकित रह जाते हैं। बहरहाल, मणिकर्णिका पर बोलते हुए पाण्डेय जी ने एक जर्मन सौन्दर्यशास्त्री को उद्धृत करते हुए बताया है कि किस तरह सौन्दर्य सिर्फ त्वचा तक सीमित होता है जबकि कुरूपता 'बोन मैरो' तक जाती है। इस बात से श्रोताओं में गुदगुदी होती है लेकिन इसके ठीक बाद पाण्डेय जी का यह कहना कि हमारे देश में विचार या विचारधारा हमारी त्वचा तक सीमित है, जबकि जाति या जातिवाद हमारे 'बोन मैरो' तक समाया हुआ है। यह टिप्पणी श्रोता समाज को सन्न कर देती है। पाण्डेय जी ने वाल्टर बेंजामिन को उद्धृत करते हुए रेखांकित किया है कि किस तरह संस्कृति के दस्तावेज़ों में बर्बरता के भी दस्तावेज़ होते हैं। जाति और जातिवाद की जड़ें भारतीय संस्कृति की बर्बरता के दस्तावेज़ हैं। इसका स्वाद जाति बनाने वाले नहीं जानते बल्कि वे जानते हैं जिनकी ज़ुबान और आत्मा पर इसकी लगाम है। जो इसे सहते हैं। वीरेन डंगवाल की कविता की एक पंक्ति आपको याद आ रही होगी 'संस्कृति के दर्पण में जो शक्लें हैं मुसकातीं, उनकी शक्ल समझना साथी...।' संस्कृति के इस बर्बर प्रश्न को पाण्डेय जी ने 'भारतीय समाज में प्रतिरोध की परम्परा' के अन्तर्गत 'क्या आपने वज्रसूची का नाम सुना है' शीर्षक लेख में समझने का प्रयास किया है।

आलोचना के देशी मेयारों की खोज की जब भी चर्चा होगी तब यह सवाल जरूर परेशान करेगा कि आलोचना का आधार तो रचनाएँ ही होंगी या कुछ और। नामवर जी ने रीतिकाल की एक कविता का उदाहरण देते हुए इसी साक्षात्कार में बताया है कि सोने की कसौटी पर जो जाँच होती है उसमें कसौटी के काले रंग के ऊपर सोना किस तरह अपना रंग छोड़ देता है। सोने पर कसौटी का रंग नहीं चढ़ता। यहाँ सोना को आप यदि रचना मानें और कल्पना करें कि जब यह सोना ही गायब कर दिया जाये और सोने के बदले पीतल को कसौटी पर कस कर उसे सोना सिद्ध करने की कोशिश हो तब क्या होगा? महान संस्कृत साहित्य के इतिहास में बौद्ध ग्रन्थों को गायब करने की जो घटनाएँ हैं वे कुछ इसी तरह की कहानी कहती हैं। अश्वघोष की जो कृतियाँ कभी अपने देश में लोकप्रिय हुआ करती थीं वे धीरे-धीरे गायब हो गयीं। गायब हुईं नहीं गायब कर दी गयीं। पाण्डेय जी को यह

प्रसंग चकित करता है कि, "कृतियों के गायब होने की यह प्रक्रिया केवल अश्वघोष तक सीमित नहीं रही है। इसके शिकार दूसरे बौद्ध दार्शनिक और कवि भी हुए हैं। नागार्जुन, आर्यदेव, असंग, बसुबन्धु, दिङ्नाग, धर्मकीर्ति, शान्तिदेव, आदि की अधिकांश रचनाएँ इस देश से गायब हो गयीं। अब उनका केवल तिब्बती, चीनी, जापानी अनुवाद ही उपलब्ध है या फिर अनुवादों अथवा प्रतिलिपियों के आधार पर उनका पुनर्निर्मित रूप। अगर उन कृतियों का अनुवाद नहीं होता तो भारत के साहित्य और दर्शन के इतिहास में अश्वघोष और दूसरे कवियों तथा दार्शनिकों का नाम लेने वाला भी कोई नहीं होता। आखिर ऐसा क्यों और कैसे हुआ? क्या यह केवल बौद्ध परम्परा की रचनाओं के साथ हुआ है या अन्य धार्मिक-दार्शनिक विचारकों की रचनाओं के साथ भी। बौद्धों के अतिरिक्त चार्वाक, आजीवक और अन्य अनेक भौतिकवादी-अनात्मवादी विचारकों की रचनाएँ भी अब इस देश में नहीं मिलतीं। तिब्बती और चीनी अनुवादों तथा प्रतिलिपियों के सहारे बौद्ध-दर्शन और साहित्य की अनेक कृतियों का ज्ञान तथा पुनर्निर्माण सम्भव हुआ है। लेकिन चार्वाक, आजीवक आदि के विचारों को जानने के लिए उनके विरोधियों के शब्दों के सिवाय और कोई साधन नहीं है। यह भारतीय समाज के विचारों के इतिहास की एक ऐसी विडम्बना है जिसकी उपेक्षा कर के उस इतिहास के अन्तर्विरोधों की पहचान सम्भव नहीं है।" (पृ. 112)

इस कथन के साथ आप याद करें कि सरहपा के साथ भी यही हुआ। सरहपा के साथ-साथ अनेक सिद्ध कवियों की रचनाएँ भी गायब कर दी गयीं। जो रचनाएँ राहुल जी जैसे लोगों के प्रयत्न से उपलब्ध हुईं, वे उपेक्षा का दंश झेल रही हैं। ऊपर से दोहरा अभिशाप यह कि बिना ठीक से जाने पढ़े उन्हें साम्प्रदायिक भी साबित कर दिया गया और हिन्दी साहित्य के इतिहास और भूगोल से देशनिकाला देने का इन्तजाम कर लिया गया। कहने का मतलब यह कि जो संस्कृत में हुआ उससे हिन्दी अछूती नहीं रही। ब्रिटिश शासन के अन्तर्गत प्रतिबन्धित किताबों की चर्चा के सन्दर्भ में भी पाण्डेय जी को यह बात परेशान करती है कि उन अनेक महत्त्वपूर्ण रचनाकारों को दोहरे दण्ड का शिकार होना पड़ा। एक दण्ड जो ब्रिटिश शासन ने दिया और दूसरा दण्ड जो हिन्दी आलोचना उनकी उपेक्षा करके दे रही है। भारत के बौद्ध, चार्वाक और आजीवक साहित्य भी लगभग उसी तरह के दोहरे दण्ड के शिकार हुए हैं। प्रो. मैनेजर पाण्डेय इस बात से चिन्तित दिखाई पड़ते हैं कि रामविलास शर्मा जैसे महत्त्वपूर्ण आलोचक जो संस्कृत साहित्य के अधिकांश को हमारा राष्ट्रीय साहित्य मानते थे वे भी बौद्ध साहित्य के साथ न्याय नहीं कर पाये। वे इस बात से चकित हैं कि, "रामविलास शर्मा के अनुसार वाल्मीकि और व्यास की एक उपलब्धि है बौद्ध मत को निर्मूल करना। आश्चर्य की बात तो यह है कि

जो लोग संस्कृत को भारतीय संस्कृति का पर्याय मानते हैं, वे भी संस्कृत में लिखे बौद्ध साहित्य को अपनी परम्परा से बाहर रखते हैं। क्या परम्परा की इस छँटाई में संकीर्ण सांस्कृतिक दृष्टि के साथ-साथ धार्मिक विद्वेष भी सक्रिय नहीं है।" (पृ. 113)

निश्चित तौर पर परम्परा की इस छँटाई का सन्दर्भ रामविलास शर्मा तक सीमित नहीं हैं। रामविलास शर्मा के प्रेरणास्रोत आचार्य शुक्ल भी इस परिधि में शामिल होते हैं। पाण्डेय जी रामविलास शर्मा की विवादास्पद पुस्तक 'लोकजागरण और हिन्दी साहित्य' की रचना प्रक्रिया से जुड़े रहे हैं। नामवर जी और उनके गुरु हजारी प्रसाद द्विवेदी पर जो हमले इस किताब में हुए हैं। यह हिन्दी आलोचना का एक अप्रिय प्रसंग है। इतना तो तय है कि द्विवेदी जी ने आचार्य शुक्ल से चाहे जितना उधार लिया हो उन्होंने उनकी छाँटने वाली दृष्टि उधार में नहीं ली। यही नहीं बौद्ध धर्म की परम्परा से हिन्दी साहित्य के इतिहास को जोड़ने का काम हिन्दी के जिन आलोचकों ने किया उनमें राहुल सांकृत्यायन के अलावा यदि कोई दूसरा नाम होगा तो वह हजारी प्रसाद द्विवेदी का ही होगा। पाण्डेय जी ने समकालीन संस्कृति के निर्माण में भक्तिकाल की भूमिका को जिस तरह से रेखांकित किया है उसकी परम्परा के स्रोत अश्वघोष जैसे कवियों के यहाँ दिखाई पड़ते हैं जो सरहपा से होते हुए हिन्दी साहित्य के इतिहास में प्रवेश करती है। भक्तिकाल को पाण्डेय जी ने सांस्कृतिक संगम का उत्कृष्ट उदाहरण बताया है। सूरदास पर काम करते हुए उन्होंने संस्कृति को 'डिमीस्टीफाई' किया था। 'कल्चर' को 'कल्टीवेशन' से जोड़ते हुए उन्होंने भक्ति के पीछे छिपी हुई आध्यात्मिकता के कुहासे को तोड़ते हुए सूरदास की कविता में छिपी हुई कृषि संस्कृति को रेखांकित किया था। भक्ति से खेती नहीं होती। खेती है तभी भक्ति होगी या प्रेम होगा। भूखे भजन न होहिं गोपाला। गोपियों के पास दोनों हैं। दूध-दही है, खेती है और साथ-साथ कृष्ण भी हैं। समग्रता की यही समझ भक्ति की संस्कृति का निर्माण करती है और इसी जमीन पर कविता की एक ऐसी संस्कृति निर्मित होती है जिसमें मुगल सम्राट भी अपने को कवि बनने के आकर्षण से रोक नहीं पाते। कवि का सम्राट बनने का सपना देखना एक बात है और सम्राटों का कवि बनने का प्रयास दूसरी बात है। यह दूसरी बात भक्तिकाल की कविता की सामाजिक, राजनीतिक स्वीकार्यता का एक बहुत बड़ा प्रमाण है। आप याद कीजिए कि 'शिवसिंह सरोज' के पहले कवि का नाम अकबर बादशाह है। पाण्डेय जी मुगल बादशाहों की हिन्दी कविता पर काम कर चुके हैं। उन्हें यह प्रेरणा निश्चित तौर पर एक दिन में नहीं मिली होगी। यह सूरदास से लेकर दाराशिकोह तक उनकी लम्बी विचार यात्रा का परिणाम है।

पाण्डेय जी को यह बात बेहद प्रभावित करती है कि औरंगजेब ने अपने वसीयतनामे में जो एक वाक्य लिखा था वह दरअसल दाराशिकोह के प्रति श्रद्धांजलि

थी "यह हमेशा याद रखो कि बादशाहों के शब्द बंजर होते हैं।" उन्हें इस बात का सुकून है कि, "दार्शनिकों, विचारकों और कवियों के शब्द बंजर नहीं होते, जैसे दाराशिकोह के शब्द बंजर नहीं हुए।" (पृ. 58)

पाण्डेय जी ने ऑक्टोवियो पॉज को उद्धृत करते हुए यह बताया है कि मध्यकाल में किस तरह एक नये भारत का जन्म हो रहा था। इस लेख में उन्होंने प्रेमचन्द की 1908 में लिखी कहानी 'दाराशिकोह का दरबार' को विशेष रूप से याद किया है। साहित्यिक परम्परा के निर्माण में जिस सांस्कृतिक संगम की सबसे ज्यादा जरूरत होती है उसकी समझ हिन्दी नवजागरण के लेखकों के पास थी। भारतेन्दु और बालमुकुन्द गुप्त द्वारा अकबर पर लिखे गये लेखों को देखें तो यह समझ में आयेगा कि बाद में जयशंकर प्रसाद वगैरह के यहाँ जिस गौरवशाली हिन्दू अतीत को रचना का प्रेरणास्रोत बनाया गया उसके ठीक उलट नवजागरण काल के प्रारम्भिक लेखन जिसमें भारतेन्दु से लेकर प्रेमचन्द आदि शामिल हैं वे मुस्लिम और हिन्दू अतीत के बीच कोई धार्मिक दीवार नहीं खड़ा करते। अकबर और दाराशिकोह उनके लिए प्रेरणा के विषय हैं। आश्चर्य की बात यह है कि पश्चिम के आलोचकों को तो छोड़ दीजिए हिन्दी के कई आलोचकों को यह बात समझ में नहीं आयी कि बौद्ध, चार्वाक, आजीवक, इस्लाम आदि गैर लगने वाली धार्मिक मान्यताएँ अपनी असहमतियों के बावजूद हमारे लिए कितनी जरूरी हैं।

II

गाँधी जी पर भारतीय मार्क्सवादियों की दृष्टि से हम परिचित हैं। यह एक विडम्बनात्मक स्थिति है कि जिस गाँधी को लेनिन और चेग्वारा बहुत उम्मीद भरी सकारात्मक दृष्टि से देखते थे उन्हीं गाँधी को भारत के मार्क्सवादी पानी पी-पी कर कोसते रहे। इसी तरह दलितवाद भी गाँधी को सन्देह की निगाह से देखता रहा है। जबकि मार्टिन लूथर किंग (जू.), नेल्सन मंडेला से लेकर अमेरिकी राष्ट्रपति ओबामा गाँधी को अपना आदर्श मानते थे या हैं तो उसके पीछे कुछ ठोस कारण जरूर ही होंगे। अच्छी बात है कि दक्षिणपन्थ की राय गाँधी के बारे में बदल रही है और स्वच्छ भारत मिशन में गाँधी न सही उनका चश्मा उनकी याद दिला रहा है। इस किताब में गाँधी पर पाण्डेय जी के तीन लेख हैं। 'गाँधी : महात्मा से चेथरिया पीर', 'हिन्द स्वराज के सौ बरस' और 'स्वतन्त्र भारत एवं गाँधी की दृष्टि में लोकतन्त्र'।

गाँधी ने आजादी के बाद काँग्रेस पार्टी की प्रासंगिकता पर सवाल उठाया था। 'मैला आँचल' में उसी काँग्रेस पार्टी के कमल नारायण कापरा जैसे पदाधिकारी गाँधी की प्रासंगिकता पर ही सवाल खड़ा करते हैं। दिल्ली में गाँधी की हत्या के ठीक बारह दिन बाद भारत और तत्कालीन पूर्वी-पाकिस्तान की सरहद पर एक और गाँधीवादी

की हत्या होती है। यह गाँधीवादी छोटा है, बौना है लेकिन उसकी लाश जिस तरह दो देशों की सरहदों पर एक सवाल बनकर खड़ा होती है और उसका फटा हुआ झोला एक पेड़ पर टँग जाता है जहाँ बाद में मन्नतें मानी जाती हैं। बावनदास का वह प्रतीक मैनेजर पाण्डेय को राजघाट की याद दिलाता है। गाँधी की निष्ठा के बारे में अन्य भारतीय मार्क्सवादियों की तरह उन्हें कोई सन्देह नहीं है। उनकी स्पष्ट मान्यता है कि, "वे लोकमत को पहचानते थे। उसकी भाषा में बात करते थे, शब्द और कर्म की एकता के साक्षात् प्रमाण थे।" (पृ. 148)

गाँधी पर बात करते हुए पाण्डेय जी दरअसल गाँधी के निर्माण की प्रक्रिया को समझने की कोशिश कर रहे हैं। वे उस 'मिथ' को भी तोड़ते हैं जो यह मानकर चलता है कि गाँधी के विचारों के निर्माण में टालस्टाय और रस्किन के विचारों की महती भूमिका रही है। इसके ठीक उलट वे यह मानते हैं कि गाँधी के निर्माण में भक्ति-आन्दोलन की गहरी भूमिका है। उनका मानना है कि, "गाँधी की राजनीति की संस्कृति में सत्याग्रह, रामराज्य और चरखा का क्या महत्त्व है। यह सब लोग जानते हैं। लेकिन इन तीनों का भक्तिकाव्य से क्या सम्बन्ध है, यह बहुत लोग नहीं जानते। गाँधी जी को सत्याग्रह की प्रेरणा मीराबाई से मिली और रामराज्य की कल्पना तुलसीदास से। उनका चरखा कबीर का है और पराई पीर अनुभव करने वाली संवेदनशीलता नरसी मेहता की। यह मेरा अनुमान नहीं है। इसके पर्याप्त प्रमाण गाँधी जी के लेखन में मौजूद हैं, जिन्हें पेश करने का अवकाश यहाँ नहीं है।" (पृ. 149)

गाँधी पर भक्तिकाल का प्रभाव बताते हुए प्रो. मैनेजर पाण्डेय ने दो बातों की ओर संकेत किया है। एक तो गाँधी जी की हिन्दी भाषा-साहित्य में दिलचस्पी और उनकी प्रखर आलोचना दृष्टि तो दूसरी हिन्दी साहित्य पर गाँधी का प्रभाव। 'रामचरितमानस' के विभीषण, 'साकेत' की उर्मिला और उग्र जी के 'चॉकलेट' पर गाँधी जी की टिप्पणियाँ इस बात का प्रमाण है कि गाँधी अपने समय के साहित्य और साहित्यिक परम्परा में किस लोकवादी दृष्टि के कायल थे। हिन्दुस्तानी के जरिए हिन्दी को उर्दू के साथ मिलाकर वे दक्षिण भारत तक पहुँचना चाहते थे। गाँधी जी की इस भाषा दृष्टि का जहाँ अन्य लोगों ने विरोध किया वहीं प्रेमचन्द ने समर्थन किया था। प्रेमचन्द की रचनाशीलता पर गाँधी के प्रभाव को रेखांकित करते हुए पाण्डेय जी ने लिखा है कि, "गाँधी जी के व्यक्तित्त्व और विचारों से संवाद-विवाद की निरन्तर चलने वाली इस प्रक्रिया के कारण प्रेमचन्द के साहित्य में वह तेजस्विता है जो अन्यत्र दुर्लभ है।" उन्हें यह बात भी चकित करती है कि 'रंगभूमि' के सूरदास की हत्या के रूप में प्रेमचन्द को गाँधी की हत्या का पूर्वाभास हो गया था। प्रेमचन्द गाँधी की हत्या के बाद जीवित रहते तो शायद उनकी वैसी ही प्रतिक्रिया होती।

निश्चय ही प्रेमचन्द आज होते तो, "वे जरूर पूछते कि यह प्रक्रिया अभी और कब तक चलेगी, भारतीय विवेक चेतना के प्रतीकों की हत्या कब तक होगी?" (पृ. 156)

सूरदास, बावनदास और गाँधी की हत्या के त्रिक को एक रूपक के माध्यम से पाण्डेय जी ने आजादी के पहले और आजादी के ठीक बाद गाँधीवाद की दुर्गति का आकलन किया है। पाण्डेय जी ने हिन्दी में गाँधीवाद के प्रभाव को पहचानने के लिए प्रेमचन्द, रेणु और मुक्तिबोध की रचनाओं को एक साक्ष्य के रूप में प्रस्तुत किया है। ये तीनों रचनाकार घोषित रूप से गाँधीवादी नहीं थे। लेकिन मैथिलीशरण गुप्त से लेकर भवानीप्रसाद मिश्र जैसे घोषित गाँधीवादी साहित्यकारों की रचनाओं की अपेक्षा गाँधी और गाँधी के विचारों की द्वन्द्वात्मक परिणति जितनी स्पष्ट रूप में 'रंगभूमि', 'मैला आँचल' और 'अँधेरे में' अभिव्यक्त हुई है उतनी दूसरी जगह नहीं।

हिन्दी आलोचना के देशी मेयारों की तलाश में उन्होंने अश्वघोष से लेकर गाँधी तक की जो एक लम्बी वैचारिक यात्रा की है उसमें आपस में संवाद की कई कड़ियाँ शामिल हैं। यह संवाद चूँकि बादशाहों का संवाद नहीं है इसलिए वह बंजर नहीं है बल्कि एक उर्वर संवाद है।

हिन्दी के विवेक का शुक्ल-पक्ष

जितेन्द्र श्रीवास्तव

हिन्दी की साहित्यिक अकादमिक दुनिया में विचित्र-विचित्र घटनाएँ घटती रहती हैं। यहाँ आधारहीन आरोपों-प्रत्यारोपों की परम्परा पुरानी है। ऐसे-ऐसे वीर बालक और वीर पुरुष होते आये हैं, जो बिना पढ़े किसी भी प्रतिष्ठित रचनाकार-आलोचक के विरुद्ध विष-वमन करते रहे हैं अथवा अफवाहें फैलाते रहे हैं। सुप्रसिद्ध आलोचक मैनेजर पाण्डेय भी ऐसे षड्यन्त्रकारियों के शिकार रहे हैं। हिन्दी जगत में उनके बारे में यह अफवाह फैला दी गयी कि उन्होंने सिर्फ सैद्धान्तिक किस्म की आलोचना लिखी है, व्यावहारिक आलोचना से उनका कोई लेना-देना नहीं है। इससे मैनेजर पाण्डेय का अहित हुआ हो या न हुआ हो, हिन्दी की नयी पीढ़ी का अहित जरूर हुआ है। बहरहाल, अपने प्रति किये गये किसी भी दुष्प्रचार का उत्तर मैनेजर पाण्डेय ने कभी अशालीन ढंग से नहीं दिया। उन्होंने बराबर श्रेष्ठ और जरूरी लिखकर लोगों की ज़बान बन्द की है। इधर उनकी पाँच पुस्तकें एक साथ प्रकाशित होकर आयी हैं। ये पुस्तकें हैं—'हिन्दी कविता का अतीत और वर्तमान', 'उपन्यास और लोकतन्त्र', 'भारतीय समाज में प्रतिरोध की परम्परा', 'आलोचना में सहमति-असहमति', 'संवाद-परिसंवाद'। कहने की आवश्यकता नहीं कि ये सभी पुस्तकें व्यावहारिक और सैद्धान्तिक आलोचना के मणिकांचन योग से सृजित हुई हैं। नहीं भूलना चाहिए कि बिना सैद्धान्तिक सोच के व्यावहारिक आलोचना निरर्थक होती है। यदि सैद्धान्तिक सोच न हो तो आलोचक जीवन, समाज और संस्कृति के जटिल प्रश्नों का सामना नहीं कर पायेगा। हिन्दी आलोचना को इस बात की प्रसन्नता होनी चाहिए कि उसके पास मैनेजर पाण्डेय हैं।

मैनेजर पाण्डेय ने अब तक जो लिखा-कहा है, पूरी जिम्मेदारी से लिखा-कहा है। कोई उनके लेखन, उनकी स्थापनाओं और उनके विश्लेषण से असहमत हो सकता है लेकिन उसे अनदेखा नहीं कर सकता। उनकी कोई भी पुस्तक उठाकर पढ़ जाइए, ज्ञान-विज्ञान की जैसी आवाजाही उनकी आलोचना में है, उनके समकालीन किसी दूसरे आलोचक की आलोचना में नहीं है। वे साहित्य के सीमित परिसर के आग्रही

न होकर, उसे दूसरे अनुशासनों से जोड़ने के प्रबल पक्षधर हैं। वे भाष्य अथवा टीका को आलोचना मानने से इंकार करते हैं। 'आलोचना' के विषय में उनकी सोच दुविधा और सुविधा की सोच नहीं है। वे लिखते हैं–'आलोचना में चाहे सहमति हो या असहमति, उसका साधार और सप्रमाण होना जरूरी है तभी सहमति या असहमति विश्वसनीय होती है। आलोचना की विश्वसनीयता को सबसे अधिक खतरा होता है मनमानेपन से। आलोचना में तर्क-वितर्क, खण्डन-मण्डन, आरोप-प्रत्यारोप के लिए जगह होती है, पर उतनी ही जितनी विचारशीलता में सत्यनिष्ठा और सच्चाई के लिए जरूरी है। आलोचना सहमति या असहमति के नाम पर 'मनमाने की बात' नहीं है। जब आलोचना में मनमानेपन का विस्तार होता है तो आलोचना गैर-जिम्मेदार हो जाती है। गैर-जिम्मेदार आलोचना से वैचारिक अराजकता पैदा होती है। आलोचना में सहमति-असहमति का सन्तुलन तब बिगड़ता है जब खुद को सही मानने की जिद दूसरों को गलत साबित करने की कोशिश बनती है।'

आलोचना में सहमति-असहमति

पुस्तक के पहले आलेख में पाण्डेय जी ने विस्तार से हिन्दी आलोचना की दशा-दिशा पर विचार किया है। उन्होंने प्रमाण रेखांकित किया है कि हिन्दी में साहित्य-सिद्धान्त की एक परम्परा आधुनिक काल के आरम्भ से ही है। वे भारतेन्दु से लेकर ओमप्रकाश वाल्मीकि तक की लम्बी परम्परा की याद दिलाते हुए कहते हैं, 'अर्थ-मीमांसा के लिए पाठ और उसकी दुनिया (भीतरी और बाहरी) के सम्बन्ध की खोज और पहचान जरूरी है जिसमें सिद्धान्त हमारी मदद करता है। अगर आलोचना का लक्ष्य पाठ की व्याख्या है तो व्याख्या के भी अनेक सिद्धान्त हैं, भारत में और पश्चिम में भी। व्याख्या का एक लक्ष्य पाठ में व्यक्त अर्थ के सच की खोज है और ऐसी खोज सिद्धान्तहीन नहीं होती। रचना के अर्थ की चिन्ता एक स्तर पर भाषा, मनुष्य की चेतना और संसार के सम्बन्ध की चिन्ता है और इस सम्बन्ध को सिद्धान्त के सहारे समझा जा सकता है केवल सहजबोध से नहीं।'

जाहिर है, पाण्डेय जी इस निष्कर्ष तक एक लम्बी बौद्धिक और रचनात्मक प्रक्रिया से गुजरने के बाद पहुँचे हैं। वे किसी पाठ की व्याख्या को अन्तिम और निरापद नहीं मानते। वे व्याख्या के पीछे की राजनीति को भी रेखांकित करते हैं और एडवर्ड सईद की इस बात के साथ अपनी सहमति व्यक्त करते हैं कि आलोचनात्मक चेतना मूलतः विकल्पों की खोज की दुर्निवार प्रवृत्ति है। इस पुस्तक के निबन्धों के शीर्षक बहुत कुछ कहते हैं। कुछ शीर्षक देखिए–हिन्दी आलोचना और मुक्ति का सवाल, रचना की राजनीति, साहित्य और जनतन्त्र, उत्तर-आधुनिक समय में मध्ययुगीनता की वापसी, आत्मा का आईना, क्या आलोचना केवल प्रतिवाद की

संस्कृति है? कहना न होगा कि ये शीर्षक आलोचना के विस्तार और दृष्टिकोण की गवाही देते हैं।

मैनेजर पाण्डेय चीजों को किस तरह देखते हैं, इसे नाभादास की मीरा सम्बन्धी पंक्ति की उनकी व्याख्या में देखा जा सकता है। पाण्डेय जी लिखते हैं–'नाभादास ने स्त्री-पराधीनता के विरुद्ध खड़ी होने वाली मीराबाई के बारे में जो लिखा है, उसकी आखिरी पंक्ति है–'लोकलाज कुलशृंखला तजि मीरा गिरिधर भजी।' स्त्री को पराधीन बनाने वाली दो ही बड़ी ताकतें होती हैं–एक, जिसे लोकलाज कहते हैं, लोक की मर्यादा। अपने भारतीय समाज में अगर कोई स्त्री हँस दे, तो चार लोग एक साथ बोलेंगे कि अरे, ये हँसती है। मतलब जिस समाज में स्त्रियों के होंठ खोलने का भी दायरा पहले से तय हो, उसमें स्त्री की पराधीनता कितनी जबर्दस्त है, यह हम सब जानते हैं। उस समाज में मीराबाई ने कहा कि 'लोकलाज कुल कानि जगत की दई बहाय जस पानी।' मीराबाई के इस व्यवहार के बारे में लोगों ने कहा कि दीवानी हो गयी है, बौरा गयी है। मीरा ने कहा कि 'अपने घर का परदा कर लो मैं अबला बौरानी।' स्वतन्त्रता के लिए कई बार लड़ते समय दीवानापन लाना पड़ता है। पागल होना पड़ता है। दुनिया में इस तरह स्वतन्त्रता के जो बड़े-बड़े सेनानी हुए, वे दीवाने बने, वे शहीद हो गये या पागल हुए। मीराबाई की इस ताकत को नाभादास ने पहचाना। दूसरी सबसे बड़ी पराधीनता स्त्री की होती है, कुल की मर्यादा। पितृसत्ता जिसको कहते हैं। इन दोनों का मीरा ने निषेध किया, खण्डन किया। यह बात 16वीं सदी में नाभादास ने बतलाई। मीराबाई के बारे में इससे दूसरी बड़ी बात किस आलोचक ने लिखी है? इसीलिए मैं कह रहा हूँ कि जहाँ भी रचना मनुष्य की मनुष्यता के पक्ष में, अमानवीयता के विरुद्ध, मनुष्य की स्वतन्त्रता के पक्ष में और परतन्त्रता के विरुद्ध खड़ी होती है, वहीं वह राजनीतिक हो जाती है।' स्पष्ट है, पाण्डेय जी किसी रचना को राजनीति रहित नहीं मानते और 'रचना की राजनीति' को बारीकी से उभारते और उघाड़ते हैं। वे बल देकर रेखांकित करते हैं कि प्रेमचन्द ने पहली बार हिन्दी साहित्य को गहरे स्तर पर राजनीतिक बनाया।

हिन्दी नवजागरण पर बात करते हुए मैनेजर पाण्डेय दो महत्त्वपूर्ण बातें कहते हैं। एक, हिन्दी में नवजागरण की चेतना का जो विकास हुआ उसका एक स्रोत बंगाल का नवजागरण था तो दूसरा महाराष्ट्र का। दो, 'हिन्दी नवजागरण के निर्माता केवल साहित्यकार न थे। वे सभी साहित्यकार के साथ-साथ जागरूक पत्रकार भी थे, इसलिए वे अपने समय और समाज के सामने खड़ी चुनौतियों और समस्याओं के बारे में गम्भीरता से सोचने और लिखने वाले आधुनिक बुद्धिजीवी थे।' 'माधव राव सप्रे का महत्त्व' निबन्ध में पाण्डेय जी ने सप्रे जी के योगदान को रेखांकित करते हुए हिन्दी और भारतीय नवजागरण पर विस्तार से विचार किया है। अन्तोनियो ग्राम्शी

के विचारों के आलोक में नवजागरण पर विचार करते हुए उन्होंने एक उल्लेखनीय बात की ओर इशारा किया है—'भारतीय नवजागरण की एक विशेषता नयी इतिहास दृष्टि का विकास भी है। उपनिवेशवाद किसी देश के भूगोल पर ही कब्जा नहीं करता, वह उस देश के इतिहास और इतिहास दृष्टि का भी औपनिवेशीकरण करता है और इसी प्रक्रिया में अधीनों की चेतना को तोड़मरोड़ कर अपने अनुकूल बनाता है। हेगेल ने 'इतिहास दर्शन' नामक पुस्तक में लिखा था कि 'हिन्दुओं का कोई इतिहास नहीं, उनका ऐसा विकास नहीं हुआ है जो वास्तविक राजनीतिक स्थिति तक पहुँचता। उन्होंने विदेशियों पर विजय प्राप्त नहीं की है, बल्कि हर बार पराजित हुए हैं।' यही इतिहास दृष्टि भारत के बारे में यूरोपीय इतिहास लेखन को प्रभावित करती रही है। जाहिर है कि इस इतिहास दृष्टि से भारतीयों के मन में हीनता की भावना पैदा होती रही है जिससे मुक्ति स्वाधीनता की चेतना के विकास के लिए जरूरी थी।'

शिवदान सिंह चौहान हिन्दी के मार्क्सवादी आलोचकों में शीर्षस्थानीय हैं लेकिन उनकी और उनके अवदान की चर्चा अब न के बराबर होती है। मैनेजर पाण्डेय ने शिवदान सिंह चौहान को हिन्दी की मार्क्सवादी आलोचना का भगीरथ कहते हुए उनके योगदान को विवेकसम्मत ढंग से रेखांकित किया है। उनका मानना है कि चौहान साहब ने 'अपने आलोचनात्मक लेखन में लगातार आलोचना को पूर्वग्रह से मुक्त करने के लिए वैचारिक संघर्ष किया।' और कहने की जरूरत नहीं कि यह एक बड़ा कार्य था और आज भी है। शिवदान सिंह चौहान के योगदान को याद करते हुए पाण्डेय जी ने जो लिखा है, वह आज के परिदृश्य पर भी हू-ब-हू लागू होता है। पाण्डेय जी के शब्द हैं—'शिवदान सिंह चौहान ने पूर्वग्रहों के निर्माण की प्रक्रिया पर भी ध्यान दिया है। वे मानते हैं कि पूर्वग्रह का एक स्रोत जड़ीभूत हो गयी रुचियाँ ही हैं। उनके अनुसार विचारधाराएँ भी पूर्वग्रहों का निर्माण करती हैं। वे यह भी कहते हैं कि आलोचना के पूर्वग्रह संक्रमणकारी होते हैं और वे पाठकों की रुचि को भी जड़ीभूत बना देते हैं। राजनीतिक पूर्वग्रह साहित्य की समझ को कैसे विकृत करता है, इसका एक दिलचस्प उदाहरण कश्मीर में 'मौत और दोशीजा' नामक कविता पर हुई लम्बी बहस की रिपोर्ट पेश करते हुए शिवदान सिंह चौहान ने दिया है। फरवरी, 1951 में प्रगतिशील लेखक संघ की ओर से एक गोष्ठी में कश्मीर के युवा कवि रहमान राही ने 'मौत और दोशीजा' नाम की लम्बी कविता पढ़ी, जिस पर लम्बी बहस हुई। बहस में राजनीति और विचारधारा की दृष्टि से उस कविता पर अनेक आरोप लगाये गये और ऐतराज किया गया। बहस के अन्त में शिवदान सिंह चौहान ने जब यह बताया कि यह कविता वास्तव में राही की नहीं है, बल्कि गोर्की की कविता का उर्दू अनुवाद है तब सबको साँप सूँघ गया; गोष्ठी में

सन्नाटा छा गया। इस पूरी घटना में गोष्ठी में हुई बहस को शिवदान सिंह चौहान ने पूर्वग्रहग्रस्त साहित्यिक समझ का प्रमाण माना है। उन्होंने यह लिखा भी है कि 'कोरे राजनीतिक कार्यकर्ताओं की साहित्यिक रुचि कितनी विकृत होती जा रही है और अपने असाहित्यिक पूर्वग्रहों को किस उद्धत भाव से कवि और लेखकों पर थोपने की कोशिश करते हैं, इस गोष्ठी में हुई बहस से साबित होता है।' हिन्दी आलोचना की दुर्दशा का एक कारण यह भी है कि अधिकतर आलोचकों के 'अपने-अपने राम' और 'अपने-अपने हनुमान' हैं। आज लेखक संगठनों की स्थिति बेहद नाज़ुक है जबकि उन्हें बेहद महत्त्वपूर्ण भूमिका का निर्वाह करना चाहिए। आज हर लेखक संगठन के 'सिर्फ अपने कवि और आलोचक' हैं और उनमें भी कई-कई गुट हैं। हर गुट में चार-पाँच सदस्य हैं। यह सब शक्ति विमर्श और पूर्वग्रहों की कोख से जन्मा है। आश्चर्य नहीं कि शिवदान सिंह चौहान ने इसे प्रगतिशील आन्दोलन के पहले दौर में ही पहचान लिया था।'

'राहुल जी और हिन्दी समाज' नामक निबन्ध में पाण्डेय जी ने राहुल सांकृत्यायन के योगदान पर विस्तार से विचार करते हुए उन लोगों की खबर ली है जो राहुल जी को मार्क्सवाद से अलगाने की षड्यन्त्रकारी कोशिशें करते रहे हैं। राहुल जी के बारे में पाण्डेय की यह निष्कर्षात्मक टिप्पणी बेहद अर्थपूर्ण है—'राहुल अभिजनवादी मानसिकता के लेखक नहीं हैं। वे परम्परागत बुद्धिजीवी भी नहीं हैं। वे जनता के ऐसे लेखक और बुद्धिजीवी हैं, जो सामाजिक परिवर्तन की प्रेरणा देते हैं। भारतीय समाज में परिवर्तन की सच्ची चिन्ता और जरूरत जनता को है, इसलिए वही राहुल की क्रान्तिकारी विरासत को विकृत करने और मिटाने के प्रत्येक प्रयत्न से पहले की ही तरह आगे भी उसकी रक्षा करेगी।'

इस पुस्तक में यशपाल, उग्र, राजेन्द्र यादव, मृदुला गर्ग, सुरेन्द्र चौधरी आदि के साथ ही अडोर्नो पर भी एक आलेख है। ये सभी आलेख पाण्डेय जी की आलोचना की गत्यात्मकता और जनतान्त्रिकता के उदाहरण हैं। पाण्डेय जी आलोचक हैं और इस पुस्तक के आधे से अधिक निबन्ध 'आलोचना' केन्द्रित हैं लेकिन वे कहीं भी 'मित्र भाव' या 'शत्रु भाव' की स्थिति में नहीं आते। वे सुरेन्द्र चौधरी की विश्लेषण पद्धति और विचारशीलता की मुक्त कंठ से प्रशंसा करते हैं लेकिन उनकी भाषा पर अपनी गहरी आपत्ति दर्ज करते हैं। वे राजेन्द्र यादव के साथ बहस करते हैं लेकिन पूरी ईमानदारी से यह स्वीकार भी करते हैं—'मैं पिछले वर्षों से 'हंस' के अंक पढ़ता रहा हूँ और कभी-कभी उसमें लिखता भी रहा हूँ। इस प्रक्रिया में मेरा पहला अनुभव यह है कि राजेन्द्र यादव 'हंस' के लेखकों के विचारों का सम्मान करते हैं, उनको काट-छाँट कर नहीं छापते, मतभेदों के बावजूद। दूसरा अनुभव यह है कि 'हंस' का अंक मिलते ही सबसे पहले मैं राजेन्द्र यादव का सम्पादकीय पढ़ता हूँ और पढ़ने

के बाद सम्पादकीय में व्यक्त राजेन्द्र यादव के विचारों तथा सोच की उनकी शैली के बारे में अपनी असहमतियाँ प्रायः खरी-खरी और कभी-कभी निन्दात्मक भाषा में जाहिर करता हूँ। उसी भाषा में वे जवाब भी देते हैं। लेकिन उन्होंने कभी मतभेद को मनभेद नहीं बनाया, बातचीत बन्द नहीं की और वैचारिक विरोध के बदले बैर पालने का प्रयत्न नहीं किया। इससे जाहिर है कि राजेन्द्र यादव अब हिन्दी में दुर्लभ होती जा रही उस मानसिकता के व्यक्ति हैं जिसे जनतान्त्रिक कहा जाता है।'

सोचिए, वह समय कितना सुखद होगा (यदि हो पाया) जब हिन्दी समाज में जनतान्त्रिक मूल्यों का बोलबाला होगा।

उपन्यास और लोकतन्त्र

'उपन्यास-चिन्तन' पाण्डेय जी के चिन्तन का एक प्रमुख क्षेत्र है। वे पिछले लगभग पैंतीस वर्षों से उपन्यासों और महत्त्वपूर्ण उपन्यासकारों के योगदान और महत्त्व पर विचार कर रहे हैं। वे इस बात से चिन्तित रहते हैं कि हिन्दी में उपन्यास की आलोचना का ठीक ढंग से विकास नहीं हो पाया। 'उपन्यास और लोकतन्त्र' नामक पुस्तक उनकी इसी चिन्ता का प्रतिफल है। यह पूरी तरह उपन्यास की आलोचना पर केन्द्रित पुस्तक है। पाण्डेय जी ने इसे तीन खण्डों में विभाजित किया है। पहले खण्ड में सैद्धान्तिक चर्चा है, दूसरे में प्रेमचन्द का मूल्यांकन और तीसरे खण्ड में कुछ महत्त्वपूर्ण उपन्यासकारों के कृतित्त्व का मूल्यांकन।

'जनतन्त्र/लोकतन्त्र' पाण्डेय जी का प्रिय शब्द है। वे जीवन, समाज और साहित्य में इसकी भूमिका और उपस्थिति को लेकर सदैव सचेत रहे हैं। 'उपन्यास और लोकतन्त्र' उनका प्रसिद्ध निबन्ध है। उपन्यास और लोकतन्त्र के रिश्तों पर विचार करते हुए उन्होंने उचित ही लिखा है—'उपन्यास और लोकतन्त्र के सम्बन्ध पर विचार करते समय यह ध्यान में रखना जरूरी है कि आधुनिक काल में दोनों का जन्म लगभग एक साथ हुआ है। महाकाव्यों में व्यक्ति कुछ प्रवृत्तियों के प्रतीक हुआ करते थे, जबकि उपन्यास में व्यक्ति अपनी स्वतन्त्र सत्ता के साथ उपस्थित होता है। उपन्यास में व्यक्ति की वैयक्तिकता जिन सामाजिक सन्दर्भों से बनती है उनसे व्यक्ति के सम्बन्धों की जटिलता का बोध उपन्यास में व्यक्त होता है। उपन्यास में उपस्थित व्यक्ति ऐतिहासिक व्यक्ति होता है। वह इतिहास से बनता है और इतिहास को बनाता भी है। उपन्यास के आख्यान में कथा के पुराने रूपों की स्मृतियाँ होती हैं और उनका उपयोग भी होता है। कुछ उपन्यासों में लोककथा की पद्धति मिलती है तो कुछ में नीति-कथाओं की। उपन्यास ने फैंटेसी से लेकर मिथकों तक का प्रयोग अपनी संरचना के भीतर किया है, लेकिन उपन्यास हर स्थिति में ऐतिहासिक यथार्थ से जुड़ा हुआ होता है। उसमें सामाजिक यथार्थ की जटिल समग्रता का चित्रण ही

नहीं, विश्लेषण भी होता है। मिशेल जेराफा ने इतिहास से उपन्यास के सम्बन्ध का विवेचन करते हुए ठीक ही लिखा है कि उपन्यास के पाठ में यह बात निहित होती है कि मनुष्य अकेला नहीं जीता है, उसका एक अतीत, एक वर्तमान और एक भविष्य होता है। उपन्यास यह भी सिद्ध करता है कि इतिहास के बिना कोई समाज नहीं होता और समाज के बिना इतिहास भी नहीं होता है। उपन्यास वह कला-रूप है जो ऐतिहासिक और सामाजिक रूप से परिभाषित मनुष्य की पुनःप्रस्तुति करता है।'

इसी क्रम में पाण्डेय जी यह भी कहते हैं कि इतिहास से कविता का सम्बन्ध वैसा नहीं होता जैसा उपन्यास का होता है। वैसे इसका यह अर्थ कदापि नहीं है कि वे कविता और इतिहास के सम्बन्धों को पूरी तरह नकार रहे हैं। अपने विश्लेषण में पाण्डेय जी बेहद वस्तुनिष्ठ दिखाई देते हैं। उपन्यास और कविता के इतिहास से सम्बन्ध की व्याख्या के लिए वे 'भारत विभाजन' की घटना का उदाहरण देते हैं। यह सही है कि विभाजन की अभिव्यक्ति कथा-साहित्य में अधिक हुई, कविता में कम। यहाँ यह याद करना भी उचित है कि कविता की अपेक्षा कथा-साहित्य में घटनाओं के भीतर प्रवेश करने का अवसर अधिक होता है।

हिन्दी में साहित्य के समाजशास्त्र पर जिन लोगों ने गम्भीर कार्य किया है, मैनेजर पाण्डेय उनमें अग्रणी हैं। 'साहित्य का समाजशास्त्र' नामक उनकी पुस्तक को अपार लोकप्रियता हासिल है। इस पुस्तक में भी 'उपन्यास का समाजशास्त्र' नामक एक निबन्ध शामिल है। उपन्यास के समाजशास्त्र पर विचार करते हुए पाण्डेय जी अध्ययन-विश्लेषण की उपलब्ध पद्धतियों और दृष्टियों की विस्तृत चर्चा करते हैं। इस सन्दर्भ में उनके निबन्ध का यह अंश देखा जा सकता है—'उपन्यास की समाजशास्त्रीय व्याख्या की अनेक दृष्टियाँ और पद्धतियाँ हैं। सबसे पुराना दृष्टिकोण विधेयवाद का है, जिसका नया रूप अनुभववाद में दिखाई देता है। इसमें एक ओर उपन्यास के सामाजिक अस्तित्त्व को निर्धारित करने वाली भौतिक परिस्थितियों का विश्लेषण होता है तो दूसरी ओर उपन्यास के पाठकीय ग्रहण का विवेचन किया जाता है। उपन्यास के समाजशास्त्र का एक और रूप मार्क्सवादी विश्लेषण में मिलता है, जिसमें अन्तर्वस्तु और रूप में निहित सामाजिक यथार्थ, चेतना, विचारधारा आदि की खोज होती है। फ्रैंकफुर्त समुदाय के आलोचनात्मक समाजशास्त्रियों में से एक लियो लावेंथल ने आलोचनात्मक समाजशास्त्र की दृष्टि से उपन्यासों का विश्लेषण और मूल्यांकन किया है। कुछ समाजशास्त्रियों ने संरचनावाद की पद्धति के सहारे उपन्यास का समाजशास्त्र विकसित करने का प्रयास किया है। गोल्डमान ने मार्क्सवाद और संरचनावाद के बीच एकता स्थापित करते हुए उत्पत्तिमूलक संरचनावाद की पद्धति से एक नये ढंग के उपन्यास का समाजशास्त्र विकसित किया है। जैसे यूरोप में उपन्यास के विकास से दुनियाभर में उपन्यास का

विकास किसी न किसी रूप में प्रभावित हुआ है, वैसे ही उपन्यास के समाजशास्त्रीय विश्लेषण की यूरोपीय परम्परा में विकसित अवधारणाओं और पद्धतियों का प्रभाव दूसरे देशों के उपन्यासों के समाजशास्त्रीय विश्लेषण पर पड़ा है। अब उपन्यास की विधा के साथ उसकी रचना और आलोचना से जुड़ी अवधारणाएँ भी विश्वव्यापी बन गयी हैं।'

उपन्यास केन्द्रित इस पुस्तक को पढ़ते हुए मैनेजर पाण्डेय के अध्ययन के विस्तृत फलक का पता चलता है। वे सही अर्थों में एक बहुपठित आलोचक हैं। यहाँ यह कहना अनुचित न होगा कि वे बौद्धिक आतंक के प्रसार के लिए विदेशी विद्वानों को कभी उद्धृत नहीं करते। उनके समग्र लेखन में बौद्धिक और वैचारिक सन्तुलन है। वे उन आलोचकों से भिन्न हैं जो अपने मत को ही सर्वोपरि और अन्तिम मानते हैं। कह सकते हैं कि पाण्डेय जी में गहरी बौद्धिक और अकादमिक ईमानदारी है। उपन्यास के समाजशास्त्र पर बात करते हुए वे प्रेमचन्द के कथा-साहित्य की गम्भीर चर्चा करते हैं। वे स्त्री-पुरुष के बीच कहानी कहने, सुनने और पढ़ने की प्रक्रिया और उनके दृष्टिकोण के अन्तर पर बात करते हुए एक जरूरी प्रश्न करते हैं—'क्या इस अन्तर के कारण और प्रभाव की खोज उपन्यास के समाजशास्त्र का विषय नहीं है'? जाहिर है, कि है लेकिन यह भी सच है कि हिन्दी में इस तरह सोचने-समझने की दृष्टि और प्रक्रिया न के बराबर है। पाण्डेय जी इस स्थिति के प्रति अपनी चिन्ता जाहिर करते हैं।

भारत में लिखे गये या लिखे जा रहे उपन्यास कितने 'भारतीय' हैं, यह एक बहस का विषय है। लम्बे समय से कुछ विद्वान इस विषय पर कार्य भी कर रहे हैं। पाण्डेय जी की चिन्ता में यह विषय उनके आलोचक जीवन के शुरुआती दिनों से है। वे 'भारतीय उपन्यास की भारतीयता' पर बात करते हुए कुछ महत्त्वपूर्ण बिन्दुओं की ओर इशारा करते हैं।

पहला, 'भारतीय उपन्यास का स्वतन्त्र रूप तब विकसित हुआ जब उपन्यास रचना के केन्द्र में भारतीय किसान जीवन आया। तभी यह यथार्थवाद विकसित हुआ, जो राष्ट्रीय जागरण का अभिन्न अंग था। किसान जीवन से जुड़कर ही भारतीय उपन्यास की सच्ची भारतीयता विकसित हुई और उपन्यास राष्ट्रीय जीवन की महागाथा का प्रतिनिधि साहित्य रूप बना।'

दूसरा, 'कुछ लोग पश्चिम के आधुनिक साहित्य में स्वच्छन्दतावाद और यथार्थवाद की विकास-प्रक्रिया को ध्यान में रखकर जब आधुनिक भारतीय साहित्य में इन प्रवृत्तियों की विकास-प्रक्रिया को समझने की कोशिश करते हैं, तब वे यह देखकर चकित होते हैं कि पश्चिम में स्वच्छन्दतावाद के पश्चात् यथार्थवाद आया था, लेकिन आधुनिक भारतीय साहित्य में इन दोनों प्रवृत्तियों का साथ-साथ विकास

मिलता है। हिन्दी में छायावाद के समानान्तर प्रेमचन्द का कथा-साहित्य है। यही नहीं, यहाँ तो कभी-कभी एक ही लेखक की दो रचनाओं में और कहीं एक ही रचना में रोमांटिक और यथार्थवादी प्रवृत्तियाँ साथ-साथ मिल जाती हैं।'

तीसरा, 'दुनिया के अनेक देशों के इतिहास में इस बात के प्रमाण मिलते हैं कि उपन्यास कई बार भाषा की रक्षा और उसके विकास के लिए संघर्ष, जातीय अस्मिता की रक्षा और विकास का माध्यम बन जाता है। भारतीय स्वाधीनता आन्दोलन के इतिहास से भी इस बात की पुष्टि होती है। लेकिन अपनी भाषा और जातीय अस्मिता की रक्षा के लिए संघर्ष में उपन्यास का अमोघ अस्त्र के रूप में प्रयोग के उदाहरण बहुत नहीं मिलते। ऐसा ही एक दुर्लभ उदाहरण है फकीर मोहन सेनापति का उपन्यास 'छमाड़ आठ गुंठ' जिसने उड़िया भाषा के अस्तित्त्व की रक्षा का काम किया।'

पाण्डेय जी 'भारतीयता' के साथ ही 'इतिहास बोध की कला' पर विचार करते हैं और मुक्ति के सन्दर्भ में उपन्यास की सामाजिक भूमिका का रेखांकन करते हुए लिखते हैं, 'उपन्यास का राजनीतिक, सांस्कृतिक और विचारधारात्मक महत्त्व तीसरी दुनिया के देशों में केवल उपनिवेशवाद से मुक्ति के संघर्ष के काल में ही नहीं था, वह इन देशों की स्वाधीनता के बाद भी बना हुआ है। इन देशों में जहाँ-जहाँ राष्ट्रवाद नये रूप में उभर रहा है वहाँ-वहाँ नयी राष्ट्रीय चेतना के विकास में उपन्यास अपनी सामाजिक भूमिका निभा रहा है।'

यहाँ यह कहा जाना जरूरी है कि मैनेजर पाण्डेय के लिए उपन्यास की आलोचना का अर्थ कथानक का विश्लेषण मात्र नहीं है। वे उसके सामाजिक, सांस्कृतिक, नैतिक और राजनीतिक निहितार्थों की पड़ताल करते हैं। नदी का जल वही और उतना ही नहीं होता, जितना पहली नज़र में या सामान्य दृष्टि से दिखता है। जल के ऊपरी आवरण के नीचे जल की जो अनेक परतें हैं, जल का जो अजस्र स्रोत है, उसे देखना सही अर्थों में नदी को देखना है। बड़ा आलोचक 'कृति' को भी इसी प्रकार देखता है। मैनेजर पाण्डेय इस बात पर बल देते हैं कि तीसरी दुनिया के उपन्यासों को यूरोप के उपन्यासों से अलगाया जाना चाहिए। लेकिन इसका यह आशय नहीं है कि उपन्यासों के शिल्प विधान के सम्बन्ध में यूरोप के महान उपन्यासकारों की कला से तीसरी दुनिया के उपन्यासकारों ने जो सीखा है, वे उसको अस्वीकार कर रहे हैं। वे पूरी ईमानदारी से इस सत्य को स्वीकार करते हैं लेकिन यह भी मानते हैं, 'तीसरी दुनिया के उपन्यासों के समाजशास्त्र के स्वरूप पर विचार करते समय इन उपन्यासों के विशिष्ट रचना सन्दर्भ और उस सन्दर्भ से उपजे उनके विशिष्ट स्वरूप की पहचान आवश्यक है। तभी इन उपन्यासों के राजनीतिक, सांस्कृतिक और विचारधारात्मक महत्त्व का बोध हो सकता है।'

प्रेमचन्द, मैनेजर पाण्डेय की आत्मा और विवेक के घनिष्ठ सहचर हैं। इस पुस्तक में भी उन पर छः निबन्ध हैं। जैसाकि पीछे सन्दर्भ आ चुका है, इस पुस्तक के अन्य निबन्धों में भी उनके कई प्रसंग हैं। 'भारतीय उपन्यास और प्रेमचन्द' पर बात करते हुए वे आरम्भ में ही कह देते हैं, 'उन्होंने भारतीय उपन्यास और उसकी यथार्थवादी कला को अधिक उन्नत बनाया। उनके रचनात्मक प्रयत्न से भारतीय उपन्यास और स्वाधीनता आन्दोलन के बीच अधिक आत्मीय और गहरा सम्बन्ध स्थापित हुआ।' जाहिर है, एक आलोचक के रूप में मैनेजर पाण्डेय के लिए प्रेमचन्द के इस अवदान का विशेष महत्त्व है। प्रेमचन्द एक समतामूलक समाज के आग्रही थे। उसी का स्वप्न देखते थे। पाण्डेय जी ने 'राष्ट्रवाद, उपन्यास और प्रेमचन्द' शीर्षक निबन्ध में प्रेमचन्द के इस स्वप्न का विस्तृत और विश्वसनीय विश्लेषण किया है। जो लोग प्रेमचन्द की प्रासंगिकता पर प्रश्न उठाते हैं, उनको जवाब देते हुए उन्होंने बिल्कुल ठीक लिखा है (जिसमें थोड़ी आक्रामकता भी है) —'प्रेमचन्द का साहित्य जनता का साहित्य है। वह जनता के सुख-दुःख और संघर्ष में आत्मीय मित्र की तरह काम आता है। प्रेमचन्द के साहित्य की लोकप्रियता से यह सिद्ध होता है कि गरीबी, भूख और अन्याय से पीड़ित जनता के लिए भी साहित्य प्रासंगिक होता है। प्रेमचन्द के साहित्य की एक बड़ी प्रासंगिकता साहित्य की प्रासंगिकता बनाये रखने में भी है। प्रेमचन्द के साहित्य की एक और प्रासंगिकता निर्मल वर्मा और उनके समानधर्माओं के साहित्य तथा साहित्य-चिन्तन को अप्रासंगिक बनाने में भी है।'

जैनेन्द्र की 'सुनीता' को प्रकाशित हुए पचहत्तर वर्ष से अधिक हो गये। इस उपन्यास का प्रकाशन हिन्दी साहित्य में एक बड़ी घटना थी। इसने साहित्य और नैतिकता के कई मानदण्डों को निर्णायक चुनौती दी थी। मैनेजर पाण्डेय इसे आख्यानपरक नहीं, वैचारिक उपन्यास मानते हैं। वे जैनेन्द्र की कथा-भाषा की विशिष्टता को रेखांकित करते हुए कुछ महत्त्वपूर्ण बातों की ओर संकेत करते हैं। उनके शब्द हैं, 'हिन्दी उपन्यास को जैनेन्द्र कुमार की एक बड़ी देन है उनकी विशिष्ट कथा-भाषा, जो न केवल प्रेमचन्द की भाषा की लोकोन्मुखता से भिन्न है, बल्कि अज्ञेय की अभिजात भाषा और यशपाल की अभिधात्मक कथा भाषा से भी अलग है। जैनेन्द्र एक दार्शनिक कथाकार हैं, इसलिए उनकी भाषा में दार्शनिक संकेत और इशारे भी हैं। उस भाषा में कहीं अनेकान्तवाद की झलक है तो कहीं स्याद्वाद की। कहीं-कहीं गाँधी की अमूर्तन वाली सूत्र शैली भी उनकी भाषा में है। वहाँ न भाषा का फैलाव है, न शब्दों की फिजूलखर्ची और न विशेषणों की भरमार। 'सुनीता' की कथा-भाषा में सादगी की साधना है और बात कहने का खास जैनेन्द्रीय अन्दाज़। सुनीता की भाषा में एक ओर ऐसा नागरपन है जिसमें अंग्रेजी के शब्दों और वाक्यों

का प्रयोग है तो मुहावरों के अनुवाद भी हैं और दूसरी ओर देशज शब्दों तथा कथन भंगिमाओं का कुशल प्रयोग। जैनेन्द्र कुमार जब पात्रों की मनोदशा और जीवन की स्थितियों के आपसी सम्बन्धों का चित्रण करते हैं तब गहरा काव्यात्मक प्रभाव पैदा करते हैं।' 'सुनीता' के क्रम में ही वे स्त्री पराधीनता के सन्दर्भ में नागार्जुन के उपन्यास 'रतिनाथ की चाची' का विश्लेषण सामने रखते हैं। सन् 1947 के इस उपन्यास पर बात करते हुए वे मुक्ति के प्रसंग में इसकी अग्रगामिता को रेखांकित करते हैं। उनका निष्कर्ष है, 'अगर उपन्यास का एक लक्ष्य मानव-जीवन के अन्तर्विरोधों की पहचान और उन अन्तर्विरोधों से उपजे संत्रास की अभिव्यक्ति है तो 'रतिनाथ की चाची' एक सफल उपन्यास है।'

इस पुस्तक में मैनेजर पाण्डेय के संजीव, मदन मोहन, शाद अज़ीमाबादी और रणेन्द्र के उपन्यासों पर लिखे गये आलेख भी शामिल हैं। ये आलेख पाण्डेय जी के उपन्यास चिन्तन की निरन्तरता और गम्भीरता के प्रमाण हैं।

हिन्दी कविता का अतीत और वर्तमान

एक काव्यालोचक के रूप में मैनेजर पाण्डेय के आस्वाद और अध्ययन का विस्तार नयी पीढ़ी के लिए आश्चर्य का विषय हो सकता है। उन्होंने जिस उत्कंठा, विवेकशीलता और गहराई के साथ सूरदास, रहीम, कबीरदास और मीराँ पर लिखा है, उसी उत्कंठा, विवेकशीलता और गहराई के साथ मैथिलीशरण गुप्त, दिनकर, नागार्जुन, त्रिलोचन, अज्ञेय, रघुवीर सहाय, धूमिल, कुमार विकल, केदारनाथ सिंह और कई नये कवियों पर भी लिखा है। कबीर की भाषा के बारे में उनका स्पष्ट मानना है कि वह मूल रूप से भोजपुरी है। अपनी बात के प्रमाण स्वरूप उन्होंने कई अन्य बातों के अतिरिक्त कबीर का एक दोहा भी उद्धृत किया है। दोहा इस प्रकार है—

बोली हमरी पूरबी, हमको लखै न कोय।
हमको तो सोई लखे, जो पूरब का होय।

इसके अतिरिक्त उनका कबीर सम्बन्धी आलेख कुछ अन्य कारणों से भी महत्त्वपूर्ण है। यहाँ दो कारण तो गिनाए ही जा सकते हैं। पहला, वे कबीर को मूलतः प्रेम का कवि सिद्ध करते हैं। उनकी बात को पूर्णता में समझने के लिए उनका पूरा कथन देखा जा सकता है—'कबीर ने जिस भीषण सच और उसकी भयावह सम्भावनाओं का साक्षात्कार किया था, उससे भारतीय समाज को बचाने के लिए वे एक ऐसे लोक धर्म का विकास चाहते थे, जिसका आधार प्रेम हो क्योंकि प्रेम ऐसा भाव है जो मनुष्य को हर प्रकार के भेदभाव और विधि-निषेध से स्वतन्त्र करता है। वह मनुष्य की मनुष्यता का पोषक और स्वाधीनता का रक्षक भाव है। इसीलिए कबीर की कविता में प्रेम का अपार विस्तार है और असीम महत्त्व। सच पूछिये, तो कबीर

मूलतः प्रेम के ही कवि हैं। उनकी कविता में प्रेम लौकिक है और आध्यात्मिक भी, सामाजिक मूल्य है और व्यक्तिगत अनुभव भी। वह सामाजिक समता का प्रेरक है और व्यक्ति की नैतिक चेतना का मार्गदर्शक भी। कबीर की कविता में प्रेम की अनुभूति जब भारतीय स्त्री के पारिवारिक परिवेश और उसमें पलने वाले मानवीय सम्बन्धों की भाषा में व्यक्त होती है, तब वह अधिक मूर्त और संवेद्य होती है। कबीर की प्रेमानुभूति कहीं-कहीं रहस्यमयी लगती है, लेकिन लौकिक जीवन में भी प्रेम की अनुभूति पूरी तरह रहस्य-रहित नहीं होती।'

दूसरा, वे निर्गुण धारा की कविता को श्रमजीवी जनता के जीवन की वास्तविकताओं और आकांक्षाओं की कविता मानते हुए कबीर को उसका प्रतिनिधि कवि मानते हैं। वे बल देकर कहते हैं कि कबीर की कविता एक बुनकर (श्रमजीवी) की कविता है। वे कबीर को अतीत की तेजस्वी ज्ञान धारा और भविष्य की सम्भावनाओं का कवि कहते हैं, और यह बेहद महत्त्वपूर्ण बात है। मैनेजर पाण्डेय ने उन लोगों की कठोर आलोचना की है जिन्होंने कबीर को हिन्दू धर्म तथा दर्शन के अनुकूल बनाने की कुचेष्टा की है। वे 'पाठ' के साथ किसी प्रकार की छेड़-छाड़ को साहित्य और समाज के लिए हितकर नहीं मानते हैं।

दादू दयाल, मीराँ और रहीम पर पाण्डेय जी ने जो लिखा है, उसमें बहुत नयापन है। ये आलेख इन कवियों को समझने की नयी दृष्टि देते हैं। इन कवियों की कविता और दृष्टि के विषय में उन्होंने जो निष्कर्ष निकाले हैं, उनमें से कुछ यहाँ उद्धृत किये जा रहे हैं। ये उद्धरण पाण्डेय जी की तर्कशीलता, सामाजिक प्रतिबद्धता, कविता के प्रति अकुंठ प्रेम, भाषिक पारदर्शिता और सहजता का स्वाभाविक रेखांकन करते हैं। उद्धरण देखें—

पहला, 'दादू दयाल की दार्शनिक दृष्टि की सबसे बड़ी विशेषता है—सहजता। उसमें कहीं चौंकाने की चेष्टा नहीं है। उसमें जटिलता भी नहीं है न विचार में, न भाषा में। दादू किसी तरह के विवाद में नहीं पड़े। उनकी दार्शनिक दृष्टि हृदय के विवेक से उपजी है, बौद्धिक व्यायाम से नहीं। यही कारण है कि वह साधारण जन के लिए भी सहज सुलभ और सुगम है।'

दूसरा, 'मीराँ का विद्रोह एक विकल्पहीन व्यवस्था में अपनी स्वतन्त्रता के लिए विकल्प की खोज का संघर्ष भी है। मीराँ की कविता में सामन्ती समाज और उसकी संस्कृति की जकड़न से बेचैन स्त्री-स्वर की मुखर अभिव्यक्ति है। उनकी स्वतन्त्रता की आकांक्षा जितनी आध्यात्मिक है उतनी ही सामाजिक भी। मीराँ का जीवन-संघर्ष, उनके प्रेम का विद्रोही स्वरूप और उनकी कविता में स्त्री-स्वर की सामाजिक सजगता भक्ति-आन्दोलन की एक बड़ी उपलब्धि है, जिसकी ओर हिन्दी आलोचना में अब ध्यान दिया जा रहा है।'

तीसरा, 'जनजीवन में वही कविता लोकप्रिय होती है जो संकट के समय याद आये और संकट में काम आये। हमारे, आपके, सबके जीवन में कभी-न-कभी समस्या, संकट, परेशानी आती ही है। ऐसे में जो कवि और जो कविता याद आती है, जीवन जीने में जो कविता मदद करती है, उसी से हम प्रेम करते हैं। आज की अधिकांश कविता अगर अलोकप्रिय है तो उसका एक कारण यह है कि लोकजीवन के अनुभवों से उसका सम्बन्ध नहीं है। इसलिए संकट आने पर न वह याद आती है और न काम आती है। ऐसी कविता की एक और विशेषता यह है कि कवि की विश्वदृष्टि और आम जनता की विश्वदृष्टि के बीच जितनी दूर तक सहभागिता होती है, उतनी ही दूर तक कविता की लोकप्रियता जाती है। रहीम ऐसे कवि हैं जो सहज रूप से हिन्दी के अत्यन्त लोकप्रिय कवि हैं।'

मैनेजर पाण्डेय ने हिन्दी आलोचना में बड़ा योगदान किया है, इससे किसको इंकार हो सकता है। उनके कई आलेखों ने 'आँख खोलने' का काम किया है। 'हिन्दी की पहली आधुनिक कविता' एक ऐसा ही आलेख है। इस आलेख में 13 अक्टूबर, 1881 को पटना की 'बिहार बन्धु' पत्रिका में प्रकाशित महेश नारायण की कविता 'स्वप्न' का विस्तृत विश्लेषण है। 'स्वप्न' कविता से अलग नवजागरण काल में 'स्वप्न' केन्द्रित रचनाओं की बहुलता के विषय में पाण्डेय जी ने मानीख़ेज इशारा किया है। उन्होंने वाल्टर बेंजामिन के हवाले से स्पष्ट किया है कि प्रत्येक युग आने वाले युग का केवल स्वप्न ही नहीं देखता, बल्कि स्वप्न देखने की प्रक्रिया में ही जागरण की दिशा में आगे बढ़ता है।

'स्वप्न' कविता के सन्दर्भ में पाण्डेय ने यह भी रेखांकित किया है कि निराला से लगभग चार दशक पहले महेश नारायण ने इस कविता में मुक्त छन्द का प्रयोग किया था। नाथूराम शर्मा 'शंकर' पर बहुत कम लिखा गया है। नयी पीढ़ी के बहुत सारे लोग उन्हें जानते तक नहीं हैं। पाण्डेय जी ने उनकी कविता और महत्त्व पर एक लम्बा आलेख लिखा है। यह हिन्दी आलोचना को (कई अर्थों में) समृद्ध करने वाला आलेख है। नहीं भूलना चाहिए कि आलोचना का एक महत्त्वपूर्ण कार्य विस्मरण के विरुद्ध खड़ा होना भी है। मैथिलीशरण गुप्त और दिनकर पर लिखे गये लेख इन कवियों की वर्तमान प्रासंगिकता को प्रभावी ढंग से स्पष्ट करते हैं। इनमें कहीं भी कही गयी बातों का दुहराव नहीं है।

प्रेमचन्द के बाद, मैनेजर पाण्डेय के चित्त और विवेक के सर्वाधिक करीब नागार्जुन ही हैं। हालाँकि मुक्तिबोध और रघुवीर सहाय भी उन्हें बेहद प्रिय हैं। 'हिन्दी कविता का अतीत और वर्तमान' नामक पुस्तक में नागार्जुन की कविता पर दो आलेख हैं। 'नागार्जुन का विक्षोभ रस' और 'नागार्जुन की कविता की दुनिया'। यदि किसी को नागार्जुन की कविता की ठीक-ठीक समझ बनानी हो तो उसके लिए

ये दोनों आलेख बेहद उपयोगी सिद्ध होंगे। मैनेजर पाण्डेय कविता और कवि-कर्म को कितने विस्तृत धरातल पर समझने की कोशिश करते हैं, यह त्रिलोचन सम्बन्धी उनके इस कथन से समझा जा सकता है—'त्रिलोचन की कविता हमारे सामने एक महत्त्वपूर्ण सवाल रखती है कि आज हम जिन स्थितियों का सामना कर रहे हैं, उसमें कौन-सी कविता सार्थक भूमिका निभा सकती है? आजकल जनता की चेतना पर लगातार संचार-माध्यमों का हमला बढ़ रहा है, उसकी अनुभूति, कल्पना और सोच को एक खास ढाँचे में ढालने की कोशिश हो रही है। यहाँ मनुष्य लोहा, कोयला आदि की तरह एक संसाधन मान लिया गया है, जिसका शोषण व्यवस्था के अस्तित्त्व के लिए अनिवार्य हो रहा है। इस व्यवस्था में मनुष्य की मनुष्यता खतरे में है। यहाँ आदमी को रूढ़ियों और बर्बर आदिम प्रथाओं की आग में झोंका जा रहा है। सत्ता क्रमशः अधिक खूँखार और दमनकारी होती जा रही है और जनवादी शक्तियाँ फूट और बिखराव की स्थिति में पड़ी हैं।'

वामपन्थी विचारों के आग्रही आलोचकों ने अज्ञेय की कविता पर लगभग न के बराबर विचार किया है। अज्ञेय की मृत्यु के वर्षों बाद भी कई आलोचक अज्ञेय के रचना-कर्म के प्रति पूर्वाग्रहग्रस्त हैं। अब भी कइयों के लिए 'अज्ञेय बनाम मुक्तिबोध' एक रोचक खेल है। लेकिन इन लोगों से अलग, मैनेजर पाण्डेय अज्ञेय के काव्य संसार में सहृदयता, तर्कशीलता और वस्तुनिष्ठता के साथ प्रवेश करते हैं। विभाजन की त्रासदी को अभिव्यक्त करने वाली अज्ञेय की मार्मिक कविताओं के बहाने उन्होंने उनका एक जरूरी मूल्यांकन किया है। उन्होंने लिखा है—''शरणार्थी' शीर्षक से लिखी अज्ञेय की 11 कविताओं में उनकी गहरी मानवीय संवेदनशीलता, भारतीय स्वाधीनता आन्दोलन के इतिहास की विसंगतियों की समझ, शरणार्थी होने और बनने की पीड़ा की अनुभूति, इंसानियत की तड़प की पहचान, मनुष्यता के अपमान का बोध, दंगों में लुटी स्त्री की अस्मत और अस्मिता के प्रति अथाह करुणा, धर्म के पाखंड के आतंक के नंगे नाच की शिनाख्त, दलितों की सर्वग्रासी यातना की चिन्ता और स्वराज्य के खाली और खोखले अर्थ की विडम्बना की अभिव्यक्ति है। देश के विभाजन के समय साम्प्रदायिक दंगों में बर्बरता का जो नंगा नाच हो रहा था उसका उत्तर अज्ञेय ने कई अन्य कवियों की तरह न मौन से दिया और न विलाप से। उनके मन में विक्षोभ, आक्रोश और वेदना का ज्वार उमड़ रहा था जिसकी अभिव्यक्ति उन्होंने कविताओं में की और कहानियों में भी।' कहने की जरूरत है कि आज आलोचना के क्षेत्र में ऐसी ही तर्कशीलता, प्रतिबद्धता और गहरी सहृदयता की आवश्यकता है।

मैनेजर पाण्डेय भक्तिकाल के कवियों से होते हुए जब समकालीन कविता तक पहुँचते हैं तब इस यात्रा से प्राप्त अनुभवों को भी सामने रखते हैं। वे सिर्फ 'वाह

वाह' के सम्मोहन में नहीं रहते। नकारात्मक प्रवृत्तियाँ उनमें गहरा क्षोभ उत्पन्न करती हैं और वे कविता के वर्तमान तथा भविष्य के प्रति चिन्तित भी होते हैं। रघुवीर सहाय पर लिखे लेख में उनकी कई चिन्ताएँ उजागर हुई हैं। 'आज का समय और कविता का संकट' शीर्षक निबन्ध कविता सम्बन्धी चिन्ताओं से ही उपजा है। इस आलेख में उन्होंने बेहद अप्रिय लेकिन उसी अनुपात में सही तथ्यों को सामने रखा है। यहाँ एक उदाहरण ही पर्याप्त होगा—'हिन्दी में कुछ ऐसे कवि हैं, जिनके लिए कविता लिखना शतरंज खेलने जैसा है। उससे उन्हें एक ओर बौद्धिक व्यायाम का लाभ मिलता है, तो दूसरी ओर उच्च कोटि के शौकीन कहलाने का सुख भी प्राप्त होता है। एक और जमात ऐसे कवियों की है, जो कविता का मदारी की बन्दरिया की तरह उपयोग करते हैं और उससे पैसा बटोरते हैं। इन दोनों प्रकार के कवियों को अगर आज के समाज में कविता की दुर्गति की कोई चिन्ता न हो तो कोई आश्चर्य की बात नहीं है। लेकिन हिन्दी में ऐसे भी कवि हैं, जिनके लिए कविता आत्मा की पुकार है, अपने समय की गवाह है और अपने समाज की खबर भी। ऐसी कविता समाज से अलग रहकर सार्थक नहीं होती, क्योंकि पुकार में दूसरे तक पहुँचने की बेचैनी होती है और उत्तर पाने की आकांक्षा भी। जब साहित्यिक समुदाय के बाहर के व्यापक समाज में ऐसी कविता की पहुँच और प्रभाव का अभाव हो, तब मानना होगा कि समाज से कविता के सम्बन्ध के बीच कोई बड़ी दरार आ गयी है और समाज से कविता का रिश्ता टूट गया है। आज की अधिकांश हिन्दी कविता, चाहे वह व्यक्तिवादी हो या जनवादी, केवल साहित्यिक समुदाय की दिलचस्पी की वस्तु रह गयी है। यह स्थिति हिन्दी समाज और हिन्दी कविता दोनों के स्वास्थ्य के लिए खतरनाक है। इससे यह भी संकेत मिलता है कि हमारा समाज एक गहरे सांस्कृतिक संकट से गुजर रहा है।'

यह अकारण नहीं है कि पाण्डेय जी ने एक ओर सिने गीतकार के रूप में लोकप्रिय जनपक्षधर कवि शंकर शैलेन्द्र पर लिखा है तो समाज-विज्ञानी के रूप में प्रसिद्ध पी.सी. जोशी की कविताओं पर भी। वे 'कविता' को प्रेम करने वाले आलोचक हैं और उन्हें जहाँ कहीं भी सच्ची कविता मिलती है उसे अवश्य रेखांकित करते हैं।

भारतीय समाज में प्रतिरोध की परम्परा

मैनेजर पाण्डेय को चिन्तक कहने का विशेष प्रयोजन है। हिन्दी साहित्य के आलोचकों में वे उन दो-तीन लोगों में एक हैं, जो साहित्य के समानान्तर समाज और संस्कृति के प्रश्नों से भी निरन्तर टकराते रहते हैं। उनकी पुस्तक 'भारतीय समाज में प्रतिरोध की परम्परा' में उनके लिखे ऐसे निबन्ध संकलित हैं जिनमें साहित्य के साथ-साथ (उतने ही महत्त्व के साथ) समाज और संस्कृति के बड़े प्रश्नों पर गम्भीरता से विचार किया गया है। साहित्य के समाजशास्त्र की तरह वे संस्कृति

के समाजशास्त्र की गहरी आवश्यकता महसूस करते हैं। उनका प्रस्ताव है कि इसके विकास में ग्राम्शी के विचारों से बहुत मदद मिल सकती है।

पाण्डेय जी संस्कृति पर विचार करते हुए 'लोक संस्कृति' और 'जन-संस्कृति' में अन्तर करते हैं। सामान्यतः इन्हें एक ही माना जाता है। लेकिन पाण्डेय जी स्पष्ट करते हैं—' 'लोक-संस्कृति' लोक-प्रतिभा की सहज रचना होती है। इसका जन्म तब हुआ होगा जब समाज मौखिक संस्कृति की अवस्था में होगा। तब न लेखन की संस्कृति थी और न मुद्रण की। मौखिक संस्कृति की सर्जनात्मकता बहुमुखी होती है। उसकी रचना के मुख्य रूप हैं—मुहावरे, कहावतें, लोककथा, लोकगीत, और आख्यान काव्य भी। इनके साथ ही लोकनाट्य की विभिन्न शैलियाँ और चित्रांकन की कलाएँ भी हैं। जन-संस्कृति की लोक-संस्कृति से आत्मीयता होती है, लेकिन भिन्नता भी होती है। जन-संस्कृति लोक-संस्कृति से जुड़कर वर्चस्व की संस्कृति की आलोचना और प्रतिरोध के उद्‌देश्य से सायास रची गयी संस्कृति है। लोक-संस्कृति की तरह जन-संस्कृति के मूल में एक मूल्यचेतना होती है, जो संस्कृति के आधारभूत वर्ग के जीवन की वास्तविकताओं और आकांक्षाओं की अभिव्यक्ति होती है। पूँजीवाद के लिए लोक-संस्कृति म्यूजियम की वस्तु है और जन-संस्कृति एक चिढ़ाने वाली खुराफात, लेकिन जनता के लिए दोनों संजीवनी शक्ति हैं।'

मैनेजर पाण्डेय के पूरे लेखन में चिन्तन की ऐसी बारीकी और स्पष्टता भरी हुई है। वे उलझाने वाले नहीं, सुलझाने वाले विद्वान हैं। वे संस्कृति के जटिल प्रश्नों के हल के सन्दर्भ में एक ओर वाल्टर बेंजामिन, ग्राम्शी, अडोर्नो, बोर्दिए, उमा चक्रवर्ती तक जाते हैं तो दूसरी ओर ई.पू. छठी शताब्दी की सुमंगला माता की कविता तक भी जाते हैं। उनके लेखन में कहीं कोई छोटा रास्ता नहीं है। भारत के 'मध्यकालीन समाज में साहित्य की संस्कृति' पर बात करते हुए उन्होंने एक महत्त्वपूर्ण तथ्य की ओर इशारा किया है। उन्होंने लिखा है—'राजाओं के दरबारों में रहने वाले कवि और कलाकार केवल राजसत्ता की प्रतिष्ठा ही नहीं प्रदान करते थे, वे आम जनता के बीच सत्ता की स्वीकृति का वातावरण भी तैयार करते थे। इस प्रक्रिया में राजसत्ता को वैधता प्राप्त होती थी। कवियों और लेखकों के माध्यम से राजाओं और सामन्तों को तात्कालिक प्रतिष्ठा के साथ-साथ दीर्घकालिक अमरता भी मिलती रही है।' लेकिन सत्ता के बाहर 'दाराशिकोह' को जो अमरता मिली वह कोई कवि किसी राजा को न दिला सका। दाराशिकोह के दुखान्त से सभी परिचित हैं। वह एक बड़ा विद्वान था, यह भी लोगों ने सुन रखा है। पाण्डेय जी लम्बे समय से दाराशिकोह से जुड़ी सामग्री एकत्रित कर रहे हैं। इस पुस्तक में दारा पर उनका एक व्याख्यान संकलित है। इसमें दाराशिकोह द्वारा किये गये कार्यों और उसके धार्मिक विचारों का विश्लेषण है। आज भारतीय समाज जिन परिस्थितियों में है, उनमें दारा के विचारों को प्रसारित

करने की सख्त जरूरत है। जो लोग हिन्दी आलोचना को सीमित परिसर की वस्तु समझते हैं उन्हें पाण्डेय जी का यह व्याख्यान अवश्य पढ़ना चाहिए।

इस पुस्तक में सखाराम गणेश देउस्कर की पुस्तक 'देशेर कथा,' महावीर प्रसाद द्विवेदी की पुस्तक 'सम्पत्तिशास्त्र' और अश्वघोष की रचना 'वज्रसूची' पर जो आलेख संकलित हैं, वे हिन्दी आलोचना और चिन्तन का आयतन बढ़ाने के साथ ही मैनेजर पाण्डेय के अध्ययन और चिन्तन के विस्तार के भी द्योतक हैं। ये आलेख इस बात का प्रमाण हैं कि वे 'ताली बजाऊ लोकप्रियता' के समानान्तर 'विवेक उद्वेलन' की पक्षधरता स्वीकार करने वाले आलोचक हैं। और कहने की जरूरत नहीं कि 'विवेक उद्वेलन' का मार्ग समकालीन समय में साहित्य का राजमार्ग नहीं, जनमार्ग है।

महादेवी वर्मा की महान कृति 'शृंखला की कड़ियाँ' पर विचार करते हुए पाण्डेय जी उनकी कविता के साथ आरम्भ से ही जुड़े पूर्वाग्रह पर बात करते हैं। वे उनको स्त्री स्वाधीनता की तलाश करने वाली दार्शनिक के रूप में देखते हैं। इस आलेख में उन्होंने एक कटु सत्य की ओर संकेत किया है जिस पर ध्यान दिया जाना जरूरी है, क्योंकि जबसे जागिये तभी से सबेरा। पाण्डेय जी ने लिखा है—'ऐसा लगता है कि नारीवादी और अन्य लेखिकाएँ भी 'शृंखला की कड़ियाँ' के महत्त्व से पूरी तरह परिचित नहीं हैं। वे सीमोन द बोउआ की किताब पढ़ती हैं, लेकिन 'शृंखला की कड़ियाँ' नहीं, क्योंकि वह हिन्दी में लिखी है, फ्रेंच या अंग्रेजी में नहीं।'

हिन्दी आलोचना का एक श्याम पक्ष यह भी है कि वामपन्थी चिन्तक-आलोचक महात्मा गाँधी की ओर कम ही जाते हैं। कइयों को यह प्रगतिशीलता के विरुद्ध जान पड़ता है। लेकिन मैनेजर पाण्डेय गाँधी के साथ अकुण्ठ भाव से जाते हैं और बिना हिचक कहते हैं कि 'उनका विचारों से वैसा ही सम्बन्ध था, जैसा कबीर का था या एक कवि का होता है।' उन्होंने तुलसीदास पर लिखे गांधी जी के निबन्ध का स्मरण करते हुए उनके द्वारा की गयी विभीषण के चरित्र की व्याख्या को याद किया है। गाँधी जी की व्याख्या आज भी प्रासंगिक है। यह व्याख्या साहित्य को समझने की एक नयी दृष्टि देती है। गाँधी जी ने लिखा है—'विभीषण ने अपने भाई के साथ सत्याग्रह किया है। विभीषण का दृष्टान्त हमें यह सिखाता है कि अपने देश या अपने शासन के दोषों के प्रति सहानुभूति रखना या उन्हें छिपाना देशभक्ति के नाम को लजाना है, इसके विपरीत देश के दोषों का विरोध करना सच्ची देशभक्ति है।' पाण्डेय जी गाँधी जी की इस व्याख्या का महत्त्व रेखांकित करते हैं। वे कहते हैं, 'जबकि भारत में ही नहीं सारी दुनिया में राष्ट्रवाद का उन्माद हर तरह की आलोचनात्मक चेतना को कुचलना चाहता है, तब कितने लोग गाँधी के इस कथन को दोहराना चाहेंगे। गांधी ने अपने समय में आलोचनात्मक चेतना की स्वतन्त्रता

की रक्षा की थी, उनकी यह राय आज भी आलोचनात्मक चेतना की रक्षा के लिए जरूरी है। हिन्दी में तुलसीदास और 'रामचरितमानस' के किसी व्याख्याकार ने क्या कभी ऐसी व्याख्या का साहस किया है।' जाहिर है, ऐसी व्याख्या के लिए जिस नैतिक साहस की जरूरत है, वह हमारी बौद्धिक-अकादमिक दुनिया में धीरे-धीरे छीज रहा है। कभी गांधी जी ने कहा था, 'मैं ऐसी कला चाहता हूँ जो करोड़ों लोगों से बोल सके।' पाण्डेय जी इसे याद करते हुए लोक कलाकार भिखारी ठाकुर और उन पर लिखी केदारनाथ सिंह की कविता को याद करते हैं और इस प्रकार कला, विचार और जीवन के अन्तस्सम्बन्ध की व्याख्या करते हैं। इस पुस्तक में गाँधी को समझते-बूझते चार आलेख हैं। इनमें से दो 'हिन्द स्वराज' पर केन्द्रित हैं।

इस पुस्तक में डी.डी. कोसाम्बी और श्यामाचरण दुबे के कार्यों और योगदान को विश्लेषित करने वाले दो आलेख संकलित हैं। इन आलेखों के शीर्षक ही बहुत कुछ कह देते हैं। डी.डी. कोसाम्बी : प्रतिभाशाली मार्क्सवादी इतिहासकार। श्यामाचरण दुबे : अपने समय और समाज से जुड़ी बौद्धिकता। हमारे समय में जिन शब्दों का सबसे ज्यादा अवमूल्यन हुआ है, उनमें से एक शब्द 'प्रतिभा' भी है। जो जिसको प्रिय है, वह उसे 'प्रतिभाशाली' से कम मानने को तैयार ही नहीं है। कह सकते हैं कि इस भेड़चाल में 'सब धान बाईस पसेरी' है। चूँकि मैनेजर पाण्डेय मात्र लिखने के लिए कभी नहीं लिखते इसलिए उनके वहाँ शब्द अपने मूल अर्थ के साथ ही होते हैं। उनके लेखन में अर्थ स्फीति नहीं हैं। कोसाम्बी के सन्दर्भ में 'प्रतिभा' शब्द की अर्थ व्याप्ति पर टिप्पणी करते हुए उन्होंने जो लिखा है, वह इस बात का प्रमाण है। उनका कथन है—'जब से 'प्रतिभा' शब्द एक ओर छात्रों को दिये जाने वाले प्रमाण-पत्रों का हिस्सा बना है और दूसरी ओर लेखकों के गौरव गान के लिए विशेषण की तरह प्रयुक्त होने लगा है तबसे उसका अर्थ लगभग नष्ट हो गया है। हर प्रिय व्यक्ति को अगर 'प्रतिभाशाली' कहा जायेगा, तो प्रतिभा का वह अर्थ एकदम नहीं होगा, जिस अर्थ में उसका पुराने समय में प्रयोग होता रहा है। भारतीय परम्परा में यह मान्यता है कि नवीन उन्मेष में सक्षम प्रज्ञा को ही प्रतिभा कहा जा सकता है। इस तरह प्रतिभाशाली उसे कहा जायेगा, जो सृजन या चिन्तन के क्षेत्र में नयी दृष्टि, नयी दीप्ति और नयी राह का जनक हो। इस दृष्टि से विचार कीजिए, तो बहुत कम लोग सचमुच प्रतिभाशाली कहे जायेंगे। यह सब मैं दामोदर धर्मानन्द कोसाम्बी के प्रसंग में इसलिए कहा रहा हूँ कि उन्होंने ज्ञान के जिस क्षेत्र में काम किया, उसमें अपने नवीन उन्मेष के माध्यम से सबको चकित किया। इसलिए यह कहा जा सकता है कि वे सच्चे अर्थों में प्रतिभाशाली थे।'

मैनेजर पाण्डेय 'प्रतिबद्ध मार्क्सवादी' हैं, 'अन्ध मार्क्सवादी' नहीं। यही कारण है कि वे 'मार्क्सवाद' की प्रेक्टिस को बहस और प्रश्नांकन से बाहर नहीं मानते।

वे 'उत्तर-आधुनिकता' के 'सुविधा समय' में मार्क्सवाद से पल्ला झाड़ चुके या झाड़ रहे बुद्धिजीवियों पर सिर्फ प्रहार नहीं करते बल्कि उनके वैचारिक विचलन के पूरे तर्कशास्त्र का विश्वसनीय विश्लेषण भी प्रस्तुत करते हैं। अब भी मार्क्सवाद में जिन लोगों का विश्वास बचा हुआ है, उन्हें 'आज का समय और मार्क्सवाद' शीर्षक निबन्ध जरूर पढ़ना चाहिए। यह निबन्ध मार्क्सवाद के विषय में ठोस राय बनाने में मदद करता है। मैनेजर पाण्डेय अपने लेखन को किस प्रकार तार्किक ऊँचाई देते हैं, यह देखने के लिए इस निबन्ध में 'कल्पना' की जरूरत के विषय में कही गयी उनकी बातों को देखना चाहिए। वे कहते हैं, 'मार्क्सवाद के प्रसंग में कल्पना के महत्त्व की बात करना आज के समय में यूटोपिया की जरूरत की ओर संकेत करना है। स्तालिन के समय में मार्क्सवाद से कल्पना और यूटोपिया का वैज्ञानिकता के नाम पर बहिष्कार हुआ था। उस समय कल्पना की बात करना अवैज्ञानिक होना माना जाता था। असल में वैज्ञानिक दृष्टि की बात को अपनाना एक बात है और विज्ञानवाद का शिकार होना दूसरी बात। मार्क्सवाद को विज्ञानवाद का शिकार बनाने वाले लोगों ने उसका अधिक नुकसान किया है। आज के समय में निराशा का जो वातावरण है, विकल्प की चिन्ता का जैसा अभाव है और आलोचनात्मक चेतना जिस लकवाग्रस्त स्थिति में है, उस सबसे मुक्ति के लिए कल्पना के महत्त्व का स्वीकार आवश्यक है! जब पूँजीवाद के आवयविक बुद्धिजीवी एक नयी व्यवस्था का मायालोक रच रहे हों, तब जन जीवन की वास्तविकताओं के अनुभव और जनता की आकांक्षाओं की पहचान के साथ एक बेहतर दुनिया के निर्माण की कल्पना करना मार्क्सवाद की सीमाओं से बाहर जाना नहीं है।'

कहना होगा कि एक ईमानदार चिन्तक इसी प्रकार अपनी भूमिका का निर्वाह करता है।

संवाद-परिसंवाद

समाज में जब कोई विचारक की भूमिका में आ जाता है तब उससे अपेक्षाएँ बढ़ जाती हैं। लोग सिर्फ उसके लिखे का इन्तजार नहीं करते बल्कि अलग-अलग विषयों/प्रसंगों पर उससे संवाद भी करते हैं। इस संवाद की प्रक्रिया में उस विचारक की बौद्धिकता, प्रतिबद्धता, अध्ययनशीलता, तार्किकता और ईमानदारी आदि गुणों का सहज ही पता लग जाता है। कह सकते हैं कि अपने लेखन में भले कोई व्यक्ति एक पर्दा खींच ले लेकिन संवाद में उसे यह सुविधा हासिल नहीं होती। संवाद एक पारदर्शी प्रक्रिया है जिसमें अनौपचारिकता अल्ट्रासाउंड मशीन की तरह होती है। यदि संवादकर्ता कुशल हो तो वह सामने वाले के हृदय और बुद्धि के कोने-अँतरे में चुपचाप बैठी बातों को भी बाहर निकाल लेता है। चूँकि मैनेजर पाण्डेय की

अवस्थिति हिन्दी जगत में एक सक्रिय चिन्तक की भी है इसलिए यह स्वाभाविक है कि लोग उनसे भी संवाद करें। और लोगों ने खूब किया भी है। उनसे किये गये ऐसे संवाद पूर्व में 'मेरे साक्षात्कार' और 'मैं भी मुँह में ज़बान रखता हूँ' शीर्षकों से पुस्तकाकार प्रकाशित हो चुके हैं। इन पुस्तकों के बाद प्रकाशित 'संवाद-परिसंवाद' उनकी इस विधा की नवीनतम कृति है। इस कृति में संकलित संवाद-परिसंवाद अलग-अलग विषयों पर केन्द्रित हैं।

पाण्डेय जी का मानना है कि पिछले पचास वर्षों में कविता की संस्कृति बदली है। उनका स्पष्ट मानना है कि 'कविता से कोई हथियार का कार्य ले, यह सम्भव नहीं।' वे कहते हैं—'यह देखना भी प्रासंगिक होगा कि कविता एक सीमा तक ही पाठक की चेतना को प्रभावित करती है। 'अँधेरे में' कविता के पाठ के बाद पाठक की चेतना वही नहीं रहती जो पाठ के पूर्व थी लेकिन कविता से ही सब कुछ बदल डालने की आशा करना, कविता की सीमा से अनभिज्ञता के अतिरिक्त दूसरा कुछ नहीं। इसीलिए मैं यह फिर कहना चाहूँगा कि कविता की सीमा पहचान कर ही कवि खुद को भी बदल सकता है और कविता को उसकी सीमा से मुक्त कर सकता है।' और कहने की जरूरत नहीं कि कविता की 'शक्ति' और 'सीमा' की पहचान आलोचक और कवि-दोनों के लिए जरूरी है।

इस पुस्तक में संकलित एक संवाद में एक प्रश्न के उत्तर में वे डॉ. आम्बेडकर और प्रेमचन्द पर टिप्पणी करते हैं। यह टिप्पणी दलित साहित्य के सन्दर्भ में है और सोचने-विचारने का मौका देती है। वे कहते हैं—'दलितों को प्रेमचन्द से असहमत होने का अधिकार तो है लेकिन उनको खारिज करना एक तरह से अपने ही आधार को नष्ट करने जैसा है। मैं तो कहता हूँ कि प्रेमचन्द कहानी के स्तर पर ही नहीं, विचार के स्तर पर भी आम्बेडकर का समर्थन करने लगे थे। मैंने लिखा भी है कि 1927-28 के बाद प्रेमचन्द ने अनेक कहानियाँ दलित जीवन पर लिखी हैं। दलितों द्वारा प्रेमचन्द का विरोध एक संकीर्ण दृष्टि का परिचायक है।'

इस पुस्तक के संवादों की दुनिया हिन्दी साहित्य तक ही सीमित नहीं है। इसमें 'प्रेम' पर संवाद है, 'रामचरितमानस' पर संवाद है, 'आपातकाल' पर संवाद है, 'प्राथमिक शिक्षा' पर संवाद है, 'समकालीन कविता' पर कई संवाद हैं, 'आदिवासी समाज और साहित्य' तथा हृदयेश की कहानियों पर परिसंवाद हैं तो एक संवाद 'दोन किखोते' पर भी है। यहाँ अलग-अलग सभी संवादों पर चर्चा सम्भव नहीं है लेकिन मैनेजर पाण्डेय के कुछ मन्तव्यों को जरूर देखा जा सकता है। ये मन्तव्य एक आलोचक-विचारक के रूप में उनकी भूमिका को स्पष्ट करते हैं।

'प्रेम' की भूमिका स्पष्ट करते हुए एक प्रश्न के उत्तर में वे कहते हैं—'किसी सामाजिक-राजनीतिक आन्दोलन की विवेकपरकता और प्रगतिशीलता को परखने का

सबसे अच्छा तरीका यह देखना है कि मानवीय प्रश्नों—खासकर स्त्री-पुरुष सम्बन्धों से जुड़े प्रश्नों पर उसका नजरिया कितना विवेकपरक और प्रगतिशील है।'सरवान्तीस के विश्व-प्रसिद्ध उपन्यास 'दोन किखोते' को केन्द्र में रखकर पूछे गये एक प्रश्न के उत्तर में उन्होंने यह महत्त्वपूर्ण टिप्पणी की है—'अगर आप हिन्दी-उर्दू की परम्परा को याद करें तो यहाँ अरबी, फ़ारसी से होते हुए दास्तानों की परम्परा थी, उसी तरह से स्पेन में परम्परा थी। इस उपन्यास की एक बड़ी विशेषता और उपलब्धि यह मानी जाती है कि इस उपन्यास के छपने के बाद, एक तरह से दास्तानों की परम्परा लगभग समाप्त हो गयी। क्योंकि उपन्यास के भीतर स्वयं दास्तानों पर या कह सकते हैं कि वह जो वीर-गाथात्मक रोमांस थे, उन पर गहरा व्यंग्य किया गया है। एक दूसरी बात इस क्रम में यह जरूर कहूँगा कि इस उपन्यास का पूरा नाम ध्यान में रखना जरूरी है। उपन्यास का पूरा नाम है 'प्रसिद्ध दोन किखोते का इतिहास और उनकी साहसी कथाएँ।' इससे यह भी मालूम होता है कि वे वीर-गाथात्मक परम्परा को याद भी करते हैं पर उससे अलगाने के लिए इतिहास को भी सामने रखते हैं। असल में स्पैनिश में इसका उच्चारण दूसरी तरह होता है। हम लोग अंग्रेजी से परिचित होने के कारण उसको 'डॉन क्विग्ज़ोट' कहते हैं लेकिन स्पैनिश में इसको 'दोन किखोते' कहा जाता है। बल्कि यह भी समझिए कि सारे यूरोप में बल्कि सारी दुनिया में भी इस उपन्यास की लोकप्रियता का एक असर यह है कि इसके पात्र मुहावरे की तरह सारी दुनिया में प्रचलित हैं।'

'रामचरितमानस' की लोकप्रियता में 'अन्तर्वस्तु' अथवा 'रूप' की भूमिका सम्बन्धी एक सवाल को बड़े फलक पर रखते हुए उन्होंने जो जवाब दिया है, वह किसी भी महत्त्वपूर्ण और लोकप्रिय रचना/कृति को समझने में मददगार है। उनके शब्द हैं—'कलात्मक दृष्टि से 'रामचरितमानस' एक अत्यन्त महत्त्वपूर्ण रचना है इसलिए उसकी लोकप्रियता का एक बड़ा कारण उसका कलात्मक रूप भी है और वह भी कलात्मक रूप ऐसा जो अपने होने का आभास नहीं कराता। प्रायः रचनाओं में जहाँ कला अपने होने का आभास कराने लगे तो वहाँ लोकप्रियता में वह बाधक बन जाती है। लेकिन जहाँ वह अपने होने का आभास न कराए वहीं कला प्रभावशाली बनकर रचना को लोकप्रिय बनाती है। 'रामचरितमानस' की कला पाठक को अलग से महसूस नहीं होती बल्कि आप कह सकते हैं कि 'मानस' की संवेदना और विचारधारा दोनों को सहज रूप में पाठक तक पहुँचा देती है। दूसरी बात विचारधारा को बहुत सीमित अर्थ में समझने के कारण 'रामचरितमानस' को खारिज करने की जल्दबाजी बहुत है। विचारधारा की जटिलता को देखिए तो लगेगा कि 'रामचरितमानस' में अनेक तरह के द्वन्द्व हैं; उन सारे द्वन्द्वों को तुलसीदास की चेतना के द्वन्द्व मानकर तो नहीं देखा जा सकता है।' भाषा के 'वर्ग चरित्र' पर

विचार करते हुए उन्होंने एक उत्तर में जो कहा है, वह हिन्दी समाज की बुनावट का सही आकलन है। वे कहते हैं—'भाषा के साथ वर्ग या हिन्दुस्तान के सम्बन्ध में वर्ण का सम्बन्ध भाषा के प्रयोग में दिखाई देता है। भाषा के स्वभाव में वह हो, यह जरूरी नहीं है। जो लोग जिस उद्‌देश्य और विचारधारा से भाषा का प्रयोग करते हैं वे लोग अपने उद्‌देश्य और विचारधारा के अनुकूल भाषा को बनाते-बिगाड़ते भी हैं। इसलिए आज के जमाने में स्त्री भाषा और दलित भाषा की बात करना उचित ही है क्योंकि ये दोनों समुदाय जिस भाषा को जानते हैं, जिसको वे सहते हुए जीते-मरते हैं, उस भाषा का कई बार अपनी जिन्दगी के अनुभवों की अभिव्यक्ति के लिए उपयोग करते हैं। मैं हिन्दी क्षेत्र की एक वास्तवकिता की ओर आपका ध्यान ले जाना चाहता हूँ। कहावतों और मुहावरों में किसी भाषा क्षेत्र के लोकमत की अभिव्यक्ति होती है। हिन्दी क्षेत्र की लोकभाषाओं में और हिन्दी में भी ऐसी असंख्य कहावतें और मुहावरे हैं जो स्पष्ट रूप से जातिवादी और दलित विरोधी हैं। उसी तरह से स्त्री विरोधी कहावतें और मुहावरे भी हिन्दी क्षेत्र की लोकभाषाओं और स्वयं हिन्दी में मौजूद हैं। इन मुहावरों और कहावतों का विस्तार से विवेचन करके यह बताया जा सकता है कि भाषाओं और विचारधरा के अन्तरंग सम्बन्ध का विश्लेषण कीजिए तो मालूम होगा कि भाषाओं का प्रयोग वर्गीय प्रयोजनों के लिए होता है जिससे भाषाओं का वर्गीय चरित्र भी बनता है।'

मैनेजर पाण्डेय रवीन्द्रनाथ टैगोर को भारतीय रचनाशीलता का मार्गदर्शक मानते हैं। वे बल देकर कहते हैं कि 'उनमें अपने सच और अनुभव कहने का साहस था।' आज के साहित्यकारों के विषय में यह बात पूरे विश्वास और प्रमाण से नहीं कही जा सकती। इस पुस्तक में संकलित एक संवाद में वे कविता के सम्बन्ध में आधुनिकतावादियों की समझ पर कठोर लेकिन जरूरी टिप्पणी करते हैं। उनका कहना है—'आधुनिकतावादियों का यह तर्क कि जीवन जटिल हो गया है, इसलिए कविता जटिल है, इतना अप्रासंगिक है कि अब हास्यास्पद हो गया है। कविता का काम जीवन को यथावत प्रस्तुत करना नहीं, उसकी पुनर्रचना करना है। और पुनर्रचना में संगति और बोधगम्यता जरूरी है। मैं तो यह भी कहना चाहूँगा कि किसी कविता में बोधगम्यता नहीं तो उसका मतलब यह हुआ कि कवि को भी जीवन के उन पक्षों का बोध नहीं है जिनकी चर्चा कविता में हुई है।' एक आलोचक-चिन्तक के रूप में मैनेजर पाण्डेय ने जो लेखन किया है (जिसमें 'संवाद' भी शामिल हैं) उसमें इतनी गहराई और संश्लिष्टता है कि उस पर पूरी पुस्तक लिखी जा सकती है। लेकिन यहाँ इस आलेख को अन्तिम रूप देते हुए इतना तो कहा ही जा सकता है कि ये सभी पुस्तकें हिन्दी के विवेक का शुक्ल-पक्ष हैं। आने वाले समय में इनकी प्रासंगिकता और बढ़ेगी।

प्रतिबद्ध हूँ, सम्बद्ध हूँ, आबद्ध हूँ
(अपने साक्षात्कारों में मैनेजर पाण्डेय)

श्रीधरम

मैनेजर पाण्डेय साँच की आँच में खुद तपने और दूसरों को तपाने वाले आलोचक हैं। वे सुविधा की आशा में नहीं रहते इसीलिए दुविधा की भाषा में न बात करते हैं और न लिखते हैं। उनका आलोचनात्मक लेखन समाज, संस्कृति और राजनीति की चिन्ता से अलग नहीं है। वे 'उन लोगों में से नहीं हैं जो साहित्य के काल्पनिक स्वायत्त गणतन्त्र में रहने का दावा करते हैं।' उनके लेखन, व्याख्यान और भेंटवार्ता में कबीर का अक्खड़पन और नागार्जुन का व्यंग्य एक साथ रचा-बसा है। उनका मानना है कि आलोचना, रचना के साथ-साथ रचना के मूल स्रोत—यानी समाज से भी जुड़ना चाहिए। अपने साक्षात्कारों का पहला संकलन पाण्डेय जी ने बाबा नागार्जुन को समर्पित किया है जिससे उन्होंने 'बतकही' की कला सीखी। वे नये प्रगतिशील विचारों के आग्रही हैं। 'संकट के बावजूद' मार्क्सवाद को एकमात्र विकल्प मानने वाले मैनेजर पाण्डेय आत्ममुग्ध मार्क्सवादी नहीं हैं, यही कारण है कि वे मार्क्सवाद और मार्क्सवादियों की खूबी और खामी पर खुल कर चर्चा करते हैं। वे हिन्दी के सम्भवतः पहले मुख्यधारा के आलोचक हैं जो 1995-96 ई. से लगातार दलित और स्त्री लेखन के पक्ष में खड़े रहे और लिखते रहे। यही कारण है कि लगभग आधा दर्जन से अधिक उनके साक्षात्कार सिर्फ दलित विमर्श और लेखन से सम्बन्धित हैं। मैनेजर पाण्डेय के साक्षात्कारों के अब तक तीन संकलन प्रकाशित हो चुके हैं। पहला 'मेरे साक्षात्कार' 1998, दूसरा 'मैं भी मुँह में ज़बान रखता हूँ' 2008 तथा तीसरा 'संवाद-परिसंवाद' 2013।

पाण्डेय जी के साक्षात्कार उनके आलोचनात्मक लेखन का ही विस्तार है। उनके साक्षात्कारों में व्यक्तिगत प्रश्न और उत्तर (अरुण प्रकाश की भेंटवार्ता को छोड़कर) नहीं के बराबर हैं। उनके साक्षात्कारों की बड़ी विशेषता यह है कि अगर इन साक्षात्कारों से प्रश्नों को निकाल दिया जाय तो वह समग्र आलोचनात्मक लेख बन जायेंगे। वे उन लेखकों में हैं जो पूरी तैयारी के साथ साक्षात्कारकर्ता के प्रश्नों का

जवाब देते हैं, चाहे वह आम पाठक ही क्यों न हो। वैसे पाण्डेय जी को साक्षात्कार शब्द अटपटा, अलोकतान्त्रिक और आतंक पैदा करने वाला लगता है इसीलिए वे इस शब्द के बदले 'संवाद' शब्द के हिमायती हैं, जहाँ समानता की सम्भावना होती है और सम्प्रेषण की कामना भी।

प्रोफेसर पाण्डेय ने लेखन की शुरुआत छात्र जीवन में कविता से की थी, जो आगे चल कर उनकी आलोचना के केन्द्र में आ गयी। कविता को वे कार्ल मार्क्स की तरह 'मानवता की मातृभाषा' मानते हैं। उनका कहना है कि 'मैं मनुष्य को सम्पूर्णता में जानने के लिए कविता की ओर जाता हूँ। कविता में मनुष्य की मनुष्यता प्रकट और पुष्ट होती है।' उनके अनुसार 'अपने समय के समाज और उसमें संघर्षशील मनुष्य के यथार्थ की कलात्मक अभिव्यक्ति करने वाली कविता ही महान या महत्त्वपूर्ण होती है।' वे कलावाद के विरोधी हैं लेकिन लोकप्रियता के आग्रही। कविता और कल्पना के सम्बन्ध पर उनका मानना है कि 'जब सर्जनात्मक कल्पना जीवनानुभव के आधार पर सक्रिय होती है तभी बेहतर कविता बनती है। कुछ लोग कविता के माध्यम से ही क्रान्ति की पूरी प्रक्रिया पूरी कर लेना चाहते हैं। मैनेजर पाण्डेय इसे कविता से अतिरिक्त अपेक्षा करना मानते हैं। उनके अनुसार 'शब्दों को गोली और कविता को गोली दागने की बन्दूक समझने की धारणा भी गलत है। कई बार कविता जनविरोधी स्थितियों, विचारों आदि पर आक्रमण करके भी आलोचना के हथियार के रूप में काम करती है। लेकिन इन सब कामों के लिए यह जरूरी है कि कविता कविता ही रहे।' पाण्डेय जी आलोचना को गम्भीर दायित्व मानते हैं ना कि पटवारीगिरी जिसके तहत किसी रचना को दाखिल और खारिज किया जाता है। उनके अनुसार 'आलोचना रचना का मूल्यांकन करती हुई नयी रचनाशीलता के विकास में सहायक होती है, लेकिन जब आलोचक रचना के साथ न्याय नहीं करते तो रचनाकारों का खीजना स्वाभाविक है।'

मैनेजर पाण्डेय के साक्षात्कारों को पढ़ते हुए ऐसा महसूस होता है कि जैसे आप उनकी कक्षा में बैठे हैं। ये साक्षात्कार हिन्दी साहित्य के विभिन्न प्रश्नों को विस्तार से ना सिर्फ खोलते हैं बल्कि पाठक को साहित्य को समझने और परखने की एक दृष्टि भी प्रदान करते हैं। कविता के स्वरूप से लेकर विभिन्न वादों-विवादों को समझने में उनके साक्षात्कार सहायक हैं। साठोत्तरी कवियों, खासकर धूमिल और राजकमल चौधरी को आलोचकों ने एक प्रकार से खारिज कर दिया। पाण्डेय जी इस पीढ़ी की कविता को समझने के लिए उस दौर की सम्पूर्ण भारतीय कविता की प्रवृत्ति को पढ़ने और समझने की सलाह देते हैं। उनके अनुसार 'राजकमल चौधरी और धूमिल दोनों ने नयी कविता की धुन्ध और कुहासे से भरी भाषा को तोड़कर हिन्दी काव्यभाषा को जीवन की सच्चाइयों और वास्तविकताओं से अधिक करीब लाने की कोशिश

की। प्रचलित काव्यभाषा में सफलता हासिल करने वाले कई कवियों से राजकमल चौधरी और धूमिल की यह कोशिश अधिक महत्त्वपूर्ण है।

नागार्जुन, मैनेजर पाण्डेय के प्रिय कवियों में से हैं। उन्होंने नागार्जुन के साहित्य की हर विधा और पक्ष पर लिखा है। न सिर्फ लिखा है बल्कि नागार्जुन-द्वेषी आलोचकों की खोज-खबर भी ली है। असल में नागार्जुन और मैनेजर पाण्डेय के व्यक्तित्त्व में कई समानताएँ भी हैं, खासकर जनपक्षधरता के मामले में दोनों कभी 'हकलाते' नहीं हैं। नागार्जुन का मानना था कि 'सुविधा का लोभ संघर्ष की चेतना को सुला देता है।' और पाण्डेय जी का सूत्र वाक्य है 'सुविधा की राजनीति दुविधा की भाषा में व्यक्त होती है।' यही कारण है कि ये दोनों सुविधाभोगी, तिकड़मबाज तथाकथित वामपन्थियों की भी जमकर आलोचना करते हैं। नागार्जुन की कविता को पाण्डेय जी ऐतिहासिक परिवर्तन के सन्दर्भ में 'मील का पत्थर' मानते हैं। उन्हीं के शब्दों में 'नागार्जुन ने हिन्दी कविता की भूमि और भूमिका, दोनों को बदला है। एक तरह से उन्होंने हिन्दी कविता की जन्मभूमि को बदला है और कर्मभूमि को भी बदला है।' एक दौर में नागार्जुन पर शाब्दिक प्रहार वामपन्थ के भीतर और बाहर दोनों तरफ से हुए। अशोक वाजपेयी ने अपने एक लेख में आरोप लगाया कि नागार्जुन और त्रिलोचन में देसीपन तो है, लेकिन वहाँ आधुनिक ऊर्जा नहीं है, जो पश्चिम की बौद्धिकता से टकराने के लिए हमें चाहिए। इसके जवाब में पंकज चतुर्वेदी से 1995 ई. में एक बातचीत में मैनेजर पाण्डेय कहते हैं—'असल में पश्चिम के वैचारिक आक्रमण का सामना नागार्जुन और त्रिलोचन के देसीपन से ही किया जा सकता है, न कि हिन्दी के आधुनिकता-बोध वाले कवियों के यहाँ मिलने वाली अन्तर्राष्ट्रीय आधुनिकता से।' नागार्जुन की वामविरोधी कविता की आलोचना के सन्दर्भ में उनका जवाब गौरतलब है—'आज विचार करने पर यह विडम्बनापूर्ण स्थिति सामने आयेगी कि रूस, चीन और कम्युनिस्ट पार्टियों की नागार्जुन द्वारा की गयी आलोचनाएँ सही साबित हुई हैं, जबकि विपक्षी गलत सिद्ध हुए हैं। इससे साबित होता है कि एक रचनाकार अगर पार्टियों और विचारधाराओं के प्रति आलोचनात्मक रुख अपनाता है तो वह न केवल अपनी रचनाशीलता का भला करता है, बल्कि उन पार्टियों और उनके उद्देश्यों को भी लाभ पहुँचा सकता है।' इसी सन्दर्भ में रूपा सिंह से बात करते हुए वे कहते हैं कि 'जब रूस में समाजवादी व्यवस्था मौजूद थी और चीन की समाजवादी व्यवस्था के बारे में कोई सन्देह न था तब जो लोग इन दोनों को मक्का और मदीना समझते हुए उनकी आलोचना के लिए नागार्जुन की राजनीति की आलोचना करते थे, वे अब स्वयं सोचें कि तब नागार्जुन की राजनीतिक समझ सही थी या उनके आलोचकों की राजनीतिक जिद।' नागार्जुन के साहित्य पर आधारित मैनेजर पाण्डेय की बातचीत नागार्जुन के साहित्य का गम्भीर विवेचन है। पाण्डेय जी

के अनुसार 'पिछले लगभग पचास वर्षों के भारतीय समाज के इतिहास की अगर सबसे ज्वलन्त समस्याओं और त्रासद घटनाओं की अभिव्यक्ति कहीं एक कवि की कविताओं में मिलती है, तो वे नागार्जुन हैं। नागार्जुन भावावेग के कवि हैं, व्यंग्य के कवि हैं, जीवन और समाज में मौजूद अन्याय के विरुद्ध गहरे आक्रोश के कवि हैं, विनोदप्रियता के कवि हैं—और ये सारी प्रवृत्तियाँ आज की हिन्दी से धीरे-धीरे गायब होती जा रही हैं, जिसके कारण हिन्दी कविता में एक तरह का ठंडापन, निष्प्राणता, लगभग जीवनहीनता की स्थिति दिखाई देती है।' पाण्डेय जी नागार्जुन को राजनीतिक दृष्टि से अस्थिर कवि मानने वाले आलोचकों की आलोचना करते हुए कहते हैं कि 'जो लोग नागार्जुन को राजनीतिक दृष्टि से अस्थिर कवि कहते हैं वे किसी कवि के किसी दल की राजनीति से निरन्तर जुड़े रहने को ही राजनीतिक स्थिरता मानते हैं।'

अपनी भेंटवार्ताओं में पाण्डेय जी ने आलोचना की समस्याओं पर विस्तार से चर्चा की है। उनके अनुसार हिन्दी में 'यथार्थ की खोज' के बदले 'यथार्थवाद की खोज' ज्यादा होती रही है। हिन्दी आलोचना द्वारा लेखकों की अनदेखी को वे बेहिचक स्वीकार करते हैं। उनके अनुसार 'रांगेय राघव हिन्दी की प्रगतिशील आलोचना के दुर्व्यवहार के एक प्रमाण हैं। कई बार खेमाबन्दी के कारण भी कथाकारों का मूल्यांकन नहीं हो पाया। मसलन रेणु के बारे में प्रगितिशीलों के मन में बराबर एक तरह की दुविधा रही है। वे रेणु की कला पर मुग्ध होते हैं लेकिन उनकी राजनीति और विचारधारा के कारण उनको स्वीकार नहीं कर पाते।' पाण्डेय जी आलोचना की अतिवादी मानसिकता की आलोचना करते हैं। रामकुमार कृषक के साथ एक बातचीत में वे कहते हैं—'कुछ लोग ऐसे हैं, जो जटिलता में ही कविता का सौन्दर्य खोजते हैं, यह एक गड़बड़ी है। दूसरी गड़बड़ी यह है कि कुछ सरलता में सौन्दर्य खोजते हैं।' अज्ञेय की आलोचना के सन्दर्भ में भी उनका कथन उल्लेखनीय है—'वो भी एक अतिवाद था कि अज्ञेय का नाम आते ही उनका जो कुछ था, आँख मूँदकर उसकी निन्दा की गयी और अब अज्ञेय की हर चीज की तारीफ करने लगे हैं।' इस क्रम में वे पार्टी लाइन पर चलने वाली मार्क्सवादी आलोचना की उस प्रवृति की भी निन्दा करते हैं जिसके शिकार रामविलास शर्मा भी थे। प्रोफेसर पाण्डेय के अनुसार आलोचना के केवल दो भेद हैं—अच्छी आलोचना और बुरी आलोचना। जिसकी उपस्थिति किसी भी आलोचना दृष्टि के व्यावहारिक रूपों में देखी जा सकती है। कई बार वाद की घोषणा आलोचक की आस्था की घोषणा होती है। उन्हीं के शब्दों में, 'हिन्दी और हिन्दीतर भाषाओं में भी ऐसे मार्क्सवादी आलोचक हैं जिनकी आलोचना में साहित्य के विभिन्न आवश्यक पक्षों को स्वीकारते हुए रचना की व्याख्या और मूल्यांकन का जब प्रयत्न होता है तब

अच्छी आलोचना सामने आती है। लेकिन जहाँ केवल रचनाकार की विचारधारा या पूर्वग्रह को ही ध्यान में रखकर उसको साहित्य में खारिज-दाखिल किया जाता है तो बुरी आलोचना सामने आती है। यह बात दूसरी आलोचना दृष्टियों के बारे में भी कही जा सकती है।' उनके अनुसार अच्छी आलोचना रचना की तरह और उससे भिन्न एक स्वतन्त्र और सजग बौद्धिक कर्म है।

स्त्रीवादी आलोचकों द्वारा महादेवी वर्मा की उपेक्षा की गयी। 'सिमोन द बोउआ' और उनकी पुस्तक 'द सेकेण्ड सेक्स' (हिन्दी में 'स्त्री उपेक्षिता') की चर्चा काफी हुई लेकिन महादेवी वर्मा की पुस्तक 'शृंखला की कड़ियाँ' की नहीं। जबकि महादेवी की पुस्तक पहले छपी। इस उपेक्षा के सन्दर्भ में अरुण देव से बात करते हुए वे कहते हैं कि 'महादेवी की कविताओं की जैसी व्याख्या की गयी उससे उनकी 'नीर भरी दुःख की बदली' की छवि बनती है। अब नीर भरी बदली के भीतर कभी-कभी बिजली भी चमकती है और वह केवल प्रकाश ही नहीं देती, अन्धकार के लिए घातक भी सिद्ध हो सकती है—यह खोज करना आलोचकों के लिए सम्भव ही नहीं लगा, इसीलिए किसी ने इस पर ध्यान नहीं दिया और इसीलिए 'शृंखला की कड़ियाँ' की उपेक्षा भी हुई.' वैसे पाण्डेय जी इस बात से सन्तुष्ट हैं कि स्त्री मुक्ति की परम्परा का अन्वेषण करने के क्रम में अब महादेवी वर्मा पर ध्यान दिया जा रहा है। वे महादेवी के लेखन को तीन कोटि में विभाजित करते हैं—'शृंखला की कड़ियाँ में उनके विचार हैं, उनके रेखाचित्रों में स्त्री-जीवन के यथार्थ की अत्यन्त प्रामाणिक अभिव्यक्ति है, और उनकी कविताओं में ऐसे संकेत हैं जो स्त्री स्वाधीनता के आन्दोलन को बनाने और विकसित करने में प्रेरणादायक हो सकते हैं।'

मैनेजर पाण्डेय अपने से पूर्व और समकालीन आलोचकों से जोड़कर ही खुद के लेखन को देखते हैं—'मैं आचार्य रामचन्द्र शुक्ल, रामविलास शर्मा और नामवर सिंह की काव्यालोचना से सीखते हुए अपनी क्षमता के अनुसार इस क्षेत्र में कुछ करने की कोशिश करता हूँ।' लेकिन आचार्य रामचन्द्र शुक्ल से विशेष रूप से प्रभावित हैं—'जिस आलोचक से मैं बार-बार सीखने की कोशिश करता हूँ और जिसे बार-बार पढ़ता हूँ वह हैं—आचार्य रामचन्द्र शुक्ल।' इसका मतलब यह नहीं कि वे शुक्ल जी के अन्धभक्त हैं। उन्हीं के शब्दों में 'उनसे सीखने का मतलब उनके सब कुछ को स्वीकार करना नहीं है। सूर पर लिखते हुए मैं आचार्य शुक्ल की इस बात का विरोध करता रहा कि सूरदास अपने में सिमटे कवि हैं...साहित्य के बारे में सोचते हुए समाज को भूलना नहीं चाहिए, यह बात भी मैं आचार्य शुक्ल से ही सीखता हूँ, लेकिन जिस प्रकार आचार्य शुक्ल साहित्य से समाज को जोड़ते थे वह आज अपर्याप्त है।' शुक्ल के बाद पाण्डेय जी डॉ. रामविलास शर्मा से सीखने की बात करते हैं। लेकिन उनके अनुसार 'डॉ. शर्मा से सहमत होकर कुछ नया सोचना

उतना सम्भव नहीं है जितना असहमत होकर।' डॉ. नामवर सिंह की पुस्तक 'दूसरी परम्परा की खोज' के बारे में उनकी टिप्पणी है कि 'नामवर सिंह ने दूसरी परम्परा की खोज में आचार्य हजारी प्रसाद द्विवेदी को महान साबित करने की कोशिश की है, जो विवादास्पद है।' बावजूद वे इस पुस्तक की भाषा की प्रशंसा करते हैं। वे गाँधी-चिन्तन और गांधी के तौर तरीके को भारतीय समाज को समझने में बहुत सहायक मानते हैं, साथ ही उनका यह भी कहना है कि भारतीय समाज को पूरी तरह बदलने की कोई योजना गाँधी के यहाँ नहीं थी।

अन्धविश्वास भारतीय समाज की बड़ी समस्या है। पिछले दिनों इसका विरोध करने की कीमत नरेन्द्र दाभोलकर, गोविन्द पानसारे और एम.एम. कलबुर्गी जैसे तर्कवादियों को अपनी जान देकर चुकानी पड़ी। रूपा गुप्ता के साथ एक बातचीत (1996) में पाण्डेय जी ने अन्धविश्वास की प्रकृति, उसके बनने की प्रक्रिया, प्रभाव और उस पर होने वाली राजनीति पर विस्तार से चर्चा की है। इस महत्त्वपूर्ण बातचीत को उन लोगों को जरूर पढ़ना चाहिए जो भारत में फैले और फैलाए जा रहे अन्धविश्वास के घटाटोप से चिन्तित रहते हैं और उन्हें भी जो इस बीमारी के शिकार हैं। प्रगतिशील बुद्धिजीवियों का एक वर्ग शास्त्र की प्रतिगामिता के बरक्स लोक में प्रगतिशीलता की खोज करते रहे हैं, लेकिन पाण्डेय जी का मत इस सम्बन्ध में बिल्कुल भिन्न और मौलिक है। उनके अनुसार 'अन्धविश्वास को बनाये रखने में लोक की बहुत बड़ी भूमिका होती है क्योंकि अगर एक व्यक्ति साहस करके किसी एक अन्धविश्वास का विरोध करता है या अन्धविश्वास के विरोध में चलने की कोशिश करता है तो आमतौर पर अधिकांश लोग उसकी आलोचना और निन्दा करते हैं। इसीलिए मैं कहा करता हूँ कि प्रायः लोकमत शास्त्रमत से भी अधिक दमनकारी होता है और वह मानसिक तथा सामाजिक स्तर पर यथास्थिति बनाये रखने का काम करता है' उनके अनुसार लोकमत में परिवर्तनकारी तत्त्व होते हैं और परिवर्तन विरोधी भी। इसे वे कबीर के एक पद के सहारे समझाने का प्रयास करते है। वे कहते हैं कि 'जो लोग लोकमत को शास्त्रमत का विरोधी मानते हैं वे लोकमत के अन्तर्विरोधी स्वरूप की उपेक्षा करते हैं। मुझे इस प्रसंग में कबीर का दृष्टिकोण अत्यन्त महत्त्वपूर्ण लगता है। कबीरदास लोकमत के अन्तर्विरोधी स्वरूप को पहचानते हैं। वे मानते हैं कि लोकमत भी भ्रामक विचारों का शिकार होता है। उनका एक प्रसिद्ध पद है :

लोकां मति के भोरा रे।
जो कबीर काशी मरे तो रामहि कौन निहोरा रे।

इस सन्दर्भ में वे मीराँबाई की कविता का उल्लेख भी करते हैं जहाँ मीराबाई 'लोकलाज' और 'कुलकानि' को त्यागने की बात करती हैं, जिसके शोषण की वह शिकार हुई थीं।

पाण्डेय जी का मानना है कि 'जो जीवन में जितना अधिक पराधीन, लाचार और बेबस होता है वह उतना ही अधिक अन्धविश्वास का शिकार भी होता है। भारतीय समाज में वह चाहे आदिवासियों का समाज हो या अत्यन्त सम्पन्न समुदायों का समाज; स्त्रियों की पराधीनता और लाचारी निर्विवाद सच्चाई है। इसीलिए स्त्रियों के जीवन में अन्धविश्वास के लिए बहुत जगह होती है।' भारतीय राजनीति में बढ़ते अन्धविश्वास के प्रकोप को वे लोकतन्त्र के लिए खतरनाक मानते हैं। वे कहते हैं कि 'हिन्दुस्तान का लोकतन्त्र तान्त्रिक साधना की तरह हो गया है। संयोग या दुर्भाग्य की बात यह है कि देश का भविष्य जिन लोगों पर निर्भर है उनका भविष्य तान्त्रिकों और ज्योतिषियों पर निर्भर है।' भारत जैसे देश में अन्धविश्वासों को समझने और उन्हें मिटाने के उपाय क्या हो सकते हैं? इस प्रश्न के जवाब में प्रोफेसर पाण्डेय कहते हैं कि 'अगर मार्क्सवादी एक ओर आत्ममुग्ध वैज्ञानिकता और दूसरी ओर अन्ध-लोकवादी रुझान से मुक्त हों तो वे भारतीय जीवन में फैले अन्धविश्वासों से लड़ सकते हैं और विवेक की चेतना भी पैदा कर सकते हैं।'

पाण्डेय जी हमेशा हर नये प्रगतिशील आन्दोलनों और साहित्यिक गतिविधियों के साथ खड़े होते रहे हैं। नब्बे के दशक में जब हिन्दी में दलित और स्त्री विमर्श का आन्दोलन शुरू हुआ तो वर्ग में विश्वास रखने वाले प्रगतिशील आलोचकों ने भी इसका विरोध किया। लेकिन मैनेजर पाण्डेय ने न सिर्फ इसका समर्थन किया बल्कि लगातार इसके पक्ष में लिखा भी। उनका स्पष्ट मानना रहा है कि 'भारतीय समाज को समझने के लिए वर्ण और वर्ग को साथ-साथ ध्यान में रखना जरूरी है। इसीलिए जब कुछ लोग मार्क्सवाद के नाम पर भारतीय समाज की वर्णवादी संरचना की उपेक्षा करते हुए किसानों और मजदूरों की एकता की बात करते हैं, तब वे भूल जाते हैं कि एक सवर्ण किसान से दलित की या एक सवर्ण मजदूर से दलित मजदूर की सामाजिक-सांस्कृतिक स्थिति भिन्न होती है।' पाण्डेय जी ने 1995 से लेकर अब तक दलित साहित्य के सन्दर्भ में लगभग आधा दर्जन से अधिक साक्षात्कार दिये हैं।' वे मानते हैं कि 'जिन्हें भारतीय वर्णव्यवस्था में शूद्र कहा जाता है या जिन्हें अछूत माना जाता है वे दलित हैं।' और 'सच्चा दलित साहित्य वही होगा, जो दलितों के बारे में स्वयं दलित लिखेंगे।' दलित साहित्य पर कला विहीनता और कमजोर शिल्प के आरोप को वे खारिज करते हैं। एक प्रश्न के जवाब में उनका कहना है कि 'जिस दृष्टि का लक्ष्य साहित्य में लौकिक या अलौकिक आनन्द की खोज है, उस दृष्टि से दलित साहित्य का मूल्यांकन करने पर उसके साथ ज्यादती होगी क्योंकि दलित साहित्य का लक्ष्य ललित साहित्य की तरह प्रिय सत्य कहना नहीं है, बल्कि कड़वा सच कहना है और कड़वा सच कहने वाला साहित्य आनन्द देने के बदले बेचैनी पैदा करती है।' श्योराज सिंह बेचैन के साथ एक बातचीत में भी वे कहते हैं कि 'हिन्दी

के दलित साहित्य की दुर्भाग्यपूर्ण स्थिति यह है कि वह आरम्भ से ही अभिजात, कलावादी और वर्णवादी आलोचना की नासमझी का शिकार हो रहा है।' प्रोफेसर पाण्डेय बाबासाहेब आम्बेडकर के इस कथन से सहमति जताते हैं कि 'हिन्दू धर्म और जाति व्यवस्था में श्रमिकों का विभाजन होता है, श्रम का नहीं।' इसके साथ वह जोड़ते हैं—'मैं तो यह भी कहूँगा कि इसमें श्रम के प्रति उपेक्षा और घृणा का भाव भी मिलता है और यहाँ आम्बेडकर की राय हमारे लिए या जो भी भारतीय समाज को बदलना और समझना चाहते हैं, उनके लिए अत्यन्त महत्त्वपूर्ण है।' पाण्डेय जी इस बात को स्वीकार करते हैं कि वामपन्थी पार्टियाँ भी जाति उन्मूलन और दलितों की स्वतन्त्रता के लिए कोई खास प्रयत्न नहीं कर पायीं। उनका मानना है कि हिन्दी क्षेत्र में फुले और आम्बेडकर जैसे व्यक्ति के ना होने के कारण ही बहुजन समाज पार्टी में अवसरवादी समझौतों और जोड़-तोड़ की छूट मिलती है।

मैनेजर पाण्डेय का मानना है कि दलित साहित्य के माध्यम से दलित जीवन की त्रासदी, यातना और आजादी की आकांक्षा सशक्त और प्रभावशाली रूप से व्यक्त हो रही है। दलित साहित्य के सौन्दर्यशास्त्र के सन्दर्भ में डॉ. दिनेश राम के साथ एक बातचीत में वे कहते हैं कि 'दलित-लेखन में शस्त्र को शास्त्र में बाँधने की चिन्ता जितनी कम होगी उतना ही अच्छा होगा। मैं दलित साहित्य को सामाजिक-सांस्कृतिक आलोचना के अस्त्र-शस्त्र के रूप में देखता हूँ। इसीलिए उसको शास्त्रबद्ध करने की जल्दबाजी से बचने की बात कर रहा हूँ।' मार्क्सवादी आलोचकों द्वारा दलित साहित्य के अस्वीकार करने के सन्दर्भ में उनका मानना है कि हिन्दी के अनेक मार्क्सवादी आलोचक जितने मार्क्सवादी हैं उससे अधिक साहित्यवादी हैं और इस साहित्यवाद के तहत वे दलित लेखकों की रचनाओं को कलाहीन मानकर उसकी आलोचना करते हैं। फिर भी वे आशान्वित हैं कि 'धीरे-धीरे दलित रचनाशीलता का जादू या प्रभाव मार्क्सवादी आलोचना को अपनी ओर आकर्षित करेगा और व्यवस्थित रूप से विचार करने के लिए मजबूर भी।' पाण्डेय जी का यह कथन आज प्रतिफलित हो चुका है। आज की तारीख में देश के लगभग हर विश्वविद्यालय में हो रहे दलित साहित्य का अध्ययन और अध्यापन इस बात का प्रमाण है।

मैनेजर पाण्डेय की सबसे बड़ी विशेषता यह है कि चाहे लेखन हो या वक्तव्य वे कभी हल्की और हवा-हवाई बात नहीं करते। कला और धर्म के अन्तस्सम्बन्धों पर जिस गम्भीरता से उन्होंने रामाज्ञा शशिधर से बात की है वह उल्लेखनीय है। दरअसल 'साहित्य के समाजशास्त्र' को हिन्दी में लाने वाले प्रोफेसर पाण्डेय समाजशास्त्र और राजनीतिशास्त्र के अद्यतन अध्येता हैं। आज भी उनके टेबल पर दुनिया भर से निकलने वाले इन विषयों के जर्नल मिल जायेंगे। पाण्डेय जी का मानना है कि धर्म हमेशा कला को अपने नियन्त्रण में रखने की कोशिश करता है।

दूसरी महत्त्वपूर्ण बात इस सन्दर्भ में वे बताते हैं कि 'प्रारम्भिक दौर में कला और कलाकार के लिए संरक्षण की जरूरत थी। संरक्षण के दो ही केन्द्र थे—राजसत्ता या फिर धर्मसत्ता। दोनों ने कला को संरक्षण देते हुए अपने-अपने काम का बनाया। दोनों ने अपने लिए कला का उपयोग किया। इसीलिए सामन्ती दौर में एक ओर कला का राजसत्ता से गहरा रिश्ता रहा है, दरबार के कवि रहे हैं, राजस्तुतियाँ लिखते रहे हैं उससे सम्बन्धित साहित्य के विभिन्न रूप पैदा हुए। दूसरी ओर धर्म के जो केन्द्र थे उन्होंने कला को संरक्षण प्रदान किया, तो अपने माध्यम से उन्होंने कला को धर्म के महत्त्व की स्थापना का साधन बनाया। धर्म चूँकि लोक केन्द्रित था इसीलिए उसमें कलाकार को राजसत्ता की तुलना में ज्यादा स्वतन्त्रता का अनुभव होता था।' उनका मानना है कि 'जहाँ कलाकार अपनी स्वतन्त्रता को महत्त्व देता है वहाँ वह धर्म के दायरे से मुक्त होने की कोशिश भी करता है।' आजकल जिस प्रकार से अन्ध-आस्था को बढ़ावा दिया जा रहा है और धर्म तथा कला के सम्बन्धों की राजनीतिक लाभ के लिए व्याख्या की जा रही है, इस विषय में रुचि रखने वाले पाठकों के लिए यह बातचीत महत्त्वपूर्ण है। इसी प्रकार उत्तर-संरचनावाद को समग्रता में समझने के लिए 1992 में हेमंत जोशी और देवेन्द्र चौबे की बातचीत उल्लेखनीय है। इस विषय पर बाजार में उपलब्ध मोटी-मोटी पुस्तकों के बनिस्बत यह एक साक्षात्कार काफी है।

प्रसिद्ध साहित्यकार अरुण प्रकाश के साथ बातचीत में पाण्डेय जी के लेखन के साथ-साथ उनके जीवन की झलक भी मिलती है। यह साक्षात्कार इस विधा के फलक को भी विस्तार देता है। जाहिर है कि साक्षात्कारकर्ता की प्रतिभा, ज्ञान और हाजिरजवाबी पर इस विधा की गम्भीरता बढ़ जाती है। यह साक्षात्कार न होकर दो रचनाकारों की आत्मीय बातचीत भी है। बहरहाल इस बहुचर्चित साक्षात्कार के प्रारम्भ में अरुण प्रकाश द्वारा पाण्डेय जी के व्यक्तित्त्व का जो लघु रेखाचित्र खींचा गया है उसकी एक बानगी द्रष्टव्य है—'कई पहलवानी काया को मैंने चरणवन्दना में लिप्त पाया है तो क्षीण-काया पाण्डेय जी में कूट-कूटकर निर्भीकता देखी है। जहाँ कई विद्वानों को सत्ता की चौखट पर शीश नवाते देखा वहाँ भी पाण्डेय जी को विनम्रता के साथ उन्नत सर ही देखा है। हमारे अनेक वामपन्थी मित्र नये चिन्तन से नजरें फेर क्लासिकल मार्क्सवाद से चिपके रहते हैं। वहीं अपने पाण्डेय जी विचार के मामले में अपने दिमाग का दरीचा खुला रखते हैं। जितने नये विचार आपको पाण्डेय जी से सुनने को मिलेंगे, उतने कहीं और कम ही सुनने को मिलेंगे ...इस भोजपुरी भाषी आलोचक ने जिस तरह डूबकर सूर के ब्रजभाषा वाले पदों की व्याख्या की है उससे आपको लगेगा कि पाण्डेय जी बिहार में गोपालगंज जिले के न होकर मथुरा के हैं!'

अरुण प्रकाश जी के साथ बातचीत में पाण्डेय जी ने अपने बचपन से लेकर जेएनयू तक की यात्रा की जानकारी दी है जिससे उनके संघर्ष का पता चलता है। अपने गाँव में बी.ए. पास करने वाले वे पहले व्यक्ति थे। बनारस हिन्दू विश्वविद्यालय में पढ़ते हुए वे वामपन्थी राजनीति के सम्पर्क में आये। साथ ही धूमिल और विष्णुचन्द्र शर्मा से उनका परिचय हुआ। 1968 में जगन्नाथ प्रसाद शर्मा के निर्देशन में उन्होंने अपनी पीएच.डी. पूरी की और 1969 में अध्यापन की शुरुआत उन्होंने बरेली से की। फिर जोधपुर विश्वविद्यालय में जुलाई '71 से मार्च '77 तक रहे। और उसके बाद जेएनयू आये। पाण्डेय जी के लेखन के साथ-साथ हिन्दी आलोचना के अतीत, वर्तमान और भविष्य को समझने के लिए भी यह बातचीत महत्त्वपूर्ण है।

'संवाद-परिसंवाद' में पाण्डेय जी के 2003 से लेकर 2012 तक के संवाद और परिसंवाद शामिल हैं। साहित्य, संस्कृति और सामाजिक मुद्दों पर आधारित इन बातचीतों से गुजरते हुए पाठक इस बात को शिद्दत से महसूस करता है कि मैनेजर पाण्डेय की जो वैचारिक दृष्टि और प्रतिबद्धता उनके शुरुआती लेखन में आकार लेती है, उस प्रतिबद्धता पर वे आज तक कायम हैं। लेखक और प्रतिबद्धता के सवाल पर उनका मानना है कि 'प्रतिबद्धता का गहरा सम्बन्ध लेखक की सामाजिक दृष्टि, उसे आगे बढ़ाने वाली राजनीतिक दृष्टि और उन दोनों को लेखन में व्यक्त करने वाली रचना-दृष्टि से होता है। आज के समय में अगर किसी लेखक को अपने समय और समाज की ऐतिहासिक स्थितियों और सामाजिक तथा राजनीतिक वास्तविकताओं का सही-सही बोध न हो तो उसे प्रतिबद्ध नहीं माना जा सकता।'

पाण्डेय जी के लेखन और वक्तव्य में सूत्रवाक्य भरे होते हैं। कहीं व्यंग्य की बेधकता के रूप में तो कहीं सैद्धान्तिक निचोड़ के रूप में। कोई अध्येता चाहे तो उनके समग्र लेखन से एक स्वतन्त्र कोश तैयार कर सकता है। उनके साक्षात्कारों से यहाँ कुछ उदाहरण द्रष्टव्य हैं–

– 'हर युग में कुछ लोग इतिहास को बोझ की तरह ढोने वाले होते हैं।'
– 'जो इतिहास में गया ही नहीं है, वह उससे मुक्त कैसे हो सकता है?'
– 'शब्दों को गोली और कविता को गोली दागने की बन्दूक समझने की धारणा भी गलत है।'
– 'सिद्धान्त व्याख्या का सहयोगी है, वह व्याख्या का सहयोगी और मार्गदर्शक होकर ही सार्थक बनता है।'
– 'कोई भी व्याख्या सिद्धान्तविहीन नहीं होती। व्याख्या के सिद्धान्तविहीन होने का अर्थ है दृष्टिहीन होना, जो व्याख्या नहीं, व्याख्या के नाम पर प्रलाप है।'
– 'कुछ आलोचक ऐसी आलोचनाएँ लिखते हैं जिन्हें रचना के सामने

द्वितीयक ही नहीं, तृतीयक भी माना जा सकता है लेकिन अच्छी आलोचना रचना की तरह और उससे भिन्न एक स्वतन्त्र और सजग बौद्धिक कर्म है।'

– 'मुक्तिबोध ने कामायनी को 'सभ्यता समीक्षा' कहा है, जबकि कामायनी पर मुक्तिबोध की आलोचना स्वयं 'सभ्यता-समीक्षा' है।'
– 'विचारधारा केवल विचारों की धारा नहीं है उसमें यथार्थ चेतना, जनोन्मुखी भावना और बेहतर मानवीय मूल्यों की कामना भी निहित होती है।'
– 'आलोचना अपने समय और समाज की भूमि से परम्परा का मूल्यांकन भी करती है।'
– 'आलोचना में स्वयं को सही साबित करने की जिद जब दूसरों को गलत साबित करने की कोशिश बनती है तो अनेक परेशानियाँ पैदा होती हैं।'
– 'मूलगामी लोकप्रियता और बाजारू लोकप्रियता में अगर कोई फर्क नहीं किया जायेगा तो काका हाथरसी की कविता और नागार्जुन की कविता में फर्क करना मुश्किल हो जायेगा।'
– 'दलित साहित्य का लक्ष्य ललित साहित्य की तरह प्रिय सत्य कहना नहीं है, बल्कि कड़वा सच कहना है और कड़वा सच कहने वाला साहित्य आनन्द देने के बदले बेचैनी पैदा करता है।'
– '1980 को कविता-संग्रहों के भरमार का वर्ष कहना उचित है, कविता की वापसी का नहीं।'
– 'दुर्भाग्य की बात यह है कि देश का भविष्य जिन लोगों पर निर्भर है उनका भविष्य तान्त्रिकों और ज्योतिषियों पर निर्भर है।'

हमारे लिए यह खुशी की बात है कि अपने उम्र के पचहत्तरवें वर्ष में भी पाण्डेय जी रचनात्मक रूप से सक्रिय हैं, हमेशा कुछ नया साहित्य को दे रहे हैं। वे जैसे कल थे वैसे ही आज भी हैं और पूरा विशवास है कि आने वाले कल में भी वैसे ही रहेंगे। वे नागार्जुन की परम्परा के लेखक हैं। जो काम नागार्जुन ने अपने लेखन के जरिए किया वही उन्होंने अपनी आलोचना के माध्यम से किया। दरअसल वे प्रतिपक्ष के लेखक हैं। अरुण प्रकाश के शब्दों में—'आपातकाल में जैसी दृढ़ता थी, वैसी उनमें आज भी है। विस्मय यह भी है कि इतने साल शहर में रहकर भी यह आदमी कोतवाली की चतुराई नहीं सीख पाया।'

आलोचना की संस्कृति और मैनेजर पाण्डेय की आलोचना

पंकज पराशर

वर्तमान राजनीतिक व्यवस्था में सच्ची और खरी-खरी कहने वाली आलोचना के लिए जिस तरह लगातार जगह कम होती जा रही है और असहमतों को बर्दाश्त करने की सहिष्णुता घटती जा रही है, उसी तरह साहित्यिक समाज में भी बिना किसी लाभ-लोभ के सच कहने वाली आलोचना की जगह लगातार घटती चली जा रही है। जिस साहित्यिक समाज में सच्ची और खरी आलोचना के लिए स्थान कम होता चला जाये और लेखकप्रियता के दबाव में आलोचना का स्थानापन्न प्रशंसा/ठकुरसुहाती बन जाये, उस समाज में लोकतन्त्र और आलोचना दोनों की संस्कृति खतरे में आ जाती है। संयोग से आजादी के बाद भी जिस तन्त्र को 'लोक' का तन्त्र कहा जाता है, उसमें शुरुआत से ही लोक को किनारे करते जाने और तन्त्र का अपने पक्ष में इस्तेमाल करने की प्रवृत्ति रही है। इसलिए हमारी जिन संस्थाओं के नाम में किसी-न-किसी रूप में लोक शब्द जुड़ा है, उन संस्थाओं तक में लोकतन्त्र का घोर अभाव है। हालाँकि हर बात का सूत्र अपनी परम्परा में ढूँढ़ लेने वाले परम्पराप्रिय लालबुझक्कड़ कभी-कभी क्षणिक उदारतावश 'निन्दक' को 'नियरे' राखने की बात तो करते हैं, लेकिन नियरे रहने वाला निन्दक जब वास्तव में अपनी कर्मठता दिखाने लगता है तो उनकी सारी लोकतान्त्रिकता हवा हो जाती है और निन्दक के प्रशंसक न बन पाने की निराशा से उपजी खिन्नता आलोचना की संस्कृति से ही खिन्नता बन जाती है। सच्चाई चूँकि अपनी तासीर से ही कड़वी होती है, इसलिए रचनात्मक आलोचना को भी व्यक्तिगत स्तर पर ग्रहण करने और नाराजगी जाहिर करने का अशालीन तरीका बढ़ा है। ऐसे में इहलोक सुधारने की चिन्ता में हलकान कई आलोचक जहाँ लेखकप्रिय बनने के लिए अतिशय व्यावहारिकता का दामन थामने लगे हैं, वहीं दूसरी ओर रचनाकारों की असहिष्णुता और अमर होने की व्यग्रता ने भी आलोचना के मार्ग को अवरुद्ध किया है। इस वजह से आलोचना की विश्वसनीयता प्रश्नचिह्न के घेरे में आ जाती है और आलोचना से आशा भी अर्थहीन-सी प्रतीत होती है। वर्तमान परिदृश्य में सच्ची और खरी-खरी कहने वाली

आलोचना की तासीर से परिचित और लेखकप्रियता के लाभ को त्यागने के कबीराना अन्दाज़ से लैस आलोचना ही किसी भी परिस्थिति में अपनी विश्वसनीयता की रक्षा कर पाने में सफल होती है।

हिन्दी आलोचना में कुछ आलोचक लोकप्रियता के मारे हैं, तो कुछ लेखकप्रियता के। लोकप्रियता के मारे आलोचक जहाँ एक ओर पुस्तक विमोचन समारोहों में चातक की तरह अपनी ओर टकटकी लगाये लेखकों पर कुछ चुने-घिसे हुए विशेषणों की वर्षा करके मंच लूट लेने का दावा करते हैं, वहीं दूसरी ओर लेखकप्रियता के मारे आलोचक आधारहीन/निरर्थक आशीर्वचनों से साहित्यिक परिदृश्य में लेखक की स्थापना का दयनीय दावा करते हुए पाये जाते हैं। 'टेरी इग्लटन ने लिखा है कि आजकल आलोचना या तो साहित्य-उद्योग के जनसम्पर्क विभाग का हिस्सा है या शिक्षा संस्थाओं का आन्तरिक मामला। उसका कोई सामाजिक लक्ष्य या कार्य नहीं है। यह हिन्दी आलोचना के बारे में भी सच है। 19वीं सदी से आज तक की हिन्दी आलोचना के इतिहास पर ध्यान दीजिए तो मालूम होगा कि आलोचनात्मक चेतना की क्रियाशीलता का दायरा क्रमशः संकुचित हुआ है।' (आलोचना की सामाजिकता, पृ. 15) अशोक वाजपेयी स्कूल के जनसम्पर्की आलोचक मदन सोनी के आलोचनात्मक चेतना की क्रियाशीलता का दायरा सिकुड़कर किस कदर अपने आका और उनके चरण-वन्दकों तक सिमटकर रह गया है, इसका गर्हित नमूना है 'आलोचना' (अंक-54, पृ. 114) में प्रकाशित उनका नयनसुखी लेख 'हिन्दी उपन्यास की अल्पता पर कुछ ऊहापोह'। यह बात समझ से परे है कि किसी व्यक्ति की अज्ञानता और अध्ययन की सीमा किसी अन्य लेखक की सीमा कैसे हो सकती है? किसी लेखक को समग्र रूप से पढ़े बगैर उसके तमाम लेखों को चार ऊहापोही विशेषणों से खारिज करने की चेष्टा कलावादी आलोचना की अलोकतान्त्रिक राजनीति और आत्म/गुटकेन्द्रित संस्कृति का तरसनीय नमूना है। कहना न होगा कि कलावादी घराने के आलोचक आरम्भ से ही तथ्य/तर्कपरकता का स्थानापन्न भाषिक वाग्जाल को समझते रहे हैं और रूपवाद को साहित्य का सर्वश्रेष्ठ वाद।

मदन सोनी की तटस्थता और तथ्यनिरपेक्षता इस तथ्य से भी स्पष्ट होती है कि किसी चीज को सत्यापित करने के लिए उनके उदाहरणों का सिलसिला निर्मल वर्मा के 'चिन्तन' शिला से शुरू होता है और अशोक वाजपेयी के काव्य-शिला से आकर केलि करने लगता है। जिन निर्मल वर्मा को मदन सोनी किसी भी आलोचना से परे पतित-पावन आख्यान-पुरुष मानते हैं, उन निर्मल वर्मा की कला-दृष्टि का मूल्यांकन करते हुए प्रो. पाण्डेय लिखते हैं, 'निर्मल वर्मा की कला की धारणा रूपवादी, मनुष्य की धारणा अस्तित्त्ववादी और कला की प्रासंगिकता का दृष्टिकोण रहस्यवादी, जनविरोधी तथा अनैतिहासिक है। प्रत्येक मनुष्य वास्तव में किसी कलाकृति से क्या

पाता है, यह इस बात पर निर्भर है कि वह किस दृष्टिकोण और उद्देश्य से कलाकृति के पास जाता है। वर्ग विभाजित समाज और उसकी कला को ध्यान में रखकर पहले की बात के साथ यह भी जोड़ लेना चाहिए कि कोई व्यक्ति किस वर्ग के दृष्टिकोण से कला की प्रासंगिकता की तलाश करता है। निर्मल वर्मा परोपजीवी बुर्जुआ वर्ग के दृष्टिकोण से कला और उसकी प्रासंगिकता को देखते हैं।' (उपन्यास और लोकतन्त्र, पृ. 163) इसके बाद भी इतिहास-बोध से रहित आलोचक पाखण्डपूर्ण विनम्रता के खोल में हिन्दी उपन्यास की अल्पता को लेकर 'ऊहापोह' व्यक्त करने पर उतारू ही हो जायें, तो उनका क्या किया जा सकता है? ऊहापोही शिल्प का वरण करने के बावजूद बहुत निश्चयात्मक ढंग से मदन सोनी उवाचते हैं, 'मैनेजर पाण्डेय की पुस्तक 'उपन्यास और लोकतन्त्र' ऐसी ही समस्याहीन, निस्संशय, आत्मतुष्ट और आत्मस्फीत 'आलोचना' का एक ताजा उदाहरण है।' केलिवादी आलोचक के ऐसे फ़तवों से मैनेजर पाण्डेय की आलोचना पर तो कोई फर्क नहीं पड़ता, लेकिन उपन्यास की आलोचना को लेकर पाठकों के मन में क्षणिक सन्देह अवश्य होता है।

यह देखना रोचक है कि हिन्दी उपन्यास की अल्पता के सन्दर्भ में उनके 'ऊहापोहों' का उत्स निर्मल वर्मा से शुरू होता है, 'भारत में अनेक उपन्यास लिखे गये हैं; हर साल लिखे जाते हैं—मनोवैज्ञानिक उपन्यास, यथार्थवादी उपन्यास, आंचलिक उपन्यास लेकिन स्वयं उपन्यास की 'समस्या' पर विचार, उसके जातीय फॉर्म का अन्वेषण हमने नहीं के बराबर किया है। इस स्तर पर उपन्यास की समस्या हमारी समूची संस्कृति के विश्लेषण से जुड़ी है।' परम्परा में सन्निहित रूढ़िप्रियता के प्रति विशेष आग्रही निर्मल वर्मा उपन्यास के जातीय फॉर्म की 'समस्या' को समूची संस्कृति के विश्लेषण से जोड़ देते हैं। बहुत महीन कातने का दावा करने वाले मदन सोनी, निर्मल वर्मा से भी आगे बढ़कर कहते हैं, 'स्वयं साहित्य पर, सत्तामीमांसात्मक किस्म के किसी भी स्तर के विमर्श का सर्वथा अभाव है।' जिस उदारता से ये दोनों विद्वान नकारात्मकता का प्रचार और उपन्यास विषयक सम्पूर्ण चिन्तन-धारा का तिरस्कार करते हैं, काश! उसी ऊहापोही विनम्रता से वे आलोचना पढ़ने का धैर्य भी दिखाते और ठोस तथ्यों को तर्कों के साथ रखते! इस सन्दर्भ में मैनेजर पाण्डेय कहते हैं, 'निर्मल वर्मा की विचार-पद्धति की एक विशेषता यह है कि वे बार-बार कृत्रिम प्रश्न गढ़ते हैं और उनका छलमय उत्तर देते हैं।' लेकिन निर्मल वर्मा और उनके अनुयायी दावा यह करते हैं गोया उनकी तरह का चिन्तन पूरी औपन्यासिक परम्परा में किसी और ने कभी किया ही नहीं। चचा ग़ालिब ने यूँ ही नहीं कहा था, 'या रब वे न समझे हैं न समझेंगे मेरी बात/दे और दिल उनको न दे ज़ुबां मुझको और।'

उपन्यास पर लिखे अपने एक लेख 'उपन्यास और लोकतन्त्र' में मैनेजर पाण्डेय लिखते हैं, 'उपन्यास केवल यथार्थ की खोज और उसकी गति की पहचान

का आख्यान ही नहीं है, वह सम्भावनाओं की तलाश का आख्यान भी है। उसमें वर्तमान की सीमाओं के बोध के पार जाने की आकांक्षा के कारण सम्भावित संसार की रचना की कोशिश भी होती है। उपन्यास के माध्यम से ऐसी निर्मिति की जाती है जो पाठकों को वास्तव में सम्भव लगे। ऐसी दुनिया रचनेवाला उपन्यासकार ही सम्भावनाओं का व्याख्याकार भी कहा जा सकता है। आजकल ऐसे उपन्यास लिखे जा रहे हैं जो पूँजीवाद की बर्बरता से मुक्ति की आकांक्षा के कारण एक बेहतर दुनिया की कल्पना पाठकों के सामने रखते हैं।'(आलोचना की सामाजिकता, पृ. 243) यह लेख सर्वप्रथम 'पहल' में प्रकाशित हुआ था, जिसकी लोकप्रियता का अन्दाज़ा इस तथ्य से भी लगाया जा सकता है कि प्रकाशित होने के तत्काल बाद इस आलेख का 'कादंबरि आणि लोकशाही' शीर्षक से मराठी में रंगनाथ पठारे (मराठी में साहित्य अकादेमी पुरस्कार से पुरस्कृत) ने अनुवाद किया, जो नासिक से प्रकाशित होने वाली पत्रिका 'शब्दालय' में प्रकाशित हुआ। अभी हाल ही में मुम्बई के एक मराठी प्रकाशक ने इस लेख को पुस्तिका के रूप में प्रकाशित किया है, जो मराठी पाठकों के बीच बेहद लोकप्रिय हुआ है। हमारी सीमा यह है कि उपन्यास पर प्रो. पाण्डेय के विपुल लेखन से केवल चन्द उदाहरणों को यहाँ हम पेश कर पायेंगे। जिससे सुधीजनों को यह अन्दाज़ा लगाने में आसानी होगी कि वे अपने लेखन में उपन्यास की आलोचना से किस तरह सम्बद्ध, आबद्ध और प्रतिबद्ध रहे हैं। उपन्यास का शायद ही कोई ऐसा पक्ष हो, जिस पर मैनेजर पाण्डेय ने विचार न किया हो; इसके बाद भी किसी नयनसुखी आलोचक को कुछ दिखाई न दे, तो इसमें उनका क्या दोष है!

उपन्यास के समाजशास्त्र पर विचार करते हुए प्रो. मैनेजर पाण्डेय ने लिखा है, 'आधुनिक युग की सांस्कृतिक चेतना का प्रतिनिधि कला रूप बनने के लिए उपन्यास को कठिन संघर्ष करना पड़ा है। आधुनिक युग के प्रतिबन्धित और तरह-तरह के सेंसरशिप के शिकार साहित्य का अगर कोई ब्योरा तैयार किया जाये तो उसमें सबसे अधिक संख्या उपन्यासों की ही होगी। उपन्यास के विरोध के अनेक कारण रहे हैं। आरम्भ से ही उपन्यास की कला में निहित लोकतान्त्रिक चेतना का विरोध सामन्ती चेतना की ओर से होता रहा है। सोलहवीं सदी में स्पेन के सम्राट ने कानून बनाकर दक्षिण अमेरिका में उपन्यास लिखने पर प्रतिबन्ध लगा दिया था, क्योंकि उसके अनुसार उपन्यास जनता के लिए खतरनाक था।' (उपन्यास और लोकतन्त्र, पृ. 41) सत्ता का ऐसा रवैया सिर्फ पश्चिम में रहा हो, ऐसा नहीं है; भारत भी इन उदाहरणों से मुक्त नहीं रहा है। प्रेमचन्द की कृति 'सोजे-वतन', सलमान रुश्दी के उपन्यास 'द मूर्स लास्ट साइ', बांग्लादेश की निर्वासित लेखिका तसलीमा नसरीन की कृति 'द्विखण्डितो' को बाकायदा प्रतिबन्धित किया गया और अपनी कथित उदारता

का डंका पीटने वाली भारत सरकार तस्लीमा नसरीन को 'ए रूम वंस ओन' तक दे पाने में 'दाएँ-बाएँ' करती रही है। बांग्लादेश के बाद तस्लीमा भारत को अपना दूसरा घर समझती हैं, लेकिन पहले घर की तरह दूसरे घर में भी उनकी आकांक्षाओं को जगह नसीब नहीं हो रही है।

उपन्यास में अभिव्यक्त नैतिक-अनैतिक चित्रण को लेकर भारत में भी खूब बहस-मुबाहिसे हुए हैं। नागार्जुन ने अपने मैथिली उपन्यास 'पारो' में और अज्ञेय ने 'शेखर : एक जीवनी' में भाई-बहन के नाजुक सम्बन्ध को लेकर लिखा था, उन दिनों बहुत खलबली मची थी। लेकिन परम्परावादियों की बेचैनी मानवीय संवेदना के क्षरित होते चले जाने और सामाजिक बन्धनों के कारण अनेक जिन्दगियों के बेमतलब होते चले जाने में कम और नैतिकता के बन्धनों के ढीले पड़ जाने के कारण अधिक है। 'उपन्यास की नैतिकता पर बहस हिन्दी में ही नहीं हुई। सत्रहवीं और अठारहवीं सदी के अंग्रेजी उपन्यासों पर भी ऐसी बहसें मिलती हैं। उन बहसों को देखने से मालूम होता है कि जो उपन्यास जितना अधिक यथार्थवादी होता था, उसको उतना ही अधिक अनैतिक कहकर उसकी निन्दा की जाती थी।'(वही, पृ. 41) नागार्जुन के उपन्यास के बहाने इन नैतिक और सामाजिक प्रश्नों पर विचार करते हुए प्रो. पाण्डेय लिखते हैं, 'नागार्जुन अपने उपन्यास के पात्रों की पीड़ा और परेशानियों को सामाजिक संरचना की देन मानते हैं, इसलिए समाज को बदले बिना व्यक्ति की मुक्ति सम्भव नहीं देखते। समाजशास्त्रीय कल्पना के सहारे ही नागार्जुन अपने पात्रों की नितान्त व्यक्तिगत समस्याओं की जड़ें कभी इतिहास की प्रक्रिया में खोजते हैं तो कभी सामाजिक संस्थाओं, रूढ़ियों और परम्पराओं में। उनकी समाजशास्त्रीय कल्पना उनके उपन्यासों को सांस्कृतिक विमर्श भी बनाती है, इसीलिए उनके उपन्यास मिथिलांचल की संस्कृति के बारे में सांस्कृतिक अन्तर्दृष्टि देने में सक्षम हैं, क्योंकि उपन्यासों में कथाकार की संवेदनशीलता और समाजशास्त्री की समझदारी की सर्जनात्मक एकता है।' (वही, पृ. 199)

मैनेजर पाण्डेय आलोचना की लोकतान्त्रिक संस्कृति में विश्वास करते हैं और इसके लिए किसी भी मूल्य को चुकाने के लिए तैयार रहते हैं। इसलिए वे किसी भी संस्था या व्यक्ति के अलोकतान्त्रिक और अमानवीय कृत्य की खरी-खरी आलोचना करने का नैतिक साहस कर पाते हैं। सरकार की कथित संस्कृति सम्बन्धी चिन्ता पर व्यंग्य करते हुए वे लिखते हैं, 'कुछ दिनों से केन्द्र और राज्य की सरकारें संस्कृति के बारे में बहुत चिन्तित दिखाई देती हैं। संस्कृति के बारे में सरकारी चिन्ता की शुरुआत मध्यप्रदेश से हुई थी। उससे प्रेरणा पाकर केन्द्रीय सरकार भी संस्कृति के बारे में चिन्तित हो उठी।' (अनभै साँचा, पृ. 191) सरकारों की इस चिन्ता के पीछे क्या कारण हैं, इसको देखने के बाद सरकारी चिन्ता के ढोंग को आसानी से

समझा जा सकता है, 'जब से किसानों, मजदूरों, आदिवासियों, हरिजनों और स्त्रियों ने शोषण और दमन के खिलाफ आवाज उठाना आरम्भ किया है, उनके आन्दोलन तेज हुए हैं, तबसे उनकी कला और संस्कृति में सरकार की दिलचस्पी बढ़ी है। जनता की कला की असहमति और विरोध की आवाज को दबाकर उसे सजावट और मनोरंजन की वस्तु बनाने की कोशिश जारी है।' (वही, पृ. 195)

हिन्दी आलोचना में अनेक चतुर-सुजान आलोचक अमूर्त प्रतिपक्ष को चुनते हैं और क्रान्तिकारी मुद्रा में हवा में लाठियाँ भाँजते रहते हैं। जबकि मैनेजर पाण्डेय केन्द्र और राज्य सरकारों के संस्कृति प्रेम के पाखंड को उजागर करते हुए 'संस्कृति-पुरुष' की कारकर्दगी को भी अनावृत्त करने से नहीं चूकते। हिन्दी संसार के चुनिन्दा सत्ताधीशों में से एक अशोक वाजपेयी से असहमति जाहिर करते हुए वे लिखते हैं, 'संस्कृति के सरकारीकरण के नये अभियान के एक नेता अशोक वाजपेयी का दावा है कि भारतीय राजनीति ने 'साहित्य और समालोचना की स्वतन्त्रता पर अंकुश लगाने या उसे सीमित करने की कोई विशेष या गम्भीर चेष्टा नहीं की है।' यही नहीं, उनको इस बात का दुख है कि 'भारतीय राजनीति ने साहित्य और समालोचना को एक तरह से छुट्टा छोड़ रखा है।' उनके पहले वाक्य का दावा जितना झूठा है, उतना ही खतरनाक है दूसरे वाक्य में छिपा हुआ इरादा। आलोचना में सुरुचि और शालीनता की माँग करने वाले अशोक वाजपेयी की भाषा उनकी आलोचना की संस्कृति की कलई खोल रही है।' (वही, पृ. 138) इसी लेख में अपनी बातों को और स्पष्ट करते हुए प्रो. पाण्डेय कहते हैं, 'आजकल इस देश में संस्कृति के सरकारीकरण का जो अभियान चल रहा है, उसके दो पक्ष है; प्रतिरोध की संस्कृति का दमन और सहमति की संस्कृति का प्रसार। अशोक वाजपेयी प्रतिरोध की संस्कृति के दमन को झुठलाते हैं और आलोचना के जनतन्त्र के नाम पर सहमति की संस्कृति का प्रचार करते हैं।' मैनेजर पाण्डेय आलोचना के जनतन्त्र के नाम पर सहमति की संस्कृति का प्रचार नहीं करते, न वैचारिक साम्य या वैषम्य को आलोचना का प्रतिमान बनाकर किसी की आलोचना या सराहना करते हैं। कहना न होगा कि सैद्धान्तिक सोच से समृद्ध आलोचक वैचारिक ईमानदारी के मामले में किसी दुविधा में नहीं जीता और शायद इसीलिए मैनेजर पाण्डेय अशोक वाजपेयी लिए एक और मार्क्सवादी कवि-आलोचक मुक्तिबोध के लिए दूसरे आलोचना के प्रतिमान की जरूरत महसूस नहीं करते।

मैनेजर पाण्डेय जिस आलोचनात्मक अनुशासन की प्रस्तावना करते हैं; उसमें धुर विरोधियों की आलोचना भी बिना पढ़े-लिखे करने का अनैतिक चलन नहीं है। आलोचकीय प्रतिमान पर रचना की विवेचना और मूल्यांकन से गुजरने के बाद ही वे किसी रचना, विचार या आन्दोलन के बारे में अपनी राय व्यक्त करते हैं।

जिस निर्भीकता से वे अशोक वाजपेयी की आलोचना करते हैं, उसी निर्भीकता से मुक्तिबोध के बारे में भी अपनी राय व्यक्त करने से नहीं झिझकते, 'सगुण काव्य-धारा की सीमा बताने के लिए मुक्तिबोध ने यह सवाल किया है : क्या यह एक महत्त्वपूर्ण तथ्य नहीं है कि रामभक्ति शाखा के अन्तर्गत एक भी प्रभावशाली और महत्त्वपूर्ण कवि निम्नजातीय शूद्र वर्गों से नहीं आया? यह तथ्य है। लेकिन इससे क्या साबित होता है? तथ्य तो यह भी है कि आधुनिक काल में प्रगतिशील आन्दोलन के अन्तर्गत भी कोई महत्त्वपूर्ण और प्रभावशाली कवि निम्नजातीय शूद्र वर्गों से नहीं आया। तब क्या इससे यह साबित होता है कि प्रगतिवाद के बड़े कवि उच्चजातीय वर्गों के प्रभुत्व के प्रमाण हैं?' (वही, पृ. 26) भक्तिकाल के सन्दर्भ में वे आलोचना के तमाम बड़े पूर्व-पुरुषों से अपनी असहमति जाहिर करने से नहीं झिझकते, 'हिन्दी आलोचना में सबसे पहले आचार्य रामचन्द्र शुक्ल ने निर्गुण सन्तों के विरुद्ध सगुण भक्तों को खड़ा किया। उन्होंने निर्गुण सन्तों को लोक-विरोधी और सगुण भक्तों को लोक-संग्रही घोषित किया। बाद में आचार्य हजारी प्रसाद द्विवेदी को निर्गुण सन्तों के सामाजिक विचार सगुणों से अधिक प्रगतिशील लगे। मार्क्सवादी आलोचना के एक छोर पर रामविलास शर्मा हैं, जिनकी दृष्टि में निर्गुन-सगुण के बीच कहीं कोई द्वन्द्व नहीं है। वे भक्ति-आन्दोलन और उसके काव्य में किसी विसंवादी स्वर का अस्तित्त्व स्वीकार नहीं करते। दूसरे छोर पर मुक्तिबोध हैं, जिनके अनुसार निर्गुणमत के विरुद्ध सगुणमत का संघर्ष निम्न वर्गों के विरुद्ध उच्चवंशीय संस्कारशील अभिरुचि वालों का संघर्ष था।' (वही, पृ. 25)

अपने लेखन के आरम्भ से ही उनकी रुचि भक्तिकाल में लगातार बनी रही है। मध्यकाल, जिसे अंग्रेज इतिहासकार 'मुस्लिम इंडिया' कहते हैं; उसे हिन्दी साहित्य में भक्तिकाल कहा जाता है। इस काल की प्रवृत्तियों और विशिष्टताओं पर उन्होंने 'भक्ति-आन्दोलन और सूरदास का काव्य' नामक पुस्तक में विस्तार से विचार किया है, 'जिसे हम भारतीय संस्कृति कहते हैं उसके निर्माण में भक्ति-आन्दोलन की अत्यन्त महत्त्वपूर्ण भूमिका है। इसके विभिन्न रूपों पर उस आन्दोलन की अमिट छाप है। भाषा और साहित्य ही नहीं, संगीत, नृत्य, चित्र, मूर्ति, स्थापत्य आदि कलाओं के साथ धर्म, दर्शन की जो सजीव और सार्थक परम्पराएँ भारतीय जीवन में घुली-मिली हैं उनमें से अधिकांश भक्ति-आन्दोलन की देन हैं। भक्ति आन्दोलन के व्यापक और स्थायी प्रभाव का एक कारण यह है कि उसमें भारतीय संस्कृति के अतीत की स्मृति है, अपने समय के समाज तथा संस्कृति की सजग चेतना है, भविष्य की गहरी चिन्ता भी है।' (भक्ति-आन्दोलन और सूरदास का काव्य, भूमिका से) भक्तिकाल के अनेक कवियों पर उन्होंने सहृदयतापूर्वक नये तथ्यों की रोशनी में विचार-विमर्श किया है, जिसका एक बेहतरीन नमूना है इसी पुस्तक के अन्तिम

अध्याय में सूरदास पर बहुत मौलिक ढंग से लिखा गया उनका लेख। जिसमें वे कहते हैं, 'सूर-साहित्य की व्याख्या के लिए जो सत्संगी आलोचना आगे आयी, उसकी दिलचस्पी महात्मा सूरदास में अधिक थी और महाकवि सूरदास में बहुत कम। इस आलोचना में बुद्धि की जगह श्रद्धा ने ली थी। फिर 'चौरासी वैष्णवन की वार्ता' और 'दो सौ बावन वैष्णवन की वार्ता' के आधार पर सूर के जीवन और काव्य में वल्लभ सम्प्रदाय की छाप की खोज होने लगी। लक्ष्य था सूर को 'पुष्टिमार्ग का जहाज' सिद्ध करना, ताकि आलोचना लोक-परलोक दोनों को सुधारने का साधन बन सके। सूर-साहित्य की व्याख्या में सत्संगी आलोचना की वही भूमिका है जो तुलसी-साहित्य के प्रसंग में कथावाचकों की परम्परा है।' प्रसंग चाहे उपन्यास पर विचार करने का हो या भक्तिकाल पर, प्रो. पाण्डेय हिन्दी आलोचना की प्रचलित पिष्ट-पेषण की परम्परा से बचते हुए अपनी तर्कशक्ति और आलोचकीय क्षमता के सहारे मौलिक ढंग से विचार करने का प्रयास करते हैं।

डॉ. रामविलास शर्मा ने भक्तिकालीन कवि सूरदास पर जो कुछ लिखा, उसमें स्वतोव्याघात और अवसर के अनुकूल अलग-अलग तरह की राय व्यक्त की गयी है, जिसे देखकर उचित ही प्रो. पाण्डेय ने उनके मत का विरोध किया है, 'सन् 1984 में डॉ. रामविलास शर्मा ने लिखा था, 'कबीर शहरी कारीगरों के, सूर पशु-पालकों के, तुलसी किसानों के जीवन से जुड़े हुए हैं।' लेकिन साल भर बाद उन्होंने लिखा, 'किसान-जीवन के चित्र कबीर और सूर के काव्य में नहीं हैं—मेरी यह बात केवल सापेक्ष रूप में सही है।' रामविलास जी के अन्य वैचारिक विचलनों को उनके विरोधियों और अनुयायियों ने लक्षित किया है, लेकिन महज साल भर के भीतर रामविलास जी की राय एकदम से उलट होगी, इसका परीक्षण और विरोध करने से वे नहीं चूकते और तथ्यों की नयी व्याख्या करते हुए यह स्थापना देते हैं, 'सूर के काव्य में खेती से जुड़ी हर छोटी-बड़ी बात का जितना आत्मीय ज्ञान है, वह किसान-जीवन से तादात्म्य के बिना सम्भव नहीं। उसमें खेती की भूमि के गुण-धर्म की पूरी पहचान है।' (पृ. 293) सूरदास के काव्य-गुणों की पहचान करते हुए उन्होंने महात्मा सूरदास को वात्सल्य के साथ-साथ जीवन-राग का कवि सिद्ध किया और राजनीति से लेकर खेती-बारी की तमाम बारीकियों से परिचित किसान चेतना से परिपूरित कवि सिद्ध किया।

मैनेजर पाण्डेय अपनी आलोचना में 'संस्कृति' और 'राजनीति' का प्रयोग और उसकी व्याख्या अक्सर करते हुए चलते हैं, ताकि व्यावहारिक आलोचना के समय इन चीजों की सैद्धान्तिक व्याख्या दृश्य-पटल से ओझल न हो जाये। सैद्धान्तिक सोच की स्पष्टता ईमानदार और निर्भीक आलोचना के मार्ग को प्रशस्त करती है और उसे अवसरवादिता के ब्लैकहोल में जाने से रोकती है। सैद्धान्तिक स्पष्टता

आलोचकीय नैतिकता और साहस को तो बल प्रदान करती ही है, व्यावहारिक आलोचना के समय आने वाले वैचारिक और सामाजिक 'ऊहापोहों' को भी अलग रख पाने में सहायक होती है। दृष्टि और अवधारणा दोनों की स्पष्टता के लिए यह आवश्यक है कि आलोचक की वैचारिक और सैद्धान्तिक सोच स्पष्ट हो। लेकिन जब दौर लेखकप्रियता और लोकप्रियता के दबाव में आलोचना लिखने का चल रहा हो तो कलावादी सब कुछ को घंघोल कर दृश्य की संस्कृति को आलोचना की दृष्टि बताने का प्रयास करते हैं। 'आजकल दृश्यों की संस्कृति के अभूतपूर्व और सर्वग्रासी विस्तार के समय में शब्द की संस्कृति या कि साहित्य की स्थिति सन्देह और चिन्ता के घेरे में है। ऐसे में आलोचना और वह भी साहित्य की शुद्ध साहित्यिकता की खोज करने वाली आलोचना की सामाजिकता अगर खतरे में हो तो क्या आश्चर्य! आलोचना की घटती सामाजिकता का कारण केवल बाहरी नहीं है, केवल आज का सांस्कृतिक परिवेश नहीं है, आन्तरिक भी है, जिसका सम्बन्ध आलोचना दृष्टि से है।' (आलोचना की सामाजिकता, भूमिका से) आलोचना की घटती सामाजिकता की पड़ताल करते हुए जहाँ एक ओर वे समकालीन आलोचना भाषा को प्रश्नचिह्न के घेरे में लाते हैं, वहीं दूसरी ओर वे छद्म बौद्धिकता को भी बेनकाब करने की कोशिश करते हैं। आलोचना के सामाजिक बनने की प्रक्रियाओं को स्पष्ट करते हुए वे कहते हैं, 'आलोचना सामाजिक बनती है अपने समाज के मानस की रचनात्मक क्रियाशीलता की समग्रता के बोध और उसकी व्याख्या के माध्यम से। समाज में अनेक प्रकार के टकराव भी होते हैं, जो समाज के मानस तथा उसकी क्रियाशीलता को प्रभावित करते हैं और उनकी अभिव्यक्ति रचनाओं में होती है। आलोचना उन टकरावों और उनकी अभिव्यक्तियों को पहचानती है और उनमें से कुछ के पक्ष में खड़ी होती है, इसलिए उसकी एक हस्तक्षेपकारी भूमिका भी होती है। अब आलोचना संगति, सामंजस्य और सहमति की सेवा करके सार्थक नहीं हो सकती।' (वही, पृ. 18)

उनकी आलोचना-भाषा की एक विशेषता को लक्षित किया जाना चाहिए कि किसी समस्या, मुद्दे, प्रवृत्ति और आन्दोलन की तात्कालिकता पर विचार करते समय भी वे इन चीजों के सैद्धान्तिक और ऐतिहासिक पक्षों को भी अपने जेहन में रखते हैं। इसलिए निकली हुई बात वाकई बहुत दूर तलक जाती है और दूर तलक गयी हुई बात जब व्यापक रूप से सामने आती है, तो अपने तर्कों से निरुत्तर कर देती है। 'कला का उत्सव और उत्सव की संस्कृति' के बहाने वे संस्कृति के सरकारीकरण और व्यवसायीकरण पर विचार करते हैं। 'शासक वर्ग लोक संस्कृति और लोक कलाओं की रक्षा की बात करता है, लेकिन उस कला की रचना करने वाली जनता की उपेक्षा करता है, उसका शोषण और दमन करता है। आजकल कुछ लोग लोक

कला को बिकाऊ माल समझकर उसकी ओर लपक रहे हैं तो कुछ दूसरे उसे सजावट और पूजा की वस्तु बना रहे हैं। लोक कला के व्यापारी और पुजारी दोनों ही उसे इतिहास की सक्रिय शक्ति बनने से रोकते हैं। लोक जीवन से लोक कलाएँ अभिन्न रूप से जुड़ी होती हैं। इसलिए लोक कलाओं का विकास लोक जीवन के विकास पर निर्भर है। शासक वर्ग जनता को हमेशा लोक बनाये रखना चाहता है।' (अनभै साँचा, पृ. 202) पिछले कुछ वर्षों से देश में सांस्कृतिक राष्ट्रवाद के संस्थापनार्थ जिस तरह इतिहास और संस्कृति को युद्ध का मैदान बनाया जा रहा है, उसमें कितनी संस्कृति बचेगी और कितना लोक सुरक्षित रह पायेगा, कहना कठिन है।

मैनेजर पाण्डेय ने हिन्दी साहित्य की लगभग सभी विधाओं और सभी काल की प्रवृत्तियों पर नयी दृष्टि से विचार-विमर्श किया है। इसके बावजूद, 'वो बात जिसका ज़िक्र सारे फसाने में न था/वो बात उनको बहुत नागवार गुजरी है' की मानिन्द आलोचकगण जहाँ यह प्रवाद फैलाते हैं कि वे तो हमेशा सैद्धान्तिक आलोचना में ही खोए रहते हैं, वहीं रचनाकारों की ओर से यह कहा जाता है कि वे कविता-कहानी जैसी विधा में रस नहीं लेते और सैद्धान्तिक तथा अकादमिक विवेचनों के जंजाल में उलझे रहते हैं। इन चीजों पर कोई बात नहीं करते। तब यह सहज ही जिज्ञासा होती है कि क्या वाकई यही सच है? या सत्य की शक्ल में यह अफवाह है जिसकी आड़ में तथ्य/सत्य का दमन और उनकी आलोचकीय छवि के दुष्टतापूर्ण मर्दन का खल-सुख छिपा है? हिन्दी में सैद्धान्तिक सोच का प्रायः अभाव और व्यवहारवादी आलोचना का प्रभाव दिखाई देता है, इसलिए अनेक बार उनकी सहृदयता और रसवादिता को लेकर प्रश्न उठाए जाते हैं। इस बात घा अहसास उनको भी है और इसलिए इस सन्दर्भ में अपनी राय व्यक्त करते हुए उन्होंने लिखा है, 'आजकल हिन्दी में अधिकांश आलोचना या तो अफवाहों के सहारे चल रही है या फिर आप्त-वचनों के सहारे। मेरे बारे में हिन्दी आलोचना में यह अफवाह फैली हुई है या फैलाई भी गयी है कि मैं सैद्धान्तिक सोच का आलोचक, व्यावहारिक आलोचना लिखने वाला आलोचक नहीं हूँ। क्या हिन्दी का हर आलोचक यह नहीं जानता कि मैंने सूरदास की कविता की आलोचना की पूरी पुस्तक लिखी है जो मेरी सर्वाधिक प्रिय पुस्तक है। उसके बाद मैंने मध्यकाल के कवि कबीर, दादू, मीराँ और रहीम तथा आधुनिक काल के कवि महेश नारायण, नाथूराम शर्मा शंकर, मैथिलीशरण गुप्त, रामधारी सिंह दिनकर, नागार्जुन, त्रिलोचन, अज्ञेय, रघुवीर सहाय, धूमिल, कुमार विकल, शैलेन्द्र, अदम गोंडवी और पी.सी. जोशी की कविताओं का विवेचन तथा मूल्यांकन किया है।' (भूमिका से, 'हिन्दी कविता का अतीत और वर्तमान')

मैनेजर पाण्डेय विचारों से मार्क्सवादी हैं और उनकी आलोचना दृष्टि की निर्मिति वामपन्थी विचारों से हुई है, इसके बावजूद कविता के मूल्यांकन में

मार्क्सवादी वैचारिक आग्रहों को वे अपनी दृष्टि की सीमा नहीं बनने देते हैं और कहना चाहिए कि इससे भी आगे बढ़कर मार्क्सवादी कवियों की कमजोर रचनाओं की आलोचना करने से बिल्कुल गुरेज नहीं करते। हालाँकि रूपवाद और कलावाद के आग्रही आलोचकगण कविता के मूल्यांकन में भी काव्य-गुण से अधिक वैचारिक आग्रहों की प्रशंसा करते हुए पाये जाते हैं, लेकिन प्रो. पाण्डेय वैचारिक घेरे को कभी आलोचनात्मक घेरे तब्दील नहीं होने देते हैं। रामधारी सिंह दिनकर कहीं से भी वामपन्थी नहीं थे और शायद इन वजहों से भी सायास या अनायास उनकी उपेक्षा का आरोप हिन्दी आलोचना पर लगता रहा है। लेकिन उनकी कविता का मूल्यांकन करते हुए मैनेजर पाण्डेय कहते हैं, 'दिनकर मार्क्सवादी नहीं थे लेकिन उनकी कविता में पराधीनता, विषमता, शोषण और सामाजिक अन्याय के प्रति जैसा गहरा आक्रोश है वैसा बहुत कम प्रगतिशील कवियों के यहाँ दिखाई देता है।' इस बात को आगे बढ़ाते हुए वे कहते हैं, 'दिल्ली में बहुत कवि रहते हैं, लेकिन दिल्ली क्या है, इस पर ध्यान देने वाले कवि बहुत कम हैं। हिन्दी में अकेले दिनकर ने दिल्ली पर तीन-चार कविताएँ लिखी हैं। उन कविताओं को अलग-अलग पढ़िए तो उनमें दिनकर की चेतना की चार अवस्थाएँ दिखाई देंगी—अंग्रेजी सत्ता की केन्द्र दिल्ली, स्वाधीनता आन्दोलन के दौर की दिल्ली, आजादी के बाद की दिल्ली और बाद में और भी पतनशील दिल्ली—उन्होंने दिल्ली के विभिन्न रूपों पर कविताएँ लिखी हैं।' (हिन्दी कविता का अतीत और वर्तमान, पृ. 87) मार्क्सवादी न होने के बावजूद दिनकर की काव्य-संवेदना की तारीफ और प्रगतिशील कवियों की कमजोर रचनाओं की स्पष्ट आलोचना करते हुए वे कहते हैं, 'असल में भावना को संयमित करके कला में ढालने की कोशिश में बहुत सारे प्रगतिशील कवि मारे गये। अकारण नहीं है कि खुलकर कविता लिखने के कारण हिन्दी आलोचना ने तीस साल तक नागार्जुन को कवि नहीं माना। नागार्जुन को मजबूरी में अपने पैसे से पुस्तकें छपवानी पड़ीं। यह हिन्दी आलोचना की दुर्गति का सबूत है। यदि एक कवि के मन में पराधीनता, शोषण, उत्पीड़न, सामाजिक अन्याय के प्रति गहरा आक्रोश है, जिसे वह कविता में व्यक्त कर रहा है तो प्रगतिशीलों द्वारा उसका स्वागत किया जाना चाहिए था। यह नहीं हुआ।' (वही)

मैनेजर पाण्डेय ने जिस संवेदना और अधिकार से कबीर की कविताओं पर लिखा है, उसी संवेदना और जुड़ाव से लोकप्रिय कवि अदम गोंडवी पर भी लिखा है। कविता के पाठक नहीं हैं, कविता से हिन्दी समाज दूर जा रहा है—जैसे जुमले अनेक बार सुनने को मिल जाते हैं, लेकिन कविता इस दशा में आखिर क्योंकर पहुँची, इसकी सही पड़ताल बहुत कम लोग करते हैं। एक तरफ हिन्दी कविता की मंचीय दुनिया है जिसमें तुक्कड़ों का साम्राज्य है, तो दूसरी तरफ ऐसे कविगण हैं

जिनकी कविता में संवादधर्मिता की जगह रूपगर्विता के हाव-भाव देखे जा सकते हैं। रोचक यह है कि हिन्दी कविता की अलग-अलग दुनियाओं के बीच किसी तरह का कोई संवाद नहीं है। जिन मैनेजर पाण्डेय के बारे में 'अफवाह' है कि वे कविता-कहानी जैसी विधा को अपनी आलोचना का विषय बनाने से बचते हैं, उन मैनेजर पाण्डेय ने 'आज का समय और कविता का संकट' नामक निबन्ध में विस्तार से इन प्रश्नों पर विचार किया है, 'हिन्दी में कुछ कवि ऐसे हैं, जिनके लिए कविता लिखना शतरंज खेलने जैसा है। उससे उन्हें एक ओर बौद्धिक व्यायाम का लाभ मिलता है, तो दूसरी ओर उच्च कोटि के शौकीन कहलाने का सुख मिलता है। एक और जमात ऐसे कवियों की है, जो कविता का मदारी की बन्दरिया की तरह उपयोग करते हैं और उससे पैसा बटोरते हैं। इन दोनों प्रकार के कवियों को अगर आज के समाज में कविता की दुर्गति की कोई चिन्ता न हो तो कोई आश्चर्य की बात नहीं है। लेकिन हिन्दी में ऐसे भी कवि हैं, जिनके लिए कविता आत्मा की पुकार है, अपने समय की गवाह है और अपने समाज की खबर भी। ऐसी कविता समाज से अलग रहकर सार्थक नहीं होती, क्योंकि पुकार में दूसरे तक पहुँचने की बेचैनी होती है और उत्तर पाने की आकांक्षा भी।' (वही, पृ. 206) जिन कवियों ने कविता के माध्यम से आत्मा की पुकार को अभिव्यक्त किया है या कर रहे हैं, उन कवियों की बेचैनी, आत्मालोचन और अपराध-बोध को सुनने और सुनकर और उत्तर देने की जरूरत कितने आलोचकों को महसूस होती है, इस पर भी अफवाह फैलाने वालों को अवश्य विचार करना चाहिए। यह देखना चाहिए कि उन्होंने जिस संवेदना और अधिकार से कबीर की कविताओं पर लिखा है, उसी संवेदना और जुड़ाव से नागार्जुन पर लिखा है, रघुवीर सहाय और कुमार विकल पर लिखा है, अदम गोंडवी पर भी लिखा है। यही नहीं, उन्होंने हिन्दी के अनेक कवियों पर तो लिखा ही है, तेलुगु के कवि वरवर राव और तमिल के कवि सुब्रमण्यम भारती की कविताओं पर भी विस्तारपूर्वक बहुत गम्भीरता से लिखा है।

आजकल जिस तरह हिन्दी फिल्मों और धारावाहिकों से गाँव और गाँवों के लोग अदृश्य होते जा रहे हैं, उसी तरह हिन्दी कविता की दुनिया से भी ग्रामीण जीवनानुभवों की कविताएँ गायब होती जा रही हैं और पश्चिम की कविताओं के रूप, शिल्प और कथ्य के असर में कविताएँ लिखी जा रही हैं। जबसे देश में उदारीकरण की व्यवस्था लागू हुई है तब से वैचारिक स्तर पर भी उदारता का इस कदर माहौल बना है कि कविगण किसी भी तरह की राजनीति और विचारधारा से छुटकारा पाने के लिए बेचैन हैं। 'कोउ नृप होहू हमहिं का हानि' की तर्ज पर चाहे मनुष्यविरोधी राजनीति का बढ़ता हुआ दमन हो या इतिहास और संस्कृति को विकृत रूप में पेश करने का सत्ताधीशों का भोंडा प्रयास, वे इन तमाम स्थितियों से अलग

बेखुदी के आलम में जीते हैं। प्रो. पाण्डेय इस प्रवृत्ति को लक्षित करते हुए लिखते हैं, 'आजकल हिन्दी में जिस कविता का बोलबाला है, वह नागर कविता है, शहराती और चालाक। उसके रूप और स्वभाव में ही नहीं, अभिप्राय में भी नागरता छायी हुई है। वह शहरी मध्यवर्ग के बौद्धिक समुदाय की आत्म केन्द्रित दृष्टि की उपज है, इसलिए उसमें उसी वर्ग के जीवन की वास्तविकताओं, संवेदनाओं, आकांक्षाओं और उम्मीदों की अभिव्यक्ति हो रही है। यही कारण है कि जिस समाज में जनता का एक बहुत बड़ा हिस्सा बेघर है या फिर जानवरों के रहने की जगह को अपना घर मानने के लिए मजबूर है, उस समाज का एक कवि कहता है : मुझे एक घर दो कविता लिखने के लिए।' (वही, पृ. 215)

शब्द की विश्वसनीयता का सीधा सम्बन्ध चूँकि मनुष्य के आचरण से होता है, इसलिए प्रो. पाण्डेय शब्द और कर्म दोनों की समीक्षा करने को जरूरी मानते हुए कहते हैं, 'शब्द अगर एक ओर जनता के कर्म से जुड़ता है तो दूसरी ओर लेखक के रचना-कर्म से। मनुष्य की चेतना उसके सामाजिक अस्तित्त्व के अनुरूप बनती है। व्यक्ति की दृष्टि उसकी जीवन-दशा से प्रभावित होती है। रचनाकार के शब्द, उसकी रचना के शब्द, उसके जीवन-कर्म को प्रतिबिम्बित करते हैं। रचनाकार का रचना-कर्म सम्पूर्ण सामाजिक जीवन से उसके सम्बन्ध का द्योतक होता है। ईमानदार लेखक के जीवन-कर्म और रचना-कर्म में एकता होती है।' (शब्द और कर्म, पृ. 262) कविता की आलोचना के बीच शब्द और कर्म के सम्बन्ध में उनके विचारों को यहाँ इसलिए भी उद्धृत करना आवश्यक था, ताकि अलग-अलग समय और अलग-अलग पुस्तकों में व्यक्त उनके एक विचार सूरदास के सन्दर्भ में व्यक्त रामविलास जी के विचारों की तरह विविधता के शिकार तो नहीं हो गये? बाइबिल में एक प्रसंग है : फैसला मत दो, क्योंकि फैसला एक दिन तुम पर दिया जायेगा।

मैनेजर पाण्डेय के शब्दों की विश्वसनीयता का सम्बन्ध भी चूँकि उनके आचरण की एकता से सम्बद्ध है इसलिए उनकी इस विशिष्टता को अवश्य रेखांकित किया जाना चाहिए कि किसी भी परिस्थिति में वे अपने लेखन से इस चीज को ओझल नहीं होने देते और 'शब्द और कर्म' नामक निबन्ध लिखने के वर्षों बाद भी 'राजनीति की भाषा' पर विचार करते हुए लिखते हैं, 'समाज के कर्ममय जीवन में शब्दों की सार्थकता ही उनका जीवन है और निरर्थकता मौत। शब्दों की सार्थकता सामाजिक प्रक्रिया में घटती-बढ़ती है। कई बार कुछ शब्द निरर्थकता के दौर से गुजरकर फिर सार्थकता पा लेते हैं। बशर्ते कि उनके अर्थ को मूर्ति और सजीव बनाने वाले कर्म का विकास हो। सामाजिक परिवर्तन की प्रेरणा देने वाले आन्दोलनों के काल में यह स्थिति आती है। लेकिन कई बार कुछ शब्द प्रयोग करने वालों में साहस की कमी से निरर्थक हो जाते हैं। प्रायः वाग्विलासी शब्द-वीरों के हाथों में पड़कर तेजस्वी शब्दों

की यही गति होती है। संघर्ष, क्रान्ति, समाजवाद आदि शब्दों की दुर्गति आजकल दिखाई दे रही है।' (हिन्दी कविता का अतीत और वर्तमान, पृ. 198)

लेखकप्रियता और लोकप्रियता के दो पाटों के बीच अपनी आलोचना की सामाजिकता और विश्वसनीयता दोनों के लिए मैनेजर पाण्डेय को बेहद संघर्ष करना पड़ा है। हिन्दी में वे शायद अकेले ऐसे आलोचक हैं जिन्होंने पुस्तक-समीक्षा लिखने से परहेज किया और सुविधा के लिए साहित्यिक शास्ताओं के आगे कभी दुविधा का प्रदर्शन नहीं किया। जब आलोचना में समकालीनता का दबाव लगातार बढ़ता जा रहा हो और तात्कालिक सफलता की आकुलता के आगे नतमस्तक आलोचक अपनी व्यावहारिकता और अवसरवादिता से इहलोक और परलोक दोनों सुधारने के लिए पूर्ण समर्पण कर चुका हो, तब यह किसी अचरज से कम नहीं है कि मैनेजर पाण्डेय ने राजनीतिक और साहित्यिक दोनों सत्ताओं के सत्ताधीशों की खरी-खरी आलोचना की है। तेलुगु के क्रान्तिकारी कवि वरवर राव की कविताओं का मूल्यांकन करते हुए वे लिखते हैं, 'आन्ध्र में तेलुगुदेशम सरकार ने हर तरह की असहमति और विरोध को दबा देने का जो अभियान चला रखा है, उसका एक उदाहरण है तेलुगु के कवि वरवर राव के काव्य-संग्रह 'भविष्यातु चित्रपटम्' पर 1987 के आरम्भ से लगता प्रतिबन्ध। वरवर राव पिछले तीन वर्षों से आन्ध्र के विभिन्न जेलों में जी रहे हैं। अगर वे जेल से बाहर होते तो सम्भव है, कई दूसरे कलाकारों की तरह पुलिस से झूठी मुठभेड़ में अब तक मार दिये गये होते। जिस राज्य में एक कवि को जीने के लिए जेल में रहना पड़े, उसे स्वतन्त्रता खोकर जीना पड़े, उस राज्य को लोकतान्त्रिक कहना लोकतन्त्र का अपमान है।' (अनभै साँचा, पृ. 140)

अपने समय के हर बड़े कवि के यहाँ पूर्व परम्परा का स्वीकार और पूर्व पुरुषों की प्रतिभा का सम्मान दृष्टिगोचर होता है। बाबा तुलसीदास ने अपने पूर्व-पुरुषों को बहुत सम्मान के साथ याद किया है, 'जे प्राकृत कबि परम सयाने। भाषा जिन्ह हरि चरित बखाने।' और मिर्ज़ा ग़ालिब का वह शेर याद कीजिए, 'रेख़्ते के तुम ही उस्ताद नहीं हो ग़ालिब/कहते हैं अगले ज़माने में कोई मीर भी था।' भारतीय कविता की इस परम्परा से मैनेजर पाण्डेय भली-भाँति परिचित हैं। अपने पूर्व के आलोचकों के अवदान का विनम्र स्वीकार और साहित्य के प्रति उनके समर्पण का सम्मान उनकी आलोचना में देखा जा सकता है। वे जब 'साहित्य और इतिहास दृष्टि' को अपने लेखन का विषय बनाते हैं, तो बहुत जिम्मेदारी और उदारता से हिन्दी आलोचना को दिशा देने वाले आलोचकों के अवदान को रेखांकित करने का प्रयास करते हैं। साहित्य के इतिहास पर विचार करते हुए उन्होंने चिन्ता प्रकट की है, 'रूपवादी आलोचना के बढ़ते हुए प्रभाव के दौर में साहित्येतिहास की असमर्थता या असमर्थ साहित्येतिहास के दोषों की इतनी चर्चा हुई है कि उसे अनावश्यक और

असम्भव घोषित करना सरल हो गया है। इतिहास से नाराज अनेक आलोचकों ने आलोचना में ऐतिहासिक संचेतना को अनावश्यक मानकर उसे समालोचना से बहिष्कृत करने का प्रयत्न किया और साहित्य सिद्धान्त तथा व्यावहारिक आलोचना तक ही आलोचना को सीमित कर दिया।' (साहित्य और इतिहास दृष्टि, पृ. 3)

आचार्य रामचन्द्र शुक्ल पर लिखते हुए वे कहते हैं, 'आचार्य रामचन्द्र शुक्ल ने इतिहास, दर्शन, भाषाशास्त्र, विज्ञान और साहित्य-सम्बन्धी नये-पुराने चिन्तन की वैचारिक यात्रा करने के बाद एक सुनिश्चित समाजोन्मुखी, विकासशील वस्तुवादी साहित्य दृष्टि अर्जित की है और अपनी इस अर्जित नयी दृष्टि से ही परम्परा के मूल्यांकन, वर्तमान की आवश्यकताओं की पहचान और भावी विकास की दिशा खोजने का प्रयास किया है। विज्ञान, दर्शन, इतिहास, भाषाविज्ञान, साहित्य और समाज के विभिन्न पक्षों से सम्बन्धित लेखों तथा पुस्तकों के अनुवाद, सम्पादन और मौलिक लेखन के बीच से जो उनका व्यापक ज्ञानसम्पन्न व्यक्तित्त्व उभरता है, वह यूरोप के पुनर्जागरणकालीन महान विचारकों की याद दिलाता है।' (साहित्य और इतिहास दृष्टि, पृ. 92) आचार्य शुक्ल के व्यापक अध्ययन क्षेत्र और चिन्तन-मनन की विशालता को देखकर उचित ही पाण्डेय जी उन्हें कलावाद का खण्डन और लोकमंगल की स्थापना करने वाले आचार्य के रूप में परिभाषित करने की चेष्टा करते हैं। हिन्दी में बहुत दिनों तक (कमोबेश आज भी) आचार्य रामचन्द्र शुक्ल और आचार्य हजारी प्रसाद द्विवेदी के अनुयायी देव बड़े या बिहारी की तरह दोनों आलोचकों का मुकाबला कराने का कार्य करते रहे, लेकिन मैनेजर पाण्डेय ने इन प्रवृत्तियों से अलग उनके अवदान का निरपेक्ष और वाजिब मूल्यांकन करने का प्रयास किया है, 'द्विवेदी जी परम्परा को सनातन मानने के विरोधी हैं, हर बात और वस्तु के मूल को वेद में खोजने के भी विरोधी हैं। परम्परा के प्रति अन्ध श्रद्धा का एक रूप परम्परा को विशुद्ध और एक विशेष प्रकार की विचारधारा का ही पोषण मानने में प्रकट होता है और दूसरा, हर प्रकार के बाहरी प्रभाव को अछूत समझने में।' इसलिए पाण्डेय जी द्विवेदी जी की आलोचना में मौजूद इन तत्त्वों की गहराई से पड़ताल करते हैं और उनकी विशिष्टता को रेखांकित करते हुए कहते हैं, 'द्विवेदी जी हर प्रकार के बाहरी या विदेशी प्रभाव से परहेज करने की सलाह नहीं देते, लेकिन वे अन्धानुकरण का समर्थन भी नहीं करते। वे परम्परा और रूढ़ि में अन्तर करते हैं और रूढ़ि के वृथा मोह से मुक्त होने की सलाह देते हैं।' (वही, पृ. 138)

शिवदान सिंह चौहान को हिन्दी की मार्क्सवादी आलोचना का भगीरथ कहते हुए उन्होंने लिखा है, 'शिवदान सिंह चौहान ने साहित्य की परम्परा के सामाजिक आधार को पहचाना है और साहित्यिक परम्पराओं के निर्माण तथा परिवर्तन में समाज की भूमिका पर ध्यान दिया है। केवल शिवदान सिंह चौहान ने ही साहित्य

की परम्परा के सामाजिक आधार और अर्थ की व्यवस्थित व्याख्या की है।' (आलोचना में सहमति-असहमति, पृ. 130) आचार्य रामचन्द्र शुक्ल, आचार्य हजारी प्रसाद द्विवेदी, नन्ददुलारे वाजपेयी, शिवदान सिंह चौहान के बाद के आलोचकों में डॉ. रामविलास शर्मा और नामवर सिंह ऐसे आलोचक हैं जिनके आलोचना-कर्म का विवेचन और मूल्यांकन करना आसान नहीं है। रामविलास जी की अधूरी और कुछ अप्रकाशित/सम्पादित पुस्तकें अभी प्रकाशित होकर आ रही हैं और नामवर सिंह तो कमोबेश आज भी लिख/बोल रहे हैं। इसलिए इनके बारे में किसी बात को लेकर मत बनाते समय कई चीजों को ध्यान में रखना पड़ता है। इन खतरों के बावजूद मैनेजर पाण्डेय ने रामविलास शर्मा को लेकर लिखा, 'रामविलास शर्मा ने रामचन्द्र शुक्ल और हजारी प्रसाद द्विवेदी की तरह हिन्दी साहित्य का इतिहास नहीं लिखा है, लेकिन उन्होंने भारतेन्दु हरिश्चन्द्र, महावीरप्रसाद द्विवेदी, रामचन्द्र शुक्ल, प्रेमचन्द और निराला के साहित्य और युग के विकासशील रूप का जो परस्पर सम्बद्ध विश्लेषण तथा मूल्यांकन किया है, उससे भारतेन्दु युग से छायावाद तक के हिन्दी साहित्य का इतिहास सामने आता है। इस इतिहास में हिन्दी नवजागरण तथा स्वाधीनता आन्दोलन से हिन्दी साहित्य के विकास का सम्बन्ध प्रकट होता है और इस काल के समाज तथा साहित्य में सक्रिय विचारधारात्मक संघर्षों का स्वरूप भी स्पष्ट होता है।' (साहित्य और इतिहास दृष्टि, पृ. 166)

नामवर सिंह ऐसे आलोचक रहे हैं जिनके बोलने पर विवाद होता रहा है, लिखने पर विवाद होता रहा है और जब वे कुछ न बोलें, कुछ न लिखें तो उनकी चुप्पी को लेकर भी विवाद होता रहा है। उनके लेखन, आचरण और चिन्तन-मनन को लेकर विवाद पैदा करने की कोशिशें तो बहुत हुईं, लेकिन उनकी लिखी आलोचना का विवेचन और मूल्यांकन करने के प्रयास बहुत कम हुए हैं। प्रो. पाण्डेय ने नामवर सिंह के हिन्दी आलोचना में अवदान और उनकी आलोचना-दृष्टि का मूल्यांकन करते हुए लिखा है, 'डॉ. नामवर सिंह के आलोचनात्मक विवेक की सार्थकता इस बात में है कि उन्होंने संश्लिष्ट समसामयिक बोध को परिभाषित और संगठित करने का प्रयत्न किया है। नये काव्य-सृजन में निहित सार्थक मूल्यों की पहचान का प्रयत्न 'इतिहास और आलोचना' में है और 'कविता के नये प्रतिमान' में भी। काव्य-सृजन में निहित या व्यक्त मूल्यों की सार्थकता की परख तो जीवन-मूल्यों की कसौटी पर काव्य-मूल्यों की सार्थकता की परख की कोशिश 'इतिहास और आलोचना' में सार्थक और सुसंगत ढंग से हुई है, लेकिन 'कविता के नये प्रतिमान' में कदाचित् कुछ कम या सांकेतिक रूप में।' (आलोचना की सामाजिकता, पृ. 57)

साहित्य, समाज और सत्ता का सम्बन्ध बहुत जटिल और द्वन्द्वात्मक होता है, जिसे समझने की व्यवस्थित और सन्तुलित कोशिश का नाम है 'साहित्य के

समाजशास्त्र की भूमिका'। हिन्दी आलोचना में कई बेहतरीन पुस्तकों की रचना के पीछे बहुत रोचक घटनाएँ हैं। जैसे आचार्य रामचन्द्र शुक्ल की बहुप्रतिष्ठित कृति 'हिन्दी साहित्य का इतिहास' छात्रों को पढ़ाने के लिए बनाये गये नोट्स हैं, तो प्रो. मैनेजर पाण्डेय की पुस्तक 'साहित्य के समाजशास्त्र की भूमिका' जवाहरलाल नेहरू विश्वविद्यालय के भारतीय भाषा केन्द्र के एक कोर्स की पाठ्यपुस्तक के रूप में लिखी गयी किताब है। समाजशास्त्र के एक अध्येता अमित शर्मा ने उनकी इस पुस्तक के बारे में अपनी राय व्यक्त करते हुए लिखा, 'सम्भवतः मैनेजर पाण्डेय, नामवर सिंह के द्वारा विकसित साहित्य के समाजशास्त्र की स्पष्ट सीमाओं को रेखांकित करने से बचना चाहते थे। फलस्वरूप हिन्दीभाषी समाज एक महत्त्वपूर्ण पाठ्य-पुस्तक पाकर सन्तुष्ट हो गया, वरना यह अवसर एक युगान्तकारी घटना की ऐतिहासिक भूमिका को उत्प्रेरित करने वाला था।' (संवेद-11, पृ. 119)

समकालीनता के दबाव में आकर पुरानी रचनाओं या प्रवृत्तियों के मूल्यांकन से अपनी आलोचना-यात्रा शुरू करने वाले कुछ आलोचक दोबारा उधर मुड़ने की फुर्सत नहीं निकाल पाये, लेकिन मैनेजर पाण्डेय ने यदि कुमार विकल जैसे कवियों की महत्ता से हिन्दी साहित्य को परिचित कराया, तो उसी समय अश्वघोष की वज्रसूची से भी परिचित कराया। साहित्य की दुनिया में चूँकि नया-पुराना कुछ नहीं होता, सार्थक और निरर्थक होता है इसलिए जिस भी काल की रचना में उन्हें यह तत्त्व लगा, उन्होंने उसका सम्पादन किया, उस पर लिखा और व्यापक समाज को लोकतान्त्रिक तरीके से विचार-विमर्श के लिए आमन्त्रित किया। कई बार लेखक चेतन रूप से न भी चाहे, तो भी उसके अवचेतन में कुछ चीजें मौजूद रहती हैं, जो समय पाकर प्रकट होती हैं। आचार्य रामचन्द्र शुक्ल की तरह प्रो. पाण्डेय ने अनेक भूली-बिसरी रचनाओं का सम्पादन किया और उसकी महत्ता और अर्थवत्ता से हिन्दी समाज को परिचित कराया। जिन रचनाओं को वास्तव में लोग भूल गये हैं उन रचनाओं की नये सन्दर्भ और नयी परिस्थिति में व्याख्या और मूल्यांकन करने का प्रयास किया और यह देखकर सुखद आश्चर्य होता है कि गुमनामी और हाशिये पर पड़ी अनेक ऐसी रचनाओं के पीछे उन्होंने अपना समय और श्रम लगाया है, जिसकी संक्षेप में यहाँ चर्चा करना आवश्यक है।

मराठी मूल के लेखक सखाराम गणेश देउस्कर ने सन् 1904 में 'देशेर कथा' शीर्षक से बांग्ला भाषा में एक पुस्तक लिखी थी, जिसमें ब्रिटिश साम्राज्य में परतन्त्र जनता के आर्थिक और सामाजिक शोषण की कहानी को तथ्यों के आधार पर व्यक्त किया गया है। इस पुस्तक का बांग्ला से हिन्दी में अनुवाद सन् 1908 में मराठी मूल के ही सुप्रसिद्ध पत्रकार बाबूराव विष्णु पराड़कर ने किया था और यह पुस्तक इतनी लोकप्रिय और जनता की आँखें खोलने वाली सिद्ध हुई कि इससे घबराकर दो वर्षों

के भीतर ही अंग्रेजी हुकूमत ने सन् 1910 में पाबन्दी लगा दी। मैनेजर पाण्डेय ने इस क्रान्तिकारी पुस्तक को खोजा और अपनी लम्बी भूमिका में इसके महत्त्व पर प्रकाश डालते हुए लिखा है, 'सखाराम गणेश देउस्कर ने देश में स्वाधीनता की चेतना के जागरण और विकास के लिए 'देशेर कथा' की रचना की थी। यद्यपि उन्होंने कांग्रेस द्वारा संचालित स्वाधीनता आन्दोलन का समर्थन किया, लेकिन उन्होंने उस आन्दोलन की रीति-नीति की आलोचना भी की है।' (देश की बात, पृ. 09) इस पुस्तक की लोकप्रियता का आलम यह था कि सन् 1923 में देवनारायण द्विवेदी ने भी इसी शीर्षक से एक पुस्तक लिखी और संयोग से स्मृतिहीन हिन्दी समाज के लिए इस पुस्तक की खोज और पुनःप्रकाशन का श्रेय भी प्रो. पाण्डेय को है। इसी वर्ष उन्होंने एक और महत्त्वपूर्ण पुस्तक 'लोकगीतों और गीतों में 1857' शीर्षक से सम्पादित किया है, जिसमें संगृहीत लोकगीतों और गीतों में अभिव्यक्त सन् 1857 के संग्राम की स्मृतियों के माध्यम से भारतीय जनता के साम्राज्यवाद विरोधी संघर्ष की उदात्तता को याद करते हुए उसे आज के साम्राज्यवाद विरोधी संघर्ष के प्रेरणास्रोत के रूप में ग्रहण किया जा सकता है। पुस्तक की भूमिका के अनुसार, '1857 से सम्बन्धित लोकगीतों और लोकभाषाओं में लिखे गीतों में अनेक प्रकार की स्मृतियाँ व्यक्त हुई हैं। अंग्रेजी राज से लोक के संघर्ष और अंग्रेजी उपनिवेशवाद की लूट, दमन, और तबाही के अनुभवों की स्मृतियाँ लोकगीतों में ही हैं।' (पृ. 1) इन पुस्तकों के अतिरिक्त प्रो. पाण्डेय ने मुंशी नवजादिकलाल श्रीवास्तव की पुस्तक 'पराधीनों की विजय-यात्रा' की खोज तथा सम्पादन किया है। सूरदास, माधवराव सप्रे, नागार्जुन, सीवान की कविता आदि पुस्तकों का चयन और सम्पादन किया है। एक चीज यहाँ और कहना आवश्यक है कि पश्चिम के जिन चिन्तकों-विचारकों के जीवन और कर्म के बारे में अधिकांश लोगों को कुछ मालूम न था, प्रो. पाण्डेय ने उनकी एक मास्टरपीस रचना का अनुवाद किया और उनके अन्य कामों के बारे में विस्तार से भूमिका में जिक्र करते हुए एक पुस्तक का सम्पादन किया, 'संकट के बावजूद।' इस पुस्तक के बहाने मैनेजर पाण्डेय यह प्रस्तावना करते हैं कि किसी वाद, विचार या देश की असफलता कुछ संकटों के साथ आती है, लेकिन संकट के इन्हीं क्षणों में धैर्य और विवेक से नये मार्ग को प्रशस्त किया जा सकता।

मैनेजर पाण्डेय का उपन्यास-विमर्श

आनन्द पाण्डेय

पूरी दुनिया में लगभग एक स्वर से उपन्यास को साहित्य की सबसे सक्षम, प्रासंगिक और लोकप्रिय साहित्य-विधा के रूप में स्वीकार किया गया है। हिन्दी में भी उपन्यास को आधुनिक विश्व की संरचना और आधुनिक मनुष्य के भाव-लोक और विचार-लोक को उसकी जटिलता और समग्रता में अभिव्यक्त करने में सबसे समर्थ और प्रासंगिक साहित्यिक विधा के रूप में पहचाना गया है। विश्व-साहित्य के साथ-साथ हिन्दी साहित्य में भी एक केन्द्रीय गद्य-विधा के रूप में उपन्यास की उपस्थिति इस मान्यता को तर्कसम्मत और उचित सिद्ध करती है।

यूरोप और अमेरिका में जिस मात्रा में उपन्यास रचनात्मकता के केन्द्र में आ रहा था उसी मात्रा में वहाँ साहित्य-सिद्धान्त और साहित्यशास्त्र तथा साहित्यिक आलोचना काव्य-केन्द्रित से उपन्यास-केन्द्रित होती गयी लेकिन, हिन्दी में ये अभी भी काव्य-केन्द्रित ही है। हिन्दी में उपन्यास भले ही केन्द्रीय और लोकप्रिय विधा हो गया है लेकिन हिन्दी आलोचना और साहित्य-सिद्धान्त अभी भी कविता के ही आस-पास तैयार किये जा रहे हैं। हिन्दी में एक आलोचक के रूप में स्वीकृत होने के लिए केवल उपन्यास का आलोचक होना पर्याप्त नहीं है, बल्कि मृतप्राय और अलोकप्रिय हो चुकी कविता पर आलोचना लिखकर ही आलोचक के रूप में स्वीकृत हुआ जा सकता है। इस रूढ़ि के कारण हिन्दी में उपन्यास-आलोचना की न कोई परम्परा स्थापित हो पायी है और न ही कोई सिद्धान्त बन पाया है। उपन्यास पर भले ही भारतेन्दु युग के लेखकों से लेकर अब तक के लेखक लिखते आ रहे हैं। आलोचकों के पास काव्यालोचना और समाज विज्ञान के सिद्धान्तों के पिष्टपेषण के बाद जो समय बचता उसमें वे हिन्दी के चुनिन्दा श्रेष्ठ उपन्यासों की समीक्षा करते रहे हैं। इस तरह कुछ ही उपन्यासों पर सारी आलोचना और विमर्श होते रहे। हिन्दी के विशाल उपन्यास-साहित्य का अधिकांश आलोचकों की कृपा नहीं प्राप्त कर सका। इससे हिन्दी उपन्यास-साहित्य की गहराई और विस्तार, इतिहास और भूगोल, सिद्धान्त और व्यवहार में रुचि रखने वाले आलोचना के पाठक को सिवाय उलझाव

और बिगूचन के कुछ और नहीं मिला। इससे हिन्दी उपन्यास पर आधारित आलोचना और विमर्श की देशी सैद्धान्तिकी के विकास की सम्भावनाएँ भी सिर्फ सम्भावनाएँ बनकर रह गयीं। परिणामस्वरूप उपन्यास के दर्शन और उपन्यास की सैद्धान्तिकी और विमर्श को जानने-समझने के उत्सुक पाठकों और विद्वानों के लिए हिन्दी में कोई स्तरीय और मौलिक सामग्री दुर्लभ है।

हिन्दी में उपन्यास आलोचना के नाम पर जो कुछ उपलब्ध है उसकी बिडम्बना यह है कि उसमें उपन्यास को जाने बिना ही हिन्दी उपन्यास को जानने की कोशिश की गयी है। जिन आलोचकों ने उपन्यास-आलोचनाएँ प्रस्तुत की हैं उनमें से अधिकांश ने मौलिक ढंग से सोचने की बजाय यूरोप, रूस, अमेरिका तथा अन्य देशों के विद्वानों की स्थापनाओं को कभी ससन्दर्भ और कभी बिना सन्दर्भ के हिन्दी में उल्थाकर हिन्दी पाठकों की अपढ़ता का लाभ उठाते हुए छात्रोपयोगी सामग्री ही तैयार की है। जो भी हो, हिन्दी में उपन्यास-विमर्श के परिदृश्य को देखते हुए इस तरह के प्रयासों की सराहना ही करनी चाहिए। इन आलोचकों की आलोचना करके इन्हें खारिज करने के स्थान पर इन्हें ध्यान से पढ़ते हुए इनके कामों से सीखते हुए हिन्दी में उपन्यास-आलोचना को सुदृढ़ करना चाहिए।

इन आलोचकों में मैनेजर पाण्डेय का नाम अग्रगण्य है। मैनेजर पाण्डेय ऐसे आलोचक हैं जिन्होंने उपन्यास-आलोचना को गम्भीरता से लिया है। यद्यपि उपन्यास-आलोचना उनकी आलोचना और विशेषज्ञता का मुख्य क्षेत्र नहीं है फिर भी उन्होंने उपन्यास पर उल्लेखनीय काम किया है। उन्होंने उपन्यास को समझने-समझाने की दिशा में प्रामाणिक और गम्भीर प्रयास किया है। जिस पर ध्यान देने की जरूरत है। इस लेख में मैनेजर पाण्डेय की उपन्यास-आलोचना और उपन्यास सम्बन्धी लेखन का परिचयात्मक विश्लेषण करने का प्रयास किया गया है।

अपनी आलोचना-यात्रा में मैनेजर पाण्डेय ने समय-समय पर उपन्यास, उपन्यास की आलोचना और उपन्यास-विमर्श में रुचि ली है और लिखा भी है। उपन्यास पर उनके लेखों का एक संकलन 'उपन्यास और लोकतन्त्र' नाम से 2013 में आया। मैनेजर पाण्डेय ने उपन्यास पर व्यवस्थित काम किया है, इसका प्रमाण यह पुस्तक है। इसके तीन भाग हैं। पहले भाग में उपन्यास पर उनके सैद्धान्तिक लेख हैं। दूसरे भाग में उनके प्रेमचन्द-केन्द्रित लेख हैं। तीसरे भाग में हिन्दी के कुछ उपन्यासों पर समीक्षात्मक लेख हैं। जैनेन्द्र कुमार के 'सुनीता', नागार्जुन के 'रतिनाथ की चाची', रणेन्द्र के 'ग्लोबल गाँव के देवता', शाद अजीमाबादी के 'पीर अली', संजीव के 'रह गयीं दिशाएँ इसी पार' और मदन मोहन के 'जहाँ एक जंगल था' की विस्तृत और सुचिन्तित आलोचनाएँ उनकी व्यावहारिक आलोचना के उदाहरण हैं।

यह लेख मैनेजर पाण्डेय की उपन्यास-आलोचना के सैद्धान्तिक पक्ष पर केन्द्रित है।

मैनेजर पाण्डेय ने उन सभी सामाजिक शक्तियों, विचारधाराओं और भौतिक परिस्थितियों की पड़ताल की है जो उपन्यास के उद्‌भव तथा विकास की कारक रही हैं। वे साहित्य-रूपों को ऐतिहासिक परिप्रेक्ष्य में देखने और उनके सामाजिक विकास के साथ चलने तथा उनके वैचारिक आधार के सिद्धान्तों के हिमायती हैं। उनके अनुसार एक विशेष साहित्य-रूप या विधा न केवल अपनी अन्तर्वस्तु में विचारधारात्मक होती है बल्कि अपनी संरचना में भी विचारधारात्मक होती है। वे लिखते हैं, "उपन्यास केवल एक साहित्यिक रूप नहीं है, वह जीवन-जगत को देखने की एक विशेष दृष्टि है और मानव-जीवन तथा समाज का एक विशिष्ट बोध भी।"[1] इसी आधार पर वे महाकाव्य को सामन्ती-युग का और उपन्यास को लोकतान्त्रिक युग का साहित्यिक रूप में देखने वाली मान्यता को स्वीकार करते हैं। पूँजीवाद के फलस्वरूप विज्ञान और टेक्नॉलॉजी तथा मध्यवर्ग के उदय ने उपन्यास के लिए अनुकूल परिवेश तैयार किया। इस परिवेश ने न केवल उपन्यास की संरचना को निर्धारित किया बल्कि आधुनिकता के रूप में उसकी मूल्य-व्यवस्था और जीवन-दृष्टि को भी निर्धारित किया। इसलिए मैनेजर पाण्डेय उपन्यास को मध्ययुगीनता के विरुद्ध आधुनिकता का साहित्य-रूप मानते हैं। उनके अनुसार महाकाव्य मध्य युग का कला-रूप है तो उपन्यास आधुनिक काल का। महाकाव्य मध्य युगीन संस्कृति का वाहक है तो उपन्यास आधुनिक संस्कृति का। वे उचित ही मानते हैं, "उपन्यास मध्ययुगीनता के विरुद्ध आधुनिकता के विद्रोह की अभिव्यक्ति है।"[2] उपन्यास आधुनिक मनुष्य की नियति से बँध गया। वह आधुनिक मनुष्य की अभिव्यक्ति का सबसे बड़ा माध्यम बना। मिलान कुन्देरा ने ठीक ही लिखा है कि "आधुनिक काल के आरम्भ से ही उपन्यास मनुष्य का हमेशा सबसे वफादार साथी रहा है।"[3]

इस विद्रोही स्वभाव के कारण उपन्यास को सामाजिक-नैतिक निन्दा, बहिष्कार और राजनीतिक विरोध तथा सत्ताओं के दमन को झेलना पड़ा है। अपने विद्रोही स्वभाव के कारण उपन्यास को समाज में स्वीकार्य होने में संघर्ष करना पड़ा है। अपने उदयकाल से ही उपन्यास को तरह-तरह की सेंसरशिप का सामना करना पड़ा है। इसे स्त्रियों के पढ़ने की चीज से लेकर चरित्रहीन और अनैतिक बनाने वाली चीज तक कहकर घृणित सिद्ध किया जाता रहा है। धर्म और नैतिकता के रखवाले इसे न पढ़ने की सलाह देते रहे हैं। दुनियाभर के साहित्य-रूपों में जैसा विरोध उपन्यास का हुआ वैसा किसी और रूप का नहीं। यह सब उपन्यास की परिवर्तन करने और प्रभावित करने की क्षमता के कारण ही हुआ। मैनेजर पाण्डेय उपन्यास के इस संघर्ष को रेखांकित करना नहीं भूलते। यह उनकी सूक्ष्म और समग्र आलोचना-दृष्टि का परिचायक है। वे उपन्यास-विरोधी वैश्विक वातावरण के बारे में लिखते हैं, "आधुनिक युग की सांस्कृतिक चेतना का प्रतिनिधि कला-रूप बनने के

लिए उपन्यास को कठिन संघर्ष करना पड़ा है। आधुनिक युग के प्रतिबन्धित और तरह-तरह के सेंसरशिप के शिकार साहित्य का अगर कोई ब्योरा तैयार किया जाये तो उसमें सबसे अधिक संख्या उपन्यासों की ही होगी। उपन्यास के विरोध के कई कारण रहे हैं। आरम्भ से ही उपन्यास की कला में निहित लोकतान्त्रिक चेतना का विरोध सामन्ती चेतना की ओर से होता रहा है। सोलहवीं सदी में स्पेन के सम्राट ने कानून बनाकर दक्षिण अमेरिका में उपन्यास लिखने पर प्रतिबन्ध लगा दिया था।"[4]

उपन्यास धर्म की आलोचना और धर्मनिरपेक्ष संस्कृति की वकालत करता है। वह धार्मिक आस्था का विरोध कर समाज को वैज्ञानिक चेतना और अन्धविश्वास-मुक्त बनाना चाहता है। इसके लिए वह धर्मशास्त्रों, धर्मतन्त्र के साथ-साथ पुरोहित वर्ग और राजसत्ता के सम्बन्धों का पर्दाफाश करता है। इस आधुनिक और मध्यकालीनता-विरोधी स्वभाव के कारण उपन्यास को धर्मसत्ता, पुरोहित वर्ग और राजसत्ता का एक साथ विरोध सहना पड़ा है। मैनेजर पाण्डेय सलमान रुश्दी के उपन्यास 'सेटेनिक वर्सेज़' पर ईरान के राष्ट्राध्यक्ष अयातुल्ला खुमैनी के जानलेवा फ़तवे का उदाहरण देकर यह दिखाते हैं कि धर्मसत्ता का उपन्यास के प्रति किस तरह का अलोकतान्त्रिक रवैया रहा है। मैनेजर पाण्डेय ने अपने उपन्यास-विमर्श में धर्म और उपन्यास के इस समीकरण पर विचार किया है। वे लिखते हैं, "उपन्यास ने आरम्भ से ही धार्मिक कट्टरता और नैतिक जड़ता का विरोध किया है, क्योंकि उपन्यास एक धर्मनिरपेक्ष आख्यान है। दुनिया के अनेक बड़े उपन्यासकारों ने धार्मिक जड़ता और अन्धविश्वास का विरोध करते हुए अपने पाठकों को अन्ध आस्था से बचाते हुए विवेकशील बनाया है। ...उपन्यास ने धार्मिक मिथकों और पवित्र ग्रन्थों की ऐतिहासिक तथा मनोवैज्ञानिक छानबीन करने की कोशिश की है, यह भी उपन्यास और धर्म के बीच टकराहट का एक कारण रहा है।"[5]

मैनेजर पाण्डेय उपन्यास को लोकतन्त्र के साथ अविच्छन्न रूप से जुड़ा हुआ पाते हैं। उपन्यास को समझने के लिए वे निरन्तर लोकतन्त्र को सन्दर्भित करते हैं। उनकी दृष्टि उस गतिकी को पकड़ने पर है जिससे लोकतन्त्र का उद्भव और विकास होता है और लोकतन्त्र की एक सहधर्मी और सहयोगी लोकतान्त्रिक विधा के रूप में उपन्यास सामने आता है। वे लोकतन्त्र और उपन्यास के विकास को ऐतिहासिक परिप्रेक्ष्य में देखते हैं। आधुनिक काल में लोकतन्त्र और उपन्यास एक ही प्रक्रिया की उपज हैं क्योंकि दोनों का समय एक ही है। मैनेजर पाण्डेय इस तथ्य का उपयोग लोकतन्त्र और उपन्यास के सम्बन्धों की व्याख्या के लिए आधारशिला के रूप में करते हैं।

उपन्यास और लोकतन्त्र के सम्बन्धों की व्याख्या करते समय मैनेजर पाण्डेय दोनों अवधारणाओं को व्यापक अर्थों में लेते हैं। उनके लिए उपन्यास और लोकतन्त्र

की निकटता का एक मूलभूत आधार यह है कि न लोकतन्त्र केवल एक शासन-प्रणाली है, और न उपन्यास केवल एक साहित्य-रूप। उपन्यास को वे एक जीवन-दृष्टि के रूप में लेते हैं। इसके समर्थन में हमने उनकी मान्यता को सन्दर्भित किया है। इसलिए यहाँ हम उनकी लोकतन्त्र की अवधारणा को देखने जा रहे हैं। लोकतन्त्र का अर्थ-विस्तार करते हुए वे लिखते हैं, "उपन्यास और लोकतन्त्र के सम्बन्ध पर विचार करते समय यह ध्यान में रखना जरूरी है कि लोकतन्त्र केवल एक राजनीतिक व्यवस्था और शासन-पद्धति ही नहीं है, वह एक ऐसी मानसिकता भी है जो सहिष्णुता की संस्कृति, दूसरों का सम्मान, दूसरों के अन्तरों का स्वीकार, विचारों की अनेकता का आदर, अभिव्यक्ति की स्वतन्त्रता और संवाद की तत्परता विकसित करती है।"[6] इसी आधार पर उपन्यास और लोकतन्त्र के मध्य गहरा सम्बन्ध बनता है। स्पष्ट है, दोनों के जीवन-मूल्य, दोनों की विचारधारा और दोनों की संरचना में एकता है, साझापन है। इस साझेपन की वजह से ही मैनेजर पाण्डेय दोनों को एक साथ रखकर देखने की हिमायत करते हैं क्योंकि इससे उपन्यास को समझने की एक बहु-स्वीकृत दृष्टि मिलती है।

मैनेजर पाण्डेय उपन्यास को एक लोकतान्त्रिक साहित्य-रूप मानते हैं। रूप और अन्तर्वस्तु दोनों रूपों में वे उपन्यास के लोकतान्त्रिक चरित्र की व्याख्या और विवेचन करते हैं। रूसी उपन्यास आलोचक मिखाइल बाखतिन के अध्ययन के आधार पर वे उपन्यास में स्वरों की अनेकता को लोकतन्त्र के अनुकूल प्रवृत्ति मानते हैं। उनके अनुसार उपन्यास में बहुत-से पात्र होते हैं और ये पात्र केवल एक जीवन-दृष्टि से नहीं चलते बल्कि अलग-अलग जीवन-दृष्टियों के प्रतिनिधि होते हैं। एक कथा-सूत्र में बँधकर ये उपन्यास के शिल्प में एक साथ आते हैं और आपस में संवाद करते हैं। यह उपन्यास के लोकतान्त्रिक स्वभाव की वजह से ही सम्भव होता है। यह लोकतान्त्रिकता एक अच्छे उपन्यास की शर्त है। वे लिखते हैं, "अच्छे उपन्यास में प्रत्येक पात्र की दृष्टि और स्वर की स्वतन्त्र सत्ता होती है जिससे उसकी मानवीय गरिमा और अर्थवत्ता का निर्माण भी होता है। बाखतिन ने यह भी लिखा है कि उपन्यास की औपन्यासिकता उसकी संवादधर्मिता में होती है।"[7]

लोकतन्त्र से उपन्यास के निकट सम्बन्ध को स्थापित करने के बाद मैनेजर पाण्डेय ने राष्ट्रवाद से उपन्यास के सम्बन्ध पर विस्तार से विचार किया है। इसकी वजह यह है कि उपन्यास का उदय-काल लोकतन्त्र की तरह ही राष्ट्र-राज्य का भी उदय-काल है। पश्चिम में ये तीनों परिघटनाएँ लगभग एक साथ घटीं तथा साम्राज्य और साम्राज्यवाद के सहारे पूरी दुनिया में फैलीं। अर्थात् तीनों अन्तःसम्बद्ध हैं। इसलिए उपन्यास की परिघटना को समझने के लिए लोकतन्त्र के साथ-साथ राष्ट्रवाद से भी उसके सम्बन्ध का विश्लेषण आवश्यक है। राष्ट्रवाद से उपन्यास

के सम्बन्ध पर उनके विश्लेषण का एक कारण रहा है उपन्यास को अनिवार्य रूप से राष्ट्रवाद से जोड़कर देखने की परम्परा और प्रवृत्ति का खण्डन करना। मैनेजर पाण्डेय लोकतन्त्र की तरह राष्ट्रवाद से उपन्यास के सम्बन्ध को निर्विवाद नहीं मानते हैं। बेनेडिक्ट एंडरसन जैसे पश्चिम के कई आलोचकों ने उपन्यास को आधुनिक राष्ट्र के आख्यान के रूप में पढ़ने की वकालत की है। इन आलोचकों के अनुसार उपन्यास नेशनल मेटॉफर या नेशनल अलेगरी है, लेकिन मैनेजर पाण्डेय इसे सही नहीं मानते हैं। उनकी स्पष्ट मान्यता है, "वह राष्ट्रवाद का जितना पोषक है, उससे अधिक उसका आलोचक है।"[8]

मैनेजर पाण्डेय राष्ट्रवाद और उपन्यास के सम्बन्ध को बढ़ा-चढ़ाकर देखने की प्रवृत्ति की आलोचना करते हैं। उनके अनुसार यह मान्यता एक तो यूरो-केन्द्रित है दूसरे राष्ट्रवाद और उपन्यास के विभिन्न रूप हैं। सब प्रकार के राष्ट्रवाद से सब प्रकार के उपन्यास का सम्बन्ध एक जैसा नहीं होता है। वे लिखते हैं, "उपन्यास से राष्ट्रवाद के सम्बन्ध पर विचार करते समय यह याद रखना जरूरी है कि जैसे राष्ट्रवाद के अनेक रूप हैं, वैसे ही उपन्यास भी कई प्रकार के होते हैं। प्रत्येक उपन्यास हर प्रकार के राष्ट्रवाद का पोषक या रूपक नहीं होता। ऐतिहासिक और व्यक्तिगत रोमांस के उपन्यास जिस तरह के राष्ट्रवाद के पोषक होते हैं, वैसे राष्ट्रवाद से सामाजिक यथार्थवाद के उपन्यासों का स्थायी विरोध होता है। रोमांसधर्मी उपन्यासकारों में वर्तमान के बोध की जगह अतीत की स्मृति या भविष्य की कल्पना अधिक होती है। उनकी आख्यान की पूरी संस्कृति पुनरुत्थानवादी राष्ट्रवाद की मदद करती है, जबकि सामाजिक यथार्थवाद के उपन्यास अपने समय और समाज की सच्चाइयों के साक्षात्कार करते हुए मुक्तिधर्मी और अग्रगामी राष्ट्रीय चेतना का निर्माण करते हैं।"[9] वे राष्ट्रवाद की आलोचना करते हैं और सिद्ध करते हैं कि उपन्यास राष्ट्रवाद की विचारधारा में नहीं बँधा हुआ है। वे उपन्यास के लोकतान्त्रिक स्वभाव और लोकतन्त्र से उसकी निकटता का जितना समर्थन करते हैं उतना ही वे राष्ट्रवाद से उपन्यास की दूरी और उसके राष्ट्रवाद-विरोधी चरित्र को सिद्ध करने का प्रयास करते हैं। इसका कारण यह है कि स्वभाव से मूर्ति-भंजक और लोकतन्त्र का पक्षधर उपन्यास राष्ट्रवाद को मुक्तिकारी विचारधारा नहीं मानता। वह राष्ट्रवाद को प्रश्नांकित करता है। मैनेजर पाण्डेय राष्ट्रवाद के विपरीत उपन्यास को मुक्तिकामी चेतना का साहित्य-रूप मानते हैं। उनके अनुसार राष्ट्रवाद जहाँ शासक वर्ग को बचाता है वहीं उपन्यास शासक वर्ग के विरुद्ध संघर्ष में जनता का साथ देता है।

मैनेजर पाण्डेय ने उपन्यास के समाजशात्र और समाजशास्त्रीय पद्धति से उपन्यास के अध्ययन पर भी विस्तार से विचार किया है। वे मानते हैं कि साहित्य

के समाजशास्त्रियों के लिए उपन्यास सबसे अनुकूल साहित्य-विधा है, "क्योंकि वहाँ न तो कविता की तरह आत्मपरकता की फिसलन होती है और न नाटक के यथार्थ का मायालोक होता है। उपन्यास की कला में मौजूद मनुष्य के समाज सम्बद्ध और इतिहास सापेक्ष रूप को आसानी से पहचाना जा सकता है। वहाँ कल्पना में रची-बसी जिन्दगी की वास्तविकता को आसानी से पाया जा सकता है।"[10] यह सही है कि उपन्यास में, वह भी यथार्थवादी उपन्यास में सामाजिक तथ्य ज्यादा स्पष्ट और मुखर रूप में आते हैं। इसके अतिरिक्त उसमें वैचारिकता, विमर्श और मनुष्य की बौद्धिकता का रंग गाढ़ा होता है, इसलिए साहित्य के समाजशास्त्र के अध्येता उपन्यास में अन्तर्निहित वैचारिक सूत्रों को पकड़कर सामाजिक तथ्यों को समाजशास्त्रीय-दृष्टि से व्याख्यायित और विश्लेषित करते हैं और उसे समाजशास्त्र के सिद्धान्तों को आत्मसात करने वाली विधा के रूप में स्वीकार करते हैं।

समाजशास्त्रीय आलोचना-दृष्टि से उपन्यास के कला-रूप की उपेक्षा होती है। मैनेजर पाण्डेय उपन्यास के समाजशास्त्रियों की इस प्रवृत्ति को गलत मानते हैं। उनके अनुसार उपन्यास मूल रूप से एक कला-रूप है। उसे केवल सामाजिक अभिव्यक्ति का एक रूप मान लेना ठीक नहीं है। लेकिन, वे उपन्यास को सामाजिक सत्य से निरपेक्ष कला मानने की प्रवृत्ति को भी उचित नहीं मानते। वे समाजशास्त्रीय और कलावादी अतिरेकों का खण्डन करते हुए लिखते हैं, "रूपवादी आलोचक उपन्यास को लेखन की एक कला कहते हैं और समाजशास्त्री उसे सामाजिक अभिव्यक्ति का एक रूप मानते हैं। दोनों इस भ्रामक असमंजस के एक-एक छोर को पकड़कर उपन्यास की आलोचना के क्षेत्र में रस्साकशी करते रहते हैं। उपन्यास का स्वभाव ऐसा है कि वह सामाजिक यथार्थ की अभिव्यक्ति से भागकर उपन्यास नहीं रह सकता। लेकिन केवल सामाजिक यथार्थ के कारण कोई उपन्यास कलात्मक कृति नहीं हो जाता। अगर ऐसा होता तो सभी उपन्यासकार प्रेमचन्द होते।"[11] फिर भी, यहाँ उपन्यास के समाजशास्त्र की चर्चा का महत्त्व इसलिए है क्योंकि इसके बहाने स्वयं उपन्यास की प्रकृति का पता चलता है। यह पता चलता है कि एक साहित्य-रूप के रूप में उपन्यास सामाजिक यथार्थ को उसकी जटिलता और समग्रता में प्रकट करता है। इसलिए उसकी अन्तर्वस्तु पर विशेष ध्यान दिया जाना चाहिए।

मैनेजर पाण्डेय यथार्थवादी उपन्यास-दृष्टि के प्रबल समर्थक हैं। न केवल उपन्यास-आलोचना में बल्कि अपने सम्पूर्ण साहित्य-चिन्तन में वे यथार्थवाद के पक्षधर आलोचक के रूप में सामने आते हैं। लेकिन, यथार्थवाद के समर्थक होने के बावजूद वे न तो उपन्यास की विविधता के विरुद्ध उसकी एकरूपता के समर्थक हैं और न ही यथार्थवाद को केवल एकवचनात्मक मानते हैं। वे उपन्यास और यथार्थवाद दोनों के अनेक रूपों को स्वीकार करते हैं। राबर्ट ऑल्टर के हवाले से

वे सभी प्रकार के उपन्यासों को यथार्थपरक मानते हैं। वे पुराने यथार्थवादियों की आलोचना करते हैं जो यथार्थवाद के नाम पर उपन्यास के एक प्रकार को ही स्वीकार करते थे और दूसरे प्रकार के उपन्यासों को खारिज करते थे। इसके साथ-साथ वे उन रचनाकारों का भी विरोध करते हैं जो उपन्यास को हरहाल में यथार्थ और यथार्थवाद से अछूता रखना चाहते हैं। वे इन दोनों अतिवादी छोरों को अस्वीकार करते हैं। उपन्यास और यथार्थवाद के जटिल सम्बन्धों को स्पष्ट करते हुए वे लिखते हैं, "इसका आशय यह है कि यथार्थ की चेतना और अभिव्यक्ति की पद्धति बदलने से उपन्यास यथार्थ विरोधी नहीं होता और यथार्थवाद का महत्त्व भी नहीं घटता। लेकिन यह भी एक सच्चाई है कि पिछले पचास वर्षों में सारी दुनिया में उपन्यास के नये-नये रूपों का जो विकास हुआ है, उसे पुराने यथार्थवाद के दायरे में रखकर समझना मुश्किल है, इसलिए पुराने यथार्थवाद की दृष्टि और पद्धति से अलग हटकर लिखी गयी रचनाओं को पतित कहकर खारिज करने की मानसिकता से अब काम नहीं चलेगा।"[12] इस तरह हम देखते हैं कि मैनेजर पाण्डेय की उपन्यास और यथार्थवाद की दृष्टि वैसी ही वैज्ञानिक और गतिशील है जैसे कि स्वयं उपन्यास और यथार्थवाद हैं। इस दृष्टि से चलने पर दोनों एक-दूसरे को समृद्ध करेंगे।

हिन्दी में उपन्यास-आलोचना की दशा पर रस्मी चिन्ता व्यक्त की जाती रही है लेकिन उसके कारणों की पड़ताल पर कभी विशेष ध्यान नहीं दिया गया। निर्मल वर्मा ने इसके कारणों पर सोचते हुए ठीक ही लिखा है, "हम भारतीय लेखक उस विधा के बारे में बहुत कम सोचते हैं, जिसे स्वयं अपने सृजन के लिए चुनते हैं। हमारे लिए 'विधा' महज माध्यम है, लक्ष्य कुछ और है—साहित्य, समाज, दर्शन। इसलिए 'साहित्यिक' साहित्य की रचना करते हैं। हम यह नहीं सोचते कि लेखक की नैतिकता उसके विचारों में या उनकी अभिव्यक्ति की विभिन्न शैलियों में निहित नहीं होती, उसकी नैतिकता इस बात में निहित होती है कि उसका अपनी विधा, अपनी भाषा के प्रति क्या रुख है। दो शब्दों में कहें कि जिस 'चीज' को हम समाज की आलोचना का औजार मानते हैं, खुद उस औजार का परीक्षण जरूरी नहीं समझते।"[13] निर्मल वर्मा का आशय है कि उपन्यास एक विदेशी विधा है। उपन्यास हमारे 'सांस्कृतिक अनुभव क्षेत्र' से बाहर का वह मकान है जिसे हमारी जलवायु के अनुकूल नहीं बनाया गया है। जिसमें हम लोग रहने लगे हैं, उसे अपनी जलवायु के अनुकूल बनाये बिना। उन्हें आश्यर्च होता है कि भारतीयों ने इसे बिना परीक्षण के अपना लिया है। निर्मल वर्मा की यह चिन्ता हर भारतीय सर्जक की चिन्ता रही है क्योंकि यह भारतीय अनुभव की विशिष्टता के आधार पर अपने शिल्प की विशिष्टता की आवश्यकता को रेखांकित करती है।

मैनेजर पाण्डेय के उपन्यास-विमर्श में भी इस प्रश्न पर विचार किया गया

है। विशेषरूप से 'भारतीय उपन्यास की भारतीयता', 'भारतीय उपन्यास और प्रेमचन्द' और 'राष्ट्रवाद, उपन्यास और प्रेमचन्द' जैसे निबन्धों में वे इस सन्दर्भ में तर्कपूर्ण चिन्तन-मनन करते हैं। निर्मल वर्मा की तरह ही मैनेजर पाण्डेय भी उपन्यास को एक विदेशी साहित्य-रूप मानते हैं और यह महसूस करते हैं कि उपन्यास का ढाँचा भारतीय अनुभव और यथार्थ के अनुकूल न था। वे लिखते हैं, "उपन्यास का अंग्रेजी ढाँचा चाहे जितना उत्कृष्ट हो, लेकिन वह एक औपनिवेशिक समाज के यथार्थ और आकांक्षा की अभिव्यक्ति के लिए पूरी तरह अनुकूल न था। अंग्रेजी उपन्यास का ढाँचा, जिन विचारधारात्मक प्रवृत्तियों से बना था, उसका यहाँ अभाव था। यहाँ उपन्यास ही नहीं सम्पूर्ण साहित्य की रचना का सन्दर्भ और उद्देश्य यूरोप से भिन्न था। इसलिए भारत में उपन्यास जब अनुकरण के दलदल से निकलकर अपनी स्वतन्त्र अस्मिता की खोज में लगा तो आख्यान की भारतीय परम्पराओं की ओर मुड़ा।"[14] उनके अनुसार भारतीय उपन्यास का जन्म 'अभिशप्त स्थितियों' में हुआ।

इस कथन में उपन्यास की एक विदेशी साहित्य-रूप के रूप में पहचान, उसकी भारतीय रचनाशीलता के लिए अपर्याप्तता के रेखांकन और उसके भारतीयकरण की प्रक्रिया की खोज सब एक साथ है। निर्मल वर्मा उपन्यास की विजातीयता और इस कारण उसकी अपर्याप्तता को पहचानते हैं और उसे ज्यों-का-त्यों अपना लेने पर चिन्ता और आश्चर्य प्रकट करते हैं लेकिन उन्होंने एक विदेशी फॉर्म के देशीकरण की प्रक्रिया पर बिल्कुल ध्यान नहीं दिया है। अपनी तरह से मैनेजर पाण्डेय भी यह सब कहते हैं लेकिन निर्मल वर्मा के आगे जाकर वे उपन्यास के भारतीयकरण की प्रक्रिया की खोज और व्याख्या भी करते हैं। उन्होंने देशी आवश्यकताओं के अनुरूप उपन्यास के भारतीयकरण या अनुकूलन की सुदीर्घ और पीड़ादायी प्रक्रिया अर्थात् भारतीय उपन्यास के आत्मसंघर्ष पर गहराई और व्यापकता से विचार किया है। वे आज भारतीय उपन्यास की एक 'स्वतन्त्र अस्मिता' को स्वीकार करते हैं। उनका आशय यह है कि हिन्दी के लेखकों ने औपनिवेशिक समय में अंग्रेजी उपन्यास के जिस ढाँचे को वाया बाँग्ला अपनाया था उसे अपनी जातीय आवश्यकताओं और साहित्यिक परम्पराओं तथा वैचारिक परिस्थितियों के अनुकूल बनाने का भरसक प्रयास किया, इससे भारतीय उपन्यास को एक स्वतन्त्र पहचान मिली। आज उपन्यास-संसार में भारतीय उपन्यास की एक ठोस अवधारणा है। भारतीय उपन्यास न केवल अन्तर्वस्तु की दृष्टि से बल्कि रूप की दृष्टि से भी भारतीय हुआ है। हमारे पास इस बात का कोई हिसाब नहीं है कि उपन्यास के शिल्प को अपनाकर भारतीय रचनाशीलता ने क्या खोया और क्या पाया लेकिन, उपन्यास की सकारात्मक भूमिका की चर्चा जरूर देखने को मिलती है। इस चर्चा में एक आशय

या निष्कर्ष यह भी निहित होता है कि भारतीय रचनाशीलता यदि उपन्यास के ढाँचे या शिल्प में घुटन महसूस करती और उसे अपर्याप्त पाती तो उससे पल्ला झाड़ ली होती। मैनेजर पाण्डेय उपन्यास की विदेशी विधा को स्वीकार करने की बिडम्बना, उसके भारतीयकरण की प्रक्रिया पर विचार करने के साथ-साथ भारत में उसकी सकारात्मक भूमिका पर भी प्रकाश डालते हैं। उनके अनुसार भारतीय उपन्यास ने साम्राज्यवाद, जातिवाद, पितृसत्ता और साम्प्रदायिकता-विरोधी तथा लोकतान्त्रिक चेतना के मुक्तिकामी आख्यान के विकास में महत्त्वपूर्ण भूमिका निभाई है। वे लिखते हैं, "उपन्यास ने सामाजिक व्यवस्थाओं, विचारधाराओं, पितृसत्ता से उपजी पराधीनताओं, जाति व्यवस्था, गुलामी, नस्लभेद, उपनिवेशवाद, आधिपत्य, अस्मिता, साम्प्रदायिकता, लोकतन्त्र और यहाँ तक कि स्वयं अपने स्वरूप के बारे में प्रश्न करते हुए पाठकों की चेतना और सहानुभूतियों का विस्तार किया है।"[15]

लेकिन, वे उपन्यास के रूप में एक विदेशी रूप को स्वीकार करने से होने वाली हानियों पर विचार नहीं करते। हिन्दी में सब जगह यही स्थिति है। हानियों की चर्चा से बचने की संस्कृति का एक अर्थ यह लगाया जा सकता है कि असल में कोई हानि हुई ही नहीं। प्रश्न उठता है कि यदि कोई हानि नहीं हुई तो उपन्यास के शिल्प को अपनाने वाले आरम्भिक रचनाकारों की प्रशंसा करने के स्थान पर, उसे अपनाने की मजबूरी और विडम्बना की चर्चा और चिन्ता प्रकट करने का क्या तुक है? असल में, सैद्धान्तिक स्तर पर अपनी परम्परा से स्वाभाविक रूप से उत्पन्न कला-रूपों की तुलना में विदेशी कला-रूपों की निरर्थकता और उसे अपनाने के घाटे को स्वीकार करना एक बात है और कुछ दिनों बाद उसके द्वारा पहुँचाये गये घाटे की पड़ताल करना बिल्कुल दूसरी बात है। इसमें अधिक श्रम, शोध और साहस के साथ-साथ उपनिवेश-विरोधी चेतना की जरूरत पड़ती है, जिसकी कमी की शिकायत हिन्दी में आम बात है।

मैनेजर पाण्डेय उपन्यास की शक्ति, सामर्थ्य और प्रासंगिकता को निर्भ्रान्त रूप से स्वीकार करते हैं। एक मुक्तिधर्मी आख्यान के रूप में उनकी उपन्यास की सत्ता और सार्थकता में अडिग आस्था है। वे उत्तर-आधुनिकतावादियों के उपन्यास के वर्तमान और भविष्य के बारे में अन्तवादी घोषणाओं को खारिज करते हैं और उपन्यास के अस्तित्त्व को मानव जाति के अस्तित्त्व के साथ जोड़कर उसके भविष्य को उज्ज्वल देखते हैं। उनके अनुसार ऐसा इसलिए सम्भव है क्योंकि उपन्यास का आधार आख्यान है और आख्यान मनुष्य के अस्तित्त्व का अनिवार्य अंग है। उपन्यास के उज्ज्वल भविष्य की घोषणा करते हुए वे लिखते हैं, "जैसा कि रॉबर्ट स्कोल्स ने कहा है, भाषा की तरह ही आख्यान भी मानव-अस्तित्त्व की बुनियादी विशेषता है,

इसीलिए उपन्यास का अन्त मनुष्य और लोकतन्त्र के अस्तित्त्व के अन्त के साथ ही सम्भव है।"[16] लेकिन, आख्यान पर आधारित होने मात्र से उपन्यास के चिरायु या मृत्युंजय होने की भविष्यवाणी, भविष्यवाणी ही है। यदि आख्यान ही किसी साहित्य-रूप के कालजयी होने की शर्त होता तो न महाकाव्य का अन्त होता और न ही आख्यान आधारित अन्य साहित्य-रूपों का। असल में, यह सिद्ध करना कठिन है कि साहित्य की कौन-सी विधा आख्यानधर्मी है और कौन-सी आख्यानमुक्त है। हम देखते हैं कि इसके बावजूद साहित्य-रूपों में परिवर्तन हुआ है। स्वयं उपन्यास परिवर्तित होता रहा है। सामाजिक परिवर्तन या उत्पादन के साधनों में परिवर्तन के साथ साहित्य-रूपों में परिवर्तन होने का सिद्धान्त यदि असत्य नहीं है तो उपन्यास के किसी प्रशंसक के लिए भी उसको मृत्युंजय घोषित करना न केवल कठिन होगा बल्कि व्यावहारिक रूप से इस सिद्धान्त को ही खारिज करना माना जायेगा।

मैनेजर पाण्डेय ने उपन्यास को अन्य साहित्यिक विधाओं से श्रेष्ठ और विशिष्ट सिद्ध करने के क्रम में उसकी अन्य साहित्यिक विधाओं से तुलना की है। उन्होंने उपन्यास की कविता, महाकाव्य, नाटक, प्रगीत से भिन्नता और श्रेष्ठता सिद्ध की है। जबकि टेरी ईगल्टन उपन्यास को एक वर्ण शंकर विधा मानते हैं। वे लिखते हैं, "यह जितना विधा है उससे अधिक विधा-विरोधी है। या दूसरी साहित्यिक विधाओं के गुणों को समाहित कर उन्हें एक साथ रख देता है। आपको उपन्यास में महाकाव्य, पुरोहिताई, व्यंग्य, शोकगीत, त्रासदी, अन्य साहित्य विधाओं के साथ काव्य और नाटकीय संवाद भी मिल सकते हैं।"[17] मैनेजर पाण्डेय ने उपन्यास की विधागत वर्णसंकरता पर विचार नहीं किया है। उपन्यास को एक विधा के रूप में समझने के लिए यह उचित होता कि वे उपन्यास की अन्य साहित्यिक विधाओं से दूरी के साथ-साथ उनसे निकटता भी दिखाते। यदि ऐसा हुआ होता तो सम्भवतः उपन्यास को श्रेष्ठ सिद्ध करने के लिए उन कामों को श्रेष्ठ सिद्ध करने के सहारे की आवश्यकता नहीं रहती, जिन्हें उपन्यास करता है। उनके उपन्यास-विमर्श की विशेषता यह है कि वे उपन्यास को एक आख्यानकर्त्ता से अधिक एक विमर्शकार के रूप में देखते हैं। वे उपन्यास की तात्विक विवेचना की बजाय उसकी वैचारिक और बौद्धिक भूमिका को रेखांकित करने में अधिक रुचि लेते हैं। इसलिए वे उपन्यास को लोकतन्त्र, राष्ट्रवाद, उपनिवेशवाद, इतिहास, समाजशास्त्र जैसी अवधारणाओं के परिप्रेक्ष्य में रखकर देखते हैं। स्पष्ट है, वे आधुनिक वैचारिक और बौद्धिक-जगत में उपन्यास को आख्यान के उपकरण के रूप में कम और विमर्श के एक उपकरण के रूप में अधिक लेते हैं।

सन्दर्भ

1. उपन्यास और लोकतन्त्र, मैनेजर पाण्डेय, वाणी प्रकाशन, नयी दिल्ली, 2013, पृ. 15
2. वही, पृ. 40
3. द आर्ट ऑफ द नॉवेल, मिलान कुन्देरा, फेबर ऐण्ड फेबर, 1988, पृ. 5
4. उपन्यास और लोकतन्त्र, मैनेजर पाण्डेय, वाणी प्रकाशन, नयी दिल्ली, 2013, पृ. 40
5. वही, पृ. 34-35
6. वही, पृ. 27
7. वही, पृ. 15
8. वही, पृ. 131
9. वही, पृ. 131-132
10. साहित्य के समाजशास्त्र की भूमिका, मैनेजर पाण्डेय, हरियाणा साहित्य अकादमी, पंचकूला, हरियाणा, पृ. 227
11. उपन्यास और लोकतन्त्र, मैनेजर पाण्डेय, वाणी प्रकाशन, नयी दिल्ली, 2013, पृ. 42
12. वही, पृ. 58
13. दूसरी दुनिया : एक आत्मीय संचयन, निर्मल वर्मा, राजकमल प्रकाशन, नयी दिल्ली, 2005, पृ. 324
14. उपन्यास और लोकतन्त्र, मैनेजर पाण्डेय, वाणी प्रकाशन, नयी दिल्ली, 2013, पृ. 83
15. वही, पृ. 36
16. वही, पृ. 37
17. व्हाट इज़ नॉवेल, टेरी ईगल्टन

आलोचना मुक्ति का अनुशासन है

कमलेश वर्मा

मैनेजर पाण्डेय आलोचना को 'मुक्ति' के प्रश्न से जोड़कर देखना पसन्द करते हैं, जो सामाजिक, राजनीतिक और सांस्कृतिक है। इसे दार्शनिक ऊँचाई तक ले जाया जा सकता है, आध्यात्मिक रूप तक नहीं। आलोचना को महज रचना का अनुगामी नहीं मानना चाहिए, वह एक स्वतन्त्र रचना-कर्म है, इसलिए उसे रचना के अनुसार अपना लक्ष्य तय करने को विवश नहीं करना चाहिए। आलोचना, साहित्य को अपने समय-समाज की विवशताओं और प्रतिरोध के प्रति सजग करने का काम करती है, इसलिए जरूरी है कि रचना के मूल्यांकन के साथ-साथ वह यह भी बताये कि मौजूदा समय में रचना को किस प्रकार का होना चाहिए। यह तभी सम्भव है जब आलोचना की सजगता अपने दौर के सैद्धान्तिक प्रश्नों और व्यावहारिक संघर्षों के प्रति हो। केवल कला के सिद्धान्तों के द्वारा आलोचना का विकास नहीं हो सकता है, मगर कला के बुनियादी सरोकारों की उपेक्षा करके लिखी गयी आलोचना, साहित्य को सही मायने में समझने की क्षमता खो देती है। आचार्य शुक्ल ने 'मुक्ति' और 'मुक्तावस्था' को कविता के प्रसंग में पहली बार व्याख्यायित किया था। आधी-अधूरी व्याख्या करके इस प्रकरण को वायवीय बनाया जा सकता है। कहा जा सकता है कि कविता मुक्ति का माध्यम हो सकती है और यह मुक्ति मनुष्य के भावजगत तक सीमित होगी। कविता को इस खतरे से बचाने के लिए शुक्ल जी ने स्पष्ट रूप से लिखा कि "अपनी सत्ता को लोक सत्ता में लीन करना ही हृदय की मुक्तावस्था है।"[1] मैनेजर पाण्डेय आलोचना को भी लोक सत्ता के सापेक्ष विकसित करने में विश्वास करते हैं। वे 'बुद्धि की मुक्तावस्था' को अराजकता से बचाने के लिए सुझाव देते हैं, "मुझे लगता है कि अपनी सत्ता को लोक सत्ता में लीन करना ही बुद्धि की भी मुक्तावस्था होगी। जो आलोचना-बुद्धि ऐसी कोशिश करेगी उसी से पैदा हुई आलोचना समाज के सन्दर्भ में मुक्ति की सच्ची चिन्ता करेगी।"[2]

मैनेजर पाण्डेय का आलोचना-कर्म 'मुक्ति' का अनुशासन है। लगभग पाँच दशकों में विस्तृत उनके लेखन में मुक्ति के आयामों का विस्तार है। उनके लिए

सूरदास की कविता में स्त्री की पराधीनता की पीड़ा के साथ किसान-जीवन का दर्द समाया है। वे 'साहित्य के समाजशास्त्र' की सार्थकता दलित, आदिवासी और स्त्री-समाज के संघर्षों को व्यक्त करने वाले साहित्य की पक्षधरता में तलाशना चाहते हैं। उनके लिए साहित्य की इतिहास-दृष्टि का अर्थ यही है कि वहाँ 'साहित्य के विकास के सामाजिक आधार की खोज' हो, मगर लोक के भ्रमों का निवारण भी हो और 'ज़ातीय साहित्य की प्रगति' में हिन्दी के साथ उसकी सहजीवी भाषाओं के साहित्य को भी शामिल किया जाये। कबीर से लेकर कुमार विकल तक की कविता और प्रेमचन्द से लेकर रणेन्द्र तक के उपन्यासों पर लिखते हुए मैनेजर पाण्डेय हिन्दी आलोचना को 'मुक्ति' का पक्षधर बनाते हैं। पराधीनता की पहचान और मुक्तिकामी प्रतिरोध—इन दो पक्षों को लेकर मैनेजर पाण्डेय की आलोचना-यात्रा पिछले पाँच दशकों से गतिशील है, "आलोचना अगर रचना की व्याख्या है तो वह उन रचनाओं की व्याख्या करती हुई मुक्तिधर्मी बन सकती है, जिसमें भारतीय समाज के पराधीनों की पीड़ा और उस पराधीनता से मुक्ति के लिए संघर्ष की कोशिशों की अभिव्यक्ति हो रही है। भारतीय समाज के सबसे अधिक शोषित, अपमानित और उपेक्षित जन हैं आदिवासी, दलित और स्त्रियाँ। आजकल इन तीनों समुदायों के रचनाकार अपने जीवन-संघर्ष और मुक्ति-संघर्ष की अभिव्यक्ति साहित्य के विभिन्न रूपों में कर रहे हैं। उनकी मुक्तिकामी रचनाओं की सम्यक् समझ और समुचित व्याख्या करनेवाली आलोचना मुक्तिधर्मी हो सकती है, लेकिन हिन्दी में साहित्यवाद का आग्रह ऐसी आलोचना के विकास में बाधक है।"[3]

आलोचना का साहित्यवाद के शिकंजे में आ जाना, साहित्य के दूसरे अनुशासनों की तुलना में आसान होता है। यहाँ खतरा केवल कलावादियों से नहीं है, बल्कि उन आलोचकों से भी है जो जनता के बीच से होने का छद्म रचे रहते हैं और भाषिक स्तर पर कुछ लिख लेने का हुनर विकसित किये रहते हैं। भाषा केवल बोलने-लिखने तक सीमित हो जाये और जीने-मरने के सवाल से दूरी बना ले तो मान लेना चाहिए कि उस तरह की भाषा में लिखी आलोचना निरर्थक होगी। मार्क्सवाद जैसे सशक्त दर्शन और आन्दोलन से उपजी शब्दावलियों को लेकर भी निरर्थक आलोचना लिखने वालों की कमी नहीं रही है। यह भी एक प्रकार का रीतिवाद है, इसे प्रगतिशील खेमे का साहित्यवाद ही समझना चाहिए। मैनेजर पाण्डेय एक साक्षात्कार में कहते हैं, "दुनिया के अनेक बड़े आलोचक इस बात को मानकर चलते रहे हैं कि समाज में जो संघर्ष की प्रक्रिया है वह सिर्फ दिमाग में नहीं चलती, वह समाज की ठोस ज़मीन पर भी चलती है। तभी स्वाधीनता की ओर कदम भी आगे बढ़ाते हैं। तो दिमाग़ और ज़मीन पर चलने वाले संघर्षों को जोड़कर देखना मेरे लिए आलोचना का एक महत्त्वपूर्ण दायित्व है। मेरे लिए यह सन्तोष की बात है कि मेरे निबन्धों

को जन-आन्दोलनों से जुड़े हुए लोग अपने काम का पाते हैं। आलोचना को अगर स्वाधीनता के लिए संघर्ष की प्रक्रिया में सहायक बनाना है तो उसको सामाजिक, राजनीतिक प्रक्रिया से जोड़कर देखना जरूरी है।"[4] आलोचना महज भावजगत का साहित्य-कर्म नहीं है, उसे वास्तविक संसार के संघर्षों को समझने की दृष्टि पैदा करने में अपनी सार्थकता की तलाश करनी होती है। इस संघर्ष में उसे विश्लेषक ही नहीं पक्षधर भी बनना पड़ता है। वह चाहे जिन शब्दावलियों में लिखे, उसे शोषितों, वंचितों और पीड़ितों की मुक्ति के पक्ष में लिखना ही होगा, अन्यथा उसका निरर्थक हो जाना सुनिश्चित है। पाण्डेय जी मानते हैं कि मुक्तिकामी आलोचना का अर्थ हमेशा मार्क्सवादी आलोचना नहीं है। उन्होंने आचार्य शुक्ल और विजयदेव नारायण साही की आलोचना की प्रशंसा करते हुए एकाधिक बार लिखा है कि शुक्लजी मार्क्सवादी नहीं थे और साही घोषित रूप से मार्क्सवाद-विरोधी थे, मगर इनकी आलोचना में मनुष्य की मुक्ति की 'विवेक-चेतना' मौजूद है।

यह संयोग-मात्र नहीं है कि मैनेजर पाण्डेय के कुछ आलेखों के शीर्षक में 'मुक्ति' शब्द का प्रयोग मिलता है, जैसे—'शृंखला की कड़ियाँ : मुक्ति की राहें', 'मीराँ की कविता और मुक्ति की चेतना', 'त्रिलोचन : जीवन की लय में मुक्ति का राग', 'हिन्दी आलोचना और मुक्ति का सवाल' आदि। कुछ शीर्षकों में इसी प्रकार का अर्थ देते दूसरे शब्द हैं, जैसे—'सुनीता और स्त्री की स्वतन्त्रता', 'रतिनाथ की चाची और स्त्री की पराधीनता का प्रश्न' आदि। पाण्डेय जी के लिए आलोचना का रास्ता, रचनाओं को समझते-समझाते हुए, 'जगत-बोध' तक पहुँचाने वाला है। उनके लिए 'जगत' की सार्थकता नश्वरता के प्रति सहमति जुटाने में नहीं है, बल्कि सांसारिक संघर्षों के सामाजिक-राजनीतिक-सांस्कृतिक रूपों को देखने-दिखाने में है, ताकि 'मुक्ति' के अवरोधों की सही-सही पहचान की जा सके। महादेवी वर्मा की पुस्तक 'शृंखला की कड़ियाँ' की मुक्तिकामी महत्ता को पहली बार विस्तार से उन्होंने पहचाना। यह लेख बहुचर्चित हुआ। इसका एक महत्त्व यह भी है कि पाण्डेय जी की आलोचना के एक प्रमुख सूत्र 'मुक्ति' को, स्त्री-विमर्श की हिन्दी परम्परा के सन्दर्भ में, समझने का आधार इसमें प्राप्त हुआ है। मुक्ति के लिए संघर्षरत स्त्री समाज की एक बुद्धिजीवी महादेवी वर्मा की यह पुस्तक भारतीय परम्परा का स्त्री-विमर्श है, जो विश्वविख्यात स्त्रीवादी चिन्तक सिमोन द बोउवा की पुस्तक 'द सेकेण्ड सेक्स' से पहले लिखित-प्रकाशित है। पाण्डेय जी आलोचना के सूत्र 'मुक्ति' को साथ लेकर रचना तक जाते हैं और अपने देश की स्त्री-बौद्धिकता की 'लोक सत्ता में लीन' करके पुनःपरीक्षित करते हैं, " 'शृंखला की कड़ियाँ' में भारतीय स्त्री की पराधीनता की प्रत्येक स्थिति की पहचान है और उससे मुक्ति की राहों की खोज की चिन्ता भी है। भारतीय स्त्री की स्वाधीनता के बारे में महादेवी वर्मा का दृष्टिकोण व्यापक

है। वे केवल सम्पन्न और शहरी मध्यवर्ग की स्त्रियों की स्वाधीनता की चिन्ता नहीं करतीं। वे श्रमजीवी समुदाय की स्त्रियों की जागृति और स्वतन्त्रता के बारे में भी सोचती हैं। उन्होंने ठीक ही लिखा है कि कृषक तथा अन्य श्रमजीवी स्त्रियों की जागृति तथा स्वाधीनता के बिना भारतीय स्त्री की मुक्ति का प्रत्येक प्रयत्न अधूरा होगा। महादेवी वर्मा ने एक कदम आगे बढ़कर यह भी लिखा है कि कृषक और अन्य श्रमजीवी स्त्रियों द्वारा श्रम से अर्जित स्वावलम्बन की भावना से प्रेरणा लेकर सम्पन्न और मध्यवर्ग की स्त्रियाँ भी अपनी मुक्ति की राह पर अधिक सहजता से आगे बढ़ सकती हैं।"[5]

एक आलोचक की विकास-यात्रा में विचलन के प्रसंग मिल सकते हैं। उसके मानदंडों की तलाश करने पर हमें अराजकता का सामना करना पड़ सकता है। हिन्दी के बड़े आलोचकों में भी यह असंगतता देखने को मिल जाती है। नामवर जी ने रामविलास शर्मा के बारे में लिखा है कि प्रगतिशील आलोचना से शुरू करके वे अपने 'अन्तिम अरण्य' वेदों की ओर चले गये। इसमें व्यंग्य यही है कि एक मार्क्सवादी आलोचक वैचारिक रूप से विचलित हो गया। स्वयं नामवर जी आलोचना की किसी पद्धति या व्यवस्था में विश्वास नहीं करते और आलोचक की स्वतन्त्रता को 'मनमानेपन' तक जाने की मानो छूट हासिल करना चाहते हों, "कहा गया है उसकी अपनी ज्ञान-मीमांसा या 'पद्धति' होनी चाहिए। वह पद्धति क्या है, मैं नहीं जानता। पद्धतियाँ बहुत हैं लेकिन इस सिलसिले में एक कवि आलोचक की कही गयी बात मुझे संगत लगती है—'देयर इज़ नो मेथॅड एक्सेप्ट टू बी वैरी इंटेलीजेण्ट।' पद्धतियाँ तो बहुतों के पास होती हैं। सवाल यह है कि कैसे वह पद्धति अन्ततः समालोचक को 'इंटेलीजेण्ट' बनाती है।"[6] आचार्य शुक्ल या द्विवेदी के आलोचनात्मक लेखन के सूत्रों की पहचान स्पष्ट रूप से की गयी है, मगर नामवर जी के लेखन-भाषण से किसी ऐसे सूत्र की तलाश मुश्किल है जिसका क्रमशः विकास उनमें दिखाई पड़ता हो। मैनेजर पाण्डेय का लेखन अत्यन्त व्यवस्थित है, ऐसी व्यवस्था केवल रामचन्द्र शुक्ल में दिखाई देती है। पाण्डेय जी 'मुक्ति' के सवाल को उपन्यास के सन्दर्भ में भी उठाते हैं, "उपन्यास मुक्तिधर्मी आख्यान है। वह अपने पाठकों को न आदेश देता है, न उपदेश। वह समाज और जीवन के बारे में सोचने की प्रेरणा देता है। वह प्रश्न करता है और उत्तर खोजने में पाठकों की मदद करता है।"[7]

सैद्धान्तिक और व्यावहारिक आलोचना के किसी भी पक्ष पर लिखते हुए पाण्डेय जी को ध्यान रहता है कि वे अन्तर्विरोध का शिकार न हों, यह सजगता उन्हें व्यवस्थित बनाती है। आलोचना से लेकर कविता और कथा-साहित्य के बारे में विचार करते हुए उनका अनुशासन अनुकरणीय है। हिन्दी आलोचना को उपयोगी और जिम्मेदार बनाने की जो शुरुआत शुक्ल जी से हुई थी उसका अनुकरणीय विकास मैनेजर

पाण्डेय में देखा जा सकता है। 'मुक्ति' के सूत्र के सहारे वे समकालीन विचारों की समीक्षा का भी साहस करते हैं और संघर्षशील जनता का पक्ष खड़ा करते हैं। उत्तर-औपनिवेशिक विचारों में छिपे हुए आन्तरिक उपनिवेशवाद को पहचानने के लिए जमीनी समझ तक जाना होगा। उपनिवेश के कलंक से मुक्त हुए देशों में रचित साहित्य को 'मुक्ति' के सूत्र से समझा जा सकता है, "उपन्यास ने उपनिवेशवाद से मुक्ति के बाद समाज में स्वतन्त्रता और लोकतन्त्र के लिए संघर्ष को सामने लाने में महत्त्वपूर्ण भूमिका निभाई है। एशिया, अफ्रीका और दक्षिण अमेरिका के अनेक देशों में उपनिवेशवाद से मुक्ति के बाद की शासन-व्यवस्थाएँ ऐसी रही हैं, जिन्हें आन्तरिक उपनिवेशवाद कहना अधिक सही होगा। ऐसी व्यवस्थाओं के सच को सामने लाने वाले उपन्यासों को उत्तर-औपनिवेशिक कहने के बदले उपनिवेशवाद विरोधी कहना ज्यादा सही होगा।"[8]

हिन्दी आलोचना के सामने अनेक संकट हैं तो अनेक सम्भावनाएँ भी हैं। आज के दौर में अमेरिका और यूरोप में विकसित विचारों की न तो उपेक्षा की जा सकती है और न ही अनुकरण। विकसित देशों में ऐसे विचार जन्म लेते रहते हैं जो संघर्षशील जनता के विरुद्ध होते हैं। हमारे बीच ऐसे लोग आज ज्यादा संख्या में मौजूद हैं, जो पूँजीवादी विकास के विध्वंस को नहीं समझते हैं। मनुष्य से लेकर प्रकृति तक में मौजूद संसाधनों के क्रूर दोहन पर आधारित विकास से जुड़ी विचारधाराओं की असलियत की पहचान हम तभी कर सकते हैं, जब हमारी निगाह में शोषित, पीड़ित और वंचित तबका होगा। यह निगाह साहित्य की धरोहर है और आलोचना को उसकी रक्षा करनी होगी, उसे उन लोकलुभावन क्रूर विचारों से लड़ना होगा। यदि आलोचना ने हथियार डाल दिये तो साहित्य की दुनिया धुन्ध से भर जायेगी। साहित्य एक वैचारिक-कर्म है जिसकी सर्वाधिक जिम्मेदारी आलोचना पर है। पाण्डेय जी इस चुनौती को भी 'मुक्ति' के सन्दर्भ में समझने की दृष्टि देते हैं, "हिन्दी के आलोचनात्मक मानस को भारतीय समाज के सन्दर्भ में मुक्तिधर्मी बनाने के लिए उसे नये-पुराने औपनिवेशिक विचारों, धारणाओं और मान्यताओं के प्रभाव से मुक्त करना और रखना जरूरी है। यह जानी-पहचानी बात है कि पहले यूरोपीय साम्राज्यवाद और अब अमेरिकी साम्राज्यवाद द्वारा अपने समाज और इतिहास के अनुभवों तथा विशिष्ट स्थितियों से उपजी विश्व-दृष्टियों से निकली धारणाओं और मान्यताओं को सार्वभौम घोषित करते हुए उन्हें बाकी दुनिया में फैलाने का भरपूर प्रयत्न होता रहा है।"[9]

पाण्डेय जी मानते हैं कि आलोचना अपने समय की विवेक-चेतना का प्रतिनिधित्व करती है। जाहिर है कि विवेक-चेतना के निर्माण में अनेक पक्षों की भूमिका होती है। आज हिन्दी आलोचना को अनिवार्य बनाने के लिए जरूरी है कि उसे 'विचारों

के अन्त और अनन्त' से बचाया जाये। 'अन्त' लोकतन्त्र-विरोधी है और 'अनन्त' में वैचारिक अराजकता की भरमार है। हिन्दी आलोचना में 'अन्त' का जवाब 'अनन्त' नहीं है, बल्कि 'मुक्ति' की पक्षधरता में इसका समाधान है और यही इसकी परम्परा रही है, "स्वाधीनता की चेतना और उस स्वाधीनता की चेतना की साहित्य में खोज हिन्दी आलोचना की एक केन्द्रीय प्रवृत्ति रही है। स्वाधीनता की चेतना का रूप, उसका अर्थ और उसकी व्याप्ति में परिवर्तन होता रहा। पहले स्वाधीनता की चेतना देश की स्वाधीनता से जुड़ी हुई थी। बाद के समय में मार्क्सवादी आलोचना में सामाजिक स्वाधीनता की चेतना बन गयी। और इसी के ठीक विरुद्ध जो मार्क्सवाद विरोधी थे उनके यहाँ स्वाधीनता की चेतना समाज के विरुद्ध व्यक्ति की स्वाधीनता की चेतना बन गयी। सामाजिक और राजनीतिक स्तर पर भी दलितों और स्त्रियों की स्वाधीनता के लिए आन्दोलन और संघर्ष आगे बढ़ाने लगे और साहित्य में रचनाशीलता के स्तर पर भी दलितों और स्त्रियों की रचनाशीलता का विकास होने लगा। इस तरह स्वाधीनता की चेतना हिन्दी आलोचना की धुरी रही है। उसका अर्थ बदलता रहा है, उसकी व्याप्तियाँ बदलती रही हैं।"[10]

सन्दर्भ

1. आलोचना में सहमति-असहमति, मैनेजर पाण्डेय, वाणी प्रकाशन, दरियागंज, नयी दिल्ली, 2013, पृ. 20
2. वही
3. वही, पृ. 24
4. मैं भी मुँह में ज़बान रखता हूँ, मैनेजर पाण्डेय, यश पब्लिकेशन्स, गाँधी नगर, दिल्ली, 2006, पृ. 94-95
5. भारतीय समाज में प्रतिरोध की परम्परा, मैनेजर पाण्डेय, वाणी प्रकाशन, दरियागंज, नयी दिल्ली, 2013, पृ. 131
6. आलोचना और विचारधारा, नामवर सिंह, राजकमल प्रकाशन, नयी दिल्ली, 2012, पृ. 201
7. उपन्यास और लोकतन्त्र, मैनेजर पाण्डेय, वाणी प्रकाशन, दरियागंज, नयी दिल्ली, 2013, पृ. 36
8. वही, पृ. 24
9. आलोचना में सहमति-असहमति, मैनेजर पाण्डेय, वाणी प्रकाशन, दरियागंज, नयी दिल्ली, 2013, पृ. 23
10. मैं भी मुँह में ज़बान रखता हूँ, मैनेजर पाण्डेय, यश पब्लिकेशन्स, गाँधी नगर, दिल्ली, 2006, पृ. 79

इतिहासबोध की समग्रता का प्रस्ताव

जीतेन्द्र गुप्ता

मैनेजर पाण्डेय हिन्दी के उन कुछ एक आलोचकों में हैं, जिन्होंने साहित्य और संस्कृति के प्रश्नों की समकालीनता से निरन्तर मुठभेड़ की है और इन दोनों ही क्षेत्रों में सैद्धान्तिक व व्यावहारिक आलोचना के मानकों को निर्मित किया है। हिन्दी आलोचना में पाण्डेय जी के बौद्धिक उद्यम को इस शर्त पर समझा जा सकता है, जब यह जाना जाये कि उन्होंने अपनी आलोचना के मानकों को हिन्दी के तीन महान आलोचकों से संघर्ष करते हुए निर्मित किये। इसके साथ यह भी रेखांकित करना चाहिए कि उन्होंने हिन्दी आलोचना की जनपक्षधर परम्परा को तब विस्तारित किया जब कलावादी प्रवृत्तियाँ बौद्धिक अहम् के अनोखे प्रतिमानों को निर्मित करने की कोशिशें निरन्तर कर रही थीं।

स्पष्टता और निरन्तरता पाण्डेय जी के बौद्धिक उद्यम की सबसे प्रमुख विशेषता है। इनकी आलोचना एक ओर समसामयिक सरोकारों को स्पष्ट करती है, वहीं दूसरी ओर साहित्य अनुशासन की अकादमिक जरूरतों की भी पूर्ति करती है। 'इतिहास' हिन्दी साहित्य के लिए ही नहीं बल्कि साहित्येतिहास के लिए भी सबसे बड़ी समस्या रहा है। वैसे 'इतिहास' को ही परिभाषित करना बहुत बड़ी चुनौती है, साहित्येतिहास इन मायनों में जटिल से जटिल होता जाता है क्योंकि यह सामाजिक स्थिति, उत्पादन सम्बन्ध और वर्गीय सम्बन्ध से सीधे सम्बन्धित न होते हुए इन स्थितियों के सापेक्ष समाज 'साहित्यिक' स्तर पर जो हस्तक्षेप करता है, उसका वर्णन-विश्लेषण स्वयं में समाहित किये होता है। जाहिर सी बात है कि साहित्येतिहास के सन्दर्भ में भी उसी तरह का रूढ़िवाद मौजूद है, जैसा कि स्वयं इतिहास अनुशासन के साथ। पुराण काल से इतिहास के सन्दर्भ में काल की 'चक्रीय' रूढ़ि व्याख्या मौजूद रही है। हालाँकि यह याद रखना चाहिए कि हिब्रू सभ्यता की देन के रूप में इतिहास की रैखिक अवधारणा भी अपनी अन्तिम परिणति में रूढ़िवाद में सीमित हो जाने के लिए अभिशप्त रही है। इन दो ध्रुवों के बीच हीगेल की दार्शनिक वृत्तियाँ और सीधे रूप में 'द्वन्द्वात्मकता' इतिहास की

अवधारणा के लिए वैकल्पिक प्रारूप प्रस्तावित करता है।

पाण्डेय जी इतिहास की इसी अवधारणा को स्वीकार करते हैं। इस आधारभूत सिद्धान्त के आधार पर उनका मानना है, 'साहित्य के इतिहास का आधार है, साहित्य के विकासशील स्वरूप की धारणा। साहित्य की निरन्तरता और विकासशीलता में आस्था के बिना साहित्य का इतिहास लेखन सम्भव नहीं।' (साहित्य और इतिहास दृष्टि, पृष्ठ 4) लेकिन 'इतिहास' अनुशासन के रूप में साहित्य के सन्दर्भ में उतनी अधिक मदद नहीं करता है। यही कारण रहा कि रामविलास शर्मा ने 'इतिहास' से ज्यादा 'परम्परा' पर अधिक जोर दिया। रामविलास शर्मा के शब्द हैं, 'जो महत्त्व ऐतिहासिक भौतिकवाद के लिए इतिहास का है, वही आलोचना के लिए साहित्य की परम्परा का है।' (परम्परा का मूल्यांकन, पृष्ठ 9) पाण्डेय जी ने इस मूल्य को उचित रूप में ग्रहण किया है। उनकी मान्यता है, 'किसी काल के साहित्य में कोई ऐसा परिवर्तन नहीं होता जो अतीत और भविष्य से पूर्णतः विच्छिन्न हो। रचनात्मक प्रवृत्तियों, चिन्ताधाराओं, सौन्दर्यबोधीय मूल्यों और साहित्य मूल्यों की विकासशील परम्परा में परिवर्तन और निरन्तरता का द्वन्द्वात्मक गतिशील सम्बन्ध होता है। यहाँ तक कि क्रान्तिकारी परिवर्तनों के बीच भी एक विकासशील निरन्तरता होती है।' (साहित्य और इतिहास दृष्टि, पृष्ठ 9)

यह बिल्कुल स्वाभाविक है कि आधुनिक हिन्दी साहित्य के इतिहासबोध के निर्माण में मैनेजर पाण्डेय आचार्य रामचन्द्र शुक्ल की भूमिका सबसे महत्त्वपूर्ण मानते हैं। आचार्य शुक्ल के इतिहास से सबसे ज्यादा समस्या रूढ़िवादी विचारकों को ही होती है। इस रूढ़िवाद में जातीय उच्चताबोध से लेकर रूपवाद तक की सभी प्रवृत्तियाँ गहराई से शामिल हैं। 'आधुनिक हिन्दी साहित्य की आधुनिकता के केन्द्र में स्वाधीनता की चेतना रही है। उस स्वाधीनता की चेतना का पहला सन्दर्भ राजनीतिक था, जिसका लक्ष्य था उपनिवेशवाद से मुक्ति। दूसरा सन्दर्भ सामाजिक स्वाधीनता का था, जिसमें किसानों, दलितों और स्त्रियों की आजादी का प्रश्न महत्त्वपूर्ण था। इस तरह स्वाधीनता आन्दोलन के दौर के हिन्दी साहित्य की चेतना साम्राज्यवाद विरोध और सामन्तवाद विरोध से जुड़ी हुई थी। ऐसे साहित्य की आलोचना का राजनीतिक होना अनिवार्य था। इसलिए रामचन्द्र शुक्ल की आलोचना में राजनीति मौजूद है।' (आलोचना की सामाजिकता, पृष्ठ 22) आचार्य शुक्ल की चिन्तन-पद्धति का गम्भीर विश्लेषण करने के बाद पाण्डेय जी का यह निष्कर्ष बिल्कुल उचित है कि 'वे (आचार्य शुक्ल) इतिहास की आलोचना और इतिहास में राजनीति की चर्चा करने से परहेज रखने वाले व्यक्ति न थे, साहित्यिक परिवर्तनों को प्रेरित और प्रभावित करने में राजनीति की भूमिका को स्वीकार करते थे।' (साहित्य और इतिहास दृष्टि, पृष्ठ 106) परम्परा के इस भौतिकवादी मूल्यांकन द्वारा पाण्डेय

जी स्पष्ट रूप से साहित्य की 'निरपेक्षता' के सिद्धान्त की आलोचना विकसित करते हैं, जिसका सीधा पर्याय 'ज्ञान के ब्राह्मणीकरण' से मुक्ति है।

वास्तविकता यह है कि मैनेजर पाण्डेय ज्ञान की सामाजिकता के प्रति बेहद सतर्क आलोचक हैं। आचार्य शुक्ल ने जिस तरह से 'कला कला के लिए' सिद्धान्त की घोर आलोचना की थी, उसी प्रकार पाण्डेय जी 'ज्ञान ज्ञान के लिए' की धारणा के कट्टर विरोधी हैं, ध्यान देने की बात है कि उत्तर-आधुनिकता के लिए यही मूल आधार है, जो उसे वाग्विलास के लिए मौका देता है। 'बौद्धिकता का लक्ष्य मनुष्य की स्वाधीनता है, मनुष्य की अमूर्त अवधारणा की दार्शनिक स्वतन्त्रता नहीं, समाज में पराधीनता के शिकार मनुष्यों की सामाजिक और सांस्कृतिक स्वतन्त्रता। यही उस बौद्धिकता की मूल गरिमा है, जिसके अभाव में आलोचनात्मक चेतना की सारी क्रियाशीलता सत्ता और व्यवस्था के लिए मात्र मनोरंजन होती है।' (आलोचना की सामाजिकता, पृष्ठ 17)

आचार्य शुक्ल की परम्परा का मूल्यांकन करते हुए पाण्डेय जी का कहना है, 'क्रोचे के कला-दर्शन के राजनीतिक अभिप्राय को ग्राम्शी ने पहचाना और जनतन्त्र विरोधी कला-दृष्टि कहा। व्यक्तिवाद और रहस्यवाद पर निर्भर कलावाद का जनतन्त्र विरोधी होना आश्चर्य की बात नहीं। आश्चर्य की बात यह है कि आज हिन्दी के नये कलावादी अपने जनतन्त्र विरोधी राजनीतिक अभिप्राय को छिपाने के लिए आलोचना के जनतन्त्र की दुहाई दे रहे हैं। पुराने और नये कलावाद में इतना तो फर्क होगा ही। कलावादी क्रोचे ईमानदारी से जनतन्त्र-विरोधी था, साहित्य के भोपाल गणतन्त्र के नये कलावादी बेईमानी से जनतन्त्र समर्थक बन रहे हैं। वे आलोचना-दृष्टियों के बहुलवाद (प्यूरलिज्म) की दुहाई देकर अपनी कला दृष्टि को उचित ठहराना चाहते हैं।' (आलोचना की सामाजिकता, पृष्ठ 42)

पाण्डेय जी 'साहित्येतिहास' के मूल्यांकन में 'राजनीति' के तत्त्व को कभी भी विस्मृत नहीं करते हैं। सुदूर अतीत के मूल्यांकन के व्यावहारिक व सामयिक प्रभाव क्या होंगे, इस तथ्य पर वह गहरी नजर रखते हैं। अतीत की प्रवृत्तियाँ किन रूपों में वर्तमान में मौजूद हैं या अपनी उपयोगिता की दावेदारी कर रही हैं, इसे मूल्यांकित करते हुए पाण्डेय जी ने लिखा है, 'अलंकार, रीति, वक्रोक्ति और ध्वनि को काव्य की आत्मा मानने वाले आचार्यों का साहित्य चिन्तन मुख्यतः रूपवादी है। संस्कृत काव्यशास्त्र में काव्य-संसार की स्वायत्तता की स्वीकृति, कृति का निर्मित वस्तु के रूप में वस्तुनिष्ठ विवेचन और शब्दार्थ के सौन्दर्यपरक सम्बन्ध के विश्लेषण में उसका रूपवादी स्वरूप दिखाई देता है। लेकिन इसके साथ ही भरत के 'नाट्यशास्त्र' से आचार्य रामचन्द्र शुक्ल तक के साहित्य चिन्तन की परम्परा में साहित्य और भाषा की सामाजिकता की खोज करने की प्रवृत्ति भी है। जो लोग आजकल संस्कृत

काव्यशास्त्र को आधुनिक बनाने के प्रयत्न में पुराने रीतिवाद को वैज्ञानिक सिद्ध करते हुए 'रीतिविज्ञान' की दुकान चला रहे हैं, वे भारतीय काव्यशास्त्र की वस्तुवादी और सामाजिकता सम्पन्न चिन्तनधारा की उपेक्षा करके पुराने रीतिवाद को नये रूप में प्रतिष्ठित करना चाहते हैं।' (साहित्य और इतिहास दृष्टि, पृष्ठ 61)

आचार्य शुक्ल की इतिहास दृष्टि को लेकर अब तक व्यापक विश्लेषण हो चुका है, लेकिन एक सम्यक दृष्टिकोण, जिसमें द्वन्द्वात्मकता अन्तर्निहित होती है, का निरन्तर अभाव मौजूद रहा है। मध्यकाल की ज्ञानाश्रयी कविता को लेकर आचार्य शुक्ल की मान्यता थी, 'इस पन्थ का प्रभाव शिष्ट और शिक्षित जनता पर नहीं पड़ा, क्योंकि उसके लिए न तो इस पन्थ में कोई नयी बात थी, न नया आकर्षण... पर अशिक्षित और निम्न श्रेणी की जनता पर इन सन्त-महात्माओं का बड़ा भारी उपकार है।' (हिन्दी साहित्य का इतिहास, पृष्ठ 68) आचार्य शुक्ल का आरोप यहाँ तक है कि 'इस शाखा की रचनाएँ साहित्यिक नहीं हैं।' (वही) स्वाभाविक तौर पर इससे आचार्य शुक्ल का 'लोक' के विषय में दृष्टिकोण स्पष्ट होता है। मैनेजर पाण्डेय ने जहाँ आचार्य शुक्ल की सचेत और वैज्ञानिक-वस्तुनिष्ठ दृष्टिकोण की प्रशंसा की है, वहीं उनके पूर्वोक्त दृष्टिकोण को लेकर आलोचना भी की है, 'वास्तव में गलत दृष्टिकोण लेकर चलने पर गलत निष्कर्ष पर पहुँचना स्वाभाविक है। शुक्ल जी ने सन्त काव्य को लोक विरोधी मान लिया, तो उससे प्रभावित होने वाली जनता को भी 'मूर्ख' समझ लिया। सन्त कवि उस समय की सामन्ती व्यवस्था, उसके सांस्कृतिक मूल्यों और मर्यादाओं के विरुद्ध आवाज उठा रहे थे। यही नहीं, वे उस व्यवस्था में पीड़ित जनता में आत्मगौरव का भाव जगाकर उसे ऊपर उठा रहे थे, इसलिए उनको लोकविरोधी और जनता को 'मूर्ख' तथा 'अन्धी भेड़' समझना गलत है।' (साहित्य और इतिहास दृष्टि, पृष्ठ 105)

हालाँकि आचार्य शुक्ल 'ज्ञानाश्रयी' मार्ग के कवियों के प्रति जो भाव रखते हैं, वह भाव हर कहीं नहीं मौजूद है। 'लोक-संस्कृति' ने उनकी इतिहास दृष्टि के निर्माण महत्त्वपूर्ण भूमिका निभाई है। मैनेजर पाण्डेय ने इस सन्दर्भ में लिखा है, 'आचार्य शुक्ल की इतिहास दृष्टि की एक बड़ी विशेषता यह है कि उन्होंने हिन्दी साहित्य के विकास में लोक-संस्कृति और लोक-साहित्य के योगदान का मूल्यांकन किया है और उसके जातीय रूप को उजागर किया है।' (साहित्य और इतिहास दृष्टि, पृष्ठ 115)

लेकिन यह बात स्पष्ट तौर पर याद रखनी चाहिए कि आचार्य शुक्ल ने 'जनता की चित्तवृत्ति' के जिन कारणों का उल्लेख किया है, 'जनता की चित्तवृत्ति बहुत कुछ राजनीतिक, सामाजिक, साम्प्रदायिक तथा धार्मिक परिस्थिति के अनुसार होती है। अतः कारणस्वरूप इन परिस्थितियों का किंचित् दिग्दर्शन भी साथ ही साथ आवश्यक होता है' (हिन्दी साहित्य का इतिहास, पृष्ठ 22) के कारण उनको भी प्रभावित करते

हैं। एक खास तरह का पुनरुत्थानवादी दृष्टिकोण आचार्य शुक्ल के इतिहासबोध में शामिल है। यह स्थिति शायद ज्यादा गम्भीर है क्योंकि इस प्रभाव को आज के समाज पर गम्भीर रूप से महसूस किया जा सकता है। मैनेजर पाण्डेय ने आचार्य शुक्ल के इस अन्तर्विरोध को स्पष्ट रूप से रेखांकित किया है, ' 'विश्व प्रंपच' की लम्बी भूमिका में विकासवाद का समर्थन करते हुए भी जगह-जगह वेद, उपनिषद, पुराण और दर्शनों से उद्धरण जुटाकर यह दिखाने का प्रयत्न किया है कि प्राचीन भारतीय चिन्तन में वे बातें मौजूद हैं, जो अब पश्चिम के वैज्ञानिक चिन्तन में आ रही हैं।' (साहित्य और इतिहास दृष्टि, पृष्ठ 125)

इस विश्लेषण से यह तो बिल्कुल स्पष्ट है कि 'साहित्येतिहास' में राजनीति का जो पक्ष शामिल है, वह वर्तमान की जरूरतों और सामाजिक सरोकारों द्वारा निर्धारित होता है। उदाहरण के लिए कबीर के सन्दर्भ को लिया जा सकता है। आचार्य शुक्ल ने कबीर पर सूफियों के प्रभाव को स्पष्ट रूप से चिह्नित किया था, 'जिस प्रकार कुछ वैष्णवों में 'माधुर्य' भाव से उपासना प्रचलित हुई थी उसी प्रकार सूफियों में भी ब्रह्म को सर्वव्यापी प्रियतम या माशूक मानकर हृदय से उद्‌गार प्रदर्शित करने की प्रथा थी। इसको कबीरदास ने ग्रहण किया।' (हिन्दी साहित्य का इतिहास, पृष्ठ 73) लेकिन साम्प्रदायिक आलोचक आचार्य शुक्ल के आलोचनात्मक विवेक को पूरी सहृदयता से ग्रहण नहीं कर पाते हैं। जाहिर सी बात, इसके मूल में भारतीय समाज की वह रूढ़िवादी धारणा मौजूद है, जहाँ विश्वास किया जाता है कि जाति प्रथा समाज की 'शुद्धता' के लिए सबसे अनिवार्य है और जातिगत संरचना में सर्वोच्च स्थान पर मौजूद जाति यानि ब्राह्मण स्वयं में ज्ञान का पर्याय है। यह ऐसी स्थिति है जहाँ दो भिन्न समाज और समुदायों के विचार आदान-प्रदान को किसी भी स्तर पर नहीं स्वीकार किया जाता है। हमारे वर्तमान समाज पर इन विचारों के प्रभाव को आसानी से लक्षित किया जा सकता है। इस स्थिति का 'साहित्येतिहास' पर भी प्रभाव पड़ा है। आलोचना में शामिल हो पायी इन अनुदार प्रवृत्तियों को पाण्डेय जी ने सख्ती से चिह्नित किया है। 'रामस्वरूप चतुर्वेदी की आलोचना की व्याख्या में राजनीति का दूसरा रूप कबीर को हिन्दू निष्ठा का कवि सिद्ध करने के लिए एड़ी-चोटी का पसीना एक करने में दिखाई देता है... उन्होंने कबीर को हिन्दू परम्परा में आत्मसात करने के लिए सबसे पहले सूफी परम्परा को अभारतीय मान लिया है।' (आलोचना की सामाजिकता, पृष्ठ 28)

कबीर की एक व्याख्या भारत की सामाजिक समरसता के आधार पर होती है, और दूसरी रूढ़िवादी साम्प्रदायिक आधार पर। इस प्रवृत्ति की ओर पाण्डेय जी ने जो इशारा किया है, वह भारतीय समाज में मौजूद एक गम्भीर संकट की ओर इशारा करता है। यह संकट संस्कृति को धर्म का पर्याय मानने से निर्मित हुआ है।

इसका परिणाम तात्कालिक रूप से साम्प्रदायिक और असहिष्णु समाज के रूप में प्राप्त होता है, तो दूसरी ओर ज्यादा गम्भीर रूप से यह स्थिति मनुष्य समाज की 'चेतन उपलब्धियों' को नष्ट करती है। पाण्डेय जी इन स्थितियों और परिणामों की गम्भीर चिन्ता करते हैं। लोकतान्त्रिक मूल्यों को नुकसान पहुँचाने वाली इन स्थितियों को वे 'बर्बरता' से समीकृत करते हैं। इस बर्बरता से 'संस्कृति के मानवीय प्रयोजन और भाषा के सामाजिक सरोकारों का अस्तित्त्व खतरे में है।' (आलोचना की सामाजिकता, पृष्ठ 18)

मैनेजर पाण्डेय ज्ञान के सामाजीकरण की चिन्ता हर एक स्तर पर करते हैं। ज्ञान के सामाजीकरण का सीधा पर्याय समाज की संरचना पर ध्यान देने से है। यदि सामाजिक संरचना को समझने के लिए भौतिकवादी-द्वन्द्वात्मक दृष्टिकोण की अवहेलना की जाये, तो परिणाम साम्प्रदायिक-धार्मिक विभाजन के रूप में प्राप्त होगा। भारतीय समाज बहुलतावादी समाज है। ब्रितानियों की औपनिवेशिक नीतियों के कारण हिन्दू-मुस्लिम जैसे धार्मिक समुदायों का नस्लीय स्तर पर विभाजन कृत्रिम रूप में किया गया। भाषा और साहित्य के स्तर पर इसका प्रतिफलन इस रूप में हुआ कि हिन्दी को हिन्दू समुदाय और उर्दू को मुस्लिम समुदाय से सम्बद्ध किया गया। यह एक विभाजनकारी नीति थी, जिसका उद्देश्य भारतीय समाज की समरसता को भंग करना और उसकी एकता को नष्ट करना था। प्रत्यक्ष-अप्रत्यक्ष रूप से वैचारिक स्तर पर इस विभाजक नीति का प्रभाव हर कहीं मौजूद है। उदाहरण के लिए आचार्य शुक्ल ने ही उर्दू और हिन्दी को भाषाओं के रूप में ही माना है, अन्यथा कोई कारण न था कि हिन्दी साहित्य के स्वरूप निर्माण में ग़ालिब के योगदान को विस्मृत किया जाता। बिल्कुल इसी प्रकार नज़ीर की लोकोन्मुखी काव्य परम्परा पर भी ध्यान न देना इस तथ्य की ओर इशारा करता है कि आचार्य शुक्ल ने हिन्दी-उर्दू के भेद को गहरे रूप में स्वीकार किया था।

मैनेजर पाण्डेय के इतिहासबोध में ये सभी समस्याएँ शामिल हैं। यही कारण है कि वे 'दूसरी परम्परा' के निर्धारण से असहमति रखते हैं, और इसका कारण यह है कि 'इसमें उर्दू भाषा और उसके साहित्य की कोई चिन्ता नहीं है और न ही उर्दू साहित्य में व्यक्त समाज की वास्तविकताओं और आकांक्षाओं की पहचान की कोशिश है' और इसका परिणाम यह होता है कि 'हम उर्दू भाषा और उसके साहित्य को छोड़कर केवल हिन्दी पर बहस करेंगे तो वह मुख्यतः हिन्दू समाज पर बहस हो जायेगी।' (आलोचना की सामाजिकता, पृष्ठ 71)

हालाँकि भाषा के स्तर पर भोजपुरी को स्वतन्त्र भाषा और साहित्य के स्तर पर मूल्यांकित करके उन्होंने कई ऐतिहासिक प्रश्नों पर नये सिरे से विचार करने के लिए प्रेरित किया है, लेकिन यहाँ जरूरी था कि वे हिन्दी और भोजपुरी के सम्बन्धों को

स्पष्ट करते। यह इस कारण से बहुत जरूरी है क्योंकि रामविलास शर्मा ने 'हिन्दी जाति' की अवधारणा के साथ खड़ी बोली हिन्दी के विकास के सन्दर्भ में जनपदीय भाषाओं के विषय में जो मान्यताएँ रखी हैं, उनसे बहस किये बिना भोजपुरी या अवधी को स्वतन्त्र भाषा का दर्जा देना सम्भव नहीं प्रतीत होता। इसके अलावा वर्तमान में जनपदीय भाषाओं की जो स्थिति है, वह इन भाषाओं के विकास को पश्चगामी दिशा की ओर होना ही इंगित कर रहा है। भदेस की अभिव्यक्ति के लिए ही लोकप्रिय जनमाध्यम जनपदीय भाषाओं का इस्तेमाल करते हैं। इसके अलावा यह याद रखने की बात है कि साहित्य के स्तर पर किसी भाषा/बोली का विकास भाषा के 'समग्र' विकास और उसकी सामाजिक व्यापकता बढ़ने का पर्याय नहीं होता। उदाहरण के लिए मध्यकाल में साहित्यिक स्तर पर ब्रज भाषा के अतिशय 'विकास' के बावजूद नवीन सामाजिक जरूरतों को पूरा करने में सक्षम नहीं थी और हिन्दी क्षेत्र के वैचारिक विकास में खड़ी बोली हिन्दी की ऐतिहासिक भूमिका निर्धारित हो पायी। इसी सन्दर्भ में यह दोहराने की जरूरत है कि पाण्डेय जी द्वारा रामविलास शर्मा पर लगाया गया यह आरोप सही नहीं प्रतीत होता है कि 'यह आश्चर्यजनक है कि भारतीय नवजागरण और हिन्दी नवजागरण पर विचार करते समय साम्राज्यवाद के विरुद्ध भोजपुरी क्षेत्र के संघर्ष की कोई विशेष चर्चा नहीं होती है।' (आलोचना की सामाजिकता, पृष्ठ 118) ध्यान देने की बात है कि पाण्डेय जी ने स्वयं ही मंगल पाण्डेय, कुँवर सिंह आदि गदर के नायकों का जिक्र किया है। ये सभी नायक ऐसे हैं, जिनकी चर्चा रामविलास शर्मा ने भी की है। इसके अलावा विभिन्न इतिहासकारों ने भी भारतीय नवजागरण में भोजपुरी क्षेत्र के योगदान को स्वीकार किया है। मंगल पाण्डेय से लेकर स्वामी सहजानन्द तक की चर्चा भिन्न-भिन्न परिप्रेक्ष्यों में की गयी है।

आधुनिकता के विभिन्न आयामों पर पाण्डेय जी सन्तुलित दृष्टिकोण और परिप्रेक्ष्य के साथ विचार किया है। साहित्य के सन्दर्भ में आधुनिकता का एक सन्दर्भ 'उपन्यास' जैसी सृजनात्मक गद्य विधा का उदय भी है। भारतीय और खासतौर से हिन्दी क्षेत्र में उपन्यास विधा का उदय इस विधा के साथ जुड़े यूरोपीय अनुभव से भिन्न है। यह भिन्नता सामाजिक परिस्थितियों में अन्तर के कारण है। भारतीय उपन्यासों के बारे में पाण्डेय जी की मान्यता है, 'भारतीय उपन्यास का स्वतन्त्र रूप तब विकसित हुआ जब उपन्यास रचना के केन्द्र में किसान जीवन आया। तभी वह यथार्थवाद विकसित हुआ, जो राष्ट्रीय जागरण का अभिन्न हिस्सा था। किसान जीवन से जुड़कर ही भारतीय उपन्यास की सच्ची भारतीयता विकसित हुई और उपन्यास राष्ट्रीय जीवन की महागाथा का प्रतिनिधि साहित्य रूप बना।' (आलोचना की सामाजिकता, पृष्ठ 274) इसके साथ पाण्डेय जी उपन्यास विधा

की विशेषताओं की भी चर्चा करते हैं। 'उपन्यास मुक्तिधर्मी आख्यान है। वह अपने पाठकों को न आदेश देता है, न उपदेश। वह समाज और जीवन के बारे में सोचने की प्रेरणा देता है। वह प्रश्न करता है और उत्तर खोजने में पाठकों की मदद करता है। उपन्यास ने सामाजिक व्यवस्थाओं, विचारधाराओं, पितृसत्ता से उपजी पराधीनताओं, जाति-व्यवस्था, गुलामी, नस्ल-भेद, उपनिवेशवाद, आधिपत्य, अस्मिता, साम्प्रदायिकता, लोकतन्त्र और यहाँ तक कि स्वयं अपने स्वरूप के बारे में प्रश्न करते हुए पाठकों की चेतना और सहानुभूति का विस्तार किया है।' (आलोचना की सामाजिकता, पृष्ठ 260)

हालाँकि यहाँ मैनेजर पाण्डेय के निष्कर्षों से पूरी तरह से सहमत नहीं हुआ जा सकता है क्योंकि इन निष्कर्षों में स्वाभाविक तौर पर द्वन्द्वात्मकता का अभाव है। उदाहरण के तौर पर आरम्भिक भारतीय उपन्यासों में से एक 'आनन्दमठ' स्वयं में प्रतिक्रियावादी विचारों को समाहित किये हुए है। बिल्कुल इसी तरह समकालीन समय में ढेरों की संख्या में लेखक मौजूद हैं, जो उपन्यास जैसी विधा का प्रतिक्रियावादी इस्तेमाल कर रहे हैं, जिसमें कामगत कुंठाओं की से लेकर केवल नस्ल, जाति या लिंग के आधार पर सामाजिक उपलब्धियों पर दावेदारी जैसी स्थितियाँ सामने हैं। वास्तव में चिन्तन की द्वन्द्वात्मक पद्धति और यथार्थवादी लेखन शैली ही उपन्यास विधा के उन गुणों को स्वयं में समाहित करने की क्षमता रखती है, जिनका जिक्र पाण्डेय जी ने पूर्वोक्त किया है।

ये तथ्य इस समय इसलिए ज्यादा महत्त्वपूर्ण हैं क्योंकि अस्मितावादी चिन्तन ने चिन्तन की द्वन्द्वात्मक पद्धति पर आघात किया है और व्यापक सामाजिक सरोकारों को मात्र 'हित समूह' के सरोकारों तक सीमित कर दिया है। यह वैसी ही स्थिति है, जैसी एक समय हिन्दी में 'साहित्य की निरपेक्षता' के दावेदारों ने निर्मित की थी, जिसकी पाण्डेय जी ने समयानुकूल सख्त आलोचना की थी। 'साहित्य संसार की स्वतन्त्रता, कृति की स्वायत्तता, सौन्दर्यबोधीय मूल्यों की समाज निरपेक्षता और रचनाकार की अद्वितीयता की धारणाएँ काल और साहित्य सम्बन्धी बुजुर्ग चिन्तन की देन हैं, और इनका पूँजीवादी समाज-व्यवस्था से गहरा सम्बन्ध है। इन धारणाओं में बुर्जुआ वर्ग की सांस्कृतिक आकांक्षाएँ व्यक्त होती हैं और तरह-तरह की रूपवादी आलोचनाओं से इनको समर्थन प्राप्त होता है।' (साहित्य और इतिहास दृष्टि, पृष्ठ 85)

सोवियत संघ के विघटन की छाया में सामने आयी इक्कीसवीं सदी में सबसे प्रमुख चुनौती 'विचारधारा' के स्तर पर ही है। यह चुनौती सैद्धान्तिक और व्यावहारिक, दोनों ही स्तरों पर है। सोवियत विघटन ने पूँजीवादी देशों को और वहाँ के विचारकों को यह सुविधा दी कि इस विघटन को 'मार्क्सवाद' की 'अपर्याप्तता' के रूप में व्याख्यायित किया जा सके। मार्क्सवाद वैश्विक स्तर पर

आधुनिकता के विचार के अग्रगामी रूप में है, जिसमें तर्क और वैज्ञानिकता के साथ सार्वभौमिकता को मूल्य के तौर पर स्वीकार किया जाता है। लेकिन इसी के सापेक्ष पश्चिमी-पूँजीवादी देशों की ओर से 'चपल-पूँजी' की तरह 'उत्तर-आधुनिक' विचारों का भी निर्यात जबरदस्त ढंग से हुआ और हो रहा है। उत्तर-आधुनिकता मूल रूप से इस तथ्य पर यकीन करती है कि 'तर्क' की वैधता खत्म हो गयी है, 'सार्वभौमिकता' जैसी कोई चीज नहीं होती है! उत्तर-आधुनिक विचार का हिन्दी साहित्य पर क्या प्रभाव पड़ा है, इस विषय पर पाण्डेय जी ने गम्भीरता से विचार किया है। उत्तर-आधुनिकता की मूल-राजनीति आलोचना की सामाजिकता को नष्ट करना है। भाषा भी इसका एक माध्यम है। वर्तमान में प्रचलित आलोचना भाषा के बारे में विचार करते हुए पाण्डेय जी ने लिखा है, '...ऐसी हिन्दी में लिखी आलोचना कितनी सामाजिक होगी। हिन्दी आलोचना की भाषा का और रूप वहाँ दिखाई देता है जहाँ आलोचना को रचना बनाने की कोशिश में व्यक्ति-वैचित्र्यवाद से होड़ करता उक्ति-वैचित्र्यवाद आलोचना की भाषा को 'सन्ध्या भाषा' बना देता है।' (आलोचना की सामाजिकता, पृष्ठ 16) पाण्डेय जी ने इन प्रवृत्तियों के इतिहास की भी गहरी पड़ताल की है। उन्होंने इस प्रवृत्ति का आरम्भ 'भोपाल गणतन्त्र' (आलोचना की सामाजिकता, पृष्ठ 42) से माना है।

भाषा से लेकर स्त्री-विमर्श तक पाण्डेय जी मार्क्सवाद के प्रति प्रतिबद्धता बरकरार रखते हुए सामाजिक स्तर पर मौजूद नये प्रश्नों का सामना करने में कभी हिचक नहीं महसूस करते हैं। मार्क्सवाद की प्रचलित अवधारणा के अन्तर्विरोधों को स्पष्ट करने के लिए उनके इस उद्धरण से गुजरना पर्याप्त होगा। 'मानव जीवन की दूसरी आधारशिला स्त्री-पुरुष के आपसी सम्बन्ध की उपेक्षा के कारण केवल आर्थिक आधार पर लिखा गया मानव इतिहास अधूरा है। यही कारण है कि इस इतिहास दृष्टि से निर्मित सामाजिक व्यवस्था में स्त्री स्वाधीन नहीं हो सकी, व्यक्तिगत सम्पत्ति के अन्त के बावजूद पुरुष की उस अधिकार भावना का अन्त नहीं हुआ जिसकी गुलाम स्त्री सदियों से होती रही है। मार्क्सवाद की इस ओम (ओ.एम.-ऑफिशियल मार्क्सिज़्म) वाली समझ में भी स्त्री हाशिए पर ही खड़ी रही।' (आलोचना की सामाजिकता, पृष्ठ 148)

पाण्डेय जी की कई मान्यताओं से असहमति व्यक्त करने के लिए कई बिन्दु मौजूद हैं, लेकिन यहाँ रेखांकित करने योग्य तथ्य यही है कि वरिष्ठों की पीढ़ी में वे शायद अकेले ऐसे आलोचक हैं, जो समाज से लेकर साहित्य व संस्कृति के क्षेत्र में सामने आये नये से नये प्रश्नों से टकराने में संकोच नहीं करते और आलोचना के 'जनतन्त्र' पर अटूट विश्वास रखते हुए समाज को 'बहस' के लिए प्रेरित करते हैं, और यही उनके आलोचना-कर्म की सार्थकता है।

मैनेजर पाण्डेय की आलोचनाधर्मिता

अरविन्द अवस्थी

समकालीन आलोचना पर बोलते हुए डॉ. नामवर सिंह के विचार हैं कि एक आमधारणा बनी हुई है कि इस समय आलोचना की स्थिति बहुत खराब है, अर्थात् रचना उच्च कोटि की हो रही है और आलोचना का स्तर गिर रहा है। रचनाकारों की ओर से यह बात कही जा रही है और बहुत से लोग विश्वास भी करने लगे हैं। "...आलोचना के रूप में हमारे सामने जो लेख आ रहे हैं और जो कृतियाँ आ रही हैं, उनके बारे में एक पक्ष की ओर से कहा जा रहा है कि हिन्दी आलोचना में एक नवकलावादी रुझान या नव-रूपवादी रुझान प्रकट हो रहा है कुछ दिनों से। दूसरे पक्ष का कहना यह है कि कहीं-कहीं ज्यादा भोंडे समाजशास्त्रीय रुझान की प्रबलता दिखाई पड़ रही है, रूपवाद अपेक्षाकृत कम है।"[1] भोंडे समाजशास्त्रीय रुझान से डॉ. साहब का तात्पर्य यह है कि साहित्य के सन्दर्भ में सामाजिक सरोकारों का और राजनीतिक विचारों का अधिक जिक्र किया जा रहा है।

आलोचना केवल यही नहीं बतलाती कि रचना में क्या अच्छा है और क्या बुरा! बल्कि वह रचना की पूरी पड़ताल करते हुए उससे दो कदम आगे चलती है। रचना के निहितार्थों को सरोकारों से जोड़ती है। उसके मन्तव्य और गन्तव्य का उद्घाटन करती है। डॉ. मैनेजर पाण्डेय की दृष्टि में आलोचना रचना की व्याख्या करती हुई पाठक समाज के दिलों में उतरती है तब वह रचना को सामाजिक बनाती हुई स्वयं भी सामाजिक बन जाती है। डॉ. पाण्डेय की आलोचना पलायन का समर्थन नहीं करती। वह समय और समाज की विसंगतियों, उनकी क्रूरताओं के आगे माथा नहीं टेकती। न हताश, निराश होती है अपितु उनसे आँखें मिलाकर बात करती है। अपना प्रतिरोध जताती है और अविचलित होकर दो-दो हाथ करने को भी तैयार रहती है। डॉ. पाण्डेय रचना की आलोचना करते हुए उसकी अन्तर्वस्तु से मुँह नहीं मोड़ते। उनकी लेखनी देश और समाज की राजनीति और उसकी सांस्कृतिक विरासत को साँचे में ढालकर आकार देने का सामर्थ्य रखती है। वे उन आलोचकों की श्रेणी में बिल्कुल नहीं हैं जो मानव जीवन की उन्मुक्त स्वाभाविकता और जीवन

की जीवन्त सन्निकटता से विमुख हैं। उनमें विवाद और विमर्श के बहाने चर्चा में रहने की लालसा नहीं है। वे समय, समाज और सरोकारों से सम्बन्ध बनाकर चलते हैं, उनसे स्नेहिल संवाद करते हैं।

वे आम आदमी की पीड़ा, उसकी इच्छा-आकांक्षा, उसकी जरूरतों और उसके दुख-सुख के साथ रहते हैं। वे सामान्य जनमानस के साथ आत्मीयता स्थापित करने के लिए बेचैन दिखते हैं। इसीलिए उन्हें साहित्यिक आलोचक से अधिक सामाजिक आलोचक के रूप में पहचान मिली है। अशोक वाजपेयी जी तो उन्हें हिन्दी आलोचना को साहित्यवाद से मुक्त कराने वाले आलोचक के रूप में देखते हैं। किसी भी कला का उद्‌देश्य जब समाज के सरोकारों से परे जाने लगता है तब वह कला अपनी चेतना खो देती है। कला में सिनेमा हो, चित्रकला हो, संगीत हो या साहित्य। साहित्य में चाहे उपन्यास, कहानी हो या कविता। डॉ. मैनेजर पाण्डेय कहते हैं, "आजकल हिन्दी में जो कविताएँ लिखी जा रही हैं, उनकी भाषा, बनावट और उनसे व्यक्त होने वाली बौद्धिकता सामान्य पाठकों की पहुँच के परे है। कुछ कवि यह तर्क देने लगे हैं कि आज का जीवन जटिल है, इसलिए उस जीवन से जुड़ी पूरी कविता भी जटिल हो रही है। यह आत्मरक्षा में गढ़ा गया कुतर्क है।"[2] कहा तो यह भी जा रहा है कि कविताएँ जितना लिखी जा रही हैं उतना पढ़ी नहीं जा रही हैं अर्थात् कविता की उपेक्षा जारी है। डॉ. पाण्डेय भी कहते हैं कि आज स्थिति यह है कि कवि लगातार पुरस्कृत हो रहे हैं और कविता तिरस्कृत हो रही है। फिर इसका समाधान क्या हो सकता है? कविता समग्र में तिरस्कृत हो रही है या कुछ कवियों की कविताएँ तिरस्कृत हो रही हैं? पुराने-नये न जाने कितने कवि हैं जिनकी अधिकांश कविताएँ खूब पढ़ी जा रही हैं। नागार्जुन, त्रिलोचन, केदारनाथ अग्रवाल से लेकर अशोक वाजपेयी, अरुण कमल, लीलाधर जगूड़ी, ज्ञानेन्द्रपति आदि की कविताओं पर पाठकीयता का संकट कभी नहीं मँडराया। नागार्जुन की 'अकाल और उसके बाद' 'घिन तो नहीं आती' जैसी कविताओं को कभी अस्वीकृति मिली है क्या? इसका खुलासा करते हुए मैनेजर पाण्डेय स्पष्ट कहते हैं कि लेखक का आत्मसंघर्ष तभी सार्थक और सर्जनात्मक होता है, जब वह व्यापक सामाजिक संघर्षों से जुड़ा हो। अपनी बात से वे खुद भी पीछे नहीं हटते, जब आलोचना करते हैं तो रचना का सामाजिक सन्दर्भ अवश्य चिह्नित करते हैं। वे पाठकों से भी यही अपेक्षा करते हैं कि वे आलोचना में आत्मसंघर्ष के सूक्ष्मतम परमाणुओं की पहचान अवश्य करें। पूर्वाग्रह और दुराग्रह से बाहर निकलकर ही सृजन अच्छा हो सकता है और निर्मिति की आलोचना भी। इस प्रकार आलोचना समाजोन्मुखी और समाजशास्त्रीय होनी चाहिए। डॉ. पाण्डेय स्वयं स्वीकार करते हैं कि आलोचना-कर्म सरल नहीं है। आज सत्ता, शासन, पूँजी और आम आदमी के बीच घोर संघर्ष जारी है। लोकतन्त्र

में लोगों की आस्था जैसे क्षीण होती जा रही हो। आम आदमी और बड़े आदमी के बीच की खाई पटने की बजाय बढ़ने की ओर अग्रसर है। सरकारें कुछ करने का प्रयास करती भी हैं तो राजनेताओं और अधिकारियों के बीच साँठगाँठ के कारण आम आदमी तक लाभ पहुँच नहीं पाता। यदि पहुँचता भी है तो बहुत कम। डॉ. मैनेजर पाण्डेय इन्हीं विरोधी ताकतों के बीच से मानवतावादी जनतान्त्रिक मूल्यों को तलाश लेते हैं। आज की आलोचना के लिए यह जरूरी भी है। आलोचना किसी रचना को नये अर्थ देती है तथा देश और काल की बनती-बिगड़ती परिस्थितियों के बीच रचना की अवस्थिति और उपस्थिति का बोध भी कराती है। आलोचना के इस मर्म को गहराई से न समझने वाले आलोचक पाठक को सही रास्ता दिखाने में चूक जाते हैं। डॉ. पाण्डेय नयी दुनिया के आधुनिक मूल्यों से किनारा नहीं करते बल्कि रचना में अवगाहन कर चमकदार मोती बीनने की भी कोशिश करते हैं। वे एक-एक शब्द की योग्यता, आकांक्षा और आसक्ति की परख करते हैं। शब्दों को परिवेश से जोड़ते हैं और क्षण प्रतिक्षण पाठक और रचना के बीच संवाद भी बनाये रखते हैं। लोक जीवन की सांस्कृतिक ऊष्मा का संस्पर्श भी उनकी आलोचना को मानवतावाद का रास्ता दिखाता है। सतही यथार्थ से वे अपने को बचाकर चलते हैं। उनकी आलोचना समय और समाज में व्याप्त विसंगति को उद्‌घाटित करती है। वे हल्ला मचाने में विश्वास नहीं करते बल्कि तीखे और नुकीले प्रश्नों को झेलने के लिए पाठक को कवच भी प्रदान करते हैं। जोखिम से जूझने का उपकरण भी देते हैं। अन्याय से आँख मिलाकर टकराने का जज़्बा भी देते हैं। प्रतिरोध की चेतना जगाने की जो सामर्थ्य डॉ. पाण्डेय की आलोचना में है, वह बहुत कम आलोचकों में होती है।

बेलारूस की नोबेल पुरस्कार प्राप्त लेखिका स्वेतलाना एलेक्सीविच ने अपने नोबल भाषण के दौरान कहा है, "मैं लघु मानव में रुचि रखती हूँ। लघु, महान लोग, मैं उन्हें इसी श्रेणी में रखती हूँ क्योंकि दुख मनुष्य को विस्तार देता है। मेरी किताबों में ये लोग अपनी कहानी कहते हैं, लघु इतिहास और इसी सिलसिले में महान इतिहास। जो हमारे साथ हो चुका है और जो हमारे साथ हो रहा है, इसे समझने का हमारे पास समय नहीं है, हमें बस इसे कहने की जरूरत है। शुरू करने के लिए हमें जो हो चुका है, उसे वाणी देनी है।" ...दॉस्तॉवस्की के 'डिमंस' में शाटोव स्टाव्रोजिन से अपनी बातचीत के प्रारम्भ में कहता है, "हम दो जीव सीमाहीन अनन्त में मिले है दुनिया में अन्तिम बार। अतः यह लहजा छोड़ो और आदमी की तरह बात करो। कम-से-कम एक बार, मनुष्य के स्वर में बोलो।"[3] इस उद्धरण के माध्यम से यह कहने का प्रयास किया जा रहा है कि नोबल पुरस्कार प्राप्त स्वेतलाना एलेक्सीविच लघु मानव को महान लोग कहकर सम्बोधित करती हैं। मैनेजर पाण्डेय जी की

आलोचना भी लघु में महान खोजती है। 'आम आदमी की तरह बात करना' मनुष्य के स्वर में बोलने का संकेत है। डॉ. पाण्डेय उसी आम आदमी की आवाज सुनना चाहते हैं। उसी से जुड़े सामाजिक सरोकारों पर बात करना चाहते हैं।

चट्टानों को तोड़ना, भाव निर्झरों को मुक्त कराना, मनुष्य के साथ मनुष्य की बातचीत और इन सबसे बढ़कर मनुष्य का समाज के साथ वार्तालाप करना इस समय की सबसे बड़ी जरूरत है। डॉ. पाण्डेय की आलोचना रचना में उन्हीं औजारों और बारूदी गन्ध की तलाश करती है जो चट्टानों को तोड़कर भाव निर्झर बहा सके। समाज में आम आदमी का अस्तित्त्व बचा सके। ऐसे समाज की परिकल्पना कोई नयी बात नहीं है। मुक्तिबोध ने स्वयं स्वीकार किया है कि हिन्दी में इन दिनों दो प्रकार के वर्ग काम कर रहे हैं। एक उच्च मध्यवर्गीय जन, दूसरे निम्न मध्यवर्गीय जन। इन दोनों के बीच की खाई लगातार चौड़ी होती जा रही है। इसी खाई को कम करने के लिए रचनाकार, आलोचक, चिन्तक निरन्तर प्रयासरत हैं। डॉ. पाण्डेय आलोचना के माध्यम से उन्हीं तत्त्वों का दिग्दर्शन कराना चाहते हैं जो व्यष्टि से समष्टि की ओर ले जायें, मनुष्य को समाज में उसका सही स्थान दिलाएँ, आपस में भाई-चारा बढ़ाएँ। डॉ. पाण्डेय अन्धानुकरण या मौन स्वीकार से बचते हुए साहित्य एवं समाज के विकास की प्रक्रिया को इतिहास की धारा में रखकर देखने-दिखाने के पक्षधर हैं। कोई रचनाकार हो या कोई रचना या पाठक सभी समाज के अंग होते हैं। इतिहास से भी परे नहीं होते। मैनेजर पाण्डेय की जीवन्त आलोचना का जीवद्रव्य 'संघर्ष' है। यह संघर्ष विचार से आत्म तक व्यापक होता है। उनकी आलोचना में आत्मालोचना भी है। यह संघर्ष मुक्ति के लिए है। शोषण से मुक्ति, अन्याय से मुक्ति, भ्रष्टाचार से मुक्ति बल्कि और आगे बढ़कर अन्धविश्वास, अन्धानुकरण, पूर्वाग्रह-दुराग्रह, रूढ़ियों और विकृत परम्पराओं से मुक्ति के लिए आत्मसंघर्ष। पाण्डेय जी का वैचारिक संघर्ष नये समाज के निर्माण के लिए है। इस संघर्ष में दूसरे आलोचकों की सहमति भी है और असहमति भी।

'भक्ति आन्दोलन और सूरदास का काव्य' उनके आलोचना-कर्म का प्रारम्भ है। यद्यपि अन्य विद्वानों और समीक्षकों द्वारा सूरदास के काव्य में वात्सल्य और शृंगार के अगणित रूप दिखाये गये है किन्तु मैनेजर पाण्डेय ने इन सबके आगे जाकर सूर के काव्य में प्रत्यक्ष और परोक्ष दोनों रूपों में किसान जीवन का चित्रण किया है। इस किसान को ही आम आदमी माना जाता है। यह सच्चाई भी है कि आम आदमी का जीवन किसान का जीवन होता है। उसका सम्बन्ध खेती से होता है। वह खेत जोतता है। गाय का दूध दुहता है। किसान का बेटा मक्खन खाता है। चुराकर भी खाता है। डॉ. पाण्डेय ने समाज के महत्त्वपूर्ण अंग किसान के जीवन से जुड़े अनेक पदों को उद्धृत किया है। हालाँकि वरिष्ठ आलोचक रामविलास शर्मा के अनुसार सूर

की अपेक्षा तुलसी के काव्य में किसान जीवन का दिग्दर्शन अधिक व्यापक रूप से हुआ है। जबकि डॉ. पाण्डेय ने सामन्ती व्यवस्था में जीवन यापन करने वाले किसानों की पीड़ा का बड़ा मार्मिक चित्र सूर के काव्य में देखा है। पाण्डेय जी के अनुसार विनय पदों में सूरदास ने तत्कालीन शासन व्यवस्था का वर्णन करने में तत्कालीन भाषा अरबी, फारसी के शब्दों का प्रयोग किया था। इससे स्पष्ट हो जाता है कि सूरदास तत्कालीन समाज और वस्तुस्थिति का वर्णन करने से पीछे नहीं हैं। काव्य में वर्णित ग्राम्य जीवन उनका भोगा हुआ यथार्थ हो सकता है।

बीसवीं शताब्दी के सातवें दशक से पाण्डेय जी की आलोचना-यात्रा का प्रारम्भ हुआ। 'भक्तिकाव्य की लोकधर्मिता' नामक उनका आलोचनात्मक लेख 1968 में प्रकाशित हुआ था। इस समय देश में प्रगतिशील आन्दोलन खूब सक्रियता से चल रहा था। लगता था कि देश में सामाजिक परिवर्तन बड़ी तेजी से होंगे। डॉ. मैनेजर पाण्डेय की गणना पाँच महाभूत आलोचकों में की जाती है। आचार्य रामचन्द्र शुक्ल, आचार्य हजारी प्रसाद द्विवेदी, रामविलास शर्मा, नामवर सिंह तथा मैनेजर पाण्डेय ये पाँच महाभूत आलोचक माने गये हैं। पाण्डेय जी मुक्तिधर्मी चेतना के विकास के लिए चिन्तित हैं। वे रामविलास शर्मा की तरह परम्परा का पूर्वाग्रह नहीं पालते और न ही नामवर सिंह जैसा समकालीनता का आग्रह। पाण्डेय जी ने आचार्य शुक्ल की इतिहास दृष्टि को द्वन्द्वात्मक इतिहास दृष्टि का निकटवर्ती बताया। आचार्य शुक्ल पर आलोचकों के सवालों और प्रहारों का जवाब रामविलास शर्मा ने अपनी पुस्तक 'आचार्य रामचन्द्र शुक्ल और हिन्दी आलोचना' में दिया। मार्क्सवादी और प्रगतिशील आलोचकों में भी आपस में विचारों के संघर्ष थे।

मैनेजर पाण्डेय को एक विधा या साहित्य मात्र का आलोचक नहीं कहा जा सकता। वे इससे भी आगे हैं। कविता, कहानी, उपन्यास की आलोचना से आगे वे अपने समय और समाज की आलोचना करते हैं। वे व्यावसायिक आलोचना से परे राजनीतिक और सामाजिक आलोचना करते हैं। ब्रेख्त और एडवर्ड सईद की तरह उनकी आलोचना स्पष्ट और निर्भीक है। वे अति से बचते हैं। न तो किसी की अति प्रशंसा करते हैं और न किसी की अति निन्दा। उनकी आलोचना में भाषा, साहित्य और समाज तीनों पर गम्भीरता से विचार किया गया है। कुछ समीक्षक उन्हें सभ्यता और संस्कृति का समीक्षक कहते हैं। अपने समय में चल रहे दलित विमर्श से भी उन्होंने परहेज नहीं किया है। प्रेमचन्द की कहानी 'ठाकुर का कुआँ' में दलित या अछूत के प्रति उनकी संवेदना तो है ही साथ में तत्कालीन व्यवस्था में पीने के पानी की सुविधा न होने की ओर भी उनका ध्यान गया है। इस कहानी की तुलना वे चेखव की कहानी 'वार्ड नं. 6' और लूशुन की कहानी 'एक पागल की डायरी' से करते हैं। उनकी दलित संवेदना दया और सहानुभूति से अनुप्रेरित

नहीं है अपितु वे मानवतावादी चिन्तन के साथ अपनी बात रखते हैं। वे लिखते हैं, "प्राचीन भारतीय साहित्य में 'वज्रसूची' सम्भवतः पहली ऐसी रचना है जिसमें वर्णभेद तथा जातिभेद पर टिकी व्यवस्था, उस व्यवस्था के नियामक, संचालक ब्राह्मण वर्ण, उनकी विचारधारा और उस विचारधारा के पाखण्ड का पर्दाफाश किया गया है।"[4]

डॉ. पाण्डेय जब भारतीय समाज में विषमता और छुआछूत जैसे मुद्दों पर चर्चा करते हैं तो इसके लिए वे जाति व्यवस्था को दोषी मानते हैं। उन्होंने जाति व्यवस्था को स्थिर और मजबूत करने के लिए 'मनुस्मृति' को जिम्मेदार ठहराया। उनका मानना है कि सत्ता की डोर ब्राह्मणों के हाथों में देने और स्त्री तथा दलित को गुलामी का जीवन जीने को मजबूर करने में 'मनुस्मृति' की भूमिका असंदिग्ध है। डॉ. पाण्डेय तो ब्राह्मणवाद को सशक्त बनाए रखने तथा स्थितियों-परिस्थितियों पर पुरातनता का आवरण चढ़ा रखने के लिए संस्कृत भाषा को उत्तरदायी मानते हैं। वे संस्कृत को परम्परा और संस्कार से जोड़कर देखते हैं। इसीलिए वे जन भाषा हिन्दी का समर्थन करते हैं। वे संस्कृत और अंग्रेजी के प्रभाव से हिन्दी को मुक्त रखना चाहते हैं।

आलोचना की घटती सामाजिकता पर उनका कहना है कि आलोचना की घटती सामाजिकता का कारण केवल बाहरी नहीं है, केवल आज का परिवेश नहीं है, आन्तरिक भी है, जिसका सम्बन्ध आलोचनादृष्टि से है। डॉ. पाण्डेय आलोचना को सांस्कृतिक समालोचना के रूप में विकसित होते देखना चाहते हैं। यही कारण है कि उनकी रचनाशीलता में समाज की मुख्य धारा से वंचित स्त्रियों, दलितों और आदिवासियों की स्वतन्त्रता का संघर्ष दिखाई देता है। हिन्दी साहित्य में उन्होंने दलित साहित्य का स्वागत खुले मन से किया। इस दिशा में मैनेजर पाण्डेय ने लेखिकाओं और कवयित्रियों की उन रचनाओं को चिह्नित किया, जिनमें सत्ता-शासन, पितृसत्तात्मक व्यवस्था और धर्मसत्ता के प्रतिरोधी स्वर मुखर हुए हों। वे तो रचना या आलोचना में भी राजनीतिक दुराव-छिपाव को उसके लिए संकट मानते हैं। कहते हैं—सामन्तवाद या कि साम्राज्यवाद का विरोध तो सर्वथा प्रासंगिक होता है।

हिन्दी आलोचना को सामाजिक कर्म की श्रेणी में रखने वाले आलोचकों में मैनेजर पाण्डेय विश्वसनीय और सक्रिय आलोचक हैं। वे आलोचना को रचना की परिधि तक सीमित नहीं रखते बल्कि रचना से दो कदम आगे निकलकर साहित्य की खोज के साथ समाज की खोज करते हैं। 'शब्द और कर्म' में आस्था रखते हुए वे प्राध्यापकीय आलोचना तक सीमित न रहकर सैद्धान्तिक और व्यावहारिक आलोचना की ओर बढ़ते हैं। उनकी व्यावहारिक आलोचना भी स्तरीय होती है। वे सस्ती लोकप्रियता के पक्षधर नहीं हैं। मूल्यरहित आलोचना से दूर रहते हैं। वे सहमति और असहमति दोनों के स्वीकार के साथ चलते हैं।

मैनेजर पाण्डेय की आलोचना दृष्टि मुक्तिबोध से अभिप्रेरित है। यही कारण है कि वे मार्क्सवादियों से पृथक दिखते हैं। मुक्तिबोध लिखते हैं, "भीगकर कही हुई जीवन में विवेकपूर्ण जरा सी बात का मूल्य सैद्धान्तिक आवेश के प्रवाह से कहीं अधिक होता है। समीक्षक यदि स्वयं भीगा हुआ है, मानव हृदय और मानव प्रकृति में यदि वह मर्मदृष्टि रखता है, अनुभव सम्पन्न भाव गम्भीर विश्लेषण कर सकता है, ज्ञानात्मक संवेदनों से और संवेदनात्मक ज्ञान से परिपूर्ण है, तभी वह घनिष्ठ और आत्मीय बनकर उपस्थित हो सकता है—पाठक और लेखक दोनों का आत्मीय।"[5]

डॉ. पाण्डेय ऐसे ही भीगे हुए समीक्षक हैं, जो मानवहृदय और मानवप्रकृति में मर्मदृष्टि रखकर रचना का गम्भीर विश्लेषण करते हैं। उनकी आलोचना में एक प्रेमदर्शन है जो आवश्यकतानुसार कठोर हो जाता है, सामान्यतः उदार और कोमल होता है। दूसरी परम्परा की खोज की ललक उनमें निरन्तर बनी हुई है।

डॉ. पाण्डेय को नयी पीढ़ी साहित्य के समाजशास्त्री के रूप में जानेगी क्योंकि उन्होंने रचना (किसी विधा की) के बोध और उसकी सम्प्रेषणीयता की ही मीमांसा नहीं की है, उन्होंने रचना की निर्मिति, रचना प्रक्रिया, अन्तर्निहित अन्तर्वस्तु को ऐतिहासिक और समाज-सापेक्ष दृष्टि से देखकर अपनी बात कही है। डॉ. पाण्डेय का आलोचना-कर्म संकट के इस दौर में भी आशा और विश्वास पैदा करने में सक्षम है।

सन्दर्भ

1. आलोचक के मुख से, सम्पादक—खगेन्द्र ठाकुर, राजकमल प्रकाशन, पृ. 97
2. कथादेश, सितम्बर 2010
3. वागर्थ, फरवरी 2016
4. अनभै साँचा, मैनेजर पाण्डेय
5. नयी कविता का आत्मसंघर्ष, मुक्तिबोध, पृ. 151

मध्यकाल : एक मार्क्सवादी नजरिया

राहुल सिंह

जब हम किसी को मार्क्सवादी आलोचक कहते हैं तो उसका आशय होता क्या है? मसलन गजानन माधव 'मुक्तिबोध' को जब हम मार्क्सवादी आलोचक कह रहे होते हैं, तो क्या उसका वही मतलब होता है जो रामविलास शर्मा को मार्क्सवादी आलोचक कहते वक्त होता है या जब हम नामवर सिंह को मार्क्सवादी आलोचक कहते हैं, तो क्या उसका वही अर्थ मैनेजर पाण्डेय को मार्क्सवादी आलोचक कहने से निकलता है? शायद नहीं। यह सब और इनके अलावे भी हिन्दी के कई आलोचक मार्क्सवादी परम्परा में आते हुए भी अपनी अलग विशिष्टता को धारण किये हुए हैं। इन सबने किसी न किसी अर्थ में हिन्दी की मार्क्सवादी आलोचना को अपने तईं समृद्ध करने का काम किया है। कायदे से तो इन सबको तुलनात्मक रूप से आमने-सामने रखते हुए हिन्दी की मार्क्सवादी आलोचना के स्वरूप पर बात की जानी चाहिए। पर इसके लिए स्वतन्त्र पुस्तक की आवश्यकता होगी। इसलिए यहाँ उस विस्तार में न जाते हुए मार्क्सवाद और मैनेजर पाण्डेय के आलोचना-कर्म के बीच के कुछ तन्तुओं पर रोशनी डालने का यत्न किया जा रहा है।

हिन्दी आलोचना के इतिहास पर गौर करें तो एक दिलचस्प तथ्य उभर कर सामने आता है, जो हिन्दी के मध्यकाल से जुड़ा है। हिन्दी के जो भी सन्दर्भवान आलोचक हैं संयोग से उन सब ने हिन्दी के मध्यकाल को अपने विचार का विषय बनाया है। हिन्दी की मार्क्सवादी आलोचना की चिन्ता से भी मध्यकाल एक पल को दूर नहीं हुआ है। हिन्दी साहित्य के इतिहास में मध्यकाल ही वह कालखण्ड है, जिसको अपने तर्कों से व्याख्यायित करने की परम्परा अनवरत जारी है। रामचन्द्र शुक्ल और हजारी प्रसाद द्विवेदी से इतर हिन्दी की मार्क्सवादी आलोचना में मध्यकाल को मुक्तिबोध, रामविलास शर्मा, नामवर सिंह और मैनेजर पाण्डेय ने बराबर अपने ढंग से सम्बोधित करते हुए उसके अनछुए पहलुओं को उद्घाटित करने का यत्न किया है। बात केवल मैनेजर पाण्डेय की करें तो हाल के वर्षों में उन्होंने 'पूर्व मध्यकाल' और 'उत्तर मध्यकाल' को समवेत रूप से मिलाकर जिस

ढंग से विचार किया है, वह काफी विचारोत्तेजक होने के साथ मध्यकाल के सन्दर्भ में प्रचलित समझदारी को संशोधित करने वाला भी है। इस खास प्रसंग में उनके तीन लेखों को बहुत मनोयोगपूर्वक पढ़ने की आवश्यकता है। पहला; 'भारत में मध्यकालीन समाज में साहित्य की संस्कृति', दूसरा; 'संवादधर्मी दाराशिकोह', तीसरा; 'रीतिकाल : मिथक और यथार्थ'। 'पूर्व मध्यकाल', जिसे हिन्दी साहित्य के इतिहास में 'भक्तिकाल' के नाम से जाना जाता है, के सन्दर्भ में तो हिन्दी आलोचना हो या मार्क्सवादी आलोचना हो, सब सहानुभूतिशील रहे हैं। पर उसी से विकसित 'उत्तर मध्यकाल' (रीतिकाल) मार्क्सवादी आलोचना के निशाने पर बराबर रहा है। रीतिकाल को लेकर मैनेजर पाण्डेय पहली बार हिन्दी की प्रचलित समझदारी से 1980 के दशक में रामविलास शर्मा की इतिहास दृष्टि पर विचार करते हुए भिड़ते हैं। रामविलास शर्मा जब बारहवीं सदी से हिन्दी साहित्य में आधुनिक काल के आरम्भ की प्रस्तावना करते हैं, तो उससे हिन्दी साहित्य के इतिहास में उत्पन्न होने वाले व्यवधानों की ओर संकेत करते हुए अव्वल तो मैनेजर पाण्डेय कहते हैं कि "बारहवीं सदी से हिन्दी साहित्य के आधुनिक काल का आरम्भ मानने पर हिन्दी साहित्य के इतिहास से आदिकाल और मध्यकाल को निकाल देना होगा। यह कोई विशेष चिन्ता की बात नहीं है। सवाल यह है कि हिन्दी साहित्य के इतिहास के लगभग नौ सौ वर्षों के इतिहास के विभिन्न परिवर्तनों, मोड़ों और विकास की अवस्थाओं का अध्ययन कैसे होगा? नौ सौ वर्षों के इतिहास को केवल आधुनिक काल का अखण्ड प्रवाह बना देना तो हिन्दी साहित्य के इतिहास के काल विभाजन की समस्या का कोई समाधान नहीं हुआ।"[1] ऐसा नहीं कि वे सिर्फ संकट की ओर इशारा कर के चुप रह जाते हैं बल्कि इस समस्या का सम्भावित निदान भी सुझाते हुए आगे लिखते हैं कि "बारहवीं सदी से हिन्दी साहित्य के आधुनिक काल का आरम्भ मानने की धारणा के लिए सबसे बड़ी चुनौती रीतिकाल है। रीतिकाल के साहित्य का आधार और स्वरूप निस्सन्देह सामन्ती है, उसे सामन्तवाद विरोधी आधुनिक काल के अन्तर्गत कैसे शामिल किया जा सकता है? जैसे रीतिकाव्य का सामन्ती स्वरूप एक निर्विवाद सचाई है वैसे ही उसके लगभग दो सौ वर्षों का अस्तित्त्व भी हिन्दी साहित्य के इतिहास का अकाट्य सत्य है। भक्तिकाल के बाद रीतिकाल का आगमन हिन्दी साहित्य के इतिहास की ट्रेजेडी, लेकिन यह एक ऐतिहासिक सच्चाई है। हिन्दी साहित्य के इतिहास लेखन में इसकी उपेक्षा नहीं हो सकती। रामविलास शर्मा ने हिन्दी जाति, हिन्दी भाषा और हिन्दी साहित्य के विकास की जो व्याख्या की है उससे रीतिकाल के अस्तित्त्व की पूरी व्याख्या नहीं होती है। रीतिकाल बारहवीं सदी से आधुनिक काल का आरम्भ मानने की धारणा के सामने प्रश्नचिह्न बना हुआ है।"[2] 1980 के आस-पास इस सवाल को उन्होंने उठाया था। यह सवाल तब से अब तक बना ही हुआ था। पर इधर साल 2013 में उन्होंने रीतिकाल पर पुनर्विचार

के क्रम में इस सवाल को फिर से देखने की कोशिश की और इस नुक्ते के साथ रीतिकालीन कवियों के पास गये कि अपने समय और समाज के साथ उनकी कविता का क्या सम्बन्ध है? इसी सवाल को उन्होंने कई अन्य रीतिकालीन कवियों के सन्दर्भ में रख कर देखने की कोशिश की। इस क्रम में वे सबसे पहले केशवदास के पास गये और उनके द्वारा रचित 'वीर सिंह देव चरित' की पड़ताल करते हुए इस तथ्य को प्रकाशित किया कि "उसमें मध्यकाल के इतिहास की जटिल समस्याएँ हैं। सलीम (जहाँगीर) के विद्रोह की घटना उसमें दर्ज है। उसी विद्रोह का एक और नतीजा हुआ कि सलीम ने वीर सिंह देव, जो ओरछा का राजा था—बहुत शक्तिशाली और प्रभावशाली की मदद से अबुल फजल की हत्या करवाई। यह सब 'वीर सिंह देव चरित' में है। इसी किताब में केशवदास ने 'जनपद' का प्रयोग भी किया है। उनकी दूसरी किताब 'जहाँगीर जस चन्द्रिका' में भी जहाँगीर के शासनकाल का जिक्र है। भूषण के यहाँ औरंगज़ेब से लेकर शिवाजी और राजा छत्रसाल तक का वर्णन उपलब्ध है। पद्माकर के यहाँ सिंधिया राजा के दौर की चीजें उपलब्ध हैं। कवि घासीराम की किताब 'पथ्यापथ्य' में अंग्रेजों के राज-काज को सम्बोधित करती हुई कविताएँ हैं। कुछ ऐसी ही चीजें बाबा दीनदयाल गिरी और सूर्जमल मीसण के यहाँ उपलब्ध हैं।"[3] इन कवियों की कविताओं के आधार पर उन कवियों की राजनीतिक चेतना की बात करते हुए मैनेजर पाण्डेय इस तथ्य को रेखांकित करते हैं कि जिसे हिन्दी साहित्य का स्वर्ण युग कहा जाता है, उस भक्तिकालीन कविता में भी उसके समय और समाज की ऐसी उपस्थिति नहीं दिखती है। "सारा भक्तिकाव्य परलोकवाद की चिन्ता से लिखा गया है। सारा रीतिकाल अपने समय और समाज की चिन्ता से लिखा गया है। उसमें कोई परलोकवाद नहीं है।"[4] पर हिन्दी साहित्य में आचार्य रामचन्द्र शुक्ल की इस स्थापना (कि रीतिकाल में कविता बँधी हुई नालियों में प्रवाहित होने लगी।) का इतना दूरगामी प्रभाव पड़ा कि उसे 'क्रास चेक' करने की भी किसी ने इन पचासी वर्षों में जरूरत नहीं समझी। यदि रीतिकालीन कविता की राजनीतिक चेतना वाली धारा को ठीक से उद्घाटित किया जाये तो रीतिकाल हिन्दी साहित्य की उतनी बड़ी त्रासदी ठहरती नहीं है, जितनी बड़ी बता दी गयी है। पर इसके लिए आचार्य शुक्ल समेत पूरी मार्क्सवादी आलोचना से असहमति व्यक्त करने का साहस होना चाहिए, जिसने रीतिकाल को 'कलावाद' में न्यूनीकृत करने का भव्य काम किया है। ऐसी असहमति का साहस और आलोचनात्मक विवेक मैनेजर पाण्डेय ही दिखा सके। मध्यकाल विषयक उनका चिन्तन इसी चिन्ता के तन्तुओं को बृहत्तर परिप्रेक्ष्य प्रदान करता है। यही कारण है कि वे लगातार ऐसे सवाल इन सन्दर्भों में उठाते हैं जिनकी ओर पहले ध्यान नहीं गया था। मसलन इसी सवाल को लें कि "मध्यकाल में जो हिन्दी साहित्य पैदा हुआ उसका अधिकांश विकास वहीं क्यों हुआ जहाँ व्यवस्थित रूप से सामन्ती सत्ताएँ मौजूद थीं।"[5] यह सवाल ही

हिन्दी साहित्य में मार्क्सवाद की बुनियादी समझदारी को दरकिनार किये बगैर पूछा नहीं जा सकता है क्योंकि हिन्दी में मार्क्सवाद की प्रचलित समझदारी सामन्तवाद को पतनोन्मुख, रूढ़िवादी और क्षरणशील मानती आयी है। यहाँ तक कि हजारी प्रसाद द्विवेदी के 'स्तब्ध और कुंठित मनोवृत्ति' और 'जबदी हुई मानसिकता' का प्रयोग भी उत्तर मध्यकाल (रीतिकाल) के सन्दर्भ में ही हुआ है।

मैनेजर पाण्डेय का मध्यकाल विषयक चिन्तन हिन्दी के मार्क्सवादी साहित्यकारों की तुलना में भारतीय मार्क्सवादी इतिहासकारों के निकट रहा है। मध्यकाल को जिस 'गंगा-जमुनी तहजीब' या 'सामासिक संस्कृति' का प्रारूप बता कर मार्क्सवादी इतिहासकार प्रस्तावित करते आये हैं, मैनेजर पाण्डेय उसी धारा के हैं। हिन्दी साहित्य के पठन-पाठन में इस सामासिकता को भक्तिकाल तक समेट दिया जाता है। पर कला के अन्य रूपों में मसलन संगीत, चित्र, स्थापत्य आदि में यह सामासिकता आगे भी जारी रही है। पर कविता के अन्तर्वस्तु को विचारधारा की निगाह से देखने के कारण रीतिकाल के मूल्यांकन में भारी गड़बड़ी पैदा हो गयी है। उसके एक हिस्से को मैनेजर पाण्डेय बेहद कायदे से दुरुस्त करते हैं और बचे काम को करने की प्रेरण ा देते हैं। यह बीच की बची कड़ी पूरी हो जाये तो हिन्दी साहित्य के इतिहास में 'रीतिकाल' नाम का जो तथाकथित 'व्यवधान' प्रतीत होता है, वह दूर हो जायेगा और एक नयी इतिहास दृष्टि से सम्पन्न इतिहास की सम्भावना साकार होगी। इसका सबसे प्रभावशाली असर हिन्दी साहित्य में आधुनिकता की अवधारणा के विकास और उसके इतिहास पर पड़ेगा। इससे हिन्दी साहित्य में आधुनिकता विषयक सोच की जो तस्वीर बनेगी वह एक अर्थ में यूरोपीय आधुनिकता के 'फ्रेमवर्क' में ही होगी। तब रीतिकाल आधुनिकता की अवधारणा को खण्डित न करते हुए उसे एक निरन्तरता में प्रस्तावित कर रही होगी। हालाँकि आधुनिकता के 'यूरोपीय फ्रेमवर्क' की दरारें अब जगजाहिर हैं, संसार में चल रहे विमर्शों ने यूरोपीय आधुनिकता की हवा निकाल कर धर दी है। 9/11 के बाद मुस्लिम देशों के बुद्धिजीवियों ने आधुनिकता के सवाल को अपने ढंग से सम्बोधित करना शुरू किया है और अरब साम्राज्य के दौर को वे इसका प्रस्थान बिन्दु प्रस्तावित कर रहे हैं। यह एक अलग प्रसंग है, इसको यहीं विराम देते हैं।

मध्यकाल पर विचार करते हुए रामविलास शर्मा की भाँति ही मैनेजर पाण्डेय भी भारतीय सामन्तवाद के चरित्र में आने वाले परिवर्तनों के मूल में साम्राज्यवादी और उपनिवेशवादी दखलन्दाजी पर पूरा ध्यान रखने की सलाह देते हैं। इस बात पर जोर देते हैं कि "पुरानी कृतियों में परम्परा की उपस्थिति की खोज के बदले नवीनताओं के जन्म की पहचान जरूरी है।"[6] वे मानते हैं कि 'समाज के सच और संस्कृति के सच के बीच एक बड़ा अन्तराल होता है।' यह संसार में हर जगह देखा जा सकता है कि "प्रभुत्वशाली संस्कृति अपने अन्तर्विरोधों को छिपाती भी है।"[7] इन अन्तर्विरोधों

एवं समाज व संस्कृति के अन्तराल का आकलन बेहद जरूरी बौद्धिक हस्तक्षेप है। मैनेजर पाण्डेय के इतिहास दृष्टि की यह विशिष्टता रही है कि उनकी निगाह युगीन अन्तर्विरोधों पर लगातार रही है। यही कारण है कि उन अन्तर्विरोधों की पड़ताल से उपजी उनकी आलोचनात्मक मेधा उन्हें विशिष्ट बनाती है। अन्तर्विरोधों पर दृष्टि रहने के कारण ही वे भक्तिकाल में दलितों और स्त्रियों की अभूतपूर्व 'सहभागिता की सामाजिकता' को अलग से रेखांकित करते हैं। एकनाथ, तुकाराम, नामदेव और मीराबाई की परिणतियों की सामाजिक व्याख्या करते हैं। भक्तिकाल की सृजनशीलता के मूल में मातृभाषाओं की रचनात्मक भूमिका के महत्त्व को सामने लाते हैं। तुलसीदास की कविताई की भरपूर प्रशंसा करते हुए भी राजनीतिक चेतना के स्तर पर केशवदास को उनसे बेहतर पाते हैं। कबीर की तमाम क्रान्तिकारिता के बावजूद स्त्रियों के मामले में वे सूरदास को ज्यादा संवेदनशील पाते हैं। यह सब करते हुए वही इस बात को विचार के लिए प्रस्तावित कर सकते हैं कि क्यों "बौद्ध दार्शनिकों और कवियों की अधिकांश रचनाएँ इस देश से गायब हो गयीं।"[8] इसके कई कारण रहे हैं, पर इसको जहाँ से वे सम्बोधित करते हैं, वह गौरतलब है। वे लिखते हैं कि "आज भी लोग वैदिक-पौराणिक परम्परा को ही भारतीयता के स्वत्व का सार समझते हैं, वे बाकी सभी नयी-पुरानी परम्पराओं को परायी या अन्य मानकर खारिज कर देते हैं। और तो और मार्क्सवाद के भारतीयकरण पर भी इस प्रवृत्ति की गहरी छाया है। जब डॉ. रामविलास शर्मा कहते हैं कि 'संस्कृत साहित्य, सब नहीं तो अधिकांश हमारा राष्ट्रीय साहित्य है।' और यह भी कि 'महाभारत और पुराण भारतीय राष्ट्रीयता के आदि स्रोत हैं।' तब वे बौद्ध साहित्य को भारत के राष्ट्रीय साहित्य में शामिल नहीं करते। यही नहीं, डॉ. रामविलास शर्मा के अनुसार वाल्मीकि और व्यास की एक उपलब्धि है, बौद्ध मत को निर्मूल करना। आश्चर्य की बात तो यह है कि जो लोग संस्कृत को भारतीय संस्कृति का पर्याय मानते हैं, वे भी संस्कृत में लिखे बौद्ध साहित्य को अपनी परम्परा से बाहर रखते हैं। क्या परम्परा की इस छँटाई में संकीर्ण सांस्कृतिक दृष्टि के साथ-साथ धार्मिक विद्वेष भी सक्रिय नहीं है?"[9] कहने का आशय यह है कि उनकी समग्रतामूलक दृष्टि में अन्तर्विरोधों की पहचान और परख 'स्थायी भाव की तरह है न कि 'संचारी भाव' की तरह। कहना न होगा कि उनका लेखन भी उनके ही शब्दों में सखाराम गणेश देउस्कर की तरह "भारतीय समाज को बदलने के लिए व्याख्या की कोशिश करनेवाली चिन्ता की उपज है।"[10]

मैनेजर पाण्डेय की आलोचना का मूलाधार या मेरुदण्ड मार्क्सवादी विचारधारा ही रही है। मार्क्सवाद से उन्होंने सिर्फ लिया नहीं है अपितु मार्क्सवाद की प्रचलित भारतीय समझदारी में उन्होंने कुछ जोड़ने की भी बराबर कोशिश की है। वे 'जड़ मार्क्सवादी' नहीं हैं, 'चेतन मार्क्सवादी' हैं। मार्क्सवाद की वैचारिक ज़मीन

पर रहकर उन्होंने भारतीय सन्दर्भों में मार्क्सवाद की जड़ताओं पर प्रहार किये। मार्क्सवादी दर्शन में 'वर्ग' की जो अवधारणा रही है, भारतीय सन्दर्भों में उन्होंने उस 'वर्ग' के समकक्ष 'जाति' के सवाल को तवज्जो देने की बराबर और पुरजोर वकालत की है। खैर जाति के सवाल की ओर तो कुछेक और मार्क्सवादियों ने भी ध्यानाकर्षित कराया है, पर इधर हाल के उनके एक लेख 'भूमण्डलीकृत भारत में अधीनों की स्थिति' में 'सबाल्टर्न क्लास' की प्रचलित समझदारी में जिस एक वर्ग को शामिल किया है, उसकी ओर तो इस देश के अंग्रेजीदां सबाल्टर्न पुरोधाओं का ध्यान आज तक सचेत तौर पर नहीं गया है। वे बताते हैं कि "आज के भारतीय समाज में प्रभुत्वशाली मुख्य धारा के बरअक्स अधीन जनसमूह निम्नलिखित हैं : 1. आदिवासी, 2. किसान, 3. मजदूर, 4. दलित, 5. मुसलमान, 6. ईसाई, 7. स्त्रियाँ, 8. बच्चे और 9. जम्मू कश्मीर तथा पूर्वोत्तर भारत की आम जनता।"[11] इनमें आखिरी के दो आमतौर पर 'सबाल्टर्न' की हमारी समझदारी में शामिल नहीं हैं। पर बच्चों को 'सबाल्टर्न' के तौर पर देखने की दृष्टि गजब है। इसके लिए जो तर्क वे देते हैं वह भी ध्यातव्य है। "भूमण्डलीकृत भारत का सबसे अधीन समूह है बच्चों का। भारत के नगरों और महानगरों में बच्चे भीख माँगते, कूड़ा बीनते, छोटे होटलों, ढाबों और लोगों के घरों में नौकरी करते, दरी और कालीन बीनते, बीड़ी बनाते और तरह-तरह की गुलामी करते दिखाई देते हैं। यही नहीं आजकल बच्चे अमीरों की कामुकता के भी बड़े पैमाने पर शिकार हो रहे हैं। बच्चों की इस दर्दनाक दशा की ओर प्रायः किसी का ध्यान नहीं जाता है, क्योंकि बच्चे न अपना संगठन बना सकते हैं, न अपनी स्थितियों की ओर लोगों का ध्यान खींचने के लिए आवाज ही उठा सकते हैं।"[12] 'सबाल्टर्न' की सोच में बच्चों को शुमार किये जाने की बात इतने पुरजोर ढंग से अन्यत्र मैंने नहीं पढ़ी है।

मार्क्सवादी शब्दावली में 'प्रतिबद्धता', 'प्रतिरोध' और 'वर्चस्व' जैसे पद अपनी पूरी अर्थवत्ता और खूबसूरती के साथ मैनेजर पाण्डेय की आलोचना में मौजूद हैं। बल्कि प्रतिबद्धता और प्रतिरोध उनके यहाँ परस्पर आबद्ध हैं और मार्क्सवाद से सम्बद्ध हैं। यह प्रतिरोध उनके यहाँ वर्चस्वशाली ताकतों के खिलाफ है। आलोचना उनके लिए अकादमिक कर्म से ज्यादा सांस्कृतिक कर्म है। संस्कृति विषयक उनकी दृष्टि की मूलगामिता में ही उनकी परिवर्तनकामी चेतना अनुस्यूत रही है। उनकी इस मान्यता से उनकी चिन्ता और चेतना का कुछ अनुमान किया जा सकता है कि "संस्कृति की वही चिन्ता सार्थक है जो मनुष्य की स्वतन्त्रता के पक्ष में खड़ी हो, अन्यथा मौन की संस्कृति क्या बुरी है।"[13] इस सोच में व्यक्त 'प्रतिबद्ध प्रतिरोध' की अनवरत बानगी पूरी धार के साथ, उनके उन लेखों में मौजूद है, जिन्हें उन्होंने एक नियमित अन्तराल पर अलग-अलग स्वतन्त्र किताबों की समीक्षा करने के क्रम में लिखा है। अव्वल तो इन किताबों का चुनाव इतना वैविध्यपूर्ण है कि उन सबको

जानना और पढ़ना अपने आप में समृद्ध करने वाला अनुभव है। इन वैविध्यमूलक किताबों को जो बातें जोड़ती हैं वह उनमें व्यक्त 'प्रतिरोध की चेतना', 'न्याय की कामना', 'मुक्तिकामी चेतना', 'बेहतर भविष्य के निर्माण की परिवर्तनकामी चेतना' आदि हैं। चाहे वह अश्वघोष की 'वज्रसूची' हो, सखाराम गणेश देउस्कर की 'देशेर कथा' हो, मुंशी नवजादिकलाल श्रीवास्तव की 'पराधीनों की विजय यात्रा' हो, देवनारायण द्विवेदी की 'देश की बात' हो, महावीरप्रसाद द्विवेदी की 'सम्पत्तिशास्त्र' हो, महादेवी वर्मा की 'शृंखला की कड़ियाँ' हो, सभी आलेखों में उपर्युक्त विशेषताओं को समान रूप से देखा-पाया जा सकता है।

इन किताबों के बारे में बात करते हुए वे एक परिप्रेक्ष्य का निर्माण करते हैं। उस परिप्रेक्ष्य से उनके अभिप्राय का पता चलता है। इस अभिप्राय में वर्तमान के साथ भविष्य निर्माण की चिन्ता शामिल रहती है। आशंकाओं के उन टापुओं की चर्चा होती है जो समाज में धीरे-धीरे अपना प्रसार करते जा रहे हैं। गहन शोध पर आधारित इन आलेखों की भाषा कहीं से रुक्ष, शुष्क और निष्प्राण-सी लगनेवाली भाषा नहीं है। बल्कि उनके यह लेख 'शोधात्मक सृजनात्मक आलोचना' के बेजोड़ उदाहरण हैं। किसी भी विषय पर लिखने से पहले वे उस विषय की 'गहरी खुदाई' करते हैं, वे उन बातों के उल्लेख से बचते हैं जिनके बारे में पहले संकेत किया जा चुका हो, उनकी कोशिश होती है उसकी प्रासंगिकता के रेखांकन के नये सूत्रों, सन्दर्भों व व्याख्याओं को सामने लाने की। सर्वत्र उनकी अन्तर्दृष्टि की मौजूदगी अलग से रेखांकित करने योग्य बात लगती है।

सन्दर्भ

1. मैनेजर पाण्डेय, साहित्य और इतिहास दृष्टि, पृ. 174
2. वही, पृ. 174
3. देखें, हिन्दी समय पर उपलब्ध मैनेजर पाण्डेय का लेख 'रीतिकाल : मिथक और यथार्थ'
4. वही
5. मैनेजर पाण्डेय, भारतीय समाज में प्रतिरोध की परम्परा, वाणी प्रकाशन, नयी दिल्ली, पृ. 28
6. वही, पृ. 36
7. वही, पृ. 24
8. वही, पृ. 113
9. वही, पृ. 113
10. वही, पृ. 76
11. वही, पृ. 194
12. वही, पृ. 198
13. वही, पृ. 27

साहित्य का समाजशास्त्र और मैनेजर पाण्डेय की आलोचना-दृष्टि

शीतांशु

'साहित्य के समाजशास्त्र की भूमिका' इस बार मैंने दो कारणों से पढ़ी है—एक, यह समझने के लिए कि प्रो. मैनेजर पाण्डेय की आलोचना जब मार्क्सवाद की आधार-भूमि पर पूरी मजबूती से खड़ी थी तब क्या सोचकर उन्होंने साहित्य के समाजशास्त्र पर यह पुस्तक लिखने का निर्णय लिया और दूसरा, क्या इस पुस्तक से भी उनकी आलोचना के मानदण्डों-उपकरणों को पहचानने में कुछ मदद मिल सकती है? इस आलेख में मूलतः इन्हीं दो सवालों पर विचार किया गया है। यह स्वीकार करने में मुझे कोई हिचक नहीं है कि इसके पहले मैंने इस पुस्तक को कभी विद्यार्थी जीवन के दौरान कोई अवधि-पत्र लिखने के लिए पलटा था, तो कभी साहित्य का समाजशास्त्र संक्षेप में किसी और को समझाने के लिए, कभी इसे जादुई यथार्थवाद के लिए पलटा था तो कभी प्रेमचन्द पर उन्होंने क्या लिखा है यह जानने के लिए। निःसन्देह मेरे प्रस्थान बिन्दु में हमेशा एक समस्या थी और मैं भी इस पुस्तक के बारे में प्रचलित सन्दर्भों और मान्यताओं का शिकार था। इसे मैंने ठीक वैसे ही छोड़ रखा था जैसे हिन्दी के ख्यातिलब्ध आलोचकों ने साहित्य के समाजशास्त्र को छोड़ रखा है।

ऐसा नहीं है कि इस पुस्तक को मैं महत्त्वपूर्ण नहीं मानता था, बस समस्या यह थी कि पाण्डेय जी की आलोचना को जानने-समझने के लिए मैं उनकी दूसरी पुस्तकों को ही देखता रह गया। ऐसे में, इस पुस्तक में की गयी बहसों, उसकी गम्भीरता और उसके वास्तविक महत्त्व की ओर कभी मेरी नजर ठीक से गयी ही नहीं। साहित्य के समाजशास्त्र के कई अनछुए पहलुओं के साथ-साथ यह पुस्तक रचना-प्रक्रिया, साहित्य की सामाजिकता, साहित्य की स्वायत्तता, बुद्धिधर्मी के दायित्व, रूप और अन्तर्वस्तु, मार्क्सवादी आलोचना, आलोचना की अन्य प्रचलित दृष्टियाँ, साहित्य-प्रक्रिया में पाठक की भागीदारी, यथार्थवाद, लोकप्रिय साहित्य, विभिन्न साहित्यिक रूपों की संरचना और ऐसे ही अन्य कई प्रश्नों से संवाद करने

के लिए अनिवार्य है। लेकिन मैं इसे हाल तक ऐसी पुस्तक के रूप में ही देखता रहा कि जब कभी कहीं साहित्य के समाजशास्त्र से सम्बन्धित कोई मुद्दा आयेगा तो इसे तुरन्त अलमारी से निकाल लेना है। इस पुनःपाठ के बाद और अपने प्रस्थान बिन्दु को दुरुस्त करने के बाद अब मुझे यह लगता है कि ऐसी तमाम महत्त्वपूर्ण बहसें जिन्हें मैं इधर-उधर ढूँढ़ता रहा, दोयम दर्जे की पुस्तकों में तलाशता रहा, अगर उनके लिए पहले ही इस पुस्तक को देख लिया होता तो इन प्रश्नों की समझ कुछ पहले ही ठीक हो गयी होती...खैर। इस पुस्तक में कई ऐसे प्रश्नों को पूरे आत्मविश्वास के साथ उठाया गया है जिससे हिन्दी के कई सामान्य आलोचक, प्रगतिशील मार्क्सवादी, साहित्य के समाजशास्त्री और कई साहित्य के समाजशास्त्र के विरोधी जूझने और टकराने से बचते हैं। इस तरह मेरे लिए इस पुस्तक की और पाण्डेय जी की आलोचना-दृष्टि की पहली विशेषता बनी एक आवयविक बुद्धिजीवी (ऑर्गेनिक इंटेलेक्चुअल) के रूप में उनमें विद्यमान साहस, ईमानदारी, गम्भीर अध्ययन से उपजा आत्मविश्वास, पाठ की व्यवस्थित पद्धति, समग्रता-बोध तथा संवादधर्मिता। कहना न होगा कि किसी भी मार्क्सवादी आलोचक की आस्था मार्क्सवाद से पहले इन तत्त्वों में ही होनी चाहिए। इससे वे न सिर्फ अपनी बल्कि मार्क्सवादी आलोचना की भी मदद करेंगे। हिन्दी की काफी आलोचना इन तत्त्वों के अभाव में ही बुद्धि और आलोचना दोनों के लिए घातक साबित हुई है।

एक आवयविक बुद्धिजीवी किसी भी विषय से संवाद करते वक्त अपने समय और समाज से संयुक्त रहता है, अपनी जमीन नहीं छोड़ता। वह नयी परिस्थितियों-समस्याओं के आलोक में अपनी आलोचना और विचारधारा को परखता रहता है ताकि उसमें और धार पैदा कर उसमें जो विकृतियाँ आ गयी हैं उसे दूर कर सके, उसे और भी समाजोपयोगी बना सके। वर्तमान ही नहीं बल्कि परम्परा, इतिहास और संस्कृति में विद्यमान सुदूर अतीत के तत्त्वों के विश्लेषण के क्रम में भी वह इस प्रवृत्ति को नहीं त्यागता। यह पुस्तक जब लिखी जा रही थी तब वैश्विक स्तर पर न सिर्फ पूँजीवाद और साम्राज्यवाद का चरित्र बदल रहा था बल्कि बिल्कुल नये आर्थिक-सामाजिक तथा साहित्यिक-सांस्कृतिक प्रश्नों से हमारा सामना हो रहा था। इन नये प्रश्नों के सन्दर्भ में मार्क्सवाद को पुनर्विश्लेषित करते हुए, उसके दायरे का विस्तार करते हुए, उसे और भी समर्थ बनाने की जरूरत थी। साहित्य-प्रक्रिया को समझने के नये आधारों तथा आलोचना की क्षमता के विस्तार के लिए नये मानदण्डों-उपकरणों की दरकार थी। बौद्धिक रूढ़िवादिता त्यागते हुए परम्परा और इतिहास को इन नये सन्दर्भों में पुनर्व्याख्यायित करने की आवश्यकता थी। इस क्रम में साहित्य का समाजशास्त्र पाण्डेय जी की आलोचना में उपस्थित एक स्वाभाविक मोड़ की तरह दिखाई देता है जिसका लक्ष्य एक तरह से हिन्दी आलोचना के दायित्व और

दायरे का विस्तार है। उनसे पहले इस विषय पर विद्वानों का ध्यान जरूर गया था और 'आलोचना' में इस पर कुछ बहसें भी हुई थीं, लेकिन वह बीज मात्र था। इसे व्यवस्थित आधार प्रदान कर उन्होंने ज्ञान चेतना को और समृद्ध करने, आलोचना की परम्परा के अधूरे कार्यों को पूरा करने, आलोचना में विद्यमान अस्पष्ट और विकृत धारणाओं को सुधारने और आलोचना को और भी समाज-सापेक्ष बनाकर सार्थकता देने का कार्य किया है।

'साहित्य और इतिहास-दृष्टि' पाण्डेय जी की प्रसिद्ध पुस्तक है। इस पुस्तक में उन्होंने हिन्दी आलोचना के तीन प्रमुख आलोचकों यानी रामचन्द्र शुक्ल, हजारी प्रसाद द्विवेदी और रामविलास शर्मा को जिस विधि से पढ़ने की कोशिश की है वह इस सन्दर्भ में काबिले-गौर है। उन्होंने यह तो उद्घाटित किया ही है कि इन विशिष्ट आलोचकों ने हमारे समय में साहित्य और संस्कृति के क्षेत्र में क्या योगदान दिया है बल्कि यह भी उद्घाटित किया है कि समय और संस्कृति के कौन से ऐसे तत्त्व हैं जिनके प्रभाव में इनकी आलोचना दृष्टि विकसित हुई है। अगर यह पद्धति पाण्डेय जी की इस पुस्तक को पढ़ते हुए प्रयोग में लायी जाये तो हम देख सकेंगे कि इस पुस्तक में मार्क्सवाद को रूढ़िवादिता की कैद से मुक्त कर नये प्रश्नों के आलोक में सशक्त और सर्जनात्मक बनाने का प्रयास है, साहित्य की विभिन्न विधाओं के बीच संवाद कायम करने का प्रयास है, जनता और साहित्य के बीच गहराते फासले को दूर करने का प्रयास है, आलोचना की क्षमता को विस्तार देने का प्रयास है, पाठक की भूमिका को पहचानने और उसकी भागीदारी को बढ़ाने का प्रयास है, रचना की सामाजिकता की रक्षा करने का प्रयास है, पूँजीवाद-साम्राज्यवाद की प्रक्रिया से उपजी विकृतियों को समझने का प्रयास है और वर्तमान समय की व्यापकता के परिप्रेक्ष्य में अन्तरानुशासनिकता कायम करने का प्रयास है। आचार्य रामचन्द्र शुक्ल और रामविलास शर्मा ने अपनी आलोचना के माध्यम से साहित्य में समय-समय पर अतिरिक्त रूप से हावी होने के लिए प्रयासरत रूपवाद, मनोवैज्ञानिकता, रहस्यवाद, आध्यात्मिकता, संरचनावाद, व्यक्तिवाद आदि से मुक्ति दिलाने का प्रयास किया था। इस पुस्तक में इन तत्त्वों से जूझने का प्रयास है। इस पुस्तक की प्रवृत्ति किसी एक सिद्धान्त पर जोर देने के बजाय एक पूरी विधा को समझने की है। चूँकि यह पुस्तक एक पूरी विधा को स्थापित करने का प्रयास करती है, इसमें कुछ शब्द पुनः पुनः प्रयुक्त होते हैं। ऐसे में उक्त प्रविधि के अतिरिक्त एक और प्रविधि इस पुस्तक को समझने में काफी मददगार साबित होती है—'आलोचना के बीज शब्दों की खोज करने की प्रविधि'। यह प्रविधि रेमण्ड विलियम्स अपनाते थे और पाण्डेय जी ने इस प्रविधि का प्रयोग रेमण्ड विलियम्स की आलोचना दृष्टि को समझने के लिए किया है। इन शब्दों के माध्यम से भी ठीक वैसे ही पाण्डेय जी की आलोचना की मुख्य

चिन्ताओं और साहित्य में उनकी रुचि की चीजों की समझ प्राप्त की जा सकती है जैसे वे रेमण्ड विलियम्स के सन्दर्भ में करते हैं। आगे होने वाले विश्लेषण में इसे अनुभूत किया जा सकता है।

इन पद्धतियों के उचित प्रयोग से यह समझा जा सकता है कि 'साहित्य में समाज' की अभिव्यक्ति और 'समाज में साहित्य' के स्थान के साथ 'कृति के रूप' और 'रचना की अस्मिता' के महत्त्व के प्रति भी मैनेजर पाण्डेय 'साहित्य के समाजशास्त्र की भूमिका' लिखते हुए पूरी तरह सचेत थे। साहित्य की समाजशास्त्रीय पद्धति अपनाते हुए प्रथम दो तत्त्वों के द्वैत में रचना की अस्मिता और उसकी संरचना की चिन्ता नदारद न हो जाये, यह ध्यान बराबर बने रहना चाहिए। साहित्य के समाजशास्त्र के बारे में उनकी दृष्टि में यह गम्भीरता निरन्तर विद्यमान है जो इस पुस्तक को महत्त्वपूर्ण बनाती है। साहित्य के समाजशास्त्र पर विचार करते हुए पाण्डेय जी ने लिखा है कि 'समाजशास्त्रीय आलोचना सुनिश्चित दृष्टि की जरूरत पर जोर देती है, लेकिन वह दृष्टि की कट्टरता का समर्थन नहीं करती। उसमें अपनी दृष्टि के प्रति सजगता के साथ-साथ दूसरी दृष्टियों को जानने-समझने की तत्परता भी होती है।' (भूमिका, पृ.13) यह पंक्ति साहित्य के समाजशास्त्र के प्रति पाण्डेय जी की राय के साथ उनकी अपनी पद्धति की विशिष्टता को भी रेखांकित करती है। बहुत सारे समाजशास्त्री या तो साहित्य की कट्टरता में कैद हो जाते हैं या फिर समाजशास्त्र की। साहित्यिक दायरे में सक्रिय आलोचक रूपवाद की सीमाओं में और अतिसाहित्यिकता से उपजी असामाजिकता में फँसते चले जाते हैं तो समाजशास्त्रीय दायरे में कैद आलोचक साहित्य की अस्मिता और संरचना को दूर से ही नमस्कार करके निकल जाते हैं। पाण्डेय जी की दृष्टि में तार्किकता के लिए जगह है, इस किस्म की कट्टरता के लिए नहीं, और इसीलिए रचना और समाज की उनकी समझदारी उक्त एकपक्षीय धारणाओं का शिकार नहीं बनती।

साहित्यानुशीलन की सामाजिक दृष्टि की भारतीय परम्परा पर विचार करते हुए पाण्डेय जी साहित्य की अपनी धारणा से भी रू-ब-रू कराते चलते हैं। उन्होंने इस अध्याय में यह चिह्नित किया है कि साहित्य की परिभाषा कोई स्थायी या रूढ़ हो चुकी चीज नहीं है बल्कि समय और परिस्थितियों के प्रभाव और जरूरतों के अनुरूप साहित्य का स्वरूप परिवर्तित होता रहता है। बालकृष्ण भट्ट, महावीर प्रसाद द्विवेदी और आचार्य रामचन्द्र शुक्ल द्वारा दी गयी साहित्य की विभिन्न परिभाषाओं का हवाला देकर उन्होंने इसे स्पष्ट किया है। बालकृष्ण भट्ट परम्परा से अलग जातीय साहित्य के भावात्मक पक्ष को पहचानने की कोशिश करते हैं तो महावीर प्रसाद द्विवेदी उसे 'ज्ञान राशि का संचित कोश' कहकर उसके ज्ञानात्मक पक्ष को मजबूती प्रदान करते हैं। आचार्य रामचन्द्र शुक्ल 'सामाजिक यथार्थ और साहित्य

के बीच चेतना की मध्यस्थता' को महत्त्व देते हुए जब 'समाज और साहित्य के बीच जनता की चित्तवृत्ति' को ले आते हैं तो पाण्डेय जी की दृष्टि में वे क्रमशः बालकृष्ण भट्ट और महावीर प्रसाद द्विवेदी के चिन्तन को ही विकसित कर रहे होते हैं। बाद में हजारी प्रसाद द्विवेदी और मार्क्सवादी आलोचना ने समय के बदलने के साथ साहित्य की परिभाषा को और समृद्ध करने का प्रयास किया है। मेरी दृष्टि में पाण्डेय जी इस पुस्तक में साहित्य को जब 'विवेकशील सामाजिक मनुष्य का रचना-कर्म' कहते हैं तब वे सिर्फ आलोचना में साहित्य की समाजशास्त्रीय दृष्टि की जरूरत को स्थापित नहीं कर रहे होते बल्कि साहित्य की परिभाषा में उक्त परम्परा का विकास कर अपने समय और समाज के हिसाब से कुछ नया जोड़ रहे होते हैं। विवेकशीलता, सामाजिकता और मनुष्यता के साथ रचना की कलात्मकता की चिन्ता साहित्य की समकालीन भूमि की पहचान कराते हैं। ये वही तत्त्व हैं जिन्हें नष्ट करने का प्रयास हमारे समय की सत्ताधारी शक्तियाँ बड़े पैमाने पर कर रही हैं और साहित्यिक गलियारे उनके लिए खिलौने की तरह साबित हो रहे हैं। हमारे समय में विवेकशीलता को नष्ट करने के जितने नये औजार विकसित हुए हैं उन्होंने साहित्य में विवेकशीलता की अनिवार्यता होते हुए भी उसकी रक्षा की ओर हमारा ध्यान खींचा है। सम्प्रेषण के हर माध्यम पर जिस किस्म का नियन्त्रण कायम हो चुका है उसमें पाठक की विवेकशीलता तो दूर की बात साहित्यकार की ही विवेकशीलता, मानवीयता, सामाजिकता की रक्षा ज्यादा आवश्यक हो चुकी है। अगर साहित्यकार इन प्रभावों से स्वयं को बचाने का प्रयास नहीं करता, अपने विवेक की रक्षा नहीं करता तो यह कहना कठिन है कि कब उसकी चेतना वैश्वीकरण के दौर में विकसित सर्वग्रासी सर्वव्यापी दुष्प्रवृत्तियों की खुराक बन जाये। इस तरह 'साहित्य के समाजशास्त्र की भूमिका' समाजशास्त्र से पहले साहित्य की अपनी समझ को स्पष्ट करती है जो समकालीन समाज के अनुरूप है और जिसके विश्लेषण के उपकरण के लिए परम्परागत आलोचना-दृष्टियों से आगे बढ़कर साहित्य के समाजशास्त्र जैसी विधाओं की ओर जाना अनिवार्य है।

साहित्य के समाजशास्त्र के बारे में पाण्डेय जी ने लिखा है, 'वह आधुनिक काल में साहित्य की वास्तविक स्थिति को वस्तुपरक ढंग से समझने की चुनौती का वैचारिक स्तर पर सामना करने की संघर्षपूर्ण प्रक्रिया की देन है। वह ज्ञान की अनेक शाखाओं से संवाद और विरोधी दृष्टियों से संघर्ष करते हुए आगे बढ़ा है।' (पृ. 36) यह पंक्ति साहित्य के समाजशास्त्र के पिछले दो सौ वर्षों के इतिहास को ध्यान में रखकर लिखी गयी है। किन्तु पाण्डेय जी जब इस पंक्ति को लिख रहे थे तब वे 'आधुनिक काल' के उस चरण में थे जहाँ विरोधी दृष्टियों से संघर्ष और ज्ञान की अनेक शाखाओं से संवाद की जरूरत और भी गहरी हो चुकी थी। पश्चिम

में प्रगतिशील जनवादी विचारकों ने साहित्य के सन्दर्भ में इस संवाद को निरन्तर गति दी है लेकिन हिन्दुस्तान के प्रगतिशील राजनीतिज्ञ और हिन्दी की साहित्यिक दुनिया अपने समक्ष उपस्थित नये प्रश्नों को पारम्परिक उपकरणों से ही हल कर लेना चाहती है! इस किस्म के प्रयास के कारण ही कोई प्रगतिशील विचारधारा या समाज उस स्थिति में पहुँचता है जहाँ पिछले दस वर्षों में पश्चिम बंगाल और वहाँ प्रैक्टिस किया जा रहा वामपन्थ पहुँचा है! साहित्य में इसे आप इस ढंग से समझ सकते हैं कि पश्चिम में मार्क्सवाद की धारा से आने वाले आलोचकों ने 'साहित्य के समाजशास्त्र' को सर्वाधिक समृद्ध किया है लेकिन हिन्दी में मार्क्सवाद का डंका बजने के बावजूद 'साहित्य का समाजशास्त्र' एक विधा बनने की बात तो दूर बस एक 'पुस्तक' ही बन कर रह गयी है। यह एक किस्म की क्राइसिस है जिसे तोड़ने के लिए पहले अपने उद्देश्यों को स्पष्ट करना होगा। इस पुस्तक को लिखने के क्रम में मैनेजर पाण्डेय का लक्ष्य मनुष्य, समाज और साहित्य था। जैसे ही लक्ष्य में यह विस्तार आता है, बुद्धिजीवी किसी किस्म के डॉग्मा की कैद से मुक्त होने की ओर अग्रसरित हो जाता है, और रचना-प्रक्रिया भी सर्जनात्मक होती चली जाती है। हमें यह भूलना नहीं चाहिए कि आलोचक के पास भी अपनी एक रचना-प्रक्रिया होती है और वह किसी कृति या पाठ को देखने-समझने के दौरान, पहले और बाद में भी, बदलती रहती है। इस तरह 'पाठ' और उसके पूरे परिवेश और पृष्ठभूमि के बारे में 'साहित्य के समाजशास्त्र' को अपनी रचना-प्रक्रिया या आलोचनात्मक उपकरणों का हिस्सा बनाने के पीछे एक आवयविक बुद्धिजीवी के रूप में पाण्डेय जी की अपनी क्राइसिस की अनुभूति ही मूलभूत कारक है। यह क्राइसिस की अनुभूति ही हमें किसी समय या पाठ को उसके देश-काल के परिप्रेक्ष्य में समझने के लिए बाध्य करती है। नहीं तो मार्क्सवाद की पृष्ठभूमि से साहित्य के समाजशास्त्र की ओर उनका डिपार्चर उतना सहज नहीं रहा होगा जितना कि वह आज इस पुस्तक को पढ़ने के बाद लगता है। उसके पीछे आत्मालोचन और संवाद की पूरी एक प्रक्रिया रही होगी। सबसे ज्यादा ख़तरा तो इसमें एक किस्म की छवि चस्पाँ कर दिये जाने का था और अनुभववादी समाजशास्त्रियों ने मार्क्सवादियों और रूपवादियों को इसके लिए पर्याप्त अस्त्र मुहैया करा रखा था। पीछे जब मैं पाण्डेय जी की आलोचना-दृष्टि में विद्यमान साहस की बात कर रहा था तब मेरे ध्यान में हिन्दी की अकादमिक दुनिया में विद्यमान यह परिवेश ही था।

आजकल विभिन्न विश्वविद्यालयों के शोध-कार्यों के शीर्षक में समाजशास्त्रीय अध्ययन कुछ इस तरह जोड़ा जाता है कि इस पद्धति में सब कुछ शामिल है, कुछ भी इससे छूट नहीं सकता। जैसे साहित्य को समझने का ब्रह्मास्त्र अब मिल चुका है। जो लोग साहित्य की परिभाषा के रूप में 'साहित्य समाज का दर्पण है' तक ही सीमित

हैं उनके लिए साहित्य के किसी भी अध्ययन को समाजशास्त्रीय कह देने से आसान क्या हो सकता है! इस दृष्टि के पोषक जब पाण्डेय जी को श्रद्धा से समाजशास्त्रीय आलोचक बुलाते हैं तो यह ध्यान में आता है कि मार्क्स ने क्या सोचकर कहा होगा कि 'अगर यही मार्क्सवाद है तो मैं मार्क्सवादी नहीं हूँ।' दूसरी ओर कई विद्वान अपने अध्ययन में समाजशास्त्रीय शब्द से ऐसे बचते हैं कि इसके आने मात्र से कृति की साहित्यिकता के विश्लेषण की कोई सम्भावना ही नहीं बचती। इस बौद्धिक परिवेश में यह ध्यान में रखना होगा कि मैनेजर पाण्डेय ने साहित्य के समाजशास्त्र को कभी भी आलोचना की सर्वसमर्थ पद्धति के रूप में स्थापित करने का प्रयास नहीं किया है। वे इसके उद्देश्यों को लेकर स्पष्ट हैं। जिस तरह वे मार्क्सवाद को अपने देश-काल के अनुरूप विकसित करना चाहते हैं ठीक वही बात साहित्य के समाजशास्त्र के सम्बन्ध में भी दिखाई देती है। इन दोनों के बीच सम्बन्ध को प्रगाढ़ बनाकर वे दोनों को और समृद्ध करना चाहते हैं। यह चेतना ही है कि वे एक तरफ 'साहित्य में समाज' और 'समाज में साहित्य' की अवस्थिति को लेकर सचेत हैं तो दूसरी तरफ वे सिर्फ पाठ पर केन्द्रित न होकर उस पूरी सामाजिक-प्रक्रिया और साहित्य-प्रक्रिया पर केन्द्रित होते हैं जिससे 'पाठ' सम्भव होता है और जिससे गुजरकर पाठ अपना आकार ग्रहण करता है। आलोचना की अन्य कई पद्धतियाँ साहित्यिक-प्रक्रिया से जुड़े जिन प्रश्नों का विश्लेषण करने में असमर्थ साबित होती हैं उन्हें भी साहित्य का समाजशास्त्र अपने दायरे में लाता है। यह पाठ के स्वरूप पर निर्भर करता है कि कौन-सी पद्धति उसके लिए सही साबित होगी। बहुत सारे पाठ ऐसे होते हैं जिनके विश्लेषण के टूल 'साहित्य के समाजशास्त्र' में अभी पूरी तरह से तैयार नहीं हुए हैं। यथा कविता का समाजशास्त्र। ऐसी जगहों पर आलोचना की अन्य पद्धतियाँ कारगर साबित होती हैं। उन्होंने स्पष्ट लिखा है, 'साहित्यिक समाजशास्त्र का लक्ष्य कृति की केवल व्याख्या नहीं है। यह काम दूसरी आलोचना पद्धतियों में भी होता है। इसका लक्ष्य साहित्यिक कृति की सामाजिक अस्मिता की व्याख्या है।...साहित्य के समाजशास्त्र में उस पूरी प्रक्रिया को समझने की कोशिश होती है जिसमें कोई रचना साहित्यिक कृति बनती है।' (भूमिका, पृ.12) वस्तुतः साहित्य के समाजशास्त्र के माध्यम से सबसे पहले वे उस पूरे क्षेत्र को अपने अध्ययन के दायरे में लाना चाह रहे थे जो हमने या तो साहित्यिक कृति के सौन्दर्य की तलाश के क्रम में छोड़ रखा था या उसमें मात्र 'पूँजीपति' ढूँढ़ने के क्रम में भुला दिया था। साहित्य का समाजशास्त्र साहित्य को समझने के कुछ अलग और समर्थ उपकरण उपलब्ध कराता है, अलग क्षेत्रों की ओर हमारा ध्यान ले जाता है, और जो उपकरण वह उपलब्ध कराता है वह अन्य किसी माध्यम से संभव नहीं। कहना न होगा कि किसी पाठ को समझने के लिए जब कोई माध्यम हम छोड़ देते हैं तो निश्चय ही कुछ कदम

पीछे रह जाते हैं। साहित्य के समाजशास्त्र को इसी ढंग से देखना चाहिए।

हिन्दी की बौद्धिक दुनिया का साहित्य के समाजशास्त्र के साथ जो रवैया है उसे देखकर बेगम अख़्तर की गाई वह ग़ज़ल याद आती है—'उज्र आने में भी है और बुलाते भी नहीं.../ खूब पर्दा है कि चिलमन से लगे बैठे हैं/ साफ छिपते भी नहीं, सामने आते भी नहीं।' ज्ञान के संस्थानों में हो रहे अध्ययनों में समाजशास्त्र आज-कल जगह-जगह सुनाई देता है, विभिन्न विश्वविद्यालयों में शोध की पढ़ाई में साहित्य का समाजशास्त्र पाठ्यक्रमों में शामिल भी हो चुका है, लेकिन 'साहित्य का समाजशास्त्र' एक विधा के रूप में आज भी वहीं है जहाँ अस्सी के दशक में था। यह एक बड़ा सवाल है कि इतने शोर के बाद भी साहित्य के समाजशास्त्र का आखिर हिन्दी में ठीक ढंग से कोई विकास क्यों नहीं हो पा रहा है। यह क्या माजरा है कि 'साहित्य के समाजशास्त्र' का इस्तेमाल भी करना है और उससे बचते हुए भी चलना है! रेमण्ड विलियम्स, लूसिएं गोल्डमान, अडोर्नो और बोर्दिए का नाम भी जपना है लेकिन चिलमन के इधर से ही! आधार प्रकाशन से अलग शीर्षक और परिवर्द्धित भूमिका के साथ प्रकाशित इस पुस्तक के नये संस्करण में पाण्डेय जी ने इस बात पर चिन्ता जाहिर की है कि किस तरह पश्चिम में कई महत्त्वपूर्ण पत्रिकाएँ साहित्य के समाजशास्त्र के विकास का निरन्तर प्रयास कर रही हैं लेकिन हिन्दी की दुनिया में अभी भी एक विधा के रूप में इसकी उपेक्षा चल रही है। इसके कई कारण हो सकते हैं। जिस चिन्ता की अभिव्यक्ति इक्कीसवीं सदी के दूसरे दशक में पाण्डेय जी ने की है, कुछ उसी किस्म की चिन्ता भारतीय साहित्य के समाजशास्त्र के सम्बन्ध में आज से साठ-सत्तर साल पहले ही धुर्जटी प्रसाद मुखर्जी ने भी अभिव्यक्त की थी। तो इस साठ साल में कला, साहित्य और संस्कृति के समाजशास्त्रीय अध्ययन के क्षेत्र में हम कितना आगे बढ़े हैं यह बताने की जरूरत नहीं। पाण्डेय जी ने इस समस्या की ओर हमारा ध्यान आकर्षित करते हुए डी.पी.मुखर्जी के एक लेख का हवाला देते हुए बताया है कि "बहुत पहले ही डी.पी. मुखर्जी ने एक लेख (1950-52) में भारतीय साहित्य के समाजशास्त्र के विकास की तीन कठिनाइयों की ओर संकेत किया है—1. समाजशास्त्र की दृष्टि और पद्धति से अपरिचय, 2. मार्क्सवाद का अत्यन्त सरलीकरण, और 3. साहित्य की दुनिया से समाजशास्त्रियों की उदासीनता।" (पृ. 78) जब हिन्दी की बौद्धिक दुनिया की ओर से इन तीनों कारकों की ओर हम देखते हैं तो इन कारकों से पहले आज वैश्वीकरण और बाजारवाद के दौर में देशी भाषाओं और उनके साहित्य की दुर्दशा के विभिन्न कारकों की समाजशास्त्रीय पहचान की ओर हमारा ध्यान सबसे पहले जाता है। इसके साथ ही डी.पी. मुखर्जी मार्क्सवाद की आधार-भूमि पर खड़े होकर समाजशास्त्र के दायरे से विचार करते हुए जैसे यह कहते हैं कि 'साहित्य की दुनिया से समाजशास्त्री उदासीन हैं' वैसे ही मार्क्सवाद की

चेतना से सम्पन्न हिन्दी की साहित्यिक आलोचना के दायरे से विचार करते हुए यह कहा जा सकता है कि 'समाजशास्त्र की दुनिया से साहित्यिक आलोचक' उदासीन हैं और यहाँ तो सिर्फ समाजशास्त्र की दृष्टियों और पद्धतियों से ही अपरिचय नहीं है, साहित्य की दृष्टियों और पद्धतियों के प्रति भी उतना खुलापन नहीं है। यथार्थवाद के इतिहास को देखते हुए इसे सहज ही समझा जा सकता है। राजनीति की तरह साहित्य में भी मार्क्सवादी अभी अपनी बैठकों में निष्कर्ष निकालने में काफी समय ले लेते हैं। तुर्रा तो यह है कि साहित्य के समाजशास्त्र को ध्वस्त करने के लिए अभी भी बहुतायत लोग एडोल्फ इपोलित तेन के सिद्धान्तों का ही विरोध कर रहे हैं। अब अगर कोई कहे कि गाँधी जी ने वैश्वीकरण और नवउदारवाद के बारे में नहीं लिखा इसलिए मैं गाँधीवादी नहीं हूँ तो इसका क्या इलाज हो सकता है! परवर्ती दौर में बोर्दिए ने साहित्य के समाजशास्त्र का जो विकास किया है उसकी पश्चिम में निरन्तर चर्चा होती रही लेकिन भारत में अभी भी स्थिति शून्य पर है। साहित्यिक आलोचना के दायरे में यह समस्या सिर्फ साहित्य के समाजशास्त्र के साथ नहीं घटी है बल्कि आलम यह है कि इतिहास-चिन्तन और सामाजिक परिवर्तन की पक्षधरता के लिए आवश्यक अन्तरानुशासन के अन्य आयामों की सम्भावनाओं को भी फलने नहीं दिया जा रहा है।

पाण्डेय जी ने इस स्थिति पर क्षोभ व्यक्त करते हुए लिखा है, ''यद्यपि आजकल समाज से साहित्य संसार की निरपेक्ष स्वायत्तता का दावा करने वाले बहुत अधिक नहीं मिलते, लेकिन साहित्य चर्चा में ज्ञान के अन्य अनुशासनों के उपयोग को अनावश्यक घुसपैठ मानने वाले अब भी जहाँ तहाँ मिल ही जाते हैं। आश्चर्य की बात तो यह है कि जो लोग दर्शन, मनोविज्ञान, इतिहास और भाषा विज्ञान आदि की दृष्टियों से साहित्य को देखने समझने का समर्थन करते हैं वे भी समाजशास्त्रीय दृष्टि से साहित्य की व्याख्या का विरोध करते हैं।'' (भूमिका, पृ.12) इसी क्राइसिस को दूर करने के लिए पाण्डेय जी इस पुस्तक में पूरी तरह एक दूसरे अनुशासन में उतरकर उससे संवाद कायम करने का प्रयास करते हैं और वह भी पूर्णतः एक ऐसी भाषा में जो उनके चिन्तन और लेखन की भाषा नहीं थी। इसके लिए जिस तैयारी की जरूरत है वह इस पुस्तक के पीछे दिये गये सन्दर्भ ग्रन्थों की सूची देखकर ही समझा जा सकता है। यह भी एक बड़ा कारण है कि हिन्दी में साहित्य के समाजशास्त्र की दिशा में ज्यादा प्रगति नहीं हुई है। स्थिति तो यह है कि विभिन्न विधाओं में मौजूद इतिहास-चिन्तन को भी लोग स्वीकार नहीं कर पा रहे हैं। पाण्डेय जी ने रेखांकित किया है कि 'हिन्दी में समाज के इतिहास-लेखन ने साहित्य के इतिहास-लेखन के विकास को कई तरह से प्रभावित किया है। यही नहीं, स्वयं इतिहासकारों ने साहित्य के इतिहास-लेखन की विभिन्न समस्याओं पर विचार किया है और संस्कृति के

इतिहास-लेखन के अन्तर्गत साहित्य को शामिल करते हुए साहित्य के इतिहास-लेखन की दृष्टि के विकास में मदद की है।' (पृ. 77) लेकिन आज हालत यह है कि हिन्दी की अकादमिक दुनिया में भी साहित्येतिहास को पढ़ाने की दिशा में गिरावट ही आयी है। अर्थशास्त्र की अभिजनवादी अकादमिक दुनिया में इतिहास को विशेषज्ञता के तौर पर स्वीकार करना लगभग बन्द ही किया जा चुका है। 'साहित्य और इतिहास-दृष्टि' की बुनियाद में जो चिन्ताएँ काम कर रही थीं उन्हें इन नयी परिस्थितियों के विकास के अनुसार पुनः व्याख्यायित करने की जरूरत आन पड़ी है। ऐसी दशा में समाज विज्ञान की अन्य धाराओं की ओर झुकाव की परिकल्पना करना भी हास्यास्पद ही लगता है। अन्तरानुशासनिकता के प्रति इसी रवैये का परिणाम है कि हिन्दी की विश्वविद्यालयी दुनिया में हम सिनेमा, वेब साहित्य और उर्दू की पूरी दुनिया से लगभग अछूते ही हैं। लोकप्रिय साहित्य की बाढ़ है और पढ़ा रहे हैं नकेनवाद! यह दिक्कत इसीलिए आन पड़ी है कि विश्वविद्यालयी दुनिया में हम शास्त्र बनाने में ज्यादा डूबे रहते हैं और साहित्य और समाज के गतिशील सम्बन्धों की समझ से दूर होते चले जाते हैं। 'साहित्य का समाजशास्त्र' विधा को विकसित करते हुए भी उसे एक 'प्रश्न पत्र' बनाने से ज्यादा ध्यान साहित्य और समाज के गतिशील सम्बन्धों की प्रक्रिया को समझने की ओर होना चाहिए। तभी यह विधा रूढ़िग्रस्तता का शिकार न होकर स्वाभाविकता की ओर बढ़ेगी।

इस रूढ़िवादिता को त्याग कर और स्वाभाविकता को अपना कर ही हम अज्ञेय को समझने के लिए मनोविश्लेषणवादी आलोचना के महत्त्व को, हजारी प्रसाद द्विवेदी के लिए ऐतिहासिक-चेतना के महत्त्व को, और विभिन्न बोलियों के साहित्य को समझने के लिए भाषा विज्ञान के महत्त्व को पहचान पायेंगे। मार्क्सवाद दर्शन से आयी हुई विचार-प्रणाली है और साहित्य का समाजशास्त्र समाजशास्त्र के बगैर सम्भव ही नहीं है लेकिन ये उपकरण अगर साहित्य को समझने के लिए इतने प्रभावपूर्ण हैं तो फिर ज्ञान के विभिन्न अनुशासनों से उनके संवाद के प्रति खुलेपन के प्रति हिचकिचाहट क्यों? अन्तःअनुशासन के विभिन्न आयामों का प्रयोग पाठ और विषय-वस्तु की माँग के अनुरूप होना चाहिए। पाण्डेय जी ने ठीक लिखा है कि 'साहित्य को समझने के लिए साहित्यशास्त्र के बाहर जाना जरूरी हो गया। इसीलिए भाषाशास्त्र, मनोविज्ञान, इतिहास और समाजशास्त्र की मदद से साहित्य को समझने के प्रयत्न आरम्भ हुए।' (पृ. 31) यह समझना कुछ मुश्किल नहीं है कि अन्तरानुशासनिकता का विकास किन कारणों से हुआ है और साहित्य की दुनिया के लिए वह अनिवार्य क्यों है। अब ज्ञान की किंसी भी विधा में यह अनिवार्य हो चुका है कि विधा विशेष की स्वायत्तता से आगे बढ़ा जाये क्योंकि जिन तत्त्वों को हम स्वायत्तता का आधार समझते हैं उनकी भी वास्तविक समझदारी इस

अन्तरानुशासनिकता के बगैर सम्भव नहीं है। ऊपर मैंने जिस क्राइसिस की अनुभूति की बात की है वह साहित्य के समाजशास्त्र पर भी पूर्णतया लागू होती है। अगर पुराने प्रचलित मानदंडों से साहित्य की विस्तृत हो गयी दुनिया का स्वरूप नहीं खुल रहा तो आलोचना की दुनिया का विस्तार जरूरी है।

यह पुस्तक जब अस्सी के दशक में लिखी जा रही थी तभी उन समस्याओं की बुनियाद रखी जा चुकी थी जो नवउदारवादी दौर में गहराती चली गयीं। जो समस्याएँ इक्कीसवीं सदी में आक्रामक हो गयी हैं उनके प्रति अस्सी के दशक में पाण्डेय जी की भाषा में संयत ढंग से एक व्यंग्य और हल्की आक्रामकता सहज ही चिह्नित की जा सकती है। जैसे उनका यह कहना कि 'अब साहित्य के बारे में रोमांटिक मान्यताओं और मिथकों से न तो इस समस्या को समझना सम्भव है और न साहित्य को संकट से बचाना।' (भूमिका, पृ. 9) बाजारवाद, व्यवसायीकरण, प्रकाशन का व्यापार और राजनीति, सत्ता की क्रूरता, प्रोपैगैण्डा, टेलीविजन जैसे माध्यमों का हस्तक्षेप और दिल्ली की चमचमाती दुनिया के बीच साहित्य के अस्तित्त्व और उसकी सामाजिक सार्थकता के प्रति पाण्डेय जी अस्सी के दशक में ही इतने चिन्तित थे कि उन्होंने लिखा है कि इन समस्याओं का सामना 'न तो कलावादी कछुआ धर्म अपनाने से होगा, न रोमांटिक जोश के प्रदर्शन से, जरूरत है आज के ऐतिहासिक सामाजिक यथार्थ के विभिन्न पक्षों से साहित्य के वास्तविक सम्बन्धों की समझ—यह सम्भव है साहित्य के समाजशास्त्र से।' (भूमिका, पृ. 10) स्थितियाँ तो इस पुस्तक के प्रकाशन के बाद के दौर में कुरूप हुई हैं। उक्त सारी प्रवृत्तियों का वास्तविक चरित्र तो पिछले पचीस वर्षों में खुल कर सामने आया है। जो वैश्वीकरण की पूरी प्रक्रिया की वास्तविकता को जानते हैं वे यह भी समझ सकते हैं कि साहित्य और संस्कृति के सन्दर्भ में साहित्य के समाजशास्त्रीय अध्ययन की जरूरत आज के परिवेश में कितनी गहरी हो चुकी है। ज्ञान के विभिन्न संस्थानों के साथ पिछले दो वर्षों से जो खिलवाड़ किया जा रहा है और जिस सतही भगवाकरण को थोपा जा रहा है वह शर्मनाक ही है। पाण्डेय जी ने उसी वक्त लिखा था कि 'संस्कृति कला और साहित्य को विरोध के रास्ते से हटाकर सहमति की राह पर चलाने की कोशिश हो रही है। इन सबके साथ ही टेलीविजन के प्रचार-प्रसार के कारण लिखित शब्द अनावश्यक होते जा रहे हैं। साहित्य पहली बार भारतीय समाज में इस स्थिति का सामना कर रहा है।' (पृ. 23) कहना न होगा कि पाण्डेय जी ने जब यह शब्द लिखा था तब उन्हें भी यह अन्दाज़ा नहीं रहा होगा कि साहित्य की दुनिया इतनी तेजी से बदलेगी। पिछले पचीस वर्षों में सम्पर्क के साधनों और माध्यमों में जो विराट परिवर्तन उपस्थित हुए वे अभूतपूर्व हैं। सिर्फ टेलीविजन के प्रचार-प्रसार से अगर लिखित शब्द अनावश्यक होते जा रहे थे, तो सोचिए कि मल्टीप्लेक्सेज़,

इंटरनेट, स्मार्ट फ़ोन और सोशल नेटवर्किंग के इस दौर में साहित्य के साथ क्या हो रहा होगा। इस पूरे परिवर्तन में साहित्य के समाजशास्त्र की आवश्यकता कितनी गम्भीर बन चुकी है, इसका अन्दाज़ा लगाना अब इसके विरोधियों के लिए भी दुष्कर नहीं रह गया है। पिछले दिनों साहित्यकारों ने असहिष्णुता के प्रश्न को जिस तरह उठाया और पुरस्कारों की वापसी का जो दौर चला उस पूरी प्रक्रिया का अपना एक समाजशास्त्र है। हालाँकि उसके भीतर भी समस्याओं को देखने के कई स्तर हैं। ऐसा नहीं है कि जो फासीवाद विरोधी है वह नवउदारवाद विरोधी भी हो। मुनव्वर राणा की सहाराश्री पर एक शानदार कविता इसका प्रमाण है! इस पूरे दौर में संचार-माध्यमों का चरित्र इस किस्म का बना दिया गया है कि कुछ लोग अपनी बाजारवादी मानसिकता को आजकल हिन्दी के विकास के नाम पर कुछ इस ढंग से बेच ले रहे हैं जैसे कि वे जिस संस्कृति का विकास कर रहे हैं वह समाजवाद लाये बगैर नहीं रुकेगी। ऐसे में, साम्राज्यवादी शक्तियों ने विभिन्न देशों में अपने एजेंटों के सहयोग से जो जाल बुना है उसे उधेड़ने के लिए मार्क्सवाद और समाजशास्त्र के बगैर आगे बढ़ना पूर्णतया निरर्थक ही साबित होगा।

पाण्डेय जी परिस्थितियों के ऐतिहासिक-भौतिकवादी विश्लेषण से यह निष्कर्ष आज से पचीस वर्ष पहले ही रख रहे थे कि ''साहित्य का समाजशास्त्रीय चिन्तन आधुनिक समाज में साहित्य की सत्ता और सार्थकता की पहचान के बौद्धिक प्रयत्न की देन है। अब सम्पूर्ण सामाजिक प्रक्रिया से साहित्यिक प्रक्रिया का सम्बन्ध बदल गया है। आज के समाज से साहित्य के बदले हुए सम्बन्ध को यथार्थवादी ढंग से समझने की जरूरत है न कि उसकी काल्पनिक स्वतन्त्रता की रक्षा के लिए यथाकथित अन्तर्वर्ती आलोचना से चिपके रहने की।'' (पृ. 32) साहित्य का सामाजिक अस्तित्त्व और साहित्य तथा आलोचना की सामाजिक सार्थकता की चिन्ता इस पूरी पुस्तक में निरन्तर प्रवाहमान है। साहित्य के सामाजिक महत्त्व के विश्लेषण में अन्य कई आलोचना दृष्टियाँ बड़े पैमाने पर सक्रिय दिखाई देती हैं किन्तु सामाजिक अस्तित्त्व के कारकों की पहचान में साहित्य के समाजशास्त्र का महत्त्व असंदिग्ध है। स्थितियों की इस विकटता को देखते हुए ही उन्होंने लिखा है कि 'आज के ज़माने में साहित्य संसार में रहकर ही उसे पूरी तरह नहीं समझा जा सकता है।' उनका यह कथन इस लिहाज से अत्यन्त महत्त्वपूर्ण है कि पाठक का चुनाव तो दूर की बात कई साहित्यकार और आलोचक भी आज के ज़माने में बाहरी दुनिया के दबावों और प्रभावों को ध्यान में रखकर लेखन कर रहे हैं। साहित्य का प्रयोग कूटनीतिक पहलुओं से भी हो रहा है और प्रोपैगैण्डा मशीनरी के लिए भी। रचनाकार साहित्य को उतना अछूता नहीं रहने दे रहे हैं जैसा कि कभी मुक्तिबोध का साहित्य था और पाठक साहित्य के तमाम ऐसे पहलुओं से इसलिए

परिचित नहीं हो पाते क्योंकि उन तक बातें पहुँचाने के माध्यम पूरी तरह बदल चुके हैं। इन सभी परिवर्तनों को समझने में साहित्य का समाजशास्त्र बहुत ही कारगर साबित होता है। जिस सामाजिक यथार्थ से हम रूबरू हैं वह इतना संश्लिष्ट है कि साहित्य की दुनिया उसके सामने काफी सिकुड़ती हुई नजर आती है। हिन्दी समानान्तर सिनेमा जैसा सशक्त माध्यम जिन वजहों से खत्म हो गया उसके पीछे जिस तरह के समाजशास्त्रीय कारण दिखाई देते हैं वैसे ही कारण 'विवेकशील मनुष्य के रचना-कर्म' की दुनिया के सिमटते जाने के पीछे भी सक्रिय हैं।

'दिल्ली' ('प्रतीकात्मक वस्तुओं के बाजार' को देखते हुए दिल्ली का भी प्रतीकात्मक अर्थ लिया जाये।) की दुनिया ने और पूँजी की कोख से पैदा हुए माध्यमों ने साहित्य के स्वरूप और संवेदना को अत्यधिक प्रभावित किया है। आजकल बहुत सारी ऐसी पुस्तकों की चर्चा तुरन्त हो जाती है जिनमें साहित्यिकता तक का नितान्त अभाव है। पाठक के बीच सामग्री ऐसे परोसी जाती है कि उन प्रवृत्तियों को साहित्यिक समझा जाने लगा है जो क्षणिक हैं, जो बाजार संचालित हैं, जो नकारात्मक प्रभाव को बढ़ावा देती हैं। हमारे समय में जिन दबावों का हम सामना कर रहे हैं उनमें किसी कृति का मूल्य समझ पाना इसलिए भी बहुत कठिन होता जा रहा है कि रचना के पाठक तक पहुँचने के बीच ही काफी कुछ घटित हो जाता है। पाठक और कृति के सम्पर्क के बाद भी जिस तरह से किसी कृति के पक्ष या उसके विरोध में माहौल बनाया जाता है उसके परिणामस्वरूप 'पाठ' पाठक तक पूर्वाग्रहों के बगैर पहुँच ही नहीं पाता। इस प्रक्रिया में कई बार बेहतरीन कृतियाँ पृष्ठभूमि में चली जाती हैं और वे रचनाकार और आलोचक सामने दिखाई देते हैं जो साहित्यिक संस्थाओं, प्रकाशकों और सत्ता के अन्य प्रतिनिधियों से सम्बन्धित होते हैं। इस पूरी प्रक्रिया का उद्घाटन करने में साहित्य का समाजशास्त्र काफी मददगार साबित होता है। पाण्डेय जी ने लिखा भी है कि "लेखन को साहित्य बनाने वाली इस प्रक्रिया का विश्लेषण केवल साहित्य के समाजशास्त्र में होता है, किसी दूसरी आलोचना पद्धति में नहीं। अपनी इस विशेषता के कारण साहित्य की समाजशास्त्रीय दृष्टि दूसरी आलोचना दृष्टियों से होड़ करती हुई भी उनकी मदद करती है, उनके लिए आवश्यक आधार तैयार करती है।" इसलिए साहित्यिक दायरे में सक्रिय आलोचकों को साहित्य के समाजशास्त्र को विरोधी के रूप में नहीं बल्कि पूरक के रूप में देखना चाहिए। भ्रम का मायाजाल फैलाने वाली इन परिस्थितियों में "लेखक की सामाजिक स्थिति से उसके लेखन के अनेक प्रकार के सम्बन्धों की पहचान साहित्य के समाजशास्त्र की एक विशेषता है।" आज के दौर में अस्मिताओं के प्रश्न को लेकर उपजे साहित्य के सन्दर्भ में यह दृष्टि अत्यधिक सार्थक है। दलित प्रश्नों के सन्दर्भ में पाण्डेय जी के लेखों का संकलन 'दलित साहित्य और

दलित दृष्टि' पुस्तक में उपलब्ध है जिसे पढ़ते हुए यह देखा जा सकता है कि किसी साहित्यिक कृति को समझने की प्रक्रिया सिर्फ पाठ से होकर नहीं गुजरती। किसी साहित्यिक कृति का रूप कैसे तैयार होगा यह अन्य कई कारकों पर निर्भर करता है। दलित ही नहीं बल्कि अन्य सभी अस्मिताओं के साहित्य के सन्दर्भ में इस कोण से दृष्टिपात आवश्यक है। मार्क्सवाद के साथ ऐतिहासिक समाजशास्त्रीय दृष्टि इन प्रश्नों को समझने में काफी मददगार साबित होती है।

एक शब्द जो इस पूरी पुस्तक में शुरू से अन्त तक बिखरा हुआ है वह है समग्रतावाद। यह शब्द 'साहित्य के समाजशास्त्र' को जितना परिभाषित करता है उतना ही मैनेजर पाण्डेय की आलोचना-दृष्टि को। साहित्य के समाजशास्त्र के बारे में पाण्डेय जी ने लिखा है, "साहित्य के समाजशास्त्र की मुख्य प्रवृत्ति समग्रतावादी है। वह साहित्य के सभी रूपों और पक्षों को समग्रता में समझने पर जोर देता है। साहित्य-प्रक्रिया के मुख्य तीन पक्ष हैं। लेखक, रचना और पाठक। साहित्य विश्लेषण की अधिकांश दृष्टियों के केन्द्र में इन तीनों में से एक रहता है। साहित्य के समाजशास्त्र में इन तीनों का विवेचन होता है और इनके आपसी सम्बन्धों का भी।" इस तरह साहित्य को देखने-समझने की कई विश्लेषण पद्धतियाँ सिर्फ 'पाठ' की प्रक्रिया पर ध्यान देती हैं जबकि साहित्य का समाजशास्त्र पूरी साहित्य-प्रक्रिया की चिन्ता करता है। पाण्डेय जी की आलोचना-दृष्टि पर यह विशेषता समान रूप से लागू होती है। समग्रतावाद वह बुनियादी शब्द है जिसके माध्यम से पाण्डेय जी की इस पुस्तक के उद्‌भव और स्रोतों को सहज ही समझा जा सकता है। साहित्य की सामाजिक दृष्टि से ऐतिहासिक दृष्टि के सम्बन्ध पर विचार करते हुए उन्होंने जिन विद्वानों को अपने विवेचन के लिए चुना है वह चुनाव समग्रतावादी दृष्टि की माँग करता है। यह विचारणीय है कि साहित्यानुशीलन की सामाजिक दृष्टि की भारतीय परम्परा पर विचार करते हुए पाण्डेय जी का ध्यान बालकृष्ण भट्ट, महावीर प्रसाद द्विवेदी, आचार्य रामचन्द्र शुक्ल, आचार्य हजारी प्रसाद द्विवेदी और मुक्तिबोध जैसे विद्वानों की ओर गया तथा साहित्य की सामाजिक दृष्टि और ऐतिहासिक दृष्टि के सम्बन्ध पर विचार करते हुए उनका ध्यान रोमिला थापर, डी.डी. कोशाम्बी, डी.पी. मुखर्जी और पूरनचन्द जोशी जैसे विद्वानों की ओर। अगर ध्यान से देखा जाये तो यह उन्हीं विद्वानों की सूची है जिन्होंने भारतीय परम्परा में विद्यमान रूढ़िवादिता को तोड़कर अपने अनुशासनों का अतिक्रमण करते हुए उन्हें और समृद्ध किया, और भी समाजोपयोगी बनाया। इन विद्वानों ने अपने-अपने विषयों का अध्ययन करते हुए अन्य विधाओं का भी इतना ज्ञान अर्जित किया है कि अलग-अलग अनुशासनों और विधाओं के बुद्धिजीवी उन्हें अपने-अपने क्षेत्र में पूरे सम्मान के साथ स्मरण करते हैं। बालकृष्ण भट्ट और महावीर प्रसाद द्विवेदी ने अपनी पत्रिकाओं में साहित्य

के दायरे के बाहर जाकर विभिन्न सामाजिक, सांस्कृतिक और आर्थिक प्रश्नों पर गम्भीर आलेख प्रकाशित करवाए थे। हिन्दी आलोचना के विकास के शुरुआती दौर में ही महावीर प्रसाद द्विवेदी ने सम्पत्तिशास्त्र जैसे विषय पर पुस्तक की रचना की। आचार्य रामचन्द्र शुक्ल का पश्चिम के ज्ञान से और हजारी प्रसाद द्विवेदी का संस्कृत में उपलब्ध स्रोतों से परिचय सर्वविदित है। डी.पी.मुखर्जी और पी.सी. जोशी साहित्य की दुनिया से उतने ही जुड़े हुए थे जितना कि समाजशास्त्र की दुनिया से। पी.सी. जोशी अगर गोदान पर विचार करते दिखाई देते हैं तो हजारी प्रसाद द्विवेदी भारतीय कला पर, रामचन्द्र शुक्ल लाइट ऑफ एशिया का अनुवाद करते हुए दिखाई देते हैं तो डी.डी. कोशाम्बी भर्तृहरि का विश्लेषण करते हुए। डी.पी.मुखर्जी समाजशास्त्र के उतने ही बड़े विद्वान थे जितने की बांग्ला साहित्य के। कहने का तात्पर्य यह है कि साहित्य के समाजशास्त्र के विरोधी उस पर सबसे अधिक आक्षेप इस बात के लिए लगाते हैं कि वह हमारी दृष्टि को संकुचित करता है। इसके लिए उदाहरण अक्सर अनुभववादी समाजशास्त्र से उठा लिया जाता है। पाण्डेय जी की इस पुस्तक में साहित्य के समाजशास्त्र के बारे में इस प्रचलित मान्यता और थोपी हुई छवि को खण्डित करने का गम्भीर प्रयास दिखाई देता है। यह न सिर्फ समाजशास्त्र के दायरे को विस्तार प्रदान करता है बल्कि साहित्यशास्त्र और मार्क्सवाद के दायरे को भी। पिछले दिनों 'ओरिएण्टलिज्म' पर एक लेख लिखते हुए पाण्डेय जी के साथ इस बात को लेकर मेरी काफी बहस होती रही कि एडवर्ड सईद को हमें कैसे देखना चाहिए। यह बहुत सारे लोगों के लिए आश्चर्य का विषय हो सकता है कि मैं, नया मुल्ला, एडवर्ड सईद के बारे में मार्क्सवादियों की दृष्टि के पक्ष में तर्क देने में लगा रहता था और हिन्दी की मार्क्सवादी आलोचना के सशक्त हस्ताक्षर प्रो. मैनेजर पाण्डेय एडवर्ड सईद के बारे में मार्क्सवादियों की दृष्टि की बखिया उधेड़ते रहते थे। समग्रतावाद से मेरा कुछ यही आशय है। पाण्डेय जी डी.पी. मुखर्जी के बारे में विचार करते हुए जब यह लिखते हैं कि 'उनकी पद्धति में लचीलापन है, इसलिए वे सरलीकरण से बच सकते हैं।' (पृ. 90) तब उसकी गहराई को समझना चाहिए। लचीलापन सरलीकरण से बचने के लिए! अब कुछ महामहोपाधि महापंडित इसका अर्थ यह भी ले सकते हैं कि देखो, इनमें मार्क्सवाद से विचलन है और कुछ तार्किक इसका अर्थ यह निकाल सकते हैं कि आखिर स्वीकार करना ही पड़ा न कि मार्क्सवाद की सीमाएँ हैं! मैं इसका अर्थ यह लेना पसन्द करूँगा कि यह हिन्दी आलोचना और मार्क्सवाद के विकास का प्रयास है, निरन्तर गतिशील समाज के हिसाब से सिद्धान्त को समृद्ध और तर्कशील बनाए रखने का प्रयास। इसी समग्रता को अर्जित करने का प्रयास उनकी आलोचना में निरन्तर दिखाई देता है। 'संकट के बावजूद' उनकी सशक्त राजनीतिक चेतना को प्रमाणित करता है तो 'साहित्य के समाजशास्त्र

की भूमिका' विभिन्न अनुशासनों में संवादधर्मिता के प्रयास को। सूर की कविता पर उनके विचार भक्ति आन्दोलन और हिन्दी प्रदेश के लोक साहित्य से उनके लगाव के प्रमाण हैं तो 'देश की बात' जैसी पुस्तकें स्वाधीनता आन्दोलन और नवजागरण के प्रति उनकी संवेदनात्मक चेतना का। 'साहित्य और इतिहास दृष्टि' इतिहास लेखन और ऐतिहासिक दृष्टि के प्रति उनकी रुचि का प्रमाण है तो 'सीवान की कविता' और 'मुक्ति की पुकार' अभिजनवादी रुझानों के कारण त्याग दिये गये साहित्यिक स्रोतों को प्रतिष्ठित करने की चिन्ता का। अगले कुछ महीनों में मुगलों की हिन्दी कविता पर पाण्डेय जी की एक पुस्तक प्रकाशित होने वाली है। यह एक ऐसा विषय है जिसकी ओर हिन्दी आलोचना का ध्यान इतने वर्षों में भी नहीं गया।

पाण्डेय जी की इस पुस्तक में इसी समग्रतावाद के कारण डी.पी. मुखर्जी के 'साहित्य के समाजशास्त्र' सम्बन्धी चिन्तन को सहानुभूति के साथ देखा गया है। पाण्डेय जी इधर इसके लिए भी प्रयासरत हैं कि कला, साहित्य और संस्कृति के समाजशास्त्र पर हिन्दी में सामग्री उपलब्ध हो सके। उनकी यह चिन्ता मुझे एक तरह से डी.पी. मुखर्जी के सपने को पूरा करने के प्रयास की तरह लगता है। डी. पी. मुखर्जी के बारे में विचार करते हुए पाण्डेय जी ने लिखा है, "उनके विचारों में ऐसी व्यापकता है जो आज के विशेषज्ञता के जमाने में दुर्लभ होती जा रही है। उनके लेखन में समाज की आर्थिक, राजनीतिक और सांस्कृतिक समस्याएँ परस्पर जुड़ी हुई हैं। इसलिए वहाँ अर्थशास्त्र, समाजशास्त्र और सांस्कृतिक चिन्तन एक दूसरे से असम्बद्ध नहीं है। ...डी.पी. मुखर्जी ने लिखा हैं कि मैं पेड़ों को ग़िनते समय जंगल के समग्र रूप का ध्यान रखता हूँ।" (पृ. 80) डी.पी. मुखर्जी ने समाज विज्ञानों की एकता पर हमेशा जोर दिया था और पाण्डेय जी की दृष्टि में उनकी "इस समग्रतावादी दृष्टि का आधार मार्क्सवादी दृष्टिकोण है। समाजविज्ञानों की इस एकता के आग्रह के पीछे मानव-जीवन के विभिन्न पक्षों और मानवीय सृजन के विभिन्न रूपों के बीच अन्तःसम्बन्ध की पहचान है।" (पृ. 80) पाण्डेय जी के लिए सामाजिक-प्रक्रिया की समग्रता का बोध अत्यधिक महत्त्व रखता है और "डी. पी. मुखर्जी के साहित्य के समाजशास्त्र का रूप यह है कि वे पहले साहित्य की प्रक्रिया की पहचान करते हैं, फिर उसके सांस्कृतिक स्रोतों की तलाश करते हैं और अन्त में सांस्कृतिक प्रक्रिया के मूलाधार के रूप में सामाजिक प्रक्रिया की खोज करते हैं। इस तरह साहित्य से संस्कृति और संस्कृति से समाज की ओर उनकी विवेचन पद्धति गतिशील होती है।" (पृ. 86) अमरीकी समाजशास्त्र में बड़े पैमाने पर यह दिखाई देता है कि विशेषज्ञता के नाम पर समग्रता की उपेक्षा होती है और पाण्डेय जी की दृष्टि में समग्रताबोध के बगैर कला, संस्कृति और साहित्य के समाजशास्त्र का विकास ही नहीं हो सकता। इसलिए पाण्डेय जी जिस तरह के साहित्य के

समाजशास्त्र की बात करते हैं वह डी.पी.मुखर्जी की धारा का ही विकसित रूप प्रतीत होता है जिसमें अनुभववादी समाजशास्त्र की सीमाओं के लिए कोई स्थान नहीं है।

साहित्य के समाजशास्त्र के बारे में अपने इसी तरह के व्यापक दृष्टिकोण के कारण वे इस तथ्य को लेकर प्रसन्न दिखाई देते हैं कि "अब अधिकांश साहित्यिक समाजशास्त्री मानते हैं कि किसी रचना की अन्तर्वस्तु में ही समाज नहीं व्यक्त होता। रचना के हर स्तर पर अर्थात् उसकी अतंर्वस्तु, संरचना, शिल्प और भाषा में समाज की अभिव्यक्ति होती है।" (पृ. 14) उनके लिए लावेंथल, गोल्डमान, अडोर्नो और रेमण्ड विलियम्स जैसे चिन्तक इसलिए महत्त्वपूर्ण हैं कि इन विद्वानों के यहाँ कृति की साहित्यिकता और सामाजिकता में एकता स्थापित करने का प्रयास दिखाई देता है। साहित्य के समाजशास्त्र में कई धाराएँ हैं। पाण्डेय जी के उक्त विचारों से स्पष्ट समझा जा सकता है कि वे किस धारा के हिमायती हैं और साहित्य के समाजशास्त्र का विकास वे किस रूप में चाहते हैं। वे स्पष्ट रूप में यह चाहते हैं कि साहित्य के समाजशास्त्री रूप और अन्तर्वस्तु के द्वैत को अस्वीकार कर कृति का मूल्यांकन करने की ओर बढ़ें। उसका सरलीकृत विवेचन न करें। यह समझें कि रचना और समाज के किसी एक पहलू के अध्ययन मात्र से यथार्थ तक कभी नहीं पहुँचा जा सकता। उनका प्रयास साहित्य के समाजशास्त्र को इस अधूरेपन से मुक्त कराने का रहा है जिसे अनुभववादी समाजशास्त्री या साहित्य को स्वायत्त समझने वाले आलोचक समझ नहीं पाते। वे साहित्य के समाजशास्त्र के एक स्वतन्त्र विधा के रूप में विकसित होने के हिमायती इसलिए भी हैं कि एक समाजशास्त्री या विशुद्ध साहित्यिक आलोचक की दृष्टियों की सम्भावित सीमाओं से मुक्त कर उसे अन्तर्वर्ती ढंग से समर्थ बनाया जा सके और उसकी प्रयोजनीयता किसी एक विधा के भीतर न हो बल्कि व्यापक बौद्धिक समुदाय और समाज के लिए हो। इसी समग्रताबोध की चेतना के कारण साहित्य के समाजशास्त्र के प्रारम्भिक चिन्तकों में मदाम स्तेल की सीमाओं की ओर उनका ध्यान बाद में जाता है और साहित्य के जातीय स्वरूप को पहचानने की पद्धति के विकास और राजनीति से साहित्य के सम्बन्ध को तलाशने के प्रयास की ओर पहले। इसी तरह तेन के समाजशास्त्र में भी पहले वे सामाजिक भूमि को ही खोजने का प्रयास करते हैं। इस सहानुभूतिपूर्ण विश्लेषण के बाद ही वे 'दर्पणवादी' आलोचना-दृष्टि को अस्वीकार करते हैं। यह अस्वीकार इसी कारण से है कि इसमें संश्लिष्टता को समझने का प्रयास नहीं होता और निर्धारणवादी ढंग से ही पूरी साहित्यिक-प्रक्रिया को देखा जाता है।

इसी समग्रतावादी दृष्टि के कारण इतिहास और परम्परा के महत्त्व तथा वर्तमान के निर्माण में उसकी भूमिका का बोध पाण्डेय जी की आलोचना-दृष्टि के एक प्रमुख अवयव के रूप में सामने आता है। साहित्य के समाजशास्त्र की ओर उनके

झुकाव में भी उनके इतिहासबोध को एक प्रमुख कारक माना जाना चाहिए। वे कुछ मार्क्सवादियों की इस चिन्ता से पूरा राबता रखते हैं कि समाजशास्त्र को और भी समर्थ बनाने के लिए उसे ऐतिहासिक भौतिकवादी विचार-प्रणाली से सम्पन्न करने की आवश्यकता है। बुखारिन पर विचार करते हुए तीन तत्त्वों के अभाव की ओर लूकाच का ध्यान जाता है—आलोचनात्मक चेतना, ऐतिहासिक दृष्टि और द्वन्द्वात्मकता का बोध (पृ. 43) निःसन्देह साहित्य के समाजशास्त्र को सार्थक दिशा देने के लिए इन तीन तत्त्वों का आत्मसातीकरण अनिवार्य है। जिस ऐतिहासिक दृष्टि का समाजशास्त्र की कुछ धाराओं में लोप होता जा रहा है उनको पुनः विकसित करने की जरूरत है। यही ध्यान में रखते हुए पाण्डेय जी ने लिखा है, "समाज से साहित्य के बदलते सम्बन्ध की पहचान के लिए सामाजिक दृष्टि काफी नहीं है, ऐतिहासिक दृष्टि भी जरूरी है। तभी समाज से साहित्य की परम्परा और उस परम्परा के भीतर की विभिन्न कृतियों के समकालिक और विकासशील सम्बन्ध की समग्रता का बोध हो सकता है। ऐतिहासिक दृष्टि के अभाव में साहित्य की सामाजिक दृष्टि समकालिक सम्बन्ध तक सीमित हो जाती है। ऐसी स्थिति में वह या तो अनुभववाद की शिकार होती है या संरचनावाद की।" (पृ. 65)

साहित्य की सामाजिक दृष्टि और ऐतिहासिक दृष्टि के सम्बन्ध पर विचार करते हुए पाण्डेय जी ने जिन विद्वानों की दृष्टियों का विश्लेषण किया है उसमें समग्रताबोध के साथ परम्परा के प्रति सचेतनता और ऐतिहासिक दृष्टि के प्रति सतर्कता स्पष्ट परिलक्षित होती है। साहित्यानुशीलन की सामाजिक दृष्टि की भारतीय परम्परा पर विचार करते हुए जिस परम्परा को वे आज के सन्दर्भ में स्थापित करते हैं वह सराहनीय है। पाठकों को यह जरूर देखना चाहिए कि संस्कृत काव्यशास्त्र, दरबारी कविता, ब्राह्मण-जैन और बौद्धों की परम्परा को वे किस रूप में देखते हैं। देखने की इस दृष्टि में विद्यमान तर्कप्रणाली से मुँह मोड़ना काफी कठिन है। परम्परा के तत्त्वों के चुनाव के दौरान वर्तमान की चेतना के प्रति उनमें जबर्दस्त सतर्कता है। सन्दर्भों का यह चुनाव उनकी व्यापक इतिहास-दृष्टि का प्रमाण है। साहित्यिक दायरे में रहते हुए हम शकुन्तला को पढ़ते हुए भाव-विह्वल होते रहते हैं लेकिन पाण्डेय जी इस सन्दर्भ में रोमिला थापर द्वारा 'महाभारत' और 'अभिज्ञान शाकुन्तलम्' की शकुन्तला की तुलना पर ध्यान केन्द्रित करते हैं। उनके लिए रोमिला थापर का यह विवेचन महत्त्वपूर्ण है कि "महाभारत की शकुन्तला के व्यक्तित्त्व में आत्मविश्वास है, महत्त्वाकांक्षा है। उसे अपने व्यक्तित्त्व के महत्त्व का बोध भी है। लेकिन कालिदास के नाटक में वह सहमी हुई, सहनशील, भयभीत और राजा के सामने आतंकित भी है। नाटक में वह उच्च वर्ग की सामन्ती संस्कृति में नारी की गुलामी का मूर्त रूप दिखाई देती है।" (पृ. 69) पाण्डेय जी के इस चुनाव के पीछे भी साहित्यिक कृतियों

को प्रभावित करने वाले मूल्यों की तरह एक मूल्य-चेतना सक्रिय है। पाण्डेय जी की मूल्य-चेतना यहाँ उस प्रगतिशील जनोन्मुखी परम्परा की तलाश से संचालित है जिसे समाज में विद्यमान द्वन्द्व में, वर्तमान के विभिन्न दबावों में और शक्ति संरचना के समीकरण में हमने त्याग रखा है, जिससे हमारा परिचय ही छूटता जा रहा है, जो समाज को ज्यादा सहिष्णु बनाने में मददगार साबित होगी, जो एकरूपता की पक्षधर नहीं है, जो सामाजिक यथार्थ को निर्भीकता के साथ बयान करती है और किसी भी किस्म के छद्म आवरण से मुक्त है। रोमिला थापर के इस उद्धरण का उनका चुनाव देखिए—"आज का हमारा परम्परा और संस्कृति सम्बन्धी विवेक पुराने ऐतिहासिक अनुभवों से प्रभावित है। विगत दो सदियों में हम कुछ आदर्शों के आधार पर एक आदर्श समाज, उसकी संस्कृति और परम्परा पर जोर दे रहे हैं। इस प्रक्रिया में उच्चवर्गीय जीवन-मूल्यों और अभिजातवर्गीय विचारधारा के अनुरूप अतीत की व्याख्या होती है। आज अतीत की उस व्याख्या से काम नहीं चल सकता। आज हमें परम्परा के निर्माण की प्रक्रिया को समझने की जरूरत है, जीवन मूल्यों से सामाजिक यथार्थ के सम्बन्धों को समझने की जरूरत है और विभिन्न परम्पराओं के आपसी टकराव को भी समझने की जरूरत है। तभी हम अतीत परम्परा और प्राचीन सांस्कृतिक रूपों का विवेकपूर्ण मूल्यांकन कर सकते हैं।" (पृ. 72)

इस पुस्तक को पढ़ने के दौरान मेरी एक मंशा यह थी कि समाजशास्त्र और मार्क्सवाद के सम्बन्ध के बारे में पाण्डेय जी की दृष्टि का विश्लेषण किया जाये। इसकी कुछ झलक पीछे मिल चुकी है लेकिन इस पर थोड़ी और चर्चा जरूरी है। यह सर्वविदित है कि मार्क्सवादी विचारकों की एक अच्छी-खासी संख्या समाजशास्त्र और उसी के फलस्वरूप साहित्य के समाजशास्त्र को बहुत ही सीमित विधा के रूप में देखती है। यह धारा समाजशास्त्र की बुनियाद में कुछ गम्भीर समस्याओं की अवस्थिति देखती है। उनकी दृष्टि में समाजशास्त्र गम्भीर सामाजिक-सांस्कृतिक प्रश्नों के विश्लेषण में या तो निरर्थक या फिर अधूरा साबित होता है। लेकिन इस धारा से इतर मार्क्सवादियों की एक दूसरी धारा भी है जो मार्क्सवाद और समाजशास्त्र में प्रगाढ़ सम्बन्धों की गुंजाइश देखती है। इस पुस्तक को पढ़ते हुए मेरी चिन्ता यह थी कि अमरीका में समाजशास्त्र ने जो दिशा पकड़ी और उसके दुरुपयोग के जितने प्रयास हुए उससे पाण्डेय जी संवाद कायम करने में कैसे सफल हो पायेंगे? मेरी नजर इस पर भी थी कि अगर अमरीकी समाजशास्त्र से मार्क्सवाद का संवाद वे कायम कर भी लेते हैं तो इस सम्बन्ध को ढूँढ़ने के क्रम में वे मार्क्सवाद के किन तत्त्वों का परित्याग करने के लिए तैयार हैं? उनकी मार्क्सवादी दृष्टि जो उनकी आलोचना की बुनियाद है इस प्रक्रिया में कितनी क्षतिग्रस्त हुई है? लेकिन पाण्डेय जी ने पूरी पुस्तक में मुझे यह अवकाश नहीं दिया कि मैं समझौते के तत्त्व

ढूँढ़ कर निकाल सकूँ। पूरी सतर्कता के साथ उन्होंने दोनों ही धाराओं से संवाद कायम किया है। समाजशास्त्रियों के बारे में मार्क्सवादियों द्वारा उठाये गये विभिन्न सवालों के प्रति पूरी सचेतनता का ही परिणाम था कि साहित्य के समाजशास्त्र को एक विधा के रूप में वे अपना अवदान दे सके हैं। उन्होंने न सिर्फ साहित्य के समाजशास्त्र को समृद्ध किया है बल्कि अपनी मार्क्सवादी दृष्टि को भी अनुभववादी समाजशास्त्रीयता से विकृत होने से सफलतापूर्वक बचाया है। उदाहरण के लिए, पूरी पुस्तक में उनका यह बोध निरन्तर प्रवाहमान है कि मार्क्सवाद सिर्फ विश्लेषण की एक पद्धति नहीं है, वह एक क्रान्तिकारी दर्शन है। उसका काम सिर्फ व्याख्या करना नहीं है, उसका काम दुनिया को बदलना है। वह इस बात के प्रति भी निरन्तर सचेत हैं कि एक मार्क्सवादी के पास निरन्तर एक सुगठित इतिहास-दृष्टि होनी चाहिए। यह बोध भी जगह-जगह मुखरित हुआ है कि ऐतिहासिक भौतिकवाद और द्वन्द्वात्मक भौतिकवाद में किसी एक का दामन थाम कर दूसरे से विमुख नहीं हुआ जा सकता। उन्हें बराबर इस बात का भी बोध है कि मार्क्सवादी चिन्तन में पूरी सामाजिक प्रक्रिया पर विचार होता है और यह करते हुए किसी विषय को उसके सन्दर्भों से काटकर नहीं देखा जा सकता, राजनीतिक परिस्थितियों के विश्लेषण से विमुख नहीं हुआ जा सकता और वर्ग संघर्ष की अवधारणा का परित्याग नहीं किया जा सकता। इस पुस्तक में उन्होंने मार्क्सवाद को लेकर चिन्तनशील रहे विद्वानों यथा टेरी ईगल्टन, वी.एन. इवानोव, मारिया कुर्जिन्यान, लूकाच, बुखारिन, ग्राम्शी, लूसिएं गोल्डमान, रेमण्ड विलियम्स, डी.पी. मुखर्जी, पूरनचन्द जोशी, मुक्तिबोध, अर्नाल्ड हाउजर इत्यादि के चिन्तन-प्रक्रिया से जिस किस्म का संवाद स्थापित किया है वह न सिर्फ उनकी अध्येतावृत्ति का प्रमाण है बल्कि उनकी इस सतर्कता का भी कि साहित्य के समाजशास्त्र का विकास मार्क्सवाद के विभिन्न मूल्यों को खोकर किया जाना, दोनों के लिए ही हानिकारक साबित होगा। इसीलिए उन्हें हिन्दी में इस विधा की बुनियाद रखते हुए भी यह रेखांकित करने में संकोच नहीं होता कि "मार्क्सवाद को कट्टरता से उबारने तथा उसे अधिक समृद्ध, सर्जनात्मक, आलोचनात्मक और अद्यतन बनाने के प्रयत्न मार्क्स के समय से आज तक निरन्तर होते आ रहे हैं। ऐसे प्रयत्नों के पीछे कहीं सदाशयता होती है तो कहीं चालाकी। इसी प्रक्रिया में समन्वयवाद सामने आता है। विचार की बात यह है कि समन्वय की प्रक्रिया में मार्क्सवाद क्या खोता है और क्या पाता है। साहित्य के समाजशास्त्र और मार्क्सवाद के समन्वय के इतिहास पर ध्यान दें तो एक बात स्पष्ट होगी कि मार्क्सवाद की क्रान्तिकारी चेतना इस प्रक्रिया की सबसे पहले शिकार होती है। अधिकांश साहित्यिक समाजशास्त्री वर्ग संघर्ष और उसके राजनीतिक अभिप्राय को अस्वीकार करते हैं।" (पृ. 48) इसी तरह वे अर्नाल्ड हाउजर के बारे में स्पष्ट लिखते हैं कि उनकी पुस्तक 'कला का

समाजशास्त्र' में राजनीतिक मार्क्सवाद से स्वतन्त्र केवल सैद्धान्तिक मार्क्सवाद को स्वीकार किया गया है। गोल्डमान द्वारा पूँजीवादी समाज में मजदूरों की बढ़ती गरीबी और उनमें क्रान्तिकारी विकास की सम्भावना को उन्नीसवीं सदी की चीज मानकर छोड़ देने की वे आलोचना करते हैं। इस तरह अतार्किक ढंग से किये गये समन्वय से उपजी कमियों की वे निन्दा करते हैं और 'शान्तिपूर्ण सह अस्तित्त्व' के नाम पर असम्भव को भी सम्भव करने के प्रयास से हुए नुकसान की आलोचना करते हैं।

ऐसा नहीं है कि इस आलोचना का शिकार केवल समाजशास्त्री होते हैं। मार्क्सवादी धारा से भी अगर कुतर्क उपजे हैं तो उन्हें बख्शा नहीं गया है। पाण्डेय जी जब यह लिखते हैं कि "जो लोग संस्कृति और साहित्य के क्षेत्र की प्रत्येक घटना, क्रिया और वस्तु को किसी अदृश्य साजिश का परिणाम घोषित करते रहते हैं वे भी आलोचना में रहस्यवाद फैलाते हैं। ऐसे लोग प्रत्येक विरोधी विचार और रचना को साजिश की उपज समझते हैं। ...प्रायः साजिश का सिद्धान्त विश्लेषण की क्षमता के अभाव में पराजित मन का सहारा होता है।" तो उनका ध्यान भौतिकवादियों की ओर ही ज्यादा था। जिस तरह अतार्किक भाववादी ईश्वर की ओर भागते हैं उसी तरह अतार्किक भौतिकवादी साजिश की ओर। पाण्डेय जी इस किस्म के प्रगतिशीलों और भौतिकवादियों पर प्रहार करते हैं जो बिना किसी तर्क और संवाद के साहित्य के समाजशास्त्र के खिलाफ मोर्चा खोले बैठे हैं और जिन्हें सब कुछ मार्क्सवाद के खिलाफ अस्त्र ही लगता है। ऐसी दृष्टि न सिर्फ मार्क्सवाद को एक कोठरी में बदलती रहती है बल्कि उस कोठरी में ही उसे खत्म कर देने पर आमादा होती है। इस किस्म के मार्क्सवादी मार्क्सवाद के प्रसार के नये तरीकों को ढूँढ़ने के बजाय आस्थावान ढंग से 1848 के मार्क्सवाद के साथ चिपके हुए रहते हैं। इस किस्म के 'मार्क्सवादी रहस्यवादियों' के खिलाफ भी साहित्य का समाजशास्त्र पर्याप्त कारगर साबित होता है।

दूसरी ओर, कई बार मार्क्सवादियों पर यह आरोप लगाया जाता रहा है कि वे उस संश्लिष्टता में प्रवेश नहीं कर पाते जिससे रचना का स्थापत्य खुलकर स्पष्ट हो। मैनेजर पाण्डेय अपनी व्यवस्थित मार्क्सवादी दृष्टि से इस पुस्तक में ऐसे आरोपों की निरर्थकता प्रमाणित करते हैं। पाण्डेय जी का महत्त्व इस बात में अत्यधिक है कि एक मार्क्सवादी होते हुए साहित्य के समाजशास्त्र के दायरे में सफलतापूर्वक प्रवेश कर वे न सिर्फ उन लोगों को सटीक जवाब देते हैं जिनके स्वायत्त मानस में साहित्य और समाज का सम्बन्ध नहीं प्रवेश कर पाता बल्कि उन मार्क्सवादियों को भी जवाब देते हैं जिन्होंने कम्युनिस्ट मैनिफेस्टो को आसमानी किताब बनाने की कसम खा ली है। साहित्य की स्वायत्तता के प्रेमी लम्बे समय से बुद्धिजीवियों को इस अनावश्यक बहस में उलझाते रहे हैं कि साहित्य को राजनीतिक गलियारों

से क्या लेना-देना? मैनेजर पाण्डेय के 'साहित्य का समाजशास्त्र' में राजनीति और साहित्य के सन्दर्भ में इस किस्म की किसी भी दुविधा के लिए अवकाश नहीं। उन्होंने शुरुआत ही में लिखा है कि "उन्नीसवीं सदी के आरम्भ में साहित्य का समाजशास्त्रीय चिन्तन राजनीति से साहित्य के सम्बन्ध पर विचार के साथ शुरू हुआ था। इसलिए आज साहित्य के समाजशास्त्रीय अध्ययन में उससे बचने का क्या औचित्य है?" स्वाधीनता आन्दोलन के समय का प्रतिबन्धित साहित्य पाण्डेय जी की चिन्ता में विद्यमान रहा है और उनकी आलोचना में आजादी के पहले के ऐसे कई पाठों का विश्लेषण है जो इस दृष्टि से काफी मानीखेज हैं। इस किस्म के साहित्य के साथ हमारे साहित्यिक समुदाय का व्यवहार अभी तक कैसा रहा है इसे समझने के लिए भी 'साहित्य का समाजशास्त्र' एक महत्त्वपूर्ण माध्यम है। इस तरह मार्क्सवाद पाण्डेय जी के प्रस्थान-बिन्दु का अनिवार्य हिस्सा है और साहित्य का समाजशास्त्र उस प्रस्थान बिन्दु को और भी सम्पन्न करने वाली विधा, हिन्दी में मार्क्सवाद को परम्परागत रूढ़िवादिता से बाहर निकालने का एक माध्यम।

संक्षेप में कहें तो, पिछले दशकों में एक विचारधारा के रूप में मार्क्सवाद ने बुर्जुआ समाज के सामने जो बाधाएँ उपस्थित कीं उसे दूर करने के लिए पश्चिम में बड़े पैमाने पर उन विचारों को बढ़ावा देने का प्रयास किया गया है जिससे मार्क्सवादी चिन्तन को पीछे धकेला जा सके। इसी क्रम में अमरीका में समाजशास्त्र का एक खास ढंग से जिस बड़े पैमाने पर प्रयोग करने का प्रयास हुआ उसके बाद मार्क्सवादियों में भी समाजशास्त्र का विरोध करने और उसे अस्वीकार करने की प्रवृत्ति बढ़ती गयी। यह ऐतिहासिक विकासवाद और द्वन्द्वात्मक भौतिकवाद की पारम्परिक समझ की वजह से और भी बढ़ता गया। इस पुस्तक में पाण्डेय जी इस ठहरी हुई समझ को हिन्दी की अकादमिक दुनिया के लिए दुरुस्त करने का प्रयास करते हैं और समाजशास्त्र में विद्यमान सामर्थ्य को उद्घाटित करते हुए उसे मार्क्सवादी चिन्तन के विरोधी की छवि से बाहर निकाल कर लाते हैं। दूसरी तरफ वे उस छवि को भी सफलतापूर्वक तोड़ते हैं जो रूपवादियों-रहस्यवादियों-संरचनावादियों-व्यक्तिवादियों द्वारा तैयार की गयी थी। पाण्डेय जी अमेरिका में समाजशास्त्र के इस स्वरूप पर आक्रामक ढंग से प्रहार करते हुए लिखते हैं कि "अमेरिका में समाजशास्त्र को मार्क्सवादी दर्शन के विकल्प के रूप में प्रस्तुत करने का प्रयत्न हो रहा है। उसे व्यापक बनाने के लिए खेल से लेकर कला तक के समाजशास्त्र का निर्माण हो रहा है। इस प्रवृत्ति का चरम रूप यह है कि कुछ लोग समाजशास्त्र को ही कला सिद्ध करने पर उतारू हैं। 1976 में आर. निस्बत ने एक पुस्तक लिखी 'सोशियोलॉजी ऐज ऐन आर्ट फॉर्म' तो 1982 में टॉम बाटमोर ने एक किताब सम्पादित की 'सोशियोलॉजी : द स्टेट ऑफ आर्ट' यह भौंडेपन की हद है।"

लेकिन साहित्य के समाजशास्त्र का विकास करते हुए पाण्डेय जी की दृष्टि उक्त विकृति से अधिक उस मीमांसावादी धारा की ओर रही है जो मार्क्सवाद से संवाद करने के लिए प्रस्तुत रहती है।

इसी तरह पाण्डेय जी की आलोचना में मार्क्सवाद के स्वरूप को समझने का एक तरीका पुनः यह देखना है कि भारतीय परम्परा पर विचार करते हुए उनका ध्यान किन बुद्धिजीवियों की ओर जाता है और उनकी किन-किन प्रवृत्तियों को वे उद्‌घाटित करते हैं। जो विद्वान साहित्य के समाजशास्त्र को सीमित और बेकार समझते हैं तथा जो विद्वान साहित्य की स्वायत्त दुनिया में इस तरह कैद हैं कि मार्क्सवाद और समाजशास्त्र में कोई भेद ही नहीं देखते—उन दोनों ही किस्म के बौद्धिकों को उत्तर देने के लिए पाण्डेय जी का यह विवेचन महत्त्वपूर्ण है। जिन लोगों को साहित्य के सन्दर्भ में भारतीय परम्परा से पाण्डेय जी जोड़ते हैं उनमें बालकृष्ण भट्ट, महावीर प्रसाद द्विवेदी, आचार्य रामचन्द्र शुक्ल, हजारी प्रसाद द्विवेदी और मुक्तिबोध का नाम प्रमुख है। पाण्डेय जी मार्क्सवादी भी हैं और साहित्य के समाजशास्त्र के हिमायती भी। यहाँ यह देखना आकर्षक है कि उक्त विद्वानों में से मुक्तिबोध को छोड़कर कोई भी मार्क्सवादी नहीं था और मुक्तिबोध भी ऐसे मार्क्सवादी थे जो कई मार्क्सवादियों के ही निशाने पर थे। मार्क्सवादी विद्वानों की एक श्रेष्ठ परम्परा के विद्यमान रहते हुए भी सबसे पहले इन विद्वानों की ओर ध्यान जाना एक तरह से मार्क्सवाद और साहित्य के समाजशास्त्र के सामर्थ्य का प्रमाण है। भारतीय विद्वानों की परम्परा में पाण्डेय जी का ध्यान पहले उक्त विद्वानों की ओर इसलिए गया क्योंकि उक्त विद्वान साहित्य को अभिजन समाज के दायरे से बाहर निकालते हैं, पाठक की चेतना पर पूरी नजर रखते हैं, राजनीतिक प्रक्रिया के महत्त्व को समझते हैं, जातीय जीवन को समृद्ध करना चाहते हैं, जातीय जीवन के स्रोतों के माध्यम से साहित्य को समृद्ध करना चाहते हैं, सामान्य जन की भाषा के प्रति संवेदनशील हैं, देशी भाषाओं में ज्ञानात्मक सम्भावनाएँ देखते हैं, समाज और साहित्य के इतिहास को एक-दूसरे से संयुक्त कर देखने का प्रयास करते हैं, साहित्य में परिवर्तनकामी शक्ति देखते हैं, परम्परा के महत्त्व को समझते हैं और कार्य-कारण जैसे सिद्धान्तों की सीमाओं को समझते हैं। आचार्य रामचन्द्र शुक्ल के चिन्तन में साहित्य के विकासशील स्वरूप को सामाजिक विकास की परिणति के रूप में देखने की जो प्रवृत्ति है उसके बारे में पाण्डेय जी ने लिखा है, "साहित्य की यह सामाजिक दृष्टि समाज से साहित्य के अधिक जटिल सम्बन्ध को सामने लाती है। इस धारणा में समाज और साहित्य के बीच जनता की चित्तवृत्ति है। यह चित्तवृत्ति साहित्य में प्रतिबिम्बित होती है, सीधे समाज में नहीं। प्रतिबिम्ब भी संचित है—छना हुआ, चुना हुआ और सोचा हुआ है। सामाजिक यथार्थ और साहित्य के बीच चेतना की मध्यस्थता है।" (पृ. 59) यह रेखांकन महत्त्वपूर्ण है कि शुक्लजी अपने पूर्व के विद्वानों में विद्यमान

बिम्ब-प्रतिबिम्ब की चेतना को खण्डित करते हैं और साहित्य को अधिक सामाजिक बनाते हैं। साहित्य की स्वायत्त दुनिया वालों को यह भूलना नहीं चाहिए कि हिन्दी में इन्हीं आचार्य शुक्ल और आचार्य द्विवेदी ने साहित्य में रूप के महत्त्व को उसका उचित स्थान दिलाने के लिए काफी योगदान दिया है। भारतीय परम्परा के विद्वानों में पाण्डेय जी ने साहित्य के समाजशास्त्र के सन्दर्भ में सबसे ज्यादा जगह अगर किसी को दी है तो वे हैं मुक्तिबोध। जैसा कि बताया गया, मुक्तिबोध के विरोध में कई मार्क्सवादी भी तन कर खड़े थे। मुक्तिबोध के साहित्य को तद्‌युगीन पार्टी लाइन की पंक्तियों के हिसाब से जब ये विद्वान बाँध नहीं पाये तब अपनी क्षमता को दुरुस्त करने की जहमत न उठाते हुए मुक्तिबोध को रिजेक्ट कर देना ही उन्हें ज्यादा आसान लगा। मजेदार यह है कि गैर-मार्क्सवादी और रूपवादी, मुक्तिबोध की संवेदना की गहराई और शिल्प की ऊँचाई देखते हुए उनके मार्क्सवादी होने के बावजूद उनसे अचम्भित रहते हैं। दूसरी ओर पाण्डेय जी एक मार्क्सवादी बने रहते हुए साहित्य के समाजशास्त्र के उपकरणों का उचित इस्तेमाल कर इन्हीं मुक्तिबोध के योगदान की महत्ता को प्रतिपादित करते हैं। यह भी ध्यान रखिए कि किस पुस्तक के लिए– कामायनी एक पुनर्विचार! प्रसाद के लिए! कवि प्रसाद भी मार्क्सवादी नहीं थे! लम्बे समय से साहित्य की स्वायत्त दुनिया वाले यह रोना रो रहे हैं कि प्रसाद का प्रगतिशीलों ने यथेष्ट मूल्यांकन नहीं किया। इस पुस्तक में साहित्य के समाजशास्त्र के माध्यम से उपलब्ध उपकरणों का प्रयोग कर पाण्डेय जी न सिर्फ हिन्दी आलोचना में मुक्तिबोध को बल्कि हिन्दी कविता में प्रसाद को उनका यथेष्ट स्थान दिलाने का प्रयास करते हैं। यहाँ मुक्तिबोध का ऐप्रिशिएशन इसलिए नहीं है कि वे पार्टी लाइन को कितना आगे ले गये बल्कि इसलिए है कि वे कृति के स्वरूप को समझते हुए उसके लिए आवश्यक पद्धति का इस्तेमाल करते हैं। मुक्तिबोध के जिस उद्धरण का उन्होंने चुनाव किया है वह भी ध्यान देने लायक है–"साहित्य का अध्ययन एक प्रकार से मानव सत्ता का अध्ययन है, अतएव जो लोग केवल ऊपरी तौर पर साहित्य का ऐतिहासिक विहंगावलोकन अथवा समाजशास्त्रीय निरीक्षण कर चुकने में ही अपनी इति कर्तव्यता समझते हैं वे एकपक्षीय अतिरेक करते हैं। ऐसे व्यक्ति साहित्य के ऐतिहासिक अथवा समाजशास्त्रीय परिवेश की बात करके चुप हो जाते हैं। आवश्यकता तो इस बात की है कि आलोचना में ऐतिहासिक समाजशास्त्रीय तथा मनोवैज्ञानिक-सौन्दर्यात्मक विवेचना की सम्पूर्ण एकात्मकता रहे।" (पृ. 63) इसके बाद क्या कहने को कुछ बचता है! उक्त कथन में समाजशास्त्र की सीमाओं की ओर मुक्तिबोध का पूरा ध्यान है। उन्हें यह भी ध्यान है कि ऐतिहासिक दृष्टि के अभाव में सब कुछ अधूरा रहता है। यह समाजशास्त्र के साथ रूपवादी, व्यक्तिवादी और संरचनावादी–सभी किस्म की आलोचनाओं पर लागू होता

है। इसके पश्चात मुक्तिबोध का तर्क है कि ऐतिहासिक समाजशास्त्रीय दृष्टि का प्रयोग करते हुए मनोवैज्ञानिक-सौन्दर्यात्मक पक्ष को भी समान स्तर पर महत्त्व देना चाहिए। सिर्फ मनोवैज्ञानिक, या सिर्फ सौन्दर्यात्मक, या सिर्फ समाजशास्त्रीय होने से काम नहीं चलेगा। इससे नुकसान अधिक होता है। इस तरह मार्क्सवादी आधार पर जिस समाजशास्त्र की बुनियाद मुक्तिबोध रखते हैं उसके माध्यम से वे 'साहित्य के सामाजिक उद्‌गम, उसकी कलात्मक एकता और रूप-रचना' तीनों का ध्यान बराबर रखते हैं। और अन्त में सबसे मजेदार बात, जो रूपवादियों-व्यक्तिवादियों-संरचनावादियों-अनुभववादियों की आँख खोलने वाली है, कि इतनी सचेतनता के बाद भी मुक्तिबोध अगर 'मार्क्सवादी' पाण्डेय जी के लिए आलोचना के पात्र बनते हैं तो सिर्फ इसलिए कि कामायनी के कलात्मक सौन्दर्य का उन्होंने ठीक से विश्लेषण नहीं किया है। अब बताइए! क्या इसके बाद उन लोगों का कोई इलाज हो सकता है जो यह मानते हों कि सिर्फ फैंटेसी पर बात कीजिए, उस सामाजिक प्रक्रिया पर नहीं जिसने मुक्तिबोध को फैंटेसी की दुनिया में धकेला, उस राजनीति पर नहीं जो उन्हें लम्बी कविताओं की ओर ले गयी, उस व्यवस्था पर नहीं जिसने उन्हें गरीबी में धकेले रखा, उस फासीवाद पर नहीं जिसने उन्हें निरन्तर यातना दी। कुल मिलाकर यह कहा जा सकता है मेरी सोच के विपरीत, यह पुस्तक पढ़ते हुए पहली बार मुझे यह बोध होता है कि विश्व परिदृश्य में मार्क्सवादी आलोचना में ऐसे विचारकों की भरमार है जिनमें रूप, शिल्प और भाषा के प्रति गम्भीर सजगता है। पाण्डेय जी उन मार्क्सवादियों में हैं जो रूपों के सामाजिक आधार पर बात करते हुए एक ओर उपन्यास के समाजशास्त्र की पृष्ठभूमि रखते हैं और दूसरी वहाँ भी 'राजनीति' को विस्मृत नहीं करते।

इसी मार्क्सवाद ने मैनेजर पाण्डेय को यह दृष्टि भी दी है कि "आधुनिक काल में पूँजीवाद के विकास के साथ जैसे-जैसे साहित्य समाज की जटिल समग्रता में समाता गया है वैसे-वैसे उसकी स्वतन्त्रता का लोप होता गया है।" जो लोग साहित्य की स्वायत्त दुनिया में डूबे रहते हैं और कृति के रूप के विभिन्न तत्त्वों को ही साहित्य की पूरी दुनिया समझते हैं उन्हें पूँजीवाद जैसा नीरस शब्द और इसकी प्रभाव क्षमता के माने समझा पाना काफी कठिन होता है। साहित्य को फिर से 'नूपुरों के स्वर' में कैद करने वालों के लिए आलोचना की शब्दावली में पूँजीवाद जैसे नीरस शब्द का प्रयोग करने वाले आलोचक उन अर्थों में 'प्रगतिशील' होते हैं जिसका मतलब है कि 'ये साहित्य की विराटता को नहीं समझ सकते'। इस प्रवृत्ति से ग्रस्त विद्वत् जन यह विलाप तो करते रहते हैं कि साहित्य की स्वाधीन सत्ता का लोप हो रहा है लेकिन यह नहीं समझ पाते कि साहित्य और संस्कृति की इस दुनिया के विकास के लिए, विभिन्न कलात्मक दिशाओं में उसके प्रस्थान के लिए सबसे पहले इस पूँजीवाद से

ही मुक्ति चाहिए। यही ध्यान में रखते हुए पाण्डेय जी ने लिखा है कि "इस यथार्थ स्थिति का ठीक ढंग से सामना करने के बदले कुछ आलोचक साहित्य के खोए हुए स्वर्ग की चिन्ता में डूबे रहते हैं तो कुछ साहित्य की कल्पित स्वतन्त्रता की रक्षा के सिद्धान्त गढ़ते रहते हैं।"

रूपवाद की पूरी प्रक्रिया से इस पुस्तक में जितना संवाद कायम करने का प्रयास है वह आह्लादकारी है। चूँकि इस पुस्तक के माध्यम से पाण्डेय जी का ज्यादा संवाद समाजशास्त्रियों से न होकर साहित्य के आलोचकों से होता है, इसलिए इसमें इस विचार को ज्यादा तरजीह मिली है कि साहित्य के समाजशास्त्र में रचना की संश्लिष्टता, उसकी संरचना, उसके रूप और शिल्प, भाषा, कल्पना, प्रतीक और ऐसे ही अन्य तत्त्वों की उपेक्षा नहीं होती और सूक्ष्मता की ओर उसकी पूरी नजर होती है। जिन आलोचकों की नजर सिर्फ पाठ के सौन्दर्य पर होती है और जो रचनाकार 'पाठ' को एक स्वायत्त सत्ता मानते हैं अक्सर ही उन्हें हम इस बात के लिए दुख प्रकट करते देखते हैं कि किस तरह 'श्रेष्ठ' साहित्य के पाठक कम होते जा रहे हैं। उन्हें यह दुख भी सालता रहता है कि उनकी रचनाओं को समझ पाने का सामर्थ्य लोग अर्जित नहीं कर पा रहे हैं और समकालीन आलोचना तो इनकी विशिष्टताओं को खोलने में पूरी तरह असमर्थ है। कुल मिलाकर वे विशिष्ट इसलिए हैं कि उन्हें कोई समझ नहीं पाता! इन विशिष्ट जनों की धारणाओं के विरोध में जैसा तार्किक प्रतिरोध इस पुस्तक में दिखाई देता है, बस उसी को समझने के लिए इस पुस्तक को एक बार जरूर पढ़ा जाना चाहिए। और यह प्रतिरोध अपनी संरचना में इतना गूढ़ है कि पाठक में लगातार यह बोध बना रहता है कि लेखक साहित्य के समाजशास्त्र में कृति के रूप और शिल्प की अवस्थिति को लेकर अत्यधिक चिन्तित है और उसकी प्रतिष्ठा के लिए पूरी गम्भीरता से प्रयासरत है। पाण्डेय जी स्पष्टतः साहित्य को इन मुट्ठी भर लोगों के हाथों की कौड़ी बनने से बचाना चाहते हैं, साहित्य में असामाजिकता की प्रवृत्ति को हाशिए पर धकेलना चाहते हैं और साहित्य को मध्यवर्गीय और बुर्जुआ समाज की सीमाओं में कैद होने से बचाना चाहते हैं। साहित्य की स्वायत्त दुनिया के महारथियों की सीमित दृष्टि का उल्लेख करते हुए उन्होंने लिखा है कि "साहित्य लोक के वासियों को यह अच्छा नहीं लगता कि कोई उनके कर्म को उत्पादन और कृति को वस्तु कहे। साहित्य का समाजशास्त्र साहित्य और साहित्यकार के चारों ओर के कल्पित प्रभामण्डल को हटाकर उनकी वास्तविक स्थिति का विश्लेषण करता है।" (पृ. 22)

इस तरह इस पुस्तक में पाण्डेय जी एक ओर रूप और अन्तर्वस्तु के द्वैत को खण्डित कर एकात्मकता कायम करते हैं तो दूसरी ओर रूप और अन्तर्वस्तु में अनिवार्य विरोध मानने वाली विभिन्न दृष्टियों को पीछे धकेलते हैं। साहित्य

के समाजशास्त्र की पृष्ठभूमि रखते हुए पाण्डेय जी की आलोचना में भाववादी सौन्दर्यशास्त्र का विरोध, मनोवैज्ञानिक आलोचना में विद्यमान अतिरिक्त व्यक्तिवाद का विरोध, मनोवैज्ञानिक आलोचना में विद्यमान सामाजिकता को अस्वीकार करने की प्रवृत्ति का विरोध, मात्र भाषाविज्ञान, संरचनावाद या शैली विज्ञान के दायरे से साहित्य को देखने वालों की सीमित दृष्टि का विरोध तथा मूल्यमुक्तता और सौन्दर्यबोधीय तटस्थता का विरोध, आदि सभी कुछ दिखाई देता है। ये पाण्डेय जी की आलोचना के मानदण्ड हैं जिनके माध्यम से साहित्य के समाजशास्त्र की भूमिका के साथ उनकी आलोचना की अन्य पुस्तकों का भी विश्लेषण किया जा सकता है। इसी क्रम में रूपवादियों जैसी प्रवृत्ति से ग्रस्त अन्य धाराएँ भी इस पुस्तक में आलोचना का विषय बनती हैं। रहस्यवादी और व्यक्तिवादी मान्यताओं के सन्दर्भ में वे लिखते हैं कि "समाजशास्त्रीय चिन्तन इन रहस्यवादी और व्यक्तिवादी मान्यताओं का खण्डन करता है। वह साहित्य को विवेकशील सामाजिक मनुष्य का रचना-कर्म मानता है और दूसरे सामाजिक कर्मों की सापेक्षता में उसके महत्त्व की व्याख्या करता है।" (पृ. 37) मनोवैज्ञानिक आलोचना के सन्दर्भ में वे लिखते हैं कि "आधुनिक काल में मनोवैज्ञानिक आलोचना ने भी साहित्य सम्बन्धी शास्त्रीय, रहस्यवादी और आध्यात्मिक मान्यताओं का खण्डन किया है, लेकिन उसने कला को कलाकार के व्यक्तित्त्व से जोड़कर वैयक्तिक तथ्य बना दिया है। उसके अनुसार कविता दिवास्वप्न है या मनोग्रन्थियों की अभिव्यक्ति। इस तरह कविता बुद्धिविरोधी और व्यक्तिगत वस्तु बन जाती है।" (पृ. 37) संरचनावाद और शैलीवैज्ञानिक दृष्टि के सन्दर्भ में वे लिखते हैं कि "संरचनावादी और शैलीवैज्ञानिक दृष्टिकोण के अनुसार साहित्यिक रचना विशिष्ट भाषिक संरचना है और भाषिक संरचना का विवेचन ही उसकी अन्तर्वर्ती आलोचना है। भाषाविज्ञान के दायरे में रहने वाली आलोचना साहित्य के समाजशास्त्रीय विवेचन को बाहरी आलोचना मानती है और उसका विरोध करती है।" (पृ. 37) इस पुस्तक में साहित्यिक रूपों के समाजशास्त्र पर विचार करते हुए पाण्डेय जी ने बहुत ही सतर्कता के साथ अतिवादी रूपवाद और अतिवादी समाजशास्त्र की कमियों को उघाड़ा है और रूप सम्बन्धी परिवर्तनों को व्यापक सामाजिक परिवर्तन के साथ जोड़ कर देखा है। रूप उनकी दृष्टि में एक ऐसा तत्त्व है जो सामाजिक भी है और सौन्दर्यबोधीय भी। रूप को लेकर इतना गम्भीर विश्लेषण मैंने काफी लम्बे समय बाद देखा है। यथार्थवाद के विकास का जैसा विश्लेषण यह पुस्तक करती है वह भी अन्यत्र देखने को नहीं मिलता। जिस आलोचना का विस्तार यहाँ तक हो कि साहित्य के समाजशास्त्र के विकास के लिए संस्कृति के समाजशास्त्र का विकास एक अनिवार्य जरूरत लगने लगे वहाँ साहित्यिक रूपों के विश्लेषण में कार्य-कारण और निर्धारणवाद की सम्भावना देखना निरर्थक

है। कहना न होगा कि साहित्य के समाजशास्त्र की ओर पाण्डेय जी का आकर्षण इस कारण से भी है कि यह उन प्रवृत्तियों के विकास में सहयोगी है जिन्हें हिन्दी के प्रतिष्ठित आलोचक साहित्यालोचना में रोपना चाहते थे। रूपवाद, रहस्यवाद, आध्यात्मिकता, व्यक्तिवाद आदि का विरोध आचार्य रामचन्द्र शुक्ल की आलोचना दृष्टि की बुनियाद रही है। रामविलास शर्मा अगर आचार्य शुक्ल की ओर आकर्षित हैं, उनके मार्क्सवादी न होते हुए भी, तो उसका कारण उनमें इन्हीं प्रवृत्तियों का अस्तित्त्व है। इन प्रवृत्तियों का विरोध किये बगैर विवेकशील ढंग से यथार्थ के धरातल पर विद्यमान रहकर आलोचना-कर्म सम्भव नहीं है। उक्त प्रवृत्तियों से पोषित धाराएँ अगर साहित्य के समाजशास्त्र का इतना विरोध करती हैं तो निश्चय ही उसमें कुछ ऐसे तत्त्व हैं जो उसे सामाजिक और सांस्कृतिक दृष्टि से सम्पन्न बनाती हैं।

हिन्दी में 'पाठक' की चिन्ता करते हुए आलोचना और सिद्धान्त की पुस्तकें कम ही लिखी गयी हैं जबकि साहित्य की समाजशास्त्रीय दृष्टि कहती है कि "साहित्य बनने के लिए किसी रचना का लिखा जाना काफी नहीं है। साहित्य बनने के लिए रचना का पाठक के पास पहुँचना जरूरी है।" पाण्डेय जी ने पाठक समुदाय के साथ साहित्य के सम्बन्ध पर विचार करते हुए वर्तमान समय में साहित्य-प्रक्रिया में उसके उत्तरोत्तर बढ़ते हुए महत्त्व का रेखांकन किया है। साहित्य प्रक्रिया में पिछले दशकों में रचना या रचनाकार से आगे बढ़कर पाठक की ओर भी आलोचना का ध्यान गया है। यह सवाल हम बाद के लिए छोड़ें कि कृति की रचना-प्रक्रिया में पाठक की अवस्थिति कितनी होती है। किन्तु पाठक को आलोचना के महत्त्वपूर्ण पक्ष के रूप में स्वीकार्यता मिलना न सिर्फ सामाजिक-आर्थिक परिवेश बल्कि साहित्यिक-सांस्कृतिक प्रक्रिया के बदलाव को भी रेखांकित करता है। पिछले पचीस वर्षों में तो पाठक समुदाय की मानसिकता और रुचियों के हिसाब से रचनाकारों-आलोचकों की लेखकीय क्षमता और रुचियों में गम्भीर परिवर्तन उपस्थित हुए हैं। सोशल नेटवर्किंग साइटों पर किये जा रहे लेखन को समाजशास्त्रीय विश्लेषण से देखे जाने की गम्भीर आवश्यकता है। विभिन्न सामाजिक और मनोवैज्ञानिक कारकों के अतिरिक्त रचनाकारों-आलोचकों द्वारा सोशल नेटवर्किंग साइटों पर हो रहे लेखन पर उस पूरी संरचना का व्यापक प्रभाव पड़ रहा है जिसमें पाठक की सीधी भागीदारी है। रचनाकार-आलोचक इस पूरे स्पेस को विभिन्न तरीकों से भरने के लिए आतुर हैं। चमत्कृत कर देना, सूक्तियों में बातों को बाँध लेना, असामाजिक समझे जाने वाले तरीकों से अपनी बातें रखना, पाठकों से अधिकाधिक 'लाइक' प्राप्त करने का प्रयास करना, जैसी प्रवृत्तियों का विकास यह साफ बताता है कि रचनाकार की चेतना में पाठकों की सीधी भागीदारी हो चुकी है। अब सिर्फ प्रकाशन की व्यवस्था और बाजार तक बात नहीं रही वह सीधे सम्पर्क तक जा चुकी है। सोशल नेटवर्किंग साइटों पर

कई रचनाकार-आलोचक इस दुविधा से निरन्तर ग्रस्त दिखते हैं कि कितना समय इस आभासी दुनिया को दिया जाये और कितना किसी गम्भीर शोध-कार्य के लिए। रचनाकार-आलोचक बार-बार इस आभासी दुनिया को अलविदा कहते और इस पर वापस लौटते हुए दिख जायेंगे। टेलीविजन से आगे बढ़कर इस नयी दुनिया का जो विकास हुआ है उसमें पाठक की भूमिका पूरी साहित्य प्रक्रिया में आन्तरिक बन चुकी है और इसने रचनाकार की चिन्तन-प्रक्रिया में गहरा हस्तक्षेप किया है। सोशल नेटवर्किंग साइटों पर बौद्धिक लेखन के साथ जिस तरह बर्ताव किया जाता है वह आलोचना की पारम्परिक दुनिया और साहित्य समुदाय के पुराने व्यवहार से बिल्कुल इतर है। यह व्यवहार निश्चय ही लेखक की चेतना को निर्धारित करने में प्रभावपूर्ण भूमिका निभाता है। ऐसे में आलोचक अगर इन माध्यमों से उपलब्ध रचनाओं को समझने के लिए पूरी तरह साहित्य प्रक्रिया में नहीं उतरेगा, पाठकों की भूमिका को नहीं जानेगा, ब्लॉगिंग और फेसबुक जैसी विधाओं की संरचना को नहीं समझेगा तो वह रचना के स्वरूप को भी अधूरे ढंग से उद्घाटित करेगा। इन उद्देश्यों को पूरा करने के लिए साहित्य के समाजशास्त्र के दायरे के विस्तार की जरूरत पहले से कई गुणा बढ़ चुकी है।

पिछले दिनों जवाहरलाल नेहरू विश्वविद्यालय में घटी घटना के बाद राष्ट्रवाद सम्बन्धी जो बहसें हुईं उसने एक पूरे बौद्धिक समूह की चेतना को तैयार किया और उसे कुछ खास प्रसंगों पर बहस के लिए आगे बढ़ाया। यह चेतना उस घटना के साथ खत्म नहीं हो जाती। यह चेतना इस प्रक्रिया की हिस्सेदार बौद्धिक समूह के मानस पर निश्चय ही अंकित हो गयी है और भविष्य में उसकी रचना-दृष्टि में प्रतिफलित भी होती रहेगी। इस पूरी प्रक्रिया में संचार के नये माध्यमों का, न्यू मीडिया का, सोशल नेटवर्किंग साइटों का हस्तक्षेप देखने लायक था। जिस तरह असहिष्णुता पूरी साहित्यिक दुनिया में एक गम्भीर प्रश्न बन कर उठ खड़ा हुआ उसे आलोचना के पुराने मानदण्डों-उपकरणों से नहीं समझा जा सकता। इस समझ को विकसित करने के लिए साहित्य के समाजशास्त्र के सन्दर्भ में 'रचना, पाठक और रचनाकार' की जिस त्रयी का पाण्डेय जी उल्लेख करते हैं उसमें मेरी समझ से इन 'माध्यमों' को भी एक मुख्य पक्ष के रूप में शामिल कर लिया जाना चाहिए। तात्पर्य यह कि 'पाठ' किस माध्यम से पाठक तक पहुँच रहा है—वह पुस्तक के रूप में उपलब्ध है, सोशल नेटवर्किंग साइट पर है, स्मार्ट फोन पर है, ब्लॉग पर है या टेलीविजन पर दृश्य माध्यम में रूपान्तरित है। यह साहित्य के समाजशास्त्र के नये दौर की आवश्यकता है।

इस तरह सामाजिक परिवर्तन के साथ सिर्फ रचना या आलोचना का स्वरूप ही नहीं बदलता, साहित्य की परिभाषाएँ ही नहीं बदलतीं, पाठकों की चेतना और

रचनाकार से उसके संवाद के तरीके भी बदलते हैं। संस्कृत नाटकों के विकास से लेकर ब्लॉगिंग और फेसबुक तक का सफर इस दृष्टि से भी देखा जाना चाहिए। आज के समय में आलोचक को एक ओर अभिजनवादी मानसिकता से साहित्य को सुरक्षित रखना है तो दूसरी ओर तेजी से बदलती पाठकों की चेतना और माध्यमों के चरित्रों का भी विश्लेषण सतर्कता के साथ करते रहना है। पाण्डेय जी ने इस पुस्तक के माध्यम से अभिजनवादी दृष्टि की रहस्यवादिता से साहित्य को बचाने की कवायद की थी लेकिन पिछले पचीस वर्षों में अभिजनवाद के साथ और भी कई प्रवृत्तियाँ विकसित हो चुकी हैं जिनके स्वरूप और साहित्य-प्रक्रिया पर उनके प्रभाव को अभी तक विश्लेषित नहीं किया जा सका है।

यह साहित्यिक दुनिया में विद्यमान अभिजनवादी मानसिकता ही थी जिसके कारण लोकप्रिय साहित्य की पूरी प्रक्रिया की ओर आलोचकों का ध्यान ही नहीं जाता था। वह साहित्य जिससे आम पाठक सबसे ज्यादा सम्बन्ध बनाता है उसे आलोचना की दुनिया में हमेशा हाशिए पर धकेल दिया जाता है। उस प्रक्रिया को अध्ययन का हिस्सा बनाया ही नहीं जाता जो लोकप्रिय साहित्य को विराट पाठक समुदाय मुहैया कराती है। इस प्रकार का अध्ययन करने के लिए सर्वाधिक समर्थ तरीका है साहित्य का समाजशास्त्र। आलोचना की अन्य पद्धतियाँ इस प्रक्रिया के अध्ययन के लिए वह माहौल उपलब्ध नहीं करातीं जो साहित्य का समाजशास्त्र कराती है। इसीलिए साहित्य के समाजशास्त्र की भूमिका हिन्दी में वह पहली पुस्तक है जो इसे सैद्धान्तिक आधार देने का प्रयास करती है। इस पूरी पुस्तक में जगह-जगह यह चिन्ता दिखाई देती है कि किस तरह साहित्यिक आलोचकों ने उस पूरे साहित्य को अध्ययन के दायरे से बाहर कर दिया जिसका समाज के मानस पर अत्यन्त गहरा प्रभाव पड़ता है। पाण्डेय जी साहित्य के समाजशास्त्र को एक स्वतन्त्र विधा के रूप में विकसित होने के हिमायती हैं और साहित्यिक आलोचना और साहित्य का समाजशास्त्र का फर्क करने वाली धाराओं की कमियों से पूर्णतया वाकिफ हैं। इसीलिए अनुभववादी समाजशास्त्रीय दृष्टिकोण के आलोचनात्मक मानदण्डों की सीमाओं से परिचित होने के बावजूद और उनकी प्रवृत्तियों की गम्भीर आलोचना करने के बाद भी लोकप्रिय साहित्य के समाजशास्त्र के सन्दर्भ में उनके महत्त्व को वे स्वीकार करते हैं।

कहना न होगा कि साहित्य के समाजशास्त्र की वैचारिक दुनिया को मैनेजर पाण्डेय के सबसे बड़े सैद्धान्तिक योगदानों में से एक यही है कि मीमांसावादी समाजशास्त्रियों और मार्क्सवादियों की इस बड़ी सीमा को और उनकी पद्धति में विद्यमान उस समस्या को उन्होंने पाटने का प्रयास किया है जिसकी वजह से लोकप्रिय साहित्य उनके विवेचन के दायरे से बाहर हो जाता था। लेकिन यह दुखद

है कि अभी तक न तो साहित्यिक आलोचना की दुनिया में यह कमी दूर हो पायी है न ही साहित्य के समाजशास्त्र की दुनिया में। अनुभववादी इस विषय को विवेचन के दायरे में लाते हैं लेकिन अपने सीमित समाजशास्त्र के कारण उसे विस्तार नहीं दे पाते, उसका व्यवस्थित अध्ययन नहीं कर पाते, बस उसका अपने उद्देश्यों के लिए उपयोग करते हैं। इन परिस्थितियों में लोकप्रिय साहित्य को साहित्य में अछूत की स्थिति से बाहर निकालने की दिशा में इस पुस्तक की भूमिका प्रामाणिक है। वस्तुतः अध्ययन में अधूरापन तभी दूर किया जा सकता है जब हम संश्लिष्टता में जायें, सूक्ष्मता में जायें, व्याख्या में जायें, प्रत्यक्ष के बाहर भी देखने का प्रयास करें, परम्परा और इतिहास से वाकिफ हों। मैनेजर पाण्डेय की आलोचना के आधार में विद्यमान मार्क्सवादी दृष्टि उन्हें यह सामर्थ्य प्रदान करती है। 'भावना और बुद्धि के बगैर' साहित्य को न तो सराहा जा सकता है न तो विश्लेषित किया जा सकता है, इसलिए पाण्डेय जी ने समाजशास्त्र की अनुभववादी पद्धति को वह महत्त्व नहीं दिया है जो मीमांसावादी पद्धति को दिया है। लेकिन साहित्य के समाजशास्त्र को रूपाकार देते वक्त मीमांसावादियों की धारा से सबसे ज्यादा स्वीकारने के बाद भी लोकप्रिय साहित्य के सम्बन्ध में उनकी आलोचना करना उनके लिए अनिवार्य आलोचकीय दायित्व की तरह है। विशिष्ट का आग्रही होने के कारण मीमांसावादी समकालीन और लोकप्रिय साहित्य की उपेक्षा करते हैं जो पाण्डेय जी के लिए अस्वीकार्य है।

जैसा कि ऊपर बताया गया, इस पुस्तक की एक प्रमुख विशेषता यह है कि इसमें किसी भी किस्म के असहज कर देने वाले प्रश्नों से बच कर निकल जाने का प्रयास नहीं हैं। ईमानदारी एक मूल्य के रूप में पाण्डेय जी की आलोचना-दृष्टि में विद्यमान है। जो बुद्धिजीवी मार्क्सवाद और साहित्य के समाजशास्त्र की आधार-भूमि से प्रस्थान करते हैं, उन्हें सबसे अधिक साहित्य के रूप पक्ष, यथार्थवाद और कविता के समाजशास्त्र सम्बन्धी मुद्दों को लेकर प्रश्नांकित किया जाता है। पाण्डेय जी ने न सिर्फ इन प्रश्नों से पूरी शिद्दत के साथ संवाद स्थापित किया है बल्कि इसी प्रक्रिया में विभिन्न साहित्य रूपों की विकास-प्रक्रिया, यथार्थवाद की गतिशील परम्परा और कविता के समाजशास्त्र की सम्भावनाओं पर गहरी अन्तर्दृष्टि तैयार की है। लेकिन जहाँ कहीं उन्हें मार्क्सवाद और साहित्य के समाजशास्त्र की विचार-परम्परा में कमजोरियाँ दृष्टिगोचर हुई हैं उन्हें सहजता से स्वीकार करते हुए उन्होंने उसका विश्लेषण किया है और विचार-प्रणाली को समृद्ध करने के रास्ते भी सुझाए हैं। कविता के समाजशास्त्र की दिशा में साहित्य के समाजशास्त्र की असफलता का जो विश्लेषण उन्होंने किया है वह देखने लायक है। उन्होंने मुक्तिबोध की 'कामायनी एक पुनर्विचार' पर विचार करते हुए यहाँ तक स्वीकार किया है कि "मुक्तिबोध की देन यह है कि उन्होंने हिन्दी में पहली बार कविता के विश्लेषण की मार्क्सवादी

समाजशास्त्रीय दृष्टि और पद्धति का प्रामाणिक विकास किया है। कविता के समाजशास्त्रीय विश्लेषण की परम्परा पश्चिम में भी क्षीण ही है। मुक्तिबोध की दृष्टि और पद्धति का उपयोग करते हुए कविता ही नहीं, दूसरे साहित्य रूपों की महत्त्वपूर्ण रचनाओं का भी समाजशास्त्रीय विवेचन हो सकता है।" (पृ. 65) ध्यान रहे कि शिल्प की दृष्टि से वे मुक्तिबोध के इस विवेचन को भी अधूरा ही समझते हैं।

उनकी आलोचना-दृष्टि की जिन विशेषताओं का रेखांकन ऊपर किया गया है वे पश्चिम के प्रमुख साहित्यिक समाजशास्त्रियों (इपॉलित अडोल्फ तेन, लियो लावेंथल, लूसिएं गोल्डमान, रेमण्ड विलियम्स) के विश्लेषण के दौरान काफी पारदर्शी हो गयी हैं। उन्होंने अपनी आलोचना के मूल्यों और मानदण्डों की मदद से इन विद्वानों के बारे में प्रचलित छवियों को तोड़ने का और उसे सार्थक दिशा देने का प्रयास किया है। हिन्दी आलोचना में भी किसी रचनाकार या आलोचक पर एक खास किस्म की छवि थोप देने की प्रवृत्ति विद्यमान रही है। इसके पीछे भी कुछ मनोवैज्ञानिक और समाजशास्त्रीय कारण रहे हैं। इस तरह के छवि निर्माण के बाद रचनाकार-आलोचक के व्यक्तित्त्व का वास्तविक स्वरूप काफी लम्बे समय के लिए आवरणबद्ध हो जाता है और इस आवरण के हटने में काफी लम्बा समय व्यतीत हो जाता है। मादाम स्तेल की एक खास किस्म की छवि इसका प्रमाण है। उनकी इस प्रचलित छवि को तोड़ते हुए पाण्डेय जी ने रेखांकित किया है कि "प्रगति की धारणा, सामाजिक विकास की अवस्थाओं, युगचेतना और जातीय चरित्र आदि के सहारे उन्होंने साहित्य के सामाजिक आधार के विवेचन का प्रयास किया है। राजनीति से साहित्य की निकटता पर जोर दिया है।" (पृ. 118) इसी तरह तेन के साथ हिन्दी आलोचना में कुछ ऐसा व्यवहार किया गया है कि उन्हें सिर्फ उनके प्रकृति विज्ञान सम्बन्धी दृष्टिकोण, कार्य-कारण सिद्धान्त, यांत्रिकता, उनके सरलीकरण के लिए याद किया जाता है। उनकी छवि के अन्य आयाम ओझल हो चुके हैं। पाण्डेय जी तेन की पद्धति में विद्यमान सरलीकरण से ज्यादा आलोचना जगत में विद्यमान सरलीकरण की ओर ध्यान देते हैं। तेन पर बातचीत करते हुए उनका ध्यान उन परिस्थितियों पर जाता है जिसमें तेन और उस युग के अन्य बुद्धिजीवियों की दृष्टि निर्मित हो रही थी। पाण्डेय जी यह मानते हुए भी कि "तेन ने इतिहास लेखन की पद्धति को प्राणिविज्ञान की पद्धति के अनुसार विकसित करने की कोशिश की है। परिणामतः उनके साहित्य चिन्तन और विवेचन में अनेक प्रकार की विसंगतियाँ आ गयी हैं। ऐसी असंगतियाँ सबसे अधिक वहाँ दिखाई देती हैं जहाँ वे कार्य-कारण सम्बन्ध स्थापित करने की कोशिश करते हैं।" तेन के परिवेश और उसमें विद्यमान द्वन्द्वों पर पूरी नजर रखते हैं। यहाँ प्रस्थान बिन्दु में भटकाव नहीं है

इसलिए विवेचन में सरलीकरण भी नहीं है। पाण्डेय जी यह बताते हुए कि कैसे तेन की दृष्टि भाववाद, मनोविज्ञान, प्रकृति विज्ञान की शिकार है, यह भी बताना नहीं भूलते कि तेन साहित्य के ज्ञानात्मक मूल्य को समझते हैं, आज के संरचनावादियों से अलग लेखक के महत्त्व को पहचानते हैं, अनुभववादियों की तरह अच्छे-बुरे, गम्भीर सतही सभी प्रकार के साहित्य को महत्त्वपूर्ण सामाजिक स्रोत नहीं समझते और सबसे अधिक कृति की साहित्यिक श्रेष्ठता का अवमूल्यन न करने का प्रयास करते हैं। यही पाण्डेय जी की आलोचना दृष्टि की व्यापकता का प्रमाण है। वे अपनी आलोचना को मार्क्सवाद को कार्य-कारण में बदल देने वालों से सचेत ढंग से बचाते हैं, इसलिए तेन को भी समझ पाते हैं। तेन की सीमा उनके समय की देन थी। इस दौर में लोग वैज्ञानिकता के अतिरिक्त दबाव में थे। तेन इस दबाव को नहीं समझ पाये इसलिए द्वन्द्व के शिकार हुए। हर समय के अपने कुछ द्वन्द्व होते हैं। इन द्वन्द्वों के बीच ही सार्थक आलोचना जन्म लेती है।

उक्त चार विद्वानों के विश्लेषण के दौरान जितना उन विद्वानों की विवेचन-पद्धति के बारे में पता चलता है उतना ही पाण्डेय जी की आलोचना-दृष्टि के बारे में भी। इन विद्वानों के विश्लेषण के दौरान एक अन्तर्वर्ती धारा के रूप में मार्क्सवाद का प्रवाह बिल्कुल स्पष्ट देखा जा सकता है। उनकी नजर इस ओर बराबर रही है कि उक्त विद्वानों में से कौन-कौन साहित्य के समाजशास्त्र के साथ मार्क्सवाद का भी सार्थक दिशा में विकास करने में समर्थ हैं। इन विद्वानों पर विचार करते हुए जिन शीर्षकों का चुनाव किया गया है उस चुनाव मात्र से यह समझा जा सकता है कि पाण्डेय जी की आलोचना पद्धति की क्या विशेषताएँ हैं और इन विद्वानों में वे क्या ढूँढ़ रहे हैं। गोल्डमान पर लिखे गये उनके अध्याय के शीर्षक हैं संवाद और संघर्ष, उत्पत्तिमूलक संरचनावाद और साहित्य का समाजशास्त्र, पूँजीवादी समाज में कलात्मक सृजन, विश्लेषण पद्धति। रेमण्ड विलियम्स पर लिखे गये अध्यायों के शीर्षक हैं—एक लम्बी बहस, सांस्कृतिक अनुभववाद से सांस्कृतिक भौतिकवाद की ओर, आलोचना की आलोचना, अनुभूति की संरचना, उपन्यास का समाजशास्त्र, कविता और साहित्य का समाजशास्त्र, साहित्य रूपों का समाजशास्त्र और नाटक, साहित्य और पाठक समुदाय, समाज के इतिहास में लेखक, आलोचना और भाषा, आलोचना की भविष्योन्मुखी दृष्टि। इन सन्दर्भों और विषयों का चुनाव, यहाँ तक कि साहित्य के समाजशास्त्र में सबसे पहले इन लेखकों का चुनाव, यह बताता है कि पाण्डेय जी जिस साहित्य के समाजशास्त्र की परिकल्पना रख रहे थे वह रूढ़िवादिता को तोड़कर ही सम्भव है। वह ऐसे आलोचकों के माध्यम से ही सम्भव है जो मार्क्सवाद की आधार-भूमि पर तो खड़े हैं लेकिन कट्टरतावाद को तोड़ रहे हैं, रूपवादियों से ज्यादा रूप को समझने का प्रयास कर रहे हैं, कृति की संरचना जिनके

चिन्तन की एक धुरी है और जो अपनी दृष्टि में समग्रता लाने के लिए प्रयासरत हैं।

इसी तरह लावेंथल का विश्लेषण करते हुए पाण्डेय जी संस्कृति की अपनी एक परिभाषा तैयार करते हैं और गम्भीर राजनीतिक और परिवर्तनकामी चेतना का परिचय देते हैं। लावेंथल पर विचार करते हुए उनका ध्यान इस ओर रहता है कि किस तरह उन्होंने महान रचनाओं के साथ लोकप्रिय साहित्य पर ध्यान दिया है और उनके यहाँ उत्पादन के अन्तर्गत कृति के वर्गीय आधार, वितरण में सामाजिक सन्दर्भ और उपभोग में साहित्य के पाठकीय ग्रहण का विवेचन है। लेकिन लावेंथल के विवेचन के दूसरे छोर को भी वे पकड़ते हैं और इस बात की आलोचना करते हैं कि लावेंथल यह नहीं पहचान पाते कि भीड़ की कोई संस्कृति नहीं होती, अधिक-से-अधिक उसकी कोई मनोवृत्ति हो सकती है। वे यह भी नहीं देख पाते कि बाजारू साहित्य जनता के लिए तो होता है लेकिन वह जनता के बारे में नहीं होता। (पृ. 143) लोकप्रिय संस्कृति की उनकी व्याख्या में पाण्डेय जी को गम्भीर कमियाँ दिखाई देती हैं। लावेंथल को पूँजीवादी समाज में उच्च कला को छोड़कर संस्कृति और कला के स्तर पर कहीं कोई विरोध का स्वर नहीं सुनाई पड़ता और प्रतिरोध की चेतना भी नहीं दिखाई देती। (पृ. 143) किन्तु पाण्डेय जी को अगर यह दिखाई देता है कि लावेंथल इस फर्क को करने में असमर्थ हैं तो वे यह भी जानते हैं कि डैनियल बेल जैसे लोगों ने दैनिक जीवन की हर चीज को संस्कृति में शामिल कर लिया है, उपभोग वहाँ प्राथमिकता बन गयी है, अनेकान्तवाद ने विचारधारा और वर्ग चेतना को पीछे छोड़ दिया है। पाण्डेय जी की चिन्ता में संस्कृति का जनतन्त्रीकरण सबसे पहले है। संस्कृति की बात करते हुए पाण्डेय जी लिखते हैं, "तात्पर्य यह है कि संस्कृति की रक्षा, विकास और उसके जनतन्त्रीकरण के लिए आर्थिक सामाजिक स्तर पर परिवर्तन आवश्यक है, केवल बौद्धिक बहस काफी नहीं है।" (पृ. 143)

जब आलोचक के उपकरण प्रामाणिक और समर्थवान होते हैं तब आलोचना खानों में नहीं बँटती बल्कि सीमाओं का अतिक्रमण करने में समर्थ होती है। जिस तरह वो रचनाएँ कालजयी होती हैं जो विचारधारात्मक सीमाओं का अतिक्रमण कर जाती हैं उसी तरह वह आलोचना भी प्रामाणिक होती है जो विचारधारा से पहले तर्क को मान्यता देती है। ऐसे आलोचक ही सिद्धान्त के साथ रचना के व्यावहारिक पक्ष का विवेचन कर पाने में समर्थ हो पाते हैं। गोल्डमान में पाण्डेय जी यही विशेषता देखते हैं, "गोल्डमान मार्क्सवाद की भूमि पर खड़ा होकर इन सबसे संवाद और संघर्ष करते हैं। उनका उद्देश्य एक ऐसी पद्धति का विकास था जिसके सहारे कलाकृतियों का व्यापक ऐतिहासिक सामाजिक प्रक्रिया की समग्रता के भीतर मनुष्य की सार्थक क्रियाशीलता के रूप में विवेचन हो सके। इस उद्देश्य के सामने अनेक बाधाएँ थीं। एक बाधा थी रूपवादी आलोचना दृष्टि जो समाज से साहित्य की संवादिता का

विरोध करती थी। दूसरी बाधा मनोवैज्ञानिक आलोचना थी जो कलाकृतियों को व्यक्तिगत तथ्य मानती थी। तीसरी बाधा अनुभववाद की ओर से थी जो अपनी खण्ड दृष्टि और तथ्यवादिता के कारण कलाकृतियों को असम्बद्ध अनुभव और तथ्य के रूप में स्वीकार करता था। इसके साथ ही वह विधेयवाद था जिसमें समाज से साहित्य का सम्बन्ध केवल अन्तर्वस्तु के स्तर पर जोड़ा जाता था और मूल्य चेतना की उपेक्षा होती थी। आलोचनात्मक समाजशास्त्र की स्वायत्ततावादी कलादृष्टि एक और बाधा थी। गोल्डमान के सामने सबसे बड़ी चुनौती संरचनावाद की ओर से थी। संरचनावादी कृति के रूप को महत्त्व देते थे लेकिन उसके ऐतिहासिक सन्दर्भ की उपेक्षा करते थे। उनके यहाँ संरचना की समकालिकता और स्थिरता पर अधिक जोर था। यही नहीं संरचनावादी दृष्टि में मनुष्य और उसकी चेतना की क्रियाशीलता के लिए भी कोई जगह न थी।" (पृ. 146) इस लम्बे उद्धरण को यहाँ इसलिए दिया गया क्योंकि इससे न सिर्फ गोल्डमान की विशेषताएँ पता चलती हैं बल्कि यह भी पता चलता है कि पाण्डेय जी साहित्य में अपनी आलोचना के माध्यम से किन तत्त्वों के पक्ष में खड़े होते हैं। जिन बाधाओं का इस उद्धरण में जिक्र है उनके सार्थक तत्त्वों को विरोध के क्रम में न तो गोल्डमान त्यागते हैं न पाण्डेय जी। इसी प्रक्रिया से गुजर कर किसी दृष्टि को समग्र बनाने की तरफ आगे बढ़ा जा सकता है। यही कारण है कि लावेंथल की तरह गोल्डमान की आलोचना-दृष्टि की सीमाएँ भी पाण्डेय जी निःसंकोच प्रकाशित कर पाते हैं। अगर गोल्डमान की धारणा में कृति की संरचनात्मक एकता और सुसंगति पर अत्यधिक जोर के कारण कृति के आन्तरिक संसार की जटिलता, विविधता और समृद्धि का स्वरूप पूरी तरह नहीं खुलता तो इसकी आलोचना जायज है। (पृ. 145) गोल्डमान पर विचार करते हुए पाण्डेय जी का ध्यान इस बात पर जाता है कि गोल्डमान में आत्मालोचन की गहन प्रवृत्ति थी और वे विभिन्न विचारों को पढ़ते हुए अपनी कमियों को समझने के लिए प्रयासरत थे और यही कारण है कि अपनी आलोचना पद्धति की कई कमियों को उन्होंने परवर्ती दिनों में स्वयं रेखांकित किया है। यही सच्चे बुद्धिजीवी की निशानी है। चूँकि गोल्डमान दायरों को तोड़ते हैं, इसलिए विभिन्न धाराओं के कट्टरवादी उनकी कुछ प्रवृत्तियों के लिए उनकी आलोचना करते हैं, वे चाहे रूपवादी हों या मार्क्सवादी। लेकिन बुद्धिजीवी का ध्यान इस विरोध पर विचार करने से ज्यादा आत्मालोचन की ओर तथा संवेदनात्मक मूल्यों और ज्ञानात्मक चेतना की ओर ही होना चाहिए।

गोल्डमान की तरह पाण्डेय जी को रेमण्ड विलियम्स में भी कट्टरता को त्यागने का आग्रह आकर्षित करता है। उनका एप्रीशिएशन इसलिए है कि वे साहित्यिक रूपों को उसकी सामाजिकता से जोड़ पाते हैं और इतिहास और परम्परा की समझदारी के कारण उनके महत्त्व को रेखांकित कर पाते हैं। उनकी सम्भावनाओं

को ढूँढ़ पाते हैं। ट्रेजिडी के बारे में विलियम्स की दृष्टि है कि दुनिया भर में जनता के क्रान्तिकारी आन्दोलनों में ट्रेजडी की रचना की अपार सम्भावनाएँ हैं। (पृ. 164) अभिजातवाद का विरोध करते हुए भी अगर लीविस के यहाँ कोई तत्त्व उन्हें अपने लिए जरूरी लगा तो उसे आत्मसात करने में विलियम्स ने हिचक नहीं की है। दूसरी ओर उनकी पूरी आलोचना में समाजवादी समाज का सपना और लोकतान्त्रिक मूल्य एक अन्तर्वर्ती धारा की तरह दिखाई देता है। गाँव और शहर के भेद को मिटा देना समाजवाद का एक लक्ष्य माना जाता है और रेमण्ड विलियम्स ऐसा ही एक सपना देखते हुए लिखते हैं कि "अब धीरे-धीरे विकसित देशों के देहाती और अविकसित देशों के सामान्य जन साथ मिलकर एक ऐसे विश्वव्यापी संघर्ष की राह पर आगे बढ़ रहे हैं जिसके परिणामस्वरूप शहर और देहात के विभाजन का अन्त होगा।" (पृ. 165) यह सपना देखते हुए भी विलियम्स देहात के अनावश्यक महिमामण्डन की आलोचना भी करते हैं। विलियम्स का सम्मान उनकी सांस्कृतिक चेतना के लिए भी है क्योंकि "रेमण्ड विलियम्स संस्कृति की एक ऐसी समाजशास्त्रीय दृष्टि विकसित करते दिखाई देते हैं जो ऐतिहासिक, द्वन्द्वात्मक और समग्रतावादी है।" (पृ. 176) यही चेतना पाण्डेय जी की आलोचना का भी प्रमुख तत्त्व है। रेमण्ड विलियम्स के सौजन्य से एक अच्छी आलोचना की विशेषताएँ बताते हुए उन्होंने लिखा है, "उनके यहाँ साहित्य विश्लेषण की प्रक्रिया दोहरी है जिसमें किसी साहित्यिक कलात्मक कृति को पहले उसके उत्पादन की भौतिक ऐतिहासिक परिस्थितियों में रखकर देखा जाता है और फिर उसके बोध की सामाजिक-ऐतिहासिक स्थितियों की परख होती है। आलोचक रचना की ऐतिहासिकता के साथ-साथ अपनी ऐतिहासिकता के बारे में भी सजग होता है। आलोचना के इस रूप और प्रक्रिया की मदद से ही साहित्य का सार्थक समाजशास्त्र बन सकता है। वैसे ऐसी प्रक्रिया समाजशास्त्रीय आलोचना की ही विशेषता नहीं है, यह हर अच्छी आलोचना के लिए जरूरी है। सार्थक आलोचना को कोई अलग से नाम देना आवश्यक नहीं है बल्कि यह भी कहा जा सकता है कि केवल विशेषण जोड़ देने से कोई आलोचना सार्थक आलोचना नहीं हो जाती। कई बार आलोचना के नये नाम केवल सम्प्रदायनिष्ठा के सूचक होते हैं।" (पृ. 177) इन विद्वानों पर विचार करते हुए मैनेजर पाण्डेय निरन्तर उस केन्द्र तक पहुँचने का प्रयास करते हैं जिसे मैं प्रस्थान बिन्दु कहना पसन्द करता हूँ। यह प्रस्थान बिन्दु जब किसी विद्वान में समग्रता के अर्जन के प्रयास के साथ होता है तो आलोचना के मूल्य अधिक सार्थकता अर्जित करते हैं। आलोचक अक्सर ऐसी दृष्टि का विकास करना चाहते हैं जो पूरी साहित्य प्रक्रिया को समझने-समझाने के लिए आधारभूत प्रणाली हो जाये। लेकिन समग्रता के लिए जैसे ही किसी सिद्धान्त को आधारभूत बनाकर हम उसे रूढ़ कर देते हैं वैसे ही प्रस्थान बिन्दु में समस्या

आ जाती है। समग्रता गतिशीलता में है, प्रवाह में है, निरन्तरता में है, विस्तार में है। मैनेजर पाण्डेय इस पूरी प्रक्रिया पर सूक्ष्म नजर रखते हैं, समाज और साहित्य के गतिशील सम्बन्धों को पहचानते हैं और इसीलिए साहित्य-प्रक्रिया में दृष्टिगोचर परिवर्तनों को जानने-समझने के लिए साहित्य के समाजशास्त्र को एक माध्यम के रूप में इस्तेमाल करते हुए, मार्क्सवादी चेतना का प्रवाह बनाए रखते हुए, विवेचन की अन्य पद्धतियों के साथ संवाद का रास्ता खुला रखते हैं।

प्रो. मैनेजर पाण्डेय की आलोचना-दृष्टि पर विचार करते हुए मैं एक और तत्त्व की चर्चा करने का लोभ संवरण नहीं कर पा रहा हूँ वह है उनका विट। वैसे पाण्डेय जी भी साहित्य के समाजशास्त्र जैसे विषय पर एक सैद्धान्तिक पुस्तक लिखते हुए भी विट के इस्तेमाल का लोभ संवरण नहीं कर पाये हैं। इस नीरस समझे जाने वाले विषय में भी वे इसके लिए पर्याप्त अवसर निकालने में समर्थ हुए हैं। साहित्य के समाजशास्त्र की भाषा को लेकर कुछ पाठक दुखी हो सकते हैं लेकिन इस अनूठे विषय में भी इतना रस घोल देना सिर्फ पाण्डेय जी के बूते की बात थी। इसका एक कारण यह भी है कि जो काम कई बार काफी समझाकर भी नहीं हो पाता वह विट से आसानी से हो जाता है। मैं ऐसे ही कुछ वाक्यों की ओर पाठक का ध्यान आकर्षित करना चाहूँगा–

1. 'हिन्दी में ऐसे लोगों का अभाव नहीं है जो प्रायः साहित्य के समाजशास्त्र का विरोध करते हैं लेकिन जब आलोचना लिखते हैं तब अनचाहे और अनजाने ही समाजशास्त्रीयता की राह पर चल पड़ते हैं। अगर वे जानते कि वे क्या कर रहे हैं तो शायद कुछ बेहतर कर पाते। सम्भव है, इस पुस्तक से ऐसे लोगों को अपने आलोचनात्मक लेखन को बेहतर बनाने या फिर बन्द कर देने की प्रेरणा मिले। दोनों ही स्थितियों में हिन्दी साहित्य का भला होगा।'

2. 'रामकाव्य तुलसीदास ने लिखा है और मैथिलीशरण गुप्त ने भी। मैथिलीशरण गुप्त को साकेत से मिली धनराशि का हिसाब लगाया जाय तो यह मानना मुश्किल होगा कि रामचरितमानस की तरह साकेत भी स्वान्तः सुखाय रघुनाथ गाथा है।'

3. 'जो लोग पुस्तक के प्रकाशन के लिए दर-दर भटकते हैं, कदम-कदम पर पुरस्कार आदि के लिए जगह-जगह नाक रगड़ते हैं, साहित्य में प्रतिष्ठित होने के लिए तरह तरह के तिकड़म करते हैं, वे भी जब कुंभनदास को दुहराते हुए कहते हैं कि सन्तन को कहाँ सीकरी सो काम तो उनकी आत्मप्रवंचना पर दया आती है और वाक्छल पर हँसी।'

4. 'भारतीय समाज में साहित्य की सत्ता पर ध्यान दें तो जाहिर होगा कि बहुसंख्यक निरक्षर जनता के दैनिक जीवन की दुनिया से मुट्ठी भर मध्यवर्ग के बीच सिमटी साहित्य की दुनिया का वही सम्बन्ध होता है जो लोक से परलोक का होता है।'

5. 'अधिकांश हिन्दी विभाग साहित्य के अजायबघर हैं।'

6. 'आजकल कुछ लोग मादाम स्तेल के विचारों की अनगढ़ता पर हँसते हैं। इन हँसने वालों की मानसिकता गंगा शुद्धीकरण के अभियान में लगे उन लोगों जैसी है जो खुद को भगीरथ से भी अधिक महत्त्वपूर्ण समझते रहे हैं।'

7. 'साहित्य और समाजशास्त्र के बीच जीवन्त सम्बन्ध के अभाव के कारण साहित्य के समाजशास्त्र का सार्थक विकास नहीं हो पा रहा है। दोनों के बीच अपरिचय के बावजूद प्रेम के प्रयत्न से जो कुछ पैदा हो रहा है वह अप्रामाणिक और अवैध ही अधिक लगता है।'

8. 'उनके (रेमण्ड विलियम्स) सामने एक ओर व्यावहारिक आलोचना के नाम पर नीबू निचोड़ आलोचना प्रचलित थी तो दूसरी ओर विचारधारा की समीक्षा के बहाने बखिया उधेड़ आलोचना चल रही थी।'

अन्त में इसकी चर्चा आवश्यक प्रतीत हो रही है कि इस आलेख को लिखने से पहले मैंने यह उचित समझा कि विचार के लिए दो-तीन स्पष्ट प्रश्नों का चुनाव कर लिया जाये। साहित्य का समाजशास्त्र एक गम्भीर और विस्तृत विधा है और सभी पहलुओं पर एक ही आलेख में विचार कर पाना सम्भव नहीं है। ऐसे में यह जरूर हुआ है कि इस पुस्तक की कई महत्त्वपूर्ण चिन्ताओं पर मैं इस आलेख में बहस नहीं कर पाया हूँ, लेकिन मेरा यह प्रयास रहा है कि जिन दो प्रश्नों को आलेख के आरम्भ में मैंने रखा है उनके साथ न्याय कर सकूँ। भविष्य में जब कभी इसका पुनःपाठ करने का अवसर मिलेगा तो इन छूट गये प्रश्नों से संवाद कायम करते हुए मैं साहित्य के समाजशास्त्र के अन्य पहलुओं पर विचार करने की कोशिश जरूर करूँगा।

आखिर में बस पाण्डेय जी से पिछले साल की एक मुलाकात की चर्चा कर इतिश्री करूँगा। नवम्बर 2015 की बात है। पाण्डेय जी के घर पहुँचा तो उन्होंने विस्तार से अपनी एक नयी परियोजना के बारे में बताया। साहित्य, संस्कृति और कला के समाजशास्त्र पर दुनिया भर के बुद्धिजीवियों के विचारों को एकत्रित कर उसे हिन्दी में लाने की परियोजना। कुछ दिन बाद उन्होंने साहित्य के समाजशास्त्र पर एकत्रित अपना जखीरा दिखाया। निःसन्देह यह वही सामग्री थी जो उन्होंने जवाहरलाल नेहरू विश्वविद्यालय में साहित्य का समाजशास्त्र पढ़ाने के लिए और इस विषय पर अपनी पुस्तक 'साहित्य के समाजशास्त्र की भूमिका' तैयार करने के लिए जुटाई थी। मेरी उम्र के किसी भी आदमी के लिए, जो अकादमिक क्षेत्र में अभी कुछ करने की सोच ही रहा है, यह सामग्री ट्रॉमाटाइज कर देने के लिए पर्याप्त थी। मैंने मन में सोचा कि अच्छा हुआ कि 'गुरु' सिर्फ समाजशास्त्र की भूमिका लिखने बैठे थे, नहीं तो न जाने क्या गुल खिलाते! इस पूरी सामग्री को देखने के बाद मुझे यह समझ में आया कि समाजशास्त्र की अपनी यह पुस्तक लिखने के लिए पाण्डेय जी

ने कितनी गम्भीर तैयारी की थी और इस पुस्तक में कितने महीने होम हुए होंगे। यह सामग्री जुटाई गयी थी सिर्फ साहित्य का समाजशास्त्र लिखने के लिए लेकिन इसमें जितनी सामग्री साहित्य के सन्दर्भ में थी उतनी ही संस्कृति और कला की भी। कहना न होगा कि पाण्डेय जी की दृष्टि में विद्यमान समग्रताबोध ही वह तत्त्व है जो उन्हें यह दृष्टि देता है कि कला और संस्कृति के समाजशास्त्र के बगैर साहित्य का समाजशास्त्र हमेशा ही अधूरा रहेगा। उनके श्रम के इसी स्तर को देखते हुए मैं यह मानता हूँ कि उन्होंने क्या कुछ नहीं किया है से पहले यह देखा जाना चाहिए कि एक आलोचक के रूप में उन्होंने जो कुछ किया है वह हिन्दी आलोचना के लिए कितना मूल्यवान है, प्रगतिशील चिन्तन को कितना समृद्ध करने वाला है। मैनेजर पाण्डेय की आलोचना के सन्दर्भ में हमारे पहले सवाल इस तरह के होने चाहिए कि देश के किसी भी विश्वविद्यालय का, कोई भी शिक्षक, 'साहित्य के समाजशास्त्र की भूमिका' पुस्तक के बगैर, क्या अपने पाठ्यक्रमों में साहित्य के समाजशास्त्र का प्रश्न-पत्र चलाने की सोच भी सकता है? उत्तर हमें पता है।

(सभी उद्धरण मैनेजर पाण्डेय, साहित्य के समाजशास्त्र की भूमिका, हरियाणा साहित्य अकादमी, पंचकूला, द्वितीय संस्करण-2001 पुस्तक से।)

मैनेजर पाण्डेय की काव्यालोचना

चन्द्रेश्वर

आज की हिन्दी आलोचना के शीर्ष पर जो दो-तीन नाम दिखाई देते हैं उनमें एक नाम बेशक मैनेजर पाण्डेय का भी है। मैनेजर पाण्डेय ने अपने गम्भीर आलोचनात्मक लेखन की शुरुआत सन् 1972 के आसपास की थी। हिन्दी की समकालीन आलोचना का कालखण्ड भी मोटे तौर पर सन् 1970 से आजतक का है। मैनेजर पाण्डेय का आलोचनात्मक लेखन कोई चार-साढ़े चार दशकों के भीतर फैला हुआ है। वे अब भी निरन्तर आलोचनात्मक लेखन कर रहे हैं। वे हिन्दी की समकालीन आलोचना में ऐसे आलोचक हैं, जिन्होंने अपने को किसी एक विधा या एक पीढ़ी या एक खास दौर तक ही सीमित नहीं रखा है। आज जिस तरह से एक विशेष प्रवृत्ति देखने में आ रही है कि कोई कविता का तो कोई कहानी का, कोई उपन्यास का तो कोई नाटक का आलोचक है। कविता में भी कोई वीरगाथा काल का तो कोई भक्तिकाल का, कोई छायावाद का तो कोई नयी कविता या समकालीन कविता का आलोचक है। कोई दलित विमर्शकार है तो कोई स्त्री विमर्शकार है। ऐसे में मैनेजर पाण्डेय का आलोचना संसार ज्यादा विस्तृत, ज्यादा चौड़ा और ज्यादा गहरा है। वह व्यापकता लिए हुए है। उन्होंने सैद्धान्तिक और व्यावहारिक आलोचना के क्षेत्र में समान रूप से सक्रियता दिखाई है। मेरे इस प्रस्तुत लेख में आलोचक मैनेजर पाण्डेय के सम्पूर्ण आलोचनात्मक लेखन के भीतर जो कविता की आलोचना है, उस पर विचार करने की एक छोटी कोशिश की गयी है। मैनेजर पाण्डेय एक ओर 'भक्ति आन्दोलन और सूरदास का काव्य' जैसी पुस्तक लिखते हैं तो दूसरी ओर रीतिकालीन कवि आचार्य केशवदास पर भी सुचिन्तित व्याख्यान देते हैं। वे ऐसा करते हुए सूरदास और केशवदास सरीखे मध्यकालीन कवियों की काव्य-चेतना में समकालीनता के तत्त्वों की भी गहन और गम्भीर पड़ताल करते हैं। वे जितना अच्छा लिखते हैं, उतना ही अच्छा बोलते भी हैं। वे एक साथ लिखित और वाचिक परम्परा के श्रेष्ठ आलोचक हैं। मैनेजर पाण्डेय की काव्यालोचना में जो प्रतिमान या निकष दिखते हैं, किसी एक दशक के कवियों या छोटे कालखण्ड के भीतर के कवियों को

लेकर नहीं निर्मित हुए हैं। वे कवियों और उनके काव्य लेखन को समकालीनता की कसौटी पर जाँचते-परखते हुए आलोचनात्मक लेखन के मानदण्ड विकसित करते हैं। वे मध्यकालीन कवियों में ही कबीर, दादू, रहीम, मीरा के काव्य पर लिखते हुए उनके सकारात्मक पहलुओं को उभारते हैं। मैनेजर पाण्डेय की आलोचनात्मक दृष्टि से उपरोक्त मध्यकालीन कवियों की कविताएँ भी नयी अर्थवत्ता से संयुक्त होकर नयी चमक से भर उठती हैं। दरअसल मैनेजर पाण्डेय की आलोचनात्मक दृष्टि के मूल में मार्क्सवादी विचारधारा है। वे परम्परा से भी गहन-गम्भीर संवाद करते हैं और जो अपने समय के लिए सार्थक और जरूरी है, उसकी पहचान करते हैं। हिन्दी की प्रगतिशील आलोचना की परम्परा में मैनेजर पाण्डेय का यह विशेष अवदान है। वे नाथूराम शर्मा 'शंकर', मैथिलीशरण गुप्त, रामधारी सिंह 'दिनकर', नागार्जुन, अज्ञेय, त्रिलोचन, रघुवीर सहाय, धूमिल, कुमार विकल, वरवर राव, अदम गोण्डवी से लेकर लोकप्रिय फिल्मी गीतकार शैलेन्द्र पर भी लिखते हैं। उपरोक्त आधुनिक, नये और समकालीन कवियों की सूची से ही पता चल जाता है कि मैनेजर पाण्डेय की पसन्द का दायरा कितना व्यापक है। इन कवियों पर भी विचार करते हुए पाण्डेय जी की आलोचना संवादधर्मी बनी रहती है। वे इन कवियों के काव्य-लेखन पर विचार करते हुए अपने समय और समकाल को और ज्यादा उर्वर और ज्यादा दृष्टि सम्पन्न बनाते हैं। वे कविता और कवि की लोकप्रियता के पीछे के सही कारकों की भी पड़ताल करते हैं। वे लोकप्रियता को हमेशा बुरा ही नहीं मानते हैं। वे जनधर्मी व जन चरित्री कविता के लिए लोकप्रियता को जरूरी मानते हैं। जन से संवाद करती कविता का लोकप्रिय होना लाज़िमी है। वे एक तरफ 'मुक्ति की पुकार' जैसी पुस्तक सम्पादित करते हैं तो दूसरी ओर 'सीवान की कविता' जैसी पुस्तक भी सम्पादित करते हैं। 'मुक्ति की पुकार' में पूरे विश्व में लिखी जा रही मुक्ति की कविताएँ हैं, जिनमें प्रतिरोध की विकसित होती ज़मीन है तो दूसरी ओर 'सीवान की कविता' में भी प्रतिरोधी तेवर की कविताएँ हैं। एक में वैश्विक स्तर पर प्रतिरोध की कविताओं का चयन तो दूसरी में जनपदीय स्तर पर संघर्ष की चेतना से सम्बद्ध कविताओं का चयन। एक स्तर पर देखा जाय तो मैनेजर पाण्डेय एक साथ वैश्विक और स्थानीय (जनपदीय) कवियों की जनचरित्री कविताओं पर निगाह रखने वाले सतत अध्ययनशील और जागरूक आलोचक हैं। मैनेजर पाण्डेय ने अपनी आलोचना में 'यथार्थवाद, विचारधारा और इतिहास-दृष्टि के त्रिक' (प्रणय कृष्ण) को समाहित किया है। वे एक ऐसे मार्क्सवादी आलोचक हैं जो निरन्तर यथार्थवाद के दायरे का भी विस्तार करते हैं। वे वाम, जनवादी, प्रगतिवादी, प्रगतिशील या मार्क्सवादी विचारधारा और आलोचना की घिसी-पिटी, रूढ़िगस्त मान्यताओं और संकीर्ण दायरे को भी तोड़ते हैं। वे आलोचना-कर्म को एक बृहत्तर और व्यापक सन्दर्भ से जोड़ते

हैं। उनकी निगाह में पूरी दुनिया का आधुनिक साहित्य एक तरह से देखा जाय तो आलोचनात्मक विमर्श के दायरे में ही आता है। वे आलोचना या काव्यालोचना को एक बेहद संजीदा और रचनात्मक कर्म मानते हैं।

मैनेजर पाण्डेय अपनी काव्यालोचना में जिन नये मानकों या प्रतिमानों की खोज करते हैं, वे उन कवियों की कविताओं से निर्मित हैं जो जनान्दोलनों और जन संघर्षों से जुड़े रहे हैं। वे एक ओर अज्ञेय जैसे आधुनिकतावादी कवि की कुछ कविताओं में प्रगतिशीलता के तत्त्व को तलाशते हैं तो दूसरी ओर नागार्जुन उनके नायक कवि बन जाते हैं। वे जनसामान्य की शक्ति को पहचानने वाले जन सरोकारी या लोक-संवेदना से सम्पृक्त कवियों को विशेष रूप से रेखांकित करते हैं। वे एक साथ क्रान्तिकारी राजनीतिक चेतना से जुड़े कवियों और उच्चतर मानवीय मूल्यों से सम्बद्ध कवियों को अपनी आलोचना के केन्द्र में रखते हैं। वे नागार्जुन और त्रिलोचन की अहमियत अलग-अलग समझते हैं। वे एक साथ कलात्मक श्रेष्ठता और लोकप्रियता को जोड़कर देखते हैं। वे लोकप्रियता को कला-विरोधी नहीं मानते हैं। वे सामाजिक, सांस्कृतिक और राजनीतिक चुनौतियों, मुद्‌दों को अपनी कविताओं के जरिए उठाने वाले कवियों को विशेष महत्त्व देते हैं। वे मानते हैं कि हिन्दी में कविता की आलोचना को मार्क्सवादी, प्रगतिशील या जनवादी आलोचना ने ज्यादा विकसित किया है। वे इसे दुनिया की तमाम भाषाओं के लिए एक उदाहरण के रूप में देखते हैं। वे हिन्दी में कविता की आलोचना में विशेष रूप से डॉ. रामविलास शर्मा और डॉ. नामवर सिंह का नाम लेते हैं। वे इनकी सीमाओं की भी चर्चा करते हैं। वे कवि नागार्जुन को अपने आलोचकीय निकष पर खरा पाते हैं। दरअसल वे जनान्दोलन से साहित्य के रिश्ते के हिमायती हैं। वे कविता को प्रतिरोध के हथियार के रूप में देखते हैं। वे न सिर्फ अपने देश में, बल्कि दुनियाभर में चल रहे जनान्दोलनों पर नजर रखने वाले बुद्धिजीवी, सिद्धान्तकार और आलोचक हैं। वे जनसंघर्षों या जनान्दोलनों के साथ-साथ लोकसंस्कृति और लोकभाषा से भी जुड़ने के पक्षधर और हिमायती हैं। वे नागार्जुन के साथ-साथ गोरख पाण्डेय, अदम गोण्डवी, बल्ली सिंह चीमा और नये कवि अष्टभुजा शुक्ल को भी महत्त्व देते हैं। वे कविता या साहित्य के क्षेत्र में कुलीनतावाद, अभिजनवाद और कोरे कलावाद के घोर विरोधी हैं। वे रमाशंकर यादव 'विद्रोही' जैसे जनधर्मी कवि को मंच से कविता-पाठ के बाद उतरते समय आगे बढ़कर गले लगाने वाले विद्वान्-आलोचक हैं। वे समकालीनता से आक्रान्त आलोचक भी नहीं हैं। वैसे समकालीन कविता और समग्र साहित्य की विधाओं पर वे पैनी निगाह रखते हैं। वे अपने एक आलोचनात्मक लेख 'आज का समय और कविता का संकट' में अपने समय और उससे रू-ब-रू कविता पर गम्भीर तरीके से विचार करते हैं। मैनेजर पाण्डेय का यह लेख सन् 2000

में 'वर्तमान साहित्य' में प्रकाशित हुआ था। यह लेख उनके महत्त्वपूर्ण आलोचनात्मक लेखों के प्रतिनिधि संकलन 'अनभै साँचा' में भी संकलित है। कोई डेढ़ दशक पूर्व का यह लेख पढ़ते हुए बिल्कुल सामयिक और प्रासंगिक लगता है। इस लेख में मैनेजर पाण्डेय ने बहुत ही ईमानदारी और स्पष्टता के साथ वस्तुपरक तरीके से अपने वर्तमान दौर के कवियों और उनकी कविताओं के ऊपर बातचीत की है। मैनेजर पाण्डेय की काव्यालोचना की भाषा बहुत ही पैनी, पारदर्शी और तर्कपूर्ण है। उनका पूरा लेख ही उद्धृत करने योग्य है। वे इस लेख को आरम्भ में ही समकालीन कवियों और उनकी कविता पर विचार करते हुए लिखते हैं कि "आजकल हिन्दी कविता की स्थिति अत्यन्त विचित्र है। कवियों को एक से बढ़कर एक पुरस्कार मिल रहे हैं, लेकिन कविता को पाठक नहीं मिल रहे हैं। जैसे-तैसे कविता की किताबें छप रही हैं, लेकिन अत्यन्त सीमित संख्या में। किसी भी कविता संग्रह की एक हजार से ज्यादा प्रतियाँ नहीं छपतीं। वे भी अगर सरकारी खरीद न हो तो दुकानों में पड़ी रहती हैं। किताबों के बाजार में उनकी कोई माँग नहीं है। कविता को पाठकों तक पहुँचाने का एक माध्यम छोटी पत्रिकाएँ हैं, जिनमें से अधिकांश की दशा अत्यन्त दयनीय है। हिन्दी की कोई भी लघु पत्रिका एक-दो हजार से अधिक नहीं छपती और वह भी अनियमित। जो केवल कविता की पत्रिकाएँ हैं, उनकी हालत और भी खराब है। हिन्दी के कुछ दैनिक अखबार अपने पाठकों का स्वाद बदलने के लिए रविवार के संस्करण में थोड़ी जगह कविता को देते रहे हैं। उनमें से कुछ ने अब वह भी बन्द कर दिया है और पाठकों का स्वाद बदलने या बढ़ाने के लिए कविता से अधिक जायकेदार मसालों की खोज कर ली है।"

वे आगे लिखते हैं कि "हिन्दी में कविता लिखने-पढ़ने और उसकी चर्चा करने का काम मुट्ठी भर साहित्यिक समुदाय के लोग करते हैं। कविता के प्रमुख पाठक कवि ही हैं। वे एक-दूसरे की कविताएँ पढ़ते हैं। उन पर बातें करते हैं और कभी-कभी लिखते भी हैं। कवियों के बाद कविता के पाठक वे हैं, जो साहित्य के पुरोहित माने जाते हैं। उन्हें आलोचक भ्री कहा जाता है। इन सबके साथ ही कविता के पाठक वे भी हैं, जो साहित्यिक समुदाय में शामिल होने की तैयारी में कविता उसी तरह पढ़ते हैं, जैसे उपन्यास और कहानियाँ। कविता का एक बड़ा पाठक वर्ग शिक्षा संस्थाओं में पाया जाता है जो जरूरत के मुताबिक मजबूरी में कविता पढ़ता और पढ़ाता है।"

आगे मैनेजर पाण्डेय कविता के पाठकों की कई श्रेणियाँ निर्धारित करते हुए असली पाठक की चर्चा करते हैं। वे लिखते हैं कि "इन सबसे अलग कविता का एक और पाठक समुदाय है, जिसे साधारण पाठक कहा जाता है। ...वह मनुष्य और उसकी संस्कृति में दिलचस्पी के कारण कविता पढ़ता है। इसी साधारण पाठक के पास पहुँचकर कविता सचमुच सार्थक होती है, क्योंकि वह उसकी चेतना का हिस्सा

बनती है। चिन्ता की बात यह है कि वही साधारण पाठक समुदाय क्रमशः कविता से दूर होता गया है। उसमें कविता पढ़ने की इच्छा, जरूरत और आदत घट रही है।"

आलोचक मैनेजर पाण्डेय वर्तमान में कवियों, उनकी कविताओं की दशा-दिशा पर बात करते हुए उस साधारण पाठक पर भी निगाह ले जाते हैं, जिनके बगैर कवि की कविता सार्थक नहीं होती है। वे सिर्फ कवि और कविता पर ही बात नहीं करते हैं। वे एक पेशेवर आलोचक नहीं हैं। वे कविता के रुटीनी आलोचक भी नहीं हैं। वे कविता को साधारण जन तक ले जाने की बात करते हैं। उनकी चिन्ता और सरोकार के केन्द्र में साधारणजन और उसकी समस्याएँ हैं। वे समकालीन कविता के बरअक्स जो दलित चेतना के जागरण और उभार की कविता है, उसके बारे में वे लिखते हैं कि "इधर कुछ वर्षों से हिन्दी क्षेत्र में दलित चेतना के जागरण और दलित कविता के विकास के कारण हिन्दी कविता में दलित जीवन के संघर्ष और अनुभव का तेज स्वर उभर रहा है। जिन्हें नागर कविता की कानाफूसी प्रिय है, उन्हें दलित जीवन की 'चीखती कविता' का स्वर कर्कश और विसंवादी लग रहा है। लेकिन इस स्वर के साथ लोकजीवन की पुकार हिन्दी में एक बार फिर लौट रही है। इससे नागर कविता की नीरस एकस्वरता टूट रही है और हिन्दी कविता में स्वरों की अनेकता आ रही है।"

मैनेजर पाण्डेय समकालीन हिन्दी कविता के नागर होने को लेकर भी अपनी चिन्ता जाहिर करते हैं, बल्कि इस प्रवृत्ति पर चोट करते हैं। वे लिखते हैं कि "नागर कविता की अपने रूप के बारे में अत्यधिक चिन्ता से लोकप्रियता और कला के बीच अलगाव पैदा हुआ है और हिन्दी कविता से लोकप्रियता के साथ सहजता, ऐन्द्रिकता और भावावेग की विदाई हो गयी है। इस प्रक्रिया में कविता से जीवन्तता गायब हो गयी है। कविता की अभिजनवादी दृष्टि हमेशा लोकप्रियता को कला का प्रतिद्वन्द्वी और विरोधी मानकर उसे खारिज करती है। इससे आजकल लोकप्रिय कविता कमजोर हो रही है तो दूसरी ओर कलावादी कविता मरणोन्मुख।" वे श्रेष्ठ कविता उसे मानते हैं जो 'लोकप्रियता का बहिष्कार नहीं, परिष्कार करती हुई विकसित हुई है।' वे मिसाल के तौर पर भक्ति आन्दोलन की कविता में कबीर, जायसी, सूर, तुलसी तथा मीरा की कविता की अमरता और प्रगतिशील आन्दोलन में नागार्जुन की कविता की अपार लोकप्रियता के पीछे के कारण को तलाशते हुए कहते हैं कि 'उसमें लोकप्रियता का विकास है।' वे कविता में लोकप्रियता के सतत बदलते स्वरूप पर भी बात करते हैं। वे कहते हैं कि "कविता में लोकप्रियता का जो रूप कबीर की कविता में है, वही तुलसी के काव्य में नहीं है। वह नागार्जुन की कविता में जैसी है, वैसी ही धूमिल की कविता में नहीं है।"

मैनेजर पाण्डेय, नागार्जुन और रघुवीर सहाय को इस नाते भी महत्त्वपूर्ण मानते हैं कि ये दोनों 'छोटी से छोटी कविता में भी आख्यान के माध्यम से जीवन के नये

से नये अनुभवों की अभिव्यक्ति करते हैं।' वे इन दोनों कवियों से केदारनाथ सिंह के काव्य-शिल्प को अलगाते हुए लिखते हैं कि "वे जीवन के अनुभवों और स्थितियों का आख्यान के सहारे चित्रण नहीं करते, बल्कि उनसे उत्पन्न संवेदनाओं और विचारों की अभिव्यक्ति पसन्द करते हैं, वे प्रायः बिम्बों और प्रतीकों को माध्यम बनाते हैं।" वे नागार्जुन, रघुवीर सहाय और केदारनाथ सिंह की कविताओं की शिल्पगत बारीकियों की पड़ताल करते हैं और इनके महत्त्व को बताते हैं।

मैनेजर पाण्डेय ने अपने प्रिय कवियों पर अलग से लिखा है। वे कविता के बारे में तनिक भी भ्रम नहीं पालते हैं। वे 'जरूरी कविता' की शिनाख्त करते हैं। वे अपने इसी लेख में लिखते हैं कि "अब तक के इतिहास में वही कविता समाज के लिए जरूरी साबित हुई है, जो अपने समय और समाज के हाशिए पर रहने वाले पराधीन तथा पीड़ित जनसमुदाय की यातना के अनुभवों की आवाज बनी है और उसके संघर्ष की शक्ति भी। आज हम जिस समाज में जीने-मरने के लिए मजबूर हैं, उस पर शासन करने वाली व्यवस्था असामाजिक मनुष्य और अमानवीय समाज पैदा करती है। इसीलिए उसके खिलाफ खड़ा होना कविता का धर्म है, क्योंकि वह 'मनुष्यता की मातृभाषा' है। यही कविता की जिन्दगी और जरूरत की बुनियादी शर्त है।"

मैनेजर पाण्डेय ने अपनी कविता की आलोचना को विज्ञापन में बदलने से रोका है। वे उन कवियों की तरफदारी में खड़े होते हैं जो जन पक्षधर हैं या 'अमानवीय समाज' और 'असामाजिक मनुष्य' बनाने वाली शासन-व्यवस्था के प्रति आलोचनात्मक रुख रखते हैं या फिर लोक-संवेदना से सम्पृक्त हैं। उनके यहाँ नायक कवियों में आजादी के बाद नागार्जुन, रघुवीर सहाय, त्रिलोचन, कुमार विकल, धूमिल से लेकर वरवर राव तक हैं। वे नागर कविता में फैशनपरस्ती और बनावटीपन के विरोधी हैं। वे कविता को सिर्फ कुलीनता के दायरे तक सीमित नहीं मानते हैं।

मैनेजर पाण्डेय की काव्यालोचना के कई अन्तःसूत्रों की पड़ताल उनके उन व्याख्यानों से की जा सकती है, जो उन्होंने नवोदित कवियों के काव्यसंग्रहों के लोकार्पण के अवसर पर दिये हैं। वे लगातार नये कवियों की कविताओं को पढ़ते रहते हैं और उन पर सूक्ष्म निगाह भी रखते हैं। अभी वे लगातार लिख-पढ़ रहे हैं। उनकी काव्यालोचना पर बात करते हुए इस ओर भी ध्यान जाना चाहिए।

□□